Ostfriesische Inseln & Nordseeküste

Claudia Banck

Reise-Taschenbuch

Inhalt

Schnellüberblick	6
Strandparadiese in der Nordsee	8
Lieblingsorte	10

Reiseinfos, Adressen, Websites

Informationsquellen	14
Wetter und Reisezeit	16
Rundreisen planen	18
Anreise und Verkehrsmittel	20
Übernachten	23
Essen und Trinken	25
Aktivurlaub, Sport und Wellness	27
Feste und Unterhaltung	30
Reiseinfos von A bis Z	32

Panorama – Daten, Essays, Hintergründe

Steckbrief Ostfriesische Inseln und Nordseeküste	38
Geschichte im Überblick	40
Kinder des Windes – Inseln zwischen Land und Meer	44
Priele, Pricken und fette Marschen	47
Lebensräume für Spezialisten – Flora und Fauna in Düne und Watt	49
Steigende Fluten – der Kampf um den Schutz des Landes	53
Der Nationalpark Wattenmeer – ein Fall für die UNESCO!	55
Nachts geht's »auf Granat« – die Küstenfischerei	57
Die Heilkräfte der Nordsee – Badefreuden im Wandel der Zeiten	59
Im Rausch der Windenergie	61

Inhalt

Ein Spiegel reicher Geschichte – die Architektur	63
Immer noch ein Geheimtipp – Orgeln in Ostfriesland	66
Wegen der Kunst nach Ost-Friesland? Auf alle Fälle!	68
Nordsee ist Mordsee – Lesewonnen an Watt und Strand	71
Die Kunst des Müßiggangs – ostfriesische Teekultur	73

Unterwegs an der Nordsee

Borkum	78
Insel der Walfänger	80
Borkum – die Stadt	81
Der Inselsüden	94
Streifzug durch die Greune Stee	94
Alter und Neuer Hafen	94
Naturschutzgebiete und Ostland	96

Juist	98
Dat Töwerland	100
Juist – das Dorf	101
Ortsteil Loog	104
Der Inselwesten	110
Naturschutzgebiet Bill	110
Der Inselosten	112

Norderney	116
Die Grande Dame der Nordsee	118
Norderney – die Stadt	119
Der Inselosten	134

Baltrum	138
Das Dornröschen der Nordsee	140
Baltrum – Westdorf und Ostdorf	141
Der Inselosten	147

Langeoog	148
Strand ohne Ende	150
Langeoog – das Dorf	151
Der Inselsüdwesten	157
Der Inselosten	158

Inhalt

Spiekeroog	162
Die Dorfschöne	164
Spiekeroog – das Dorf	165
Der Inselwesten	171
Der Inselosten	172
Wangerooge	174
Insel der Leuchttürme	176
Wangerooge – das Dorf	177
Der Inselwesten	184
Der Inselosten	185
Emden und die Krummhörn	186
Die westliche Nordseeküste	188
Emden	188
Krummhörn – die Warfendörfer	201
Rysum	202
Loquard	202
Campen	202
Upleward	203
Groothusen	203
Pewsum	203
Manslagt	204
Pilsum	204
Naturschutzgebiet Leyhörn	205
Greetsiel	207
Abstecher nach Marienhafe	214
Von Norden bis Hooksiel	216
Die nördliche Nordseeküste	218
Norden	218
Norddeich	226
Neßmersiel	231
Dornum	234
Dornumersiel	236
Esens	237
Bensersiel	242
Neuharlingersiel	244
Carolinensiel und Harlesiel	247
Wangerland	251
Horumersiel-Schillig	251
Minsen-Förrien	255
Hooksiel	255

Inhalt

Wilhelmshaven und Umgebung	258
Kulturschätze am Jadebusen	260
Wilhelmshaven	260
Jever	269
Dangast	274
Varel	279
Glossar Küste und Watt	282
Register	284
Abbildungsnachweis/Impressum	288

Auf Entdeckungstour

Auf den Spuren der Walfänger von Borkum	86
Wandern auf dem Meeresboden vor Juist	108
Das Fischerhausmuseum auf Norderney	126
Der Gezeitenpfad auf Baltrum	142
Schiffbrüche vor Spiekeroog	166
Von Leuchtturm zu Leuchtturm auf Wangerooge	178
Hafenrundfahrt in Emden	192
Ein Besuch beim Seehund im Nationalpark	228
Per Pedes und Raddampfer – von Carolinensiel nach Harlesiel	252
Ein Tagesausflug nach Helgoland	270

Karten und Pläne

Borkum – die Stadt	83
Norderney – die Stadt	120
Emden	190
Greetsiel	209
Norden	221
Esens	239
Carolinensiel/Harlesiel	249
Wilhelmshaven	262
Jever	275

▶ Dieses Symbol im Buch verweist auf die Extra-Reisekarte
  Ostfriesische Inseln & Nordseeküste

Schnellüberblick

Borkum
Deutschlands nordwestlichste Insel liegt weiter als ihre Schwestern vom Festland entfernt. Sie bietet Hochseeklima, Leuchttürme und Zäune aus Walknochen.
S. 78

Juist
Dat Töwerland, das Zauberland, wird Juist genannt: Die schmale Schöne ist an manchen Stellen nicht breiter als 500 m. Hier hat man zwei Meere auf einen Blick.
S. 98

Norderney
Die urbanste, bei Nachtschwärmern beliebte Ostfriesische Insel bietet angesichts ihrer langen Tradition im Tourismus eine bemerkenswert intakte und artenreiche Natur. S. 116

Von Norden bis Hooksiel
Den nördlichen Küstenstreifen der Ostfriesischen Halbinsel schmucken malerische Sielhäfen, alte Häuptlingsstädtchen und endlose Deiche.
S. 216

Emden und die Krummhörn
Internationalen Ruhm genießen die Emder Kunsthalle und die historischen Orgeln in den idyllischen Warfendörfern der benachbarten Krummhörn.
S. 186

Baltrum
Das Dornröschen der Nordsee bietet große Kontraste: ein starres Betonkorsett im Westen, atemberaubende Dünentäler in der Inselmitte, Sandweiten im Osten. S. 138

Langeoog
Eine autofreie Fahrradinsel, von der höchsten Düne blickt man in eine Silbermöwenkolonie. Am Osterhook, dem Ostende der Insel, lassen sich gut Seehunde beobachten. S. 148

Spiekeroog
Die grüne, urwüchsige Insel ist anders als die anderen: das romantische Inseldorf gleichen Namens liegt mit seiner kleinen Kirche seit über 400 Jahren an derselben Stelle. S. 162

Wangerooge
Die Inselbahn passiert eine vogelreiche Lagune, alte und neue Leuchttürme weisen den Weg. Am Horizont vor dem Strand ziehen Pötte aus aller Welt vorbei. S. 174

Wilhelmshaven und Umgebung
Highlights der Region um den Jadebusen sind die meerbezogenen Museen der Marinestadt Wilhelmshaven und der alte Künstlerort Dangast. S. 258

Die Autorin

Mit Claudia Banck unterwegs
Die Historikerin und Skandinavistin Claudia Banck ist in Schleswig-Holstein aufgewachsen. Als freischaffende Autorin ist sie dem Norden treu geblieben. Reiseführer über Skandinavien, die Welt der Wikinger und die deutschen Nordseeinseln bieten ihr wunderbare Gelegenheiten, häufig unterwegs zu sein. Die Ostfriesischen Inseln bereist sie am liebsten mit ihrer Familie – ein Picknick im sonnenwarmen Sand, zu den Seehundbänken rausfahren oder einfach die Seele im Strandkorb baumeln lassen, gerne mit einem spannenden Nordseekrimi.

Strandparadiese in der Nordsee

Das Wattenmeer an der dänischen, deutschen und niederländischen Nordseeküste ist als Weltnaturerbe der UNESCO in aller Munde. Es ist ein faszinierender Naturraum, eine Welt für sich, geprägt von Ebbe und Flut. Und mittendrin liegen die Ostfriesischen Inseln – wie Perlen auf einer Kette aneinander gereiht. Natur bieten sie alle in Hülle und Fülle. Endlose weiße Sandstrände am rauschenden Meer, wilde Dünengebirge, artenreiche Salzwiesen am grauen Watt prägen die Insellandschaften, in denen Naturliebhaber am besten zu Fuß unterwegs sind.

Stille und Trubel gleichermaßen

Beim Wandern, Radfahren und Baden lässt sich die Natur erleben. Auf flachen Sandbänken ruhen Seehunde mit ihren Jungen, Möwen wiegen sich im Wind, im Watt pfeifen rotbeinige Austernfischer, staksen zierliche Säbelschnäbler auf der Suche nach Nahrung. Auf den Inseln häufig anzutreffen sind die scheuen Fasane, fast überall hoppeln Kaninchen durch die Dünen. An manchen Tagen erkunden Scharen von Wanderern und Radfahrern die Insellandschaften. Sie sind unterwegs zu einem Ausflugslokal, einer Aussichtsdüne, einer Vogel- oder Seehundkolonie an den entlegenen West- oder Ostenden der Inseln. An anderen Tagen gehören die Insellandschaften allein dem Wind und den Vögeln. Auch an den Sandstränden zum offenen Meer hin bietet sich jeden Tag ein anderes Bild: In den Sommermonaten tummeln sich hier Badende und Burgenbauer, dominieren bunte Strandkörbe und stolze Piratenflaggen den Strand. Weiter im Osten wird es einsamer, hier trifft man nur noch auf vereinzelte Wanderer und Muschelsucher.

Das ist es, was ich an den Inseln am meisten liebe, dass man immer irgendwo einen ruhigen Platz findet, sei es am Strand, am Deich oder im Watt. Aber selbst wenn man wie alle anderen an einem der ersten warmen

Ostfriesland bietet beste Voraussetzungen für alle Wassersportarten

Sonnentage nach einem langen Winter ans Inselende wandert, dann hat man das Gefühl, Glück gehabt zu haben, mit der Insel, mit dem Wetter und überhaupt.

Die Vorzüge der Festlandsküste

Der »fette Rand von Ostfriesland« bietet keine endlosen Strände, dafür gibt es hier noch Bauern und Fischer. Üppige Weiden mit schwarzbunten Kühen, grüne Deiche mit Schafen, prachtvolle Gulfhöfe, mittelalterliche Kirchen und Warfen prägen die weiten Marschen, deren sanfte Schönheit sich am meisten beim Wandern oder Radfahren offenbart.

Die ganze Küste ist mit kleinen Sielhäfen gespickt, einst Heimat prächtiger Segelschiffe, die die Weltmeere befuhren. Die Zeiten der Windjammer sind lange vorbei, doch zu den zahlreichen Regatten und Hafenfesten tauchen sie wieder auf, mit geölten Holzplanken, dicken Tauen und rauem, kräftigem Segel. Die Perlen unter den Sielhäfen sind Greetsiel, Neuharlingersiel, Carolinensiel und Hooksiel.

»Moin, moin« unter weitem Himmel

Die Nordseeküste ist ein Land für Menschen, die Ruhe und einen weiten Horizont suchen, die sich Zeit nehmen, die ruhige und liebenswerte Art der Küsten- und Inselbewohner kennenzulernen. Wenn diese miteinander sprechen, versteht ein Binnenländer mitunter recht wenig. Bis ins 14. Jh. sprach man in Ostfriesland Friesisch, das dann durch das Niederdeutsche verdrängt wurde. Das Friesische hat sich nur noch in Nordfriesland und Teilen der Niederlande erhalten, im ostfriesischen Raum ist es ausgestorben. Aus dem Niederdeutschen entwickelte sich das ostfriesische Platt mit vielen friesischen und niederländischen Wörtern und Wortformen. Vom Hochdeutschen an den Rand gedrängt, wird es heute von Kulturvereinen und Volkshochschulen wieder bewusst gepflegt und in Sprachkursen angeboten. »Moin, Moin!« erklingt zu allen Tageszeiten. Moin entstand aus dem Gruß »Ik wünsch Di een moien Dag!« Moi bedeutet »schön«. Moin, Moin – könnte es ein netteres Willkommen geben?

Inspirierende Atmosphäre im Atelier am Meer auf Borkum, S. 92

Nicht nur mit Rosinenstuten lockt die Domäne Bill auf Juist, S.114

Lieblingsorte!

Zu früher Stunde Vögel beobachten am Osterhook auf Baltrum, S. 160

Blütenpracht und Stille im Schlossgarten von Lütetsburg, S. 224

Gemütliches Plüschambiente im Kurtheater auf Norderney, S. 124

Windgeschützt die Sonne genießen in der Weißen Düne auf Norderney, S. 136

Die Reiseführer von DuMont werden von Autoren geschrieben, die ihr Buch ständig aktualisieren und daher immer wieder an dieselben Orte, Inseln und Strände zurückkehren. Irgendwann entdeckt dabei jede Autorin und jeder Autor seine ganz persönlichen Lieblingsorte. Nach einem Spaziergang am rauen Meer einen heißen Grog in einem gemütlichen Café genießen, an einem Aussichtspunkt inmitten ursprünglicher Natur Seehunden und Austernfischern ganz nahe kommen, in einem Garten oder Park vom Wind geschützte Blumenparadiese entdecken. Es sind Wohlfühlorte, an die man immer wieder zurückkehren möchte.

Sich nicht satt sehen und essen können in Aggis Huus in Neßmersiel, S. 232

Ein Dorado für die Sinne: die Schlosskäserei in Jever, S. 276

Reiseinfos, Adressen, Websites

Noch menschen-, aber nicht möwenleer – am Strand von Langeoog

Informationsquellen

Infos im Internet

www.die-nordsee.de
Website der Nordsee GmbH für die Ostfriesischen Inseln und die niedersächsische Nordseeküste zwischen Emden und Otterndorf. Bestellung bzw. Download von Infobroschüren, Gastgeberverzeichnissen sowie dem informativen Nordsee-Magazin.

www.reiseland-niedersachsen.de
Auf der Website der TourismusMarketing GmbH Niedersachsen finden sich viele Tipps und Informationen für den Urlaub am, im und auf dem Wasser.

www.ostfriesland.de
Ansprechende Website der Ostfriesland Tourismus GmbH mit vielen aktuellen Infos. Über die Kopfleiste gelangt man zu den Rubriken Raderlebnis, Familienerlebnis, Kultur, Wellness, Naturerlebnis, Typisch Ostfriesland.

www.friesland-touristik.de
Gut aufbereitete Infos und Links zu Anreise, Unterkünften, Veranstaltungen für die östliche Hälfte der Halbinsel. Wissenswertes über die Rad-Fernwege Tour de Fries und Nordseeküsten-Radweg und über Friesland als Skaterland. Unter »Brauchtum und Kultur« findet man ein friesisches Wörterbuch.

www.nordwestreisemagazin.de
Vielseitiges, übersichtlich angeordnetes Reisemagazin für Ostfriesland. Infos über Literatur, Kunst, Museen, Kirchen, Architektur und Natur, aber auch Cafés, Restaurants, Heuhotels, Bauernhofferien ... Einige der Links sind grandios, andere Websites noch im Aufbau, das Surfen lohnt.

www.bsh.de
Auf der Seite des Bundesamtes für Seeschifffahrt und Hydrographie können in der Rubrik »Sport und Freizeit« strandaktuelle Informationen zu Wasser- und Lufttemperatur, Wasserstand, Wind und Wellen, die Auf- und Untergangszeiten von Sonne und Mond abgerufen werden.

Touristinformationen/ Kurverwaltungen

Alle Insel- und Küstengemeinden besitzen eine Touristen-Information und/oder eine Kurverwaltung, die gegen eine freiwillige Portogebühr Gastgeberverzeichnisse verschicken. Darin enthalten sind nicht nur umfassende Auskünfte zu Unterkunftsmöglichkeiten und die Fahrpläne der Fähren, sondern auch alle für die Anreise nützlichen Adressen. Die Gastgeberverzeichnisse kann man auch im Internet einsehen bzw. downloaden.

Die Tourismusbüros vor Ort sind ganzjährig Mo–Fr, in der Saison auch Sa und So geöffnet, die einzelnen Adressen sind im Reiseteil vermerkt.

Tourismusverbände
Die Nordsee GmbH
Postfach 2106
26414 Schortens
Tel. 01805 20 20 96
tgl. 8–20 Uhr (0,14 €/Min.)
Fax 01805 20 20 97 (0,14 €/Min.)
www.die-nordsee.de

Ostfriesland Tourismus GmbH
Ledastr. 10
26789 Leer
Tel. 0491 91 96 96 60 (Mo–Fr 8–20, Sa, So 10–18 Uhr)

Reiseinfos

Insel-Merkspruch
Die Reihenfolge der Ostfriesischen Inseln (von Ost nach West) kann man sich mit Hilfe des folgenden Sätzchens einprägen: Welcher (Wangerooge) Seemann (Spiekeroog) liegt (Langeoog) bei (Baltrum) Nanni (Norderney) im (Juist) Bett (Borkum)?

Fax 0491 91 96 96 65
www. ostfriesland.de

Friesland-Touristik Gemeinschaft
Nordseepassage, 1. Obergeschoss
Bahnhofsplatz 1
26382 Wilhelmshaven
Tel. 0 4421 913 00 17 (Mo–Fr 10–20, Sa, So 10–18 Uhr)
Fax 04421 9130010
www.friesland-touristik.de

Lesetipps

Das Wattenmeer, Kulturlandschaft vor und hinter den Deichen, Stuttgart 2005. Auf Initiative des Gemeinsamen Wattenmeersekretariats Dänemark, Deutschland und den Niederlanden herausgegebene Publikation, die nicht nur die ökologischen, sondern auch die kulturellen Aspekte und Schätze der Wattenmeerküste darstellt.
Klaus Jahnke/Bruno P. Kremer: Düne, Strand und Wattenmeer, Tiere und Pflanzen unserer Küsten, Stuttgart 2006. Der Kosmos Naturführer ist mit über 300 Arten und 500 Abbildungen ein unentbehrlicher Begleiter für naturinteressierte Strand- und Wattwanderer. Ein Kapitel ist dem Leben am Vogelfelsen gewidmet, was für einen Ausflug nach Helgoland nützlich ist.
Ostfriesland Magazin: Einmal im Monat erscheint OMA mit vielen Beiträgen über die Inseln und aktuellen Küstenthemen, gut aufgemacht mit schönen Bildern, kann man es auch abonnieren: www.ostfriesland-magazin.de.
Hanne Klöver: Tee in Ostfriesland: Zubereitung, Rezepte mit und zum Tee – Gebäck, Kuchen und Torten, Punsch und Likör – ostfriesisches Tee-ABC, Anbaugebiete, Geschichtliches, Barßel 2008. Für all diejenigen, die sich auch nach dem Urlaub der Kunst des Müßiggangs hingeben wollen.
Krimis: Ostfriesland ist Krimiland ... daher ist diesem Genre ein Extra-Kapitel in diesem Führer gewidmet (s. S. 71). Die Handlung der mörderischen Werke ist an der Küste und auf den Inseln angesiedelt.
Kulturkarte Ostfriesland: 200 Sehenswürdigkeiten in Ostfriesland und im Ammerland laden ein. Schön fotografierter Kulturreiseführer mit Karte. Vorgestellt werden Archäologische Denkmäler, Burgen und Schlösser, Gulfhäuser, Kirchen und Orgeln, Leuchttürme, Mühlen und Museen, Aurich 2006.
Erskine Childers: Das Rätsel der Sandbank, Zürich 1988 (Titel der Originalausgabe von 1903: The Riddles of the Sands), in neuer Übersetzung: Das Rätsel von Memmert Sand, Frankfurt/M. 1995. Ein fesselnder Spionage- und Abenteuerroman, dessen Handlung u. a. auf den Ostfriesischen Inseln spielt. Das Buch gilt als der erste moderne Spionageroman.
Sandra Lübkes: Die Inselvogtin, Reinbek bei Hamburg 2009. Historischer Roman über Maikea, die unter dramatischen Umständen in der Nacht der Weihnachtsflut 1717 auf Juist geboren wird und später – Intrigen, Neid und Unterdrückung zum Trotz – versucht, sich als Inselvogtin für den Schutz der Insel vor den Gefahren des Meeres einzusetzen. Ein echter Schmöker für den Urlaub.

Wetter und Reisezeit

Klima

Ostfriesland hat dank seiner Lage an der Nordsee ein gemäßigtes Klima. Die Sommer sind warm, die Höchsttemperaturen liegen häufig über 20 °C, es wird aber nicht heiß, das heißt, die Höchsttemperatur übersteigt selten 30 °C. Die Winter sind vergleichsweise mild und feucht. Temperaturen unter –10 °C sind selten, die Zahl der Frosttage liegt im Jahresdurchschnitt im einstelligen Bereich. Die Jahresmitteltemperatur beträgt auf Norderney etwa 9 °C, in Aurich 8,4 °C. Auf den Inseln sind weniger Extreme zu verzeichnen, da die Nordsee durch den Speichereffekt des Meeres noch bis weit in den Herbst Wärme abgibt.

Charakteristisch für die Küste und die Inseln sind frische Winde aus westlichen Richtungen und rasche Wetterwechsel, windstille Tage kommen selten vor. Der warme Golfstrom sorgt für ganzjährig ausgeglichene Temperaturen.

Klimadiagramm für Wilhelmshaven

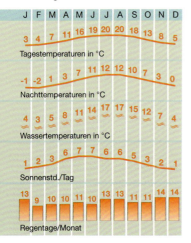

Reisezeiten

Frühjahr

Für viele, die sich nicht an die Ferienzeiten halten müssen, sind die Frühlingsmonate die schönsten. Vogelfreunden empfehlen sich die Monate März/April (ebenso wie September/Oktober), wenn die Zugvögel im Wattenmeer bzw. auf Helgoland rasten. Die Wiesen sind saftig grün, überall beginnt es zu grünen und blühen, die Dünentäler sind von der Sonne erwärmt, erste T-Shirt-Tage nach einem langen Winter. Für Radtouren an der Küste ist die Zeit der Rapsblüte zwischen Mai und Juni am schönsten.

Sommer

Die beliebteste Reisezeit liegt in den Bademonaten Juli und August. Das Strandleben pulsiert, Surfer und Segler tummeln sich auf dem Wasser, weiße Ausflugsschiffe verlocken zu Ausflügen auf die Nachbarinseln. Im August hat die Nordsee ihre maximale Durchschnittstemperatur, die bei 18 °C liegt, erreicht. Im Spätsommer beginnen Strandastern und Strandflieder auf den Salzwiesen zu blühen, der Herbst liegt in der Luft.

Herbst

Ein sehr schöner Reisemonat ist der September, wenn das Meer noch warm genug zum Baden ist, der Hauptschwung der Gäste aber schon abgereist ist. Im Oktober wechseln windstille sonnige Tage mit Sturmtagen, an denen die Brandung auf den Strand peitscht. Das Licht und die Farben der Landschaft sind klar, das Quellerwatt bietet eine unglaubliche Farbenpalette, die von leuchtendem Gelborange bis zu tiefem Purpurrot reicht.

Reiseinfos

Farbrausch im Frühling: Auf den fruchtbaren, seit Jahrhunderten eingedeichten Böden der Marsch blüht der Raps

Winter

Im Winter (ausgenommen die Weihnachtsferien mit Silvester) haben viele Museen, Schwimmbäder, Restaurants, Hotels und Pensionen geschlossen. Ein Urlaub in dieser stillen Zeit hat seine eigenen Reize – vor allem, wenn Eis und Frost den Dünengürtel und das Wattenmeer in eine Märchenlandschaft verwandeln. In den Gaststuben dampfen die Groggläser, die Einheimischen haben Zeit zum Klönen.

Kleidung und Ausrüstung

Sowohl an der Küste als auch auf den Inseln bläst fast permanent ein raues Lüftchen, bei dem man oft vergisst, dass die Sonne auch im April schon intensiv brennen kann. Ohne Ohren- und Sonnenschutz geht es nicht. Vor allem Kinder brauchen unbedingt einen Sonnenhut, und sie müssen eingecremt werden, am besten mit einem hohen Lichtschutzfaktor, mindestens 20 oder besser noch 30 – und nach dem Baden das Nachcremen nicht vergessen. Eincremen sollte man sich auch bei bedecktem Himmel, die schädlichen Strahlen dringen auch durch die Wolkenschicht. Strandkörbe bieten Schutz vor Sonne und Wind – sowohl an Sand- wie auch an Grünstränden. Wer mag, kann auch ein Strandzelt und/oder einen Sonnenschirm von zu Hause mitbringen. Angenehm für die Kleinsten ist ein leichtes Tuch, das man über den Kinderwagen hängen kann, wenn Hitze und Lärm zu viel werden.

Auch im Sommer gehören Regenzeug, Wollpulli und feste Schuhe ins Gepäck, in der Vor- und Nachsaison lange Unterwäsche, Schal und Handschuhe ebenso wie ein Sonnentop und Sonnencreme für überraschend sonnige, tropisch warme Stündchen in einem Strandkorb oder im Windschutz einer Düne.

Zu keiner Jahreszeit sollte man natürlich das Badezeug und Saunahandtuch vergessen, die Schwimmbäder auf den Inseln und der Küste sind wahre Wellnessoasen.

Rundreisen planen

Mit dem Rad von Emden nach Wilhelmshaven

Strecke: 200 km auf dem **Nordseeküstenradweg,** der in weiten Teilen der Störtebekerstraße folgt. Mögliche Streckenabschnitte für Radfahrer und Wanderer: Emden – Greetsiel 39 km, Greetsiel – Norddeich 19,5 km, Norddeich – Dornumersiel 24,5 km, Dornumersiel – Harlesiel 23 km, Harlesiel – Hooksiel 22 km, Hooksiel – Wilhelmshaven 24 km. Mit dabei sind Abstecher nach Marienhafe und Jever.
Wegbeschaffenheit: Glatte asphaltierte Radwege oder kleine Straßen, oft am Deich.
Infos im Internet: www.northseacycle.com, aber auch unter www.fahrradtouren.de sowie auf den Websites der Ostfriesland- und der Friesland-Touristik (s. S. 14) findet man viele nützliche Informationen, Tipps und Adressen.
Fahrradfreundliche Unterkünfte: Viele Beherbergungsbetriebe sind auf Radfahrer eingestellt, die nur eine Nacht bleiben. Tipps findet man im Internet unter www.bettundbike.de.
Karte: Sehr praktisch ist das bikeline-Radtourenbuch Nordseeküsten – Radweg 2 – Von der Ems nach Hamburg, 12,90 €.

Der Nordseeküstenradweg – North Sea Cycle Route – führt auf einer Länge von 6000 km durch acht Länder einmal um die Nordsee herum. Man sollte von Westen Richtung Osten fahren, nicht umgekehrt, die Chance, Rückenwind zu haben, ist einfach erheblich größer.

Die Tour nimmt ihren Anfang in **Emden,** man kann sie auch schon in Leer beginnen, dann kommt noch eine Etappe von 35 km und eine Bootsfahrt über die Ems hinzu. In Emden sollte man sich nicht die Kunsthalle entgehen lassen. Dort gibt es auch ein Fahrradhotel, eine Jugendherberge und in der näheren Umgebung einige Trekkinghütten. Nördlich von Emden erstreckt sich die stille Landschaft **Krummhörn** mit bildhübschen Warfendörfern, mittelalterlichen Kirchen und vielen historischen Orgeln. Entlang der Küste passiert man den idyllischen Fischerhafen **Greetsiel,** der wunderbare Fotomotive bietet. Von hier aus kann man – auf den Spuren Störtebekers – einen Abstecher ins Landesinnere nach **Marienhafe** machen. In **Norddeich** gelangt man wieder an die Küste, mit dem Erlebnisbad Ocean Wave und der Seehundstation bietet der Badeort Attraktionen für die ganze Familie. Und wer mag, kann von hier die Fähre auf die Inseln **Norderney** und **Juist** nehmen. Ein bezaubernder Kutterhafen ist **Neuharlingersiel,** im Museumshafen in **Carolinensiel** liegen nicht nur historische Boote,

Reiseinfos

sondern auch das Sielhafenmuseum und das Nationalpark-Haus. Wem der Sinn nach einem kühlen Bier steht, könnte einen Abstecher nach **Jever** machen und sich dort einer Führung in der Jever-Brauerei anschließen, mit Verkostung – zum Wohl! Wer dem Nordseeküstenradweg bis **Wilhelmshaven** folgt, sollte sich hier mindestens einen Tag Zeit nehmen für die hochkarätigen Sehenswürdigkeiten und Museen entlang der »Maritimen Meile«. Da Wilhelmshaven auch ein schöner Badeort ist, kommt hier die ganze Familie auf ihre Kosten: Am Südstrand kann man in die tideabhängigen Fluten des Jadebusens tauchen; tideunabhängig ist der Sandstrand am Banter See.

Burgen, Schlösser und Parks

Strecke: Man wird sich nicht an einem Tag alle Burgen und Schlösser angucken wollen. Schöner ist es, sie in Etappen zu erkunden, beispielsweise per Rad. Die Burgen und Schlösser der Krummhörn liegen alle im Umfeld der Friesenroute Rad up Pad, während Wittmund und Jever am Friesischen Heerweg liegen. Informationen über die Radfernwege im Internet u. a. unter: www.ostfriesland.de, www.friesland-touristik.de.
Übernachtung: Hübsche Ferienwohnungen mit Burgen-Charme kann man in der Burg Berum mieten: Burgstr. 1, Hage-Berum, Tel. 04931 77 55, www.burgberum.de, für 2 Pers. 65–80 €.

Die Tour führt einmal quer über die Ostfriesische Halbinsel. Abseits der stürmischen Nordseeküste findet man inmitten fetter Weiden und weiter Landschaft wohlbewahrte trutzige Burgen und Schlösser aus einer Zeit, in der in Ostfriesland noch Häuptlinge etwas zu sagen hatten: Die **Osterburg** in Groothusen, die **Maningaburg** in Pewsum und die Wasserburg Hinte liegen in der Krummhörn. Östlich von Norden befinden sich das **Schloss Lütetsburg** und die **Burg Berum,** die beide für ihre schönen Gärten bekannt sind. Sie liegen im nördlichen Bereich der GartenRoute Krummhörn (s. S. 64). Das gediegene hübsche Häuptlingsstädtchen Dornum präsentiert sich mit zwei prachtvollen Steinbauten: der **Beningaburg,** die heute ein Hotel-Restaurant beherbergt, und dem **Schloss,** das als Schule dient. Die Fahrt führt weiter über Wittmund, dessen Schloss 1764 zerstört und nicht wieder aufgebaut wurde. Vom Marktplatz sind es nur ein paar Schritte zum ehemaligen Schlosspark. Erhalten geblieben ist der Festungswall und ein Teil des früheren Schlossgrabens. Das Residenzstädtchen Jever bildet den krönenden Abschluss der Schlössertour. Das **Schloss Jever** beherbergt nicht nur ein vorzügliches Museum über die Geschichte und Kultur der Region, es ist auch eingebettet in einen schönen, im englischen Landschaftsstil gestalteten Park.

Anreise und Verkehrsmittel

Anreise und Ankunft

... mit dem Auto
Drei Autobahnen führen direkt nach Ostfriesland: Die A 28 von Oldenburg nach Leer und Emden, die A 31 entlang der niederländischen Grenze nach Leer und weiter nach Emden, die A 29 von Oldenburg nach Wilhelmshaven. Immer parallel zum Deich führt die B 210 um die ostfriesische Halbinsel herum. Von hier aus sind die Inseln ausgeschildert.

Alle Inseln bis auf Borkum und Norderney sind autofrei. Die Autos bleiben auf dem Festland. Parkplätze und Garagenbetriebe liegen in der Regel in Fußentfernung zum Anleger. Dort, wo sie etwas weiter vom Fähranleger entfernt sind, nehmen Mitarbeiter die Autos im Hafen entgegen.

... mit Bahn und Bus
Drei Hauptbahnverbindungen führen auf die Ostfriesische Halbinsel; aus dem Rhein-Ruhr-Gebiet über Münster und Leer nach Emden und Norden-Norddeich (von Norddeich verkehrt ein Bäderbus zu den Küstenorten); aus Hannover und Hamburg über Bremen nach Oldenburg und weiter nach Leer. Von Oldenburg gibt es eine Bahnlinie nach Sande und Wilhelmshaven. Von Sande verkehrt der Tidebus zu den Fährorten an der Küste. Es ist aber auch möglich, mit der Bahn weiterzufahren, eine Nebenstrecke verbindet Sande mit Jever, Wittmund und Esens

Ein Blick durchs Bugloch: da erwacht die Reiselust ...

Reiseinfos

(von Esens Busse zur Fähre in Benser-siel). Die Bahnanschlüsse sind auf Busse und Fähren abgestimmt. Alle Bahn-, Bus- und Fährlinien zu den Inseln sind im Bahn-Kursbuch verzeichnet. Informationen erhält man unter: www.bahn.de.

Nachtfahrten: Wer aus dem Süden anreist, kann am Wochenende von München über Stuttgart einen Nachtzug nach Leer, Emden, Norden und Norddeich nehmen, Infos im Internet: wwww.dbnachtzug.de. Ganzjährig verkehrt der DB Autozug von München über Stuttgart nach Bremen, im Sommer auch nach Emden, Norden und Norddeich Mole, Infos: www.dbauto zug.de.

… mit dem Schiff

Borkum, Norderney und Langeoog sind tideunabhängig, die Fähren verkehren nach festem Fahrplan. Alle anderen Inseln sind tideabhängig, das bedeutet, dass die Abfahrtszeiten täglich variieren. Infos zu Fähren: siehe die praktischen Hinweise im Reiseteil.

Inselhopping: Regelmäßige Schiffsverbindungen von einer Insel zur anderen gibt es nicht. Wer eine Nachbarinsel besuchen möchte, muss zunächst aufs Festland zurück, zum jeweiligen Fährhafen weiter und kann von dort mit der Fähre übersetzen. Ein Besuch der Nachbarinseln steht im Sommerhalbjahr aber auch häufig auf dem Programm der Ausflugsschiffe.

Gepäck: Alle Gepäckstücke (Koffer, größere Taschen, Surfbretter, Bollerwagen etc.) mit Ausnahme des Handgepäcks und Kinderwagen werden vor der Überfahrt in Container verladen. Es spart viel Sucherei, wenn man sich die Nummer seines Containers merkt! Um nicht in Stress zu geraten, sollte man eine Stunde vor Abfahrt der Fähre am Hafen sein. Zum Ausladen gibt es Kurzzeitparkplätze direkt am Anleger.

Tagesausflüge zu den Inseln

Wer von der Küste aus eine oder mehrere Inseln besuchen möchte, sollte die Fahrpläne der tideabhängigen Inseln Juist, Baltrum, Spiekeroog und Wangerooge gleich zu Beginn des Urlaubs genau studieren, um die Tage mit der längstmöglichen Aufenthaltsdauer herauszufinden, nur etwa alle zwei Wochen liegen die Abfahrtszeiten für 2, 3 Tage so günstig, dass man morgens hin und abends zurückfahren kann. Die Tagesrückfahrkarte ist oft erheblich günstiger als das Fährticket für Urlauber, die länger auf der Insel bleiben (Preise s. S. 34). Parkplätze für Tagesgäste finden sich in allen Häfen in Anlegernähe, Parkgebühren pro Tag ab 4 €.

Am Fähranleger kann man gleich den Transport des Gepäcks zur Inselunterkunft vereinbaren. Die meisten Insel-Hotels haben einen eigenen Kofferdienst. Viele Vermieter auf den autofreien Inseln stellen am Hafen für ihre Gäste einen Handwagen bereit, auf dem der jeweilige Hausname steht.

… mit dem Flugzeug

Der nächste internationale Flughafen ist Bremen. Auf den Flugplätzen in Emden, Norddeich, Harle (Wittmund/Carolinensiel), Wilhelmshaven können kleinere Maschinen landen. Alle Inseln bis auf Spiekeroog haben einen Flugplatz. Direktflüge gibt es von Berlin, Bremen, Dortmund, Düsseldorf, Essen-Mülheim, Köln/Bonn; Informationen erhält man in allen Reisebüros oder über die jeweiligen Flughäfen.

Da einige Inseln nur tideabhängig angelaufen werden können, lohnen sich Flüge vor allem für Kurzurlauber. Für Juist gibt es beispielsweise eine preisgünstige Verbundkarte, mit der

Reiseinfos

eine Strecke per Fähre, die andere mit dem Flieger zurückgelegt wird.

Flugplatz Harle: LFH Inselflieger, Tel. 04464 948 10, www.inselflieger.de. **Flugplatz Norden-Norddeich:** FLN Frisia Luftverkehr GmbH Norddeich, Tel. 04931 933 20, www.fln-norddeich.de. **Flugplatz Emden:** OLT Ostfriesische Lufttransport GmbH, Tel. 04921 899 20, Fax 04921 89 92 22, www.olt.de.

Verkehrsmittel…

… auf den Inseln

Nach Borkum und Norderney kann man sein Auto mitnehmen, es ist aber entbehrlich, im befahrbaren Teil der Inseln verkehren Busse. Alle anderen Inseln sind autofrei, Frachten und Passagiere werden mit Elektrowagen, Pferdetaxis oder Handkarren befördert.

Das Fahrrad ist das Verkehrsmittel Nummer eins, nur auf Baltrum und Spiekeroog ist die Mitnahme von Rädern nicht erwünscht, dort gibt es auch keinen Fahrradverleih. Auf allen anderen Inseln findet man viele Anbieter. Der Mietpreis beträgt 5–10 €/Tag, 16–35 €/Woche. Viele Verleihbetriebe bieten nur neue Räder an (ab 7 €).

Die Beförderungspreise für Fahrräder auf den Fähren variieren stark. In der Regel lohnt sich die Mitnahme des Rades finanziell für alle, die länger als drei Tage auf der Insel bleiben. Es sei aber daran erinnert, dass Salz und Sand den Drahteseln enorm zusetzen, nach drei Wochen Urlaub sind sie nicht mehr das, was sie zu Ferienbeginn waren.

… an der Küste

Wer auf dem Festland Urlaub macht, etwas abgelegen wohnt, vielseitig interessiert ist und verschiedene Einrichtungen wie die Emder Kunsthalle oder die Seehundstation in Norddeich besu-

---

Ostfriesland für'n Euro
Der Verkehrsverbund Ems Jade (VEJ) bietet Urlaubern im Sommerhalbjahr tgl. ab 9 Uhr die Möglichkeit, Ostfriesland für wenig Geld zu entdecken, und zwar mit dem sogenannten **Urlauber-Bus**. 1 € kostet es je Richtung und Person. Bedingung ist eine Kurkarte (Norddeich, Norden, Hage, Dornum, Dornumersiel, Neßmersiel, Greetsiel) oder Gästekarte (in den anderen Orten). Auf bestimmten Buslinien wird ein Fahrradanhänger mitgeführt, Mitnahmepreis pro Rad 1,70 €. Auskünfte bei VEJ, Tel. 049 419 33 77, www.urlauberbus.info.

---

chen möchte, reist am besten mit dem Auto und Fahrrädern an. Zwischen den einzelnen Küstenorten bestehen jedoch auch gute Busverbindungen, teilweise im Halbstundentakt.

Karten

Es gibt viele Auto- und Freizeitkarten von der Ostfriesischen Halbinsel, in denen die wichtigsten Sehenswürdigkeiten eingetragen und häufig auch beschrieben sind – ideal für all diejenigen, die sich auch auf der Anreise schon mal etwas anschauen möchten …

Von allen Inseln gibt es preiswerte Inselkarten, auf denen Wander-, Rad- und Reitwege verzeichnet sind. Sie reichen zur Orientierung aus. Detaillierter sind die Kompass-Karten, die es für jede Insel gibt (Maßstab 1:15 000 u. 1:17 500). Es sind Wanderkarten mit Reitwegen und vielen touristischen Infos.

Kostenlos erhältlich sind die von der Nationalpark-Verwaltung herausgegebenen Karten mit naturkundlichen Informationen zu den Naturschutzgebieten. Sie liegen in den Nationalparkhäusern und Informationshütten aus.

Übernachten

Die umfangreichen, informativen Gastgeberverzeichnisse mit Adressen und Preislisten der Hotels, Pensionen und Ferienwohnungen sind über die Kurverwaltungen/Tourismusbüros zu beziehen bzw. im Internet herunterzuladen. Interessenten können sich direkt an den Vermieter wenden. In Qualität und Angebot vergleichbare Unterkünfte sind auf den Inseln teurer als an der Küste, am preiswertesten sind Übernachtungen im Binnenland. Im Sommer muss man für Ferienwohnungen erheblich tiefer in die Tasche greifen als im Winter. Alle im Buch genannten Preise beziehen sich auf die Hauptsaison.

In den Sommerferien, an sonnigen Feiertagen und verlängerten Wochenenden sind die Unterkünfte auf den Inseln und entlang der Küste ausgebucht. Attraktive Ferienwohnungen gehen zuerst weg. Wer in der Hauptsaison Urlaub machen möchte, sollte bereits zu Beginn des Jahres reservieren.

Hotels, Pensionen und Privatzimmer

Das Angebot an komfortablen Hotels mit großzügigen Wellnessabteilungen ist in den letzten Jahren stetig gestiegen. Doppelzimmer gibt es – so man zu zweit reist – zum Teil vergleichsweise günstig, während Einzelreisende ungleich kräftiger zur Kasse gebeten werden.

Zu einigen der Hotels gibt es hilfreiche Kommentare im Internet unter **www.hotelbewertungen.de.**

Während Hotels auf Kurzurlauber eingestellt sind, müssen Gäste, die weniger als vier Nächte bleiben, in vielen Pensionen und Gästehäusern mit einem Aufpreis rechnen.

Zum Teil recht günstig, ab 15 €, sind Privatzimmer in normalen Wohnhäusern. Hier bekommt man garantiert Kontakt zur einheimischen Bevölkerung.

Übernachten an der Strandpromenade von Borkum

Reiseinfos

Bett & Bike
Der ADFC (Allgemeiner Deutscher Fahrrad-Club) hat eine Liste der rad-fahrerfreundlichen Unterkünfte – Hotels, Pensionen, Jugendherbergen und Campingplätze – sowie Gastronomiebetriebe in dem Katalog »Bett & Bike« zusammengestellt. Der Katalog kann über die Website **www.bettundbike. de** oder per Tel. 01805 00 34 79 (0,14 €/Min.) bestellt werden, Versandkostenpauschale 10 €.

Ferienwohnungen

Obwohl das Angebot riesig ist, sollte man für die Monate Juli und August lange im Voraus buchen. Der Mindestaufenthalt beträgt in der Regel vier Tage, in der Saison eine Woche. Zu dem Preis der Wohnung kommt häufig noch eine einmalige Endreinigung hinzu.

Ein großes Angebot an Ferienwohnungen und -häusern findet man im Internet: **www.ferien-privat.de, www. 1001-ferienhaus.de, www.atraveo.de.**

Ferien auf dem Bauernhof und Heuhotels

Auf Bauernhöfen werden vor allem Ferienwohnungen vermietet. Manche Höfe sind sehr einfach und ursprünglich, Kinder werden vielfach in den normalen Arbeitsalltag mit einbezogen. Dann wieder gibt es Höfe, die ein professionelles Animationsprogramm für Stadtkinder anbieten – ganz wie es einem gefällt. Über 400 Bauernhöfe, Heuhotels sowie Bett & Box (Urlaub mit dem Pferd) vermittelt die AG Urlaub & Freizeit auf dem Lande e.V., Lindhooper Str. 63, 27283 Verden/Aller, Tel. 04231 19 66 50, 66, **www.bauern hofferien.de.**

Jugendherbergen

Jugendherbergen gibt es auf allen Ostfriesischen Inseln (außer Baltrum und Spiekeroog) sowie auf dem Festland in Aurich, Emden, Esens-Bensersiel, Jever, Norddeich, Schillighörn. Bedingung für eine Übernachtung ist die Mitgliedschaft, die auch vor Ort erworben werden kann. Die großen Schlafräume sind nach Geschlechtern getrennt, in den neueren Jugendherbergen gibt es viele Doppel- und Familienzimmer, Übernachtung pro Pers. mit Frühstück ab 19 € (›Senioren‹ ab 27 Jahre zahlen einen Aufschlag von 3 €), auf den Inseln ist eine Übernachtung nur mit Vollpension möglich, ab 23 €, die Preise sind im Reiseteil angegeben.
DJH Service GmbH: Bismarckstr. 8, 32756 Detmold, Tel. 0523 17 40 10 (Mo–Fr 8–16.30 Uhr), **www.djh-service.de, www.jugendherberge.de.**

Campingplätze

Auf allen Inseln außer auf Juist und Wangerooge gibt es Zelt- oder Campingplätze. Nach Borkum und Norderney kann man Wohnmobile und -wagen mitnehmen. Vorbestellung ist in der Saison anzuraten, in jedem Fall für den beliebten Zeltplatz auf Spiekeroog. In den Küstenorten liegen die Campingplätze häufig gleich hinterm Deich in Strand- und in Hafennähe. Einen guten Überblick gibt der ADAC-Campingführer Bd. 2: Deutschland – Nordeuropa oder die Broschüre Ostfriesland, Camping- und Reisemobilurlaub (zu bestellen über Ostfriesland Tourismus GmbH in Leer, s. S. 14). Ansonsten kann man sich auch von den Touristenbüros Campingplatzbroschüren schicken lassen, Internetadressen der Plätze sind im Reiseteil angegeben.

24

Essen und Trinken

Die Menschen an der Nordseeküste lieben deftige, bodenständige Speisen. Frische Produkte des Landes bilden die Grundlage für eine jahreszeitlich orientierte Küche. Im späten Frühjahr lockt zart-würziges Deichwiesenlamm, im Frühsommer der Matjes. Im Herbst bereichern Wildspezialitäten wie Reh, Fasan und Ente die Speisekarten.

Typisch Küste

Überaus reich ist das Angebot an Fisch und Meeresfrüchten. Ein Großteil des angebotenen Fisches stammt aus dem Nordatlantik und wird in den beiden größten deutschen Fischereihäfen, Cuxhaven und Wilhelmshaven, angelandet. Kleinere Fischkutter gehen von den Sielhäfen in küstennahen Gewässern auf Fang und beliefern die Fischereigenossenschaften, aber auch so manches gute Restaurant vor Ort – hier sollte man zugreifen. Fisch ist Vertrauenssache, darum ist es immer am besten, die Einheimischen zu fragen, wo sie ihren Fisch kaufen bzw. essen gehen.

Von Mai bis Anfang Juni hat der neue **Matjes** Saison, ein wahrer Leckerbissen. Nach dem Fang reift der junge Hering etwa acht Wochen bei Temperaturen zwischen 6 und 15 °C in einer milden Salzlake. Matjes isst man traditionell so: Matjes am Schwanz fassen und ihn »sutje in die Luke runterlassen«. Auf der Speisekarte findet man frischen oder gebratenen Matjes mit Bratkartoffeln. Eine Delikatesse sind Matjesheringe in Sahnesoße mit Pellkartoffeln und grünen Bohnen.

Köstlich sind auch frische **Maischollen.** Sie werden vielfältig zubereitet: gedünstet, gedämpft, gebraten, im eigenen Saft mit leichter Senfsoße oder deftig mit Speckstippe. **Aal** bekommt man fast überall oder man angelt ihn selbst, es gibt ihn in vielen Seen und Küstengewässern. In Butter gebraten wird er in vielen Lokalen serviert.

Mein Tipp

Köstlich und gesund: Fangfrische Krabben
Die Nordseekrabben heißen auch Granat, weshalb die ostfriesische Küste mitunter auch scherzhaft Costa granata genannt wird. Einheimische und Urlauber lieben sie gleichermaßen. Sie können unbesorgt in großen Mengen genossen werden, denn sie sind nicht nur reich an Eiweiß und Mineralstoffen, sondern auch arm an Kalorien und Fett. Das Pulen einer Tüte fangfrischer Krabben gehört zu einem Nordseeurlaub einfach dazu: Dazu nimmt man das Kopf- und Schwanzende der Krabbe, verdreht beide (auf der Höhe des dritten Ringes von unten) gegeneinander, bis es zart knackt, und zieht dann die Hülle ab, die das Schwanzende umgibt. Wer den Dreh raushat, gewinnt rasch an ›pulerischer‹ Schnelligkeit.

Reiseinfos

Fisch gibt es erwartungsgemäß in allen erdenklichen Variationen …

Nicht lang schnacken

Mit dem ersten Frost beginnt die Saison für **Grünkohl.** Der Frost ist wichtig, denn er wandelt die Bitterstoffe des Grünkohls in Zucker um. Grünkohl-Essen stehen allerorten auf den Veranstaltungsprogrammen. Zubereitet wird der Grünkohl regional unterschiedlich – mit durchwachsenem Speck, Kasseler oder Pinkel, einer geräucherten Wurst aus Speck, Zwiebeln und Hafergrütze. Um die kalorienreichen Gelage besser zu verdauen, trinkt man frisch gezapftes Bier und einen hochprozentigen Klaren, an der Küste auch Friesenwein genannt. Gerne kippt man die beiden im Wechsel, nach dem Motto: »Nicht lang schnacken, Kopp in' Nacken!«

Ausschließlich lang haltbare Zutaten beinhaltet das berühmte **Labskaus,** ein traditionelles, norddeutsches Seemannsgericht, das auf allen Speisekarten zu finden ist: Pökelfleisch wird mit rohen Zwiebeln durch den Fleischwolf gedreht und mit gestampften Kartoffeln eingekocht (statt Pökelfleisch kann man auch Corned Beef nehmen). Dazu gibt es saure Gurken, rote Bete, ein Spiegelei und einen Salzhering.

Süße ostfriesische Leidenschaften

Zu den süßen Spezialitäten Norddeutschlands zählt **Rote Grütze** mit frischer Sahne oder Vanillesoße. Auf jeder Speisekarte zu finden ist **Milchreis,** der oft mit Früchten oder Beeren serviert wird. Unbedingt eine Sünde wert ist die **Ostfriesentorte** aus Biskuitboden, Sahne und in Rum eingelegten Rosinen. **Jeversche Leidenschaft** ist ein in Brezelform gebackenes, zartes Gebäck aus süßem Blätterteig.

Spätestens wenn im Herbst die Nebel aufkommen und der nasskalte Wind aus Westen bläst, ist es Zeit für heiße Köstlichkeiten: **Teepunsch, Friesenfeuer, Grog:** Auf mehr oder minder viel Rum kommen heißes Wasser und Zucker. An der Küste gilt das alte Grogrezept: Rum muss, Zucker darf, Wasser kann.

Berauschend ist die **Bohntjesopp,** ein Getränk, das – mit Branntwein, Rosinen und Kandis angesetzt – mehrere Tage zieht und zu vielen ostfriesischen Feierlichkeiten, immer aber zu Taufen und Hochzeiten, gereicht wird.

Aktivurlaub, Sport und Wellness

Angeln

Das Angeln in der Nordsee ist kostenlos. Von allen Inseln und Küstenhäfen werden Angelfahrten angeboten. Für das Angeln in Binnengewässern ist ein Angelschein erforderlich, den Kurverwaltungen oder Gewässerpächter ausgeben – allerdings nur gegen den Nachweis der Sportfischerprüfung.

Baden

Das Baden in der Nordsee ist abhängig von Ebbe und Flut – das Wasser ist an heißen Sommertagen nicht unbedingt da, wenn man es sich wünscht. Den **Tidekalender** mit Hoch- und Niedrigwasserzeiten erhält man in der jeweiligen Kurverwaltung. Baden sollte man nur während der festgelegten Zeiten und an den bewachten Badeplätzen. In jedem Fall nur bei auflaufendem Wasser! Der Ebbstrom bei ablaufendem Wasser ist besonders auf den Inseln so stark, dass auch geübte Schwimmer ins Meer gezogen werden.

Auch während der offiziellen Badezeiten gilt: Ein am Strand hochgezogener roter Warnball bedeutet Badeverbot für Kinder und Nichtschwimmer, zwei Warnbälle heißen allgemeines Badeverbot.

Wasserqualität: Die jährliche Untersuchung des ADAC über die Wasserqualität in der Nordsee bescheinigt der Ostfriesischen Küste – bisher in jedem Jahr – hervorragende Badequalität (das Urteil »einwandfrei sauber« bezieht sich auf das Vorhandensein von schädlichen Bakterien).

FKK: FKK-Strände gibt es in Hooksiel, auf Borkum, Norderney und Helgoland, einen FKK-Campingplatz in Schillig.

Fahrrad fahren

Fahrräder sind auf den Inseln das Fortbewegungsmittel Nummer eins (nur auf den kleinsten Inseln, Baltrum und Spiekeroog, sind sie nicht erwünscht). Ausgewiesene Rad- und Wanderwege erleichtern auf den Inseln wie auch an der Küste die Orientierung, Karten sind in den Tourist-Informationen und im Buchhandel erhältlich.

Radwandern: Auf der Ostfriesischen Halbinsel gibt es eine Vielzahl gut markierter Radwanderrouten. Sehr gut aufbereitete Informationen inkl. Karten und Unterkünfte für Radfahrer bietet die Ostfriesland Tourismus GmbH (s. S. 14). Dort kann man auch den Katalog Radurlaub sowie einzelne Radroutenführer bestellen, u. a. die Routenführer Tour de Fries, Friesischer Heerweg, Friesenroute Rad up Pad, Internationale Dollard Route, Deutsche Fehnroute. Über die Radrouten im Gebiet zwischen Weser und Ems informiert auch **www.fahrradurlaub.net.** Vielerorts sind Vermieter auf Radfahrer eingestellt.

Rad up Pad

Ein Radwanderrundweg vom Feinsten ist die 290 km lange Friesenroute Rad up Pad. Sie ist mit einem Symbol gekennzeichnet und ausgestattet mit kunst- und kulturhistorischen Tafeln sowie Rastplätzen mit pavillonartigen Schutzhütten. Etappen der Tour sind: Norden, Norddeich, Dornumersiel, Aurich, Wiesmoor, Emden, Greetsiel, Norden. Karten, Bücher und Infos sind bei der Ostfriesland Touristik GmbH, in den örtlichen Touristenbüros und im Buchhandel erhältlich.

Reiseinfos

Golf

Das Spielen hat auf den Inseln so seine Tücken: Der starke Wind vertreibt so manchen gut gezielten Ball. Auf Norderney gibt es einen landschaftlich sehr reizvoll gelegenen 18-Loch-Golfplatz (s. S. 131), auf Langeoog eine 9-Loch-Anlage (s. S. 155). Auch in Küstennähe liegen einige gute Golfplätze, die Gäste aufnehmen, u. a. in Wilhelmshaven: Golfclub Wilhelmshaven-Friesland, Tel 044327 98 59 18, www.golfclub-wilhelmshaven.de.

Nordic Walking

Ostfriesland ist ein perfekter Ort für Nordic Walker. Zwar gibt es keine großartigen Steigungen im Gelände, aber wer es gern etwas anspruchsvoller hat, marschiert einfach mal ein Stück über den Sandstrand. Entlang der Küste wie auch auf den Inseln gibt es Nordic-Walking-Kurse, Lauftreffs und ausgewiesene Routen. Den Anfang machte das Wangerland mit zwei Nordsee-Nordic-Fitness-Sport-Parks in Horumersiel-Schillig-Minsen und Hooksiel mit einem ausgedehnten Rundwegenetz mit einer Gesamtlänge von über 100 km in verschiedenen Schwierigkeitsstufen. Infos über das Aufwärmen und die richtige Walking-Technik werden auf den Start- und Stationstafeln gegeben.

Paddel und Pedal

Die ostfriesische Halbinsel ist ein Paradies für Paddler. Auf unzähligen Wasserläufen und Kanälen lässt sich das Land abseits der Autostraßen mit dem Kanu (Kajak und Kanadier) erkunden. Bei der Touristik GmbH Südliches Ostfriesland (Ledastr. 10, 26789 Leer, Tel. 0491 91 96 96 30, www.paddel-und-pedal.de, www.ostfriesland.de) gibt es das kostenlose Heft **Naturerlebnis mit Paddel und Pedal**. Darin werden u. a. die 20 Paddel- und Pedal-Stationen beschrieben, an denen man Kanus und Fahrräder mieten, aber auch verschiedene Touren buchen oder individuelle Kombi-Touren mit Paddel und Pedal planen kann.

Reiten

Niedersachsen ist Pferdeland. Reiterhöfe gibt es u. a. auf Borkum, Juist, Norderney, Spiekeroog sowie in vielen küstennahen Orten auf dem Festland. Sie bieten Unterricht und Ausritte. Die Adressen der Reiterhöfe sind in den Gastgeberverzeichnissen aufgelistet.

In Ostfriesland können Ross und Reiter auch gemeinsam Urlaub machen. Unter **www.bettundbox.de** findet man jede Menge Informationen für die Ferienplanung, so z. B. Unterkünfte für Pferd und Reiter, Reitmöglichkeiten für Kinder, Beschreibung der Reitanlagen, aber auch Serviceseiten mit Tipps zu Reittouren, Raststationen, Adressen von Tierärzten und Hufschmieden.

Segeln und Surfen

Im Bereich der Ostfriesischen Inseln liegen traumhafte Surf- und Segelreviere. Alle Inseln verfügen über Yachthäfen, Segel- und Surfschulen mit Kursen für Anfänger und Fortgeschrittene. Die Adressen sind im Reiseteil angegeben. Auf einigen Inseln ist der Verleih von Surfbrettern nur in Verbindung mit einem Kurs möglich. Wer auf eigene Faust segelt oder surft, sollte beachten, dass weite Gebiete des Nationalparks den Vögeln

Reiseinfos

und Seehunden vorbehalten sind. Die Ruhezonen sind in den Karten des Nationalparkamtes verzeichnet (s. S. 22). Unerlässlich ist die Anschaffung eines Tidenkalenders, in denen die Zeiten des Niedrig- und Hochwassers angegeben sind.

ney und von Bensersiel nach Langeoog. Eine Strecke – entweder hin oder zurück – wird mit dem Schiff zurückgelegt. Faltblätter mit den Terminen der einzelnen Wattführer liegen vor Ort in den Touristenbüros, in Läden und am Anleger aus.

Wattwandern

Auf allen Inseln und in den meisten Küstenorten werden im Sommerhalbjahr fast täglich Wattwanderungen angeboten – viele auch speziell für Familien mit kleinen Kindern. Wer zu Beginn des Urlaubs eine Führung mitmacht, kann sich während des ganzen Urlaubs an seinem frisch erworbenen naturkundlichen Wissen erfreuen. Besonders erlebnisreich sind die Wattwanderungen mit Flutbeobachtung auf Juist (s. Entdeckungstour S. 108) und die Wanderungen vom Festland zu den Inseln: Von Harlesiel geht es nach Spiekeroog, von Neßmersiel nach Baltrum, von Norddeich nach Norder-

Wellness und Thalasso

Auf den Inseln und in vielen Orten an der Küste gibt es verlockende Wellnessangebote. Ein großer Teil der Unterkünfte im hochpreisigen Segment verfügt mittlerweile über einen hauseigenen Wellness-Bereich mit Schwimmbad und Saunen.

Schwimmen im Meer, den Wind im Haar, Salz auf der Haut, Schlick am Körper: Thalasso ist sowohl Wellness als auch eine therapeutisch-medizinische Behandlungsmethode. Adressen und Angebote der Thalasso-Bäder an Nord- und Ostsee findet man im Internet unter: **www.die-deutschen-seebaeder.de.**

Das Abenteuer einer Wattwanderung sollte man sich auf keinen Fall entgehen lassen

Feste und Unterhaltung

Brauchtum

Boßeln und Klootstockschießen

Die traditionellen Sportarten sind ein geselliges Sonntagsvergnügen, vor allem im Winterhalbjahr: »Lüch up und fleu herut!« (»Heb auf und flieg weit hinaus«) heißt das Motto, wenn Mann gegen Mann, Dorf gegen Dorf zum Klootstockschießen antreten. Die Mannschaften versammeln sich möglichst direkt hinter dem Deich, von dort geht es über hartgefrorene Marschwiesen querfeldein. Das Ziel des Spiels besteht darin, den *Kloot,* eine mit Blei ausgegossene Holzkugel, von einem Absprungbrett so weit wie möglich zu schleudern. Die Zuschauer, die *Käkler un Mäkler,* feuern die Sportler an. Sie sind auch beim Boßeln auf der Landstraße dabei. Auch hier muss eine Holz- oder Hartgummikugel möglichst weit geworfen werden: Mit reichlich Anlauf wird sie wie beim Kegeln vorwärtsgetrieben und jeweils dort wieder aufgenommen, wo sie liegenbleibt. Die Mannschaft hat gewonnen, die die wenigsten Würfe für eine bestimmte Strecke braucht. In Pilsum am Deich wird im Sommerhalbjahr jeden So um 9 Uhr geboßelt, Gäste sind willkommen.

Bogenmaker

Eine alte, bis heute lebendige Tradition im nachbarschaftsverbundenen Ostfriesland haben die Bogenmacher: Das ganze Jahr über sieht man hier und da über der Haustür von Privathäusern gebogene, geschmückte Girlanden, zum Einzug und Familienfesten aller Art. Die Männer fertigen das Grundgerüst des Bogens, die Frauen schmücken ihn. Als Dank werden die Bogenmaker reichlich bewirtet.

Schlickschlitten-Rennen

Früher fuhren die Fischer mit ihren Schlitten hinaus über den Wattenschlick, um den frisch gefangenen Fisch aus den Reusen zu holen. Aus der alten Tradition, die heute nur noch einige Hobbyfischer aufrechterhalten, hat sich ein ungewöhnlicher sportlicher Wettkampf entwickelt: Ende Juli, meist aber im August, wird die norddeutsche Meisterschaft in Pilsum ausgetragen – jeder kann mitmachen. Prämiert werden nicht nur die schnellsten Schlickrutscher, sondern auch die originellsten Kostüme (www.greetsiel.de).

Kulturfestivals

Krummhörner Orgelfrühling

Festival geistlicher Musik; international renommierte Künstler spielen in alten Kirchen, teilweise auf historischen Instrumenten, eine Woche Ende April/Anfang Mai, Tickethotline Tel. 0421 36 36 36, Info: www.greetsiel.de.

Internationales Filmfest Emden-Norderney

Der Schwerpunkt liegt auf Filmen aus dem nordwesteuropäischen Raum, eine Woche im Mai/Juni. Ein filmkultureller Genuss von höchster Güte, www.filmfest-emden.de.

Borkumer Jazztage

Viele Open-Air-Konzerte, Festivaltour für Nachtschwärmer und Konzerte an Veranstaltungsorten wie der Kulturinsel, der ev. Kirche u. a., Pfingsten, www.borkumerjazztage.de.

Jazzfestival Spiekeroog

International bekannte Künstler bieten klassischen Piano Blues bis zum Big-

Reiseinfos

Festkalender

April/Mai

Krummhörner Orgelfrühling: eine Woche Ende April/Anfang Mai. s. S. 30
Töwerland-Music-Festival: drei Tage ab Himmelfahrt auf Juist, s. S. 110
Juister Maizeit: zweite Maihälfte, s. S. 110
Norddeicher Drachenfest: zweite Maihälfte, s. S. 231
Jazzfestival Spiekeroog: drei Tage Ende April, s. S. 30

Mai/Juni

Emder Matjestage: drei Tage Ende Mai/Anfang Juni, s. S. 201
Internationales Filmfest Emden/Norderney: eine Woche im Juni, s. S. 30
Borkumer Jazztage: Pfingsten, s. S. 30
White Sands Festival: Pfingsten, s. u.
Tour de Nordsee: 8 Tage im Juni, s. u.

Juli/August/September

Wochenende an der Jade: erstes Juli-WE in Wilhelmshaven, s. S. 269
Dornröschen rockt: letztes Juli-WE auf Baltrum, s. S. 147
Schützenfest Esens: zweites Juli-WE, s. S. 244
Internationales Drachenfest: letztes Juli-WE auf Norderney, s. S. 132

Greetsieler Woche: Juli/Aug., ostfriesische Kunst/Kunsthandwerk, s. S. 214
Dornumer Kunsttage: 3 Wochen im Juli/Aug., s. S. 236
Ritterfest zu Dornum: 2 Wochenenden im Juli/Aug., s. S. 236
Kutterkorso in Greetsiel: Juli/Aug., s. S. 214
Krabbenkutter-Regatta: Juli/Aug., in Neuharlingersiel, s. S. 247
Hafenfest in Carolinensiel: zweites Aug.-WE, s. S. 251
Borkumer Meilenlauf mit Nordic Walking: Anfang Sept., s. S. 94
Jazzfestival am Meer: Anfang Sept. auf Norderney, s. S. 134

Oktober/November/Dezember

JadeWeserPortCup: Anfang Okt. in Wilhelmshaven, s. S. 269
Internationales Nordsee Blues Festival in Emden: ein Tag im Nov., s. u.
Engelke-Markt: 23. Nov.–23. Dez. in Emden, s. S. 201
Lüttje Greetmer Wiehnachtsmarkt: 2./3. Advents-WE in Greetsiel, s. S. 214
Borkumer Blues Nights: in vielen Borkumer Kneipen vom 27.12. bis Silvester, s. S. 94

bandsound im New-Orleans-Stil, Konzerte im Haus des Gastes u. a. Highlight: Jazz im Watt – ein Schiffsausflug ins Wattenmeer mit Live-Jazz, 3 Tage Ende April, Info über Kurverwaltung (s. S. 164) und www.spiekeroog.de

Internationales Nordsee Blues Festival in Emden

Im November empfängt Emden Bluesgrößen aus aller Welt in mehr als 15 Kneipen und Schiffen in der Innenstadt, www.blues-nacht.de.

Sportfestivals

White Sands Festival

Pfingsten trifft sich die Elite deutscher Beach-Volleyballer und Windsurfer auf Norderney, www.whitesandsfestival.de.

Tour de Nordsee

Der EWE Nordseelauf führt Läufer und Walker über 7 Etappen in 8 Tagen entlang der Nordsee zwischen Cuxhaven, Borkum und Greetsiel; im Juni, www.nordseelauf.de.

Reiseinfos von A bis Z

Ärztliche Versorgung

Auf allen Inseln praktiziert wenigstens ein Badearzt, auf den großen Inseln Borkum und Norderney findet man eine ganze Reihe von Fachärzten und Krankenhäusern. Auf Baltrum und Spiekeroog gibt es keinen Zahnarzt. Apotheken gibt es auf allen Inseln.

Krankenhäuser auf dem Festland: Aurich, Tel. 04941 940; Emden, Tel. 0491 980; Norden, Tel. 04931 18 10; Wilhelmshaven, Tel. 04421 890; Wittmund, Tel. 04462 86 02.

Feiertage

1. Januar, Karfreitag, Ostermontag, Pfingstmontag, 1. Mai, Christi Himmelfahrt, 3. Oktober, 25./26. Dezember

Gesundheit und Kur

Dank der von Westen über das Meer herangeführten staub- und keimfreien Seeluft sowie der von der Brandung fein zerstäubten Mineralstoffe gilt das Nordseeklima als ausgesprochen heilkräftig. Borkum kann sogar mit Hochseeklima werben. Das Reizklima an der Nordsee stärkt die Abwehrkräfte des Körpers, kräftigt die Gesundheit und wirkt heilsam bei zahlreichen Krankheiten. Allergiker können buchstäblich aufatmen, die pollenarme Luft ist eine Wohltat für Heuschnupfengeplagte.

Alle Inselorte und einige Küstenorte sind staatlich anerkannte Nordseeheilbäder. Trotz Gesundheitsreform ist es auch heute noch möglich, eine Kur bewilligt und Zuschüsse zu bekommen. Der Weg zur Kur, sei es eine ambulante Vorsorgekur oder eine stationäre Rehabilitationskur, läuft über den Hausarzt, der ihre Notwendigkeit bestätigt. Die Kurmittelhäuser stehen auch Nicht-Kurenden offen, alle Kurmittel, die nicht verschreibungspflichtig sind, können auf eigene Rechnung in Anspruch genommen werden.

Auf den Inseln, aber auch in den Küstenorten wird großer Wert auf ein ausgewogenes Gesundheitsprogramm gelegt: morgendliche Strandgymnastik, Vorträge mit Anleitung und Hinweisen zum gesünderen Leben, Wassergymnastik, Jazztanz, Lauftreffs usw. Die Teilnahme ist für Gäste mit Kur-/Gästekarte i. d. R. kostenlos bzw. stark ermäßigt.

InselCard/ Nordsee ServiceCard

Auf vielen Inseln sind die bisherigen Fährtickets, Kurkarten und Strandkorbkarten durch eine Chipkarte ersetzt worden, die man bereits vor der Anreise bestellen kann bzw. spätestens am Anleger am Fahrkartenschalter erhält. Vor der Abreise wird geprüft, ob man seine Rechnungen, beispielsweise die Kurabgabe, beglichen hat, dazu gibt es mehrere Servicestellen auf den Inseln. Wer bei der Abreise noch etwas schuldig ist, wird spätestens am Fähranleger zur Kasse gebeten. (Das gilt nicht für Tagesgäste, die nichts zusätzlich bezahlen müssen, der Kurbeitrag ist im Ticketpreis schon enthalten). An der Küste haben sich mehrere Urlaubsregionen zusammengetan: die NordseeServiceCard gilt für Carolinensiel/Harlesiel, Dangast, Dornum, Esen/Bensersiel, Neuharlingersiel und Werdum. Das hat den Vorteil, dass man auch mal im Nachbarort ohne extra Kurabgabe/Eintritt an den Strand kann.

Reiseinfos

Internet

In den Urlaubsorten entlang der Küste und auf den Inseln bieten die meisten Kurverwaltungen Terminals an, auf Norderney dürfen Gäste täglich für 15 Minuten sogar kostenlos ins Netz, fast überall gibt es mindestens ein Internetcafé. Die Adressen sind in den Gastgeberverzeichnissen vermerkt.

Kinder

Wer mit Kindern schöne Ferientage erleben möchte, ist auf den Ostfriesischen Inseln und an der Küste genau richtig. Ebbe und Flut bestimmen den Alltag am Meer. Bei Niedrigwasser kann man zwar nicht baden, dafür aber auf dem Meeresboden spazieren gehen, nach Lust und Laune schaufeln und Gräben ziehen, Muscheln suchen, mit dem Kescher in Prielen nach Krabben und Krebsen fischen.

In den meisten Gastgeberverzeichnissen wird gesondert auf familienfreundliche Unterkünfte hingewiesen. Die Fülle an Veranstaltungen für Kinder – viele von ihnen kostenlos – ist überwältigend, grandios die Ausstattung der Kinderspielhäuser. Vielerorts gibt es mehrstündige, mitunter sogar kostenlose Kinderbetreuung. Alle Inseln und auch viele Nordsee(heil)bäder bieten ganzjähriges Badevergnügen in Spaß- und Erlebnisbädern.

Nationalpark Niedersächsisches Wattenmeer

Sitz der Nationalparkverwaltung: Virchowstr. 1, 26382 Wilhelmshaven, Tel. 04421 91 10, Fax 04421 91 12 80, www.wattenmeer-nationalpark.de.
Nationalpark-Häuser und -Zentren auf den Inseln und dem Festland: National-park-Haus Baltrum, Nationalpark-Schiff Borkum, Nationalpark-Haus Carolinensiel, Nationalpark-Haus Dangast, Nationalpark-Haus Dornumersiel, Nationalpark-Haus Greetsiel, Nationalpark-Haus Juist, Seehundstation Nationalpark-Haus Norddeich, Nationalpark-Haus Norderney, Nationalpark-Haus Wangerooge, Nationalpark-Zentrum Wilhelmshaven. Die meisten Häuser bieten sogenannte Nationalpark-Erlebnisfahrten an.

Medien

Die **überregionale Presse** ist im Sommerhalbjahr überall zu haben. Auf vielen Inseln erscheinen extra **Inselblätter,** sie sind im Reiseteil genannt. **Tageszeitungen mit Online-Ausgaben** sind u. a.: Ostfriesische Nachrichten, www.ostfriesischenachrichten.de; Ostfriesen-Zeitung, www.ostfriesenzeitung.de; Anzeiger für Harlingerland, www.harlinger-online.de.

Notrufnummern

Polizei: 110
Feuerwehr: 112
Krankenhäuser: s. S. 32 unter Ärztliche Versorgung
ADAC Pannenhilfe: 01802 22 22 22

Öffnungszeiten

Die Ladenöffnungszeiten sind variabel. Größere Kur- und Badeorte haben dank der Bäderregelung von März bis Oktober verlängerte Öffnungszeiten und auch am Samstag und Sonntag geöffnet. Auf dem Land, vielfach aber auch auf den Inseln, sind die Geschäfte, Postämter und Restaurants selten durchgehend geöffnet; Inseln,

Reiseinfos

Insel-Ticket

Wer zu zweit oder mit der Familie Urlaub auf Borkum, Norderney, Juist, Helgoland oder in Greetsiel macht, kann einiges Geld sparen. Mit einem Insel- bzw. Ostfriesenticket, die je nach Region und Größe des Angebots vor Ort zwischen 15 und 20 € kosten (wer online bestellt, bekommt es 5 € günstiger), erhält man Rabatte und Gutscheine für bestimmte Restaurants und Freizeiteinrichtungen. 2 for 1 heißt die Devise: Beim Essen bezahlt beispielsweise nur einer, die jeweils günstigere/preisgleiche Position wird von der Rechnung abgezogen, Info und Vorbestellung: www.inselticket.de.

Dörfer und Städtchen ›halten Mittagsschlaf‹ zwischen 13 und 15 Uhr.

Reisekasse und Preise

Zu den Kosten für Unterkunft und Verpflegung kommen noch einige Ausgaben während eines Urlaubs am Meer dazu:

Kurabgabe: Ein nicht unbeträchtlicher Kostenfaktor, für den man pro Tag/Erwachsenem 2 – 3,10 € in der Hochsaison ansetzen muss, Kinder bis 18 Jahre in Begleitung der Eltern sowie Schüler/Auszubildende sind frei oder kosten die Hälfte. Das kann sich bei einem mehrwöchigen Aufenthalt ganz schön summieren, doch im Gegenzug bekommt man mit der Kur-/bzw. Gästekarte ermäßigten Eintritt in vielen Hallenbädern, Museen und Veranstaltungen der Kurverwaltung. Auf einigen Inseln ist der Eintritt im Schwimmbad mit Gästekarte sogar ganz frei.

Strandkörbe: kosten für Tagesgäste pro Tag etwa 8 €, günstiger sind sie wochenweise.

Fahrradvermietung: Ohne Fahrräder geht es nicht auf den meisten der Inseln. Einfaches Tourenrad ab 7 €, Luxusrad mit 7-Gang-Schaltung und Vollfederung 10 €; auch hier gilt: wochenweise gemietet sind sie billiger.

Museumsbesuche: Für einen normalen Museumsbesuch muss man 2–3 € veranschlagen. Die Seehundstation in Norden kostet 5 €, die Kunsthalle in Emden 8 €, das Marinemuseum in Wilhelmshaven 8,50 €. Familienkarten bieten meist nur geringfügige Ermäßigungen und gelten in der Regel für 2 Erwachsene und 2 Kinder.

Fähren: Wer mit der ganzen Familie eine Fahrt zu den Inseln plant, muss tief in die Tasche greifen. Die Preise für ein Tagesrückfahrticket (gültig nur am Tag der Ausgabe) sind in der Regel um einiges günstiger als die Hin- und Rückfahrkarte (gültig für 2 Monate), im Fall von Borkum sogar fast um die Hälfte. Fähre Emden–Borkum 33,60 €, (Tagesrückfahrkarte 17,60 €), Norddeich–Juist 29,50 (18) €; Norddeich–Norderney 17 €, Neßmersiel–Baltrum 25 (16,50) €; Bensersiel–Langeoog 23 (19,50) €; Neuharlingersiel–Spiekeroog 24 (20) €; Harlesiel–Wangerooge 28,80 (17,30) €.

Parken: Für einen Parkplatz in Anlegernähe muss man 4 €/Tag rechnen.

Reisen mit Handicap

Der Mobilitätsservice der Deutschen Bahn gibt Reiseauskünfte für Menschen mit Handicap sowie Tipps und Links für barrierefreies Reisen, Tel. 01805 51 25 12 (0,14 €/Min.). Die Broschüre Mobil mit Handicap kann man auch im Internet herunterladen unter www.bahn.de/handicap.

Unterkünfte: In den Gastgeberverzeichnissen ist vermerkt, welche Unterkünfte behindertengerecht sind, Infos gibt es auch unter **www.rollstuhl-urlaub.de.**

Strände: Die Grünstrände entlang der Küste sind für Rollstuhlfahrer in der Regel gut zugänglich. Für Sandstrände kann man in vielen Badeorten Strand-Rollstühle mieten (Info in der Kurverwaltung bzw. Touristeninformation). **Achtung:** Da Krankenfahrstühle mit Elektroantrieb im Sinne der Straßenverkehrsordnung als Kraftfahrzeug gelten und auf den Inseln Fahrverbot für Kraftfahrzeuge besteht (im Stadtbereich gilt das auch auf Borkum und Norderney), muss eine Ausnahmegenehmigung beantragt werden. Die Adresse ist im jeweiligen Gastgeberverzeichnis angegeben oder in der Kurverwaltung zu erfragen.

Souvenirs

Maritimen Schnickschnack gibt es in allen Souvenirläden. Kinder freuen sich über beklebte Muschelkästchen, Buddelschiffe, Piratenfahnen usw., Leckermäuler über Bonbons in Gestalt von Möweneiern oder Muscheln aus Schokolade.

Überall an der Küste kann man auch hervorragendes Kunsthandwerk erstehen. In Galerien dominieren Werke mit Nordseemotiven.

Ein typisches Mitbringsel ist der **Ostfriesentee**; auf der Beliebtheitsskala ganz oben rangieren verschiedene Teesorten, die Namen tragen wie Schietwettertee, Rote Grütze usw. In den Teeläden findet man auch feines **ostfriesisches Teeservice** aus Porzellan, bei vielen, wie dem Langeooger Teeladen (s. S. 154), kann man Tee und Präsente auch online bestellen: www.tee-tradition.de, weitere Adressen im Reiseteil.

Auch regionale Wurst- und Schinkenspezialitäten der Norderneyer Fleischerei Deckena (s. S. 131) wie Sand-dornschinken und Dauerwürste mit den bezeichnenden Namen Deichkieker und Norderneyer Wattwurm gibt es im Online-Shop www.inselmanufaktur.de.

Verhalten in der Natur

Wandern, Reiten und Radfahren ist im Bereich des Nationalparks nur auf ausgewiesenen Wegen gestattet.

Dünen schützen die Inseln zur offenen See hin wie ein Deich. Es ist darum nicht erlaubt, sie abseits der Pfade zu betreten. Wer die ausgewiesenen Wanderpfade verlässt und quer durch die Dünen streift, richtet häufig großen Schaden an. In die achtlos aufgerissene Pflanzendecke kann der Wind ungehindert eingreifen.

Blumen pflücken ist im Nationalpark verboten.

Von **Seehunden** sollte man mindestens 300 m Abstand halten. Von den Elterntieren scheinbar verlassene Heuler darf man auf keinen Fall anfassen oder gar mitnehmen, stattdessen sollte man einen Vertreter des Nationalparks verständigen.

Wanderer und Wassersportler sollten auch von größeren **Vogelansammlungen** mindestens 500 m Abstand halten, um die Vögel nicht beim Fressen, beim Brüten, bei der Rast oder der Mauser zu stören. Extremem Stress werden die Vögel durch flatternde und sausende Drachen ausgesetzt. Nach ausgewiesenen Drachenflugplätzen kann man sich bei der jeweiligen Gemeinde- oder Kurverwaltung erkundigen.

Wild lebende Tiere wie **Fasane, Enten und Möwen** sollten nicht gefüttert werden. Möwen haben sich in den letzten Jahren auf Kosten anderer Vögel, denen sie die Nester ausrauben, stark vermehrt.

Panorama – Daten, Essays, Hintergründe

Masten und Fischernetze prägen das Bild der Sielhäfen an der Küste

Steckbrief Ostfriesische Inseln/Nordseeküste

Fläche und Einwohnerzahlen der Inseln
Borkum: ca. 30,6 km² (Länge ca. 10,5 km), 5300 Einw., Kreis Leer
Juist: ca. 16,4 km² (Länge ca. 17 km), 1800 Einw., Kreis Aurich
Norderney: ca. 26,3 km² (Länge ca. 14 km), 6000 Einw., Kreis Aurich
Baltrum: ca. 6,5 km² (Länge ca. 5 km), 500 Einw., Kreis Aurich
Langeoog: ca. 19,6 km² (Länge ca. 11 km), 2000 Einw., Kreis Wittmund
Spiekeroog: ca. 18,2 km² (Länge ca. 9,5 km), 800 Einw., Kreis Wittmund
Wangerooge: ca. 8 km² (Länge ca. 8,5 km), 950 Einw., Kreis Friesland

Einwohnerzahlen der Städte an der Küste
Emden: ca. 52 000 Einw., kreisfreie Stadt
Norden/Norddeich: ca. 25 000 Einw., Kreis Aurich
Wilhelmshaven: ca. 82 000 Einw., kreisfreie Stadt

Geografie und Natur
Ostfriesland, die ostfriesische Halbinsel zwischen dem Dollart im Westen und dem Jadebusen im Osten, bildet geologisch und geografisch eine natürliche Einheit. Im Laufe seiner Geschichte wurde die Halbinsel immer wieder von gewaltigen, zerstörerischen Sturmfluten überzogen. Zwischen dem 12. und 16. Jh. entstanden die vier großen Meeresbuchten Ostfrieslands: der Dollart, die Leybucht, die Harlebucht und der Jadebusen. Große Bereiche der Leybucht und die Harlebucht konnten im Verlauf der Jahrhunderte wieder zurückgewonnen und eingedeicht werden. Die Deiche sind sicher, Sorge bereitet auf lange Sicht allerdings der Anstieg des Meeresspiegels: ca. 17 cm ist er im 20. Jh. gestiegen.

Meer, Watt, Dünen und Sandstrände prägen die dem Festland vorgelagerten Inseln. Kilometerlange, von Dünenketten gesäumte Traumstrände erstrecken sich auf der der offenen Nordsee zugewandten Seite. Grüne Marsch- und Salzwiesen machen ihren Südteil aus. Zwischen den Inseln und dem Festland liegt das Wattenmeer, das im Wechsel der Gezeiten zweimal am Tag trockenfällt. Die meisten Inseln sind vom Festland aus zu Fuß zu erreichen.

Geschichte und Kultur
Der griechische Geograf und Schriftsteller Strabo berichtet um 7 v. Chr. über die erfolgreiche römische Eroberung des nördlichen Germanien. Ein siegreicher Feldherr namens Drusus Germanicus überwältigte »nicht nur die meisten Völkerschaften, sondern auch die Inseln, an denen man vorbeifahren musste.« Unter den Eilanden war Byrchanis, das er erst nach einer Belagerung eroberte. Byrchanis, später auch Burcana genannt, bildete den nordwestlichsten Vorposten des unbesetzten Germanien. Da sich Byrchanis dem Bericht zufolge etwa an der Stelle befand, wo früher die Großinsel Bant, heute aber die Insel Borkum liegt, ließen es sich die Borkumer nicht entge-

hen, im Jahre 1993 sehr werbewirksam ihr 2000-jähriges Inseljubiläum zu zelebrieren.

Politisch gesehen war die Halbinsel immer geteilt: Das historische Ostfriesland umfasste nur den westlichen Teil, das Gebiet des ehemaligen Regierungsbezirks Aurich, das sich mit dem Territorium der bis 1744 selbstständigen Reichsgrafschaft Ostfriesland deckte. Der östliche Bereich der Halbinsel gehörte seit dem 14./15. Jh. zu Oldenburg und bildet heute den Landkreis Friesland, der auch die Insel Wangerooge einschließt. Seit der Gebietsreform von 1978 ist die Region im erheblich größeren Regierungsbezirk Weser-Ems aufgegangen. Ostfriesland als politisch selbstständiges, fest umgrenztes Gebilde gibt es nicht mehr, der geografische Begriff schließt den benachbarten Landkreis Friesland und die kreisfreie Stadt Wilhelmshaven mit ein. Im Bewusstsein der Bevölkerung aber gelten die historischen Grenzen, ein Bewohner der Ostfriesischen Insel Wangerooge ist Oldenburger und kein Ostfriese.

Ostfrieslands Lage im äußersten Nordwesten Deutschlands, die Jahrhunderte während Abgrenzung durch große Moore im Süden sowie die Ausrichtung zum Meer hat zu einer teilweise ganz eigenständigen kulturellen Entwicklung der Region innerhalb Deutschlands geführt. Bis heute pflegt und erhält man ostfrieslandweite Institutionen wie die Ostfriesische Landschaft, die sich im 20. Jh. von der alten Ständeversammlung zu einem Kulturparlament entwickelte.

Wirtschaft und Tourismus

Die traditionellen Wirtschaftszweige in Ostfriesland sind die Fischerei, der Handel und die Landwirtschaft, die im Mittelalter zu bemerkenswertem Wohlstand einer Region führten, die heute zu den strukturschwachen Gegenden Deutschlands zählt – die Arbeitslosenquote liegt etwa ein Drittel höher als im Bundesdurchschnitt. Wichtigster Erwerbszweig auf den Inseln ist der Tourismus. Norderney, das 1797 Seebad wurde, machte den Anfang. Mittlerweile sind alle sieben Ostfriesischen Inseln staatlich anerkannte Nordseeheilbäder. Erst seit den 1960er-Jahren entwickelten sich auch die Küstenhäfen Greetsiel, Neßmersiel, Dornumersiel, Bensersiel, Neuharlingersiel und Carolinensiel zu beliebten Urlaubszielen. Sie können zwar nur künstlich aufgespülte Sandstrände vorweisen, dafür aber Kutterhäfen mit echten Fischern und ein Hinterland mit bewirtschafteten Bauernhöfen.

Die Randlage Ostfrieslands, durch die der Region viel ursprünglicher Charme erhalten blieb, bedeutet zugleich schwer wiegende Standortnachteile für die einheimische Wirtschaft; die industrielle Revolution ging seinerzeit an Ostfriesland vorbei. Wichtigster Industrieort ist Emden.

Sprache

Etwa die Hälfte der Einwohner Ostfrieslands spricht das mit vielen friesischen und niederländischen Wörtern und Wortformen angereicherte ostfriesische Platt. Vom Hochdeutschen lange an den Rand gedrängt, hat es heute fast Kultstatus und wird bewusst gepflegt und in Sprachkursen angeboten. Seit dem 1. Januar 1999 ist Plattdüütsch durch die Europäische Charta der Regional- und Minderheitensprachen speziell geschützt.

39

Geschichte im Überblick

Freie Friesen

600–700 n. Chr.

Die Friesen wandern von Westen her in das Gebiet des heutigen Ostfriesland ein. Um 700 n. Chr. entsteht unter König Radbod das friesische Großreich, das bis in die heutigen Niederlande reicht.

Um 775 n. Chr.

Auf Befehl Karls des Großen beginnt die Christianisierung des Nordens durch die Missionare Willehad und Liudger. Dem hartnäckigen Widerstand der Friesen fällt der Missionar Bonifatius zum Opfer, der 775 in Dockum den Märtyrertod stirbt. 785 gliedert Karl der Große Friesland ins Frankenreich ein, es bildet sich kein Stammesherzogtum. 802 lässt Karl die Lex frisorum, die friesischen Grundrechte, aufzeichnen.

9. Jh.

Unzählige Überfälle der Normannen, die sich in der Küstenmarsch festsetzen. 884 werden sie in der legendären Schlacht bei Norden vernichtend geschlagen. Die Sieger teilen das zurückeroberte Land zwischen Norden und Dornum neu auf: Gründung der sogenannten Theelacht, einer der ältesten heute noch bestehenden Bauerngenossenschaften Europas.

Die Sicherung des Landes

Um 1000

Bis zum 9. Jh. siedeln die Küstenbewohner noch einigermaßen sicher auf künstlich aufgeworfenen Erdhügeln, den Warften oder Wurten. Das Ansteigen des Meeresspiegels sowie die Senkung der Küste sorgen für zunehmende Überflutungen. Der gemeinschaftliche Deichbau zum Schutz des Landes beginnt. Der Goldene Ring um Friesland entsteht.

13. Jh.

Um 1200 führen die Niederländer das Verfahren zur Backsteinherstellung in Ostfriesland ein. Im Verlauf des Jahrhunderts entstehen viele mächtige Kirchenbauten. Ab Beginn des 13. Jh. entwickeln sich autonome Landesgemeinden. Im Schutz der Deiche blühen Wirtschaft und Handel, Ackerbau und Viehzucht. Um 1250 schließen sich ostfriesische Gebiete zum Upstalsboomverband zusammen. Einmal im Jahr entsenden sie Abgesandte zum Upstalsboom (bei Aurich). An dieser Thingstätte wurde – im Gegensatz zum feudalistischen Europa – Demokratie praktiziert: Hier wurden Gesetze beschlossen, Streitigkeiten geschlichtet, Verträge ausgehandelt.

Die Häuptlingszeit

14. Jh.

Ab Mitte des Jahrhunderts gewinnen einzelne Bauerngeschlechter an Einfluss. Die auf politischer Gleichheit basierende Ordnung der landesgemeindlichen Freiheit zerbricht, die Herrschaftsgewalt geht auf Häuptlinge, die Vorstände mittlerweile mächtiger Familiendynastien, über. 1362 verwüstet die zweite Marcellusflut, auch die Große Manndränke genannt, die Küste und zerreißt die Großinsel Bant, die zur

Zeit Karls des Großen die heutigen Inseln Borkum, Memmert, Juist und die Westspitze Norderneys umfasst haben soll. Der Rest war spätestens ab 1667 nicht mehr bewohnt und existiert heute nur noch als Sandbank. 1376 übernimmt Ocko I. tom Brook die Herrschaft über Brookmerland und Aurich. Die Ostfriesischen Inseln »Borkyn, Just, Burse, Osternde, Balteringe, Langoch, Spiekeroch ende Wangeroch« werden 1398 in einer Aufzählung der Besitztümer des ostfriesischen Landesherrn Widzel tom Brook erwähnt.

15. Jh.

Wegen zunehmender Seeräuberei vor der ostfriesischen Küste greifen die geplagten Hansestädte ein. Sie senden Schiffe aus, um die »Vitalienbrüder«, eine Kampfgenossenschaft von Piraten, zu bekämpfen. In den Jahren 1400 und 1401 erleiden die mit ostfriesischen Häuptlingen verbündeten Seeräuber schwere Niederlagen gegen die Hanse. Einer ihrer Hauptleute, Klaus Störtebeker, wird vor Helgoland geschlagen und in Hamburg hingerichtet. 1464 wird Ulrich I. Cirksena von Kaiser Friedrich III. mit Ostfriesland als Reichsgrafschaft beliehen, womit das Land erstmals in die feudale Hierarchie des Deutschen Reiches eingegliedert ist.

Sturmfluten

16. Jh.

Zu Beginn des Jahrhunderts werden weite Teile der Küste durch verheerende Flutkatastrophen verwüstet. Dollart und Jadebusen reichen tief ins Land. Im Gefolge der Reformation kommt es in Ostfriesland ab 1520 zum Zerwürfnis zwischen Calvinisten und Lutheranern: Im Wes-

Denkmal des berühmt-berüchtigten Seeräubers Klaus Störtebeker in Marienhafe

ten, vor allem in Emden, setzt sich unter dem Einfluss niederländischer Immigranten die calvinistische Ausprägung des Protestantismus durch, weiter im Osten gilt die lutherisch geprägte Kirchenordnung. Emden profitiert von den Freiheitskämpfen der Niederländer gegen die katholischen Spanier: Dank zahlreicher Glaubensflüchtlinge, die neben ihren Schiffen auch Kapital und Handelsbeziehungen bringen, gelangt die Stadt zu einer wirtschaftlichen Blüte. In der Emder Revolution 1595 lehnen sich die reichen Städter gegen den schwachen Landesherrn auf, Emden erlangt die Unabhängigkeit.

17. Jh.
Um 1600 gewinnen die Cirksena, Landesherren in Ostfriesland, auch die Herrschaft über das Harlingerland. Im Jahre 1678 verleiht der Kaiser den ostfriesischen Landständen ein eigenes Wappen, das Upstalsboomwappen. Im 17. und 18. Jh. heuern viele Insulaner, allen voran die Borkumer, auf Hamburger und holländischen Walfangschiffen an.

1717
Die Weihnachtsflut überschwemmt die Nordseeküste, die geschätzte Zahl der Opfer liegt zwischen 11 000 und 22 000.

Preußen, Hannover und wieder Preußen

1744
Carl Edzard, letzter Cirksena-Fürst, stirbt ohne Erben, Preußenkönig Friedrich der Große ergreift Besitz von Ostfriesland.

1797
Das erste deutsche Nordseebad wird auf Norderney gegründet.

1807–13
Als im Verlauf der Napoleonischen Kriege der eroberungslustige Kaiser der Franzosen die Kontinentalsperre über England verhängt, die allen Handel und Verkehr mit der Kolonialmacht unterbindet, verdienen die Insulaner gut am Schmuggel zwischen dem damals britischen Helgoland und Hamburg. Nach der Niederlage Preußens gegen Napoleon gelangt Ostfriesland zunächst unter holländische, dann vorübergehend unter französische Herrschaft.

1815
Preußen tritt Ostfriesland samt sechs der Inseln an das Königreich Hannover ab (Wangerooge bleibt oldenburgisch). Der Regierungsbezirk Aurich entsteht. 1866 fällt Ostfriesland erneut an Preußen.

Ab 1856
Mit dem Ausbau der Eisenbahn bis Emden (1856), Norden (1883) und Norddeich (1892) steigt die Zahl der Badegäste auf den Inseln rasch an. 1856 nehmen zwei Raddampfer den regelmäßigen Fährverkehr zwischen Emden und Norderney auf. 1888 wird der Ems-Jade-Kanal zwischen Wilhelmshaven und Emden fertiggestellt. 1899 erhält Emden durch den Dortmund-Ems-Kanal Verbindung mit dem Ruhrgebiet und erlebt einen gewaltigen wirtschaftlichen Aufschwung.

In und zwischen den Weltkriegen

1914–18 Nach Kriegserklärung und Mobilmachung müssen alle Badegäste die Inseln verlassen, die Insulaner bleiben ohne Verdienstmöglichkeiten zurück. Noch vor Kriegsausbruch beginnt die militärische Befestigung von Wangerooge und Borkum.

1933–45 In der Reichspogromnacht vom 9. zum 10. November 1938 werden jüdische Schulen und Synagogen in Brand gesteckt. Anfang der 1940er-Jahre werden die letzten Juden vertrieben oder deportiert, Ostfriesland wird für ›judenfrei‹ erklärt. Wer nicht vorher emigriert ist, verschwindet in der Anonymität der Vernichtungslager. Ab 1940 werden Tausende von ausländischen Zwangsarbeitern zum Ausbau militärischer Anlagen auf die Inseln gebracht. Durch britische Bombenangriffe wird Emdens Altstadt im September 1944 völlig zerstört. Im April 1945 gehen auf Wangerooge fast 6000 Fliegerbomben nieder.

1946 Die Briten gründen das Land Niedersachsen, zu dem u. a. Ostfriesland gehört. Zwei Jahre später erhält die Institution der Ostfriesischen Landschaft in Aurich, ursprünglich eine ständische Vertretung mit maßgeblichem staatlichem und politischem Einfluss, eine Verfassung als »Kulturparlament«. Die Aufgaben der 49 gewählten Abgeordneten liegen in den Bereichen Kultur, Natur und Umweltschutz. Wichtiges Ziel ist der Erhalt friesischer Traditionen und Bräuche.

Jüngste Entwicklungen

1978 Im Zuge der Gebietsreform werden Ostfriesland und Friesland zum Regierungsbezirk Weser-Ems mit Sitz in Oldenburg zusammengeschlossen. Mit der Auflösung des Regierungsbezirks Aurich erlischt die traditionelle politische Eigenständigkeit Ostfrieslands.

1986 Gründung des Nationalparks Niedersächsisches Wattenmeer.

Juli 2003 Das von der Meyer Werft gebaute Kreuzfahrtschiff Serenade of the Seas wird mit Hilfe des Emssperrwerks von Papenburg zur Nordsee überführt. Das Ende 2002 fertiggestellte Sperrwerk ist umstritten, weil es durch ein EU-Vogelschutzgebiet gebaut wurde.

April 2009 Errichtung der ersten Offshore-Windenergieanlage 45 km nördlich von Borkum.

Juni 2009 Das Wattenmeer zwischen der holländischen Insel Texel und der Nordspitze Sylts wird Weltnaturerbe der UNESCO.

2011 Geplante Fertigstellung des JadeWeserPort in Wilhelmshaven.

Kinder des Windes – Inseln zwischen Land und Meer

Nur wenige Kilometer vor der niedersächsischen Küste erstreckt sich der Bogen der Ostfriesischen Inseln: von Westen nach Osten Borkum, Juist, Norderney, Baltrum, Langeoog, Spiekeroog und Wangerooge. Seit ihrer Entstehung halten Wind und Wellen sie in Bewegung, über das Watt sind sie fast alle bei Ebbe zu Fuß zu erreichen.

Blütenweiße Fähren ziehen ihre Spur von kleinen Küstenhäfen durch das Wattenmeer zu den Inseln, von denen einige, gezeitenabhängig, nur ein- bis zweimal pro Tag angelaufen werden können. Wer es eilig hat, nimmt den Flieger.

Der Blick aus der Möwenperspektive auf die fragilen, den Nordseefluten preisgegebenen Eilande offenbart bei allen Inseln einen ähnlichen Aufbau: Im Norden, zum offenen Meer hin, und im Osten, auf einigen Inseln auch im Westen, erstrecken sich breite, weiße Sandstrände. Nach Alter gestaffelte Dünen prägen das Inselinnere: Zum Meer hin liegen die jüngeren, noch ganz weißen Dünen, die nach Osten in unbewachsene, endlose Sandplate, zur Inselmitte hin aber in dicht bewachsene, graue und braune Dünen übergehen, in deren Windschatten das eine oder andere angepflanzte Wäldchen gedeiht. Im Schutz der Dünenketten

Langeoog aus der Luft

zieht sich im Süden ein grünes Band fruchtbaren, dem Meer abgewonnenen Weidelands, das anders als auf dem Festland häufig nicht eingedeicht ist. Im Sommer grasen dort Kühe und Pferde.

Die Entstehung der Inseln

Die Ostfriesischen sind im Gegensatz zu den Nordfriesischen Inseln kein Rest eines von Sturmfluten auseinandergerissenen Festlandes, sondern neuzeitliche Landbildungen. Das Gebiet der südlichen Nordsee ist geologisch gesehen sehr jung. Während der Weichsel-Eiszeit, die ihre größte Ausdehnung vor etwa 45 000 Jahren erreichte, lag der Meeresspiegel noch etwa 100 m tiefer als heute, die Küstenlinie verlief zwischen dem Skagerrak in Dänemark und Aberdeen in Schottland. Mit dem Abschmelzen der Eiskappen wurden weite Teile des Festlandes überflutet. Vor etwa 4500 Jahren erreichte die Nordsee den höher gelegenen Geestrand, der im Bereich der niedersächsischen Nordseeküste heute meist 10 bis 20 km landeinwärts verläuft. Vom Geestrand bis etwa zur Linie der jetzigen Inselkette fiel der durch Schlicke aufgebaute Meeresboden nur leicht ab. Auf diesem durch an-

Verschiebung der Küstenlinie Ostfrieslands

getriebenen Schlick aufgebauten Meeresboden entstand ein Wattsockel, auf dem sich die mit dem Tidenstrom landeinwärts transportierten Sandmassen ablagern konnten. Es entwickelten sich parallel zur Küste verlaufende Strandwälle. Vögel, Wind und Strömung brachten Samen von hochspezialisierten Pionierpflanzen, die mit ihren langen, hartnäckigen Wurzeln die locker gefügten Sandgebilde festigten. In ihrem Windschatten konnte sich immer mehr herangewehter Sand anhäufen. Diese Dünen wuchsen, festigten sich durch eine zunehmend dichtere Pflanzendecke und bildeten schließlich richtige Inseln.

Im Jahre 1398 werden die Ostfriesischen Inseln erstmals namentlich erwähnt. In einer Urkunde heißt es: »mit alsuken eylanden, als daer to behoirt, daer buten gelegen, das ist te westen Borkyn, Juist, Burse, Oesterende, Balteringe, Langeoch, Spikeroch ende Wangeroch ...« Seit etwa 1650 kann man mit Hilfe von Chroniken und Seekarten die Entwicklung der Inselkette darstellen.

Land in Bewegung

Die Entwicklung der Ostfriesischen Inseln ist heute keineswegs abgeschlossen. Wegen der vorherrschenden Nordwest-Richtung der Gezeitenströme und des Windes wandern sie langsam immer weiter Richtung Südosten. Die von Nordwest heranbrechenden Wogen tragen im Westen der Inseln die Sandmassen ab, Wind und Wellen führen sie dem Ostende zu, das auf allen Inseln aus endlos weiten Sandebenen besteht. Durch die Abbrüche von Westen her befindet sich der ursprünglich im Osten oder der Mitte der Insel angelegte Hauptort mittlerweile auf den meisten Inseln an der Westseite. Seit Mitte des letzten Jahrhunderts werden die bedrohten Westenden einiger Inseln, die nicht durch Dünen und vorgelagerte Sandbänke geschützt sind, durch massive Küstenbefestigungen vor Abtragung bewahrt. Gefährdete Randdünen werden durch die Bepflanzung mit Strandhafer gesichert.

Priele, Pricken und fette Marschen

Zwischen den Inseln und dem Festland erstreckt sich das graue, vom Rhythmus der Gezeiten geprägte Wattenmeer. Die im Verlauf der Jahrhunderte angeschwemmten Sande und Schlicke konnten hier zur Ruhe kommen und absinken. Das dem Meer durch Landgewinnungsmaßnahmen und Eindeichung abgetrotzte Marschland ist sehr fruchtbar und hat seit Anbeginn der Küstenbesiedlung zu bäuerlichem Wohlstand geführt.

Das durch Sedimentablagerungen aufgebaute, im Wechsel von Ebbe und Flut trockenfallende Watt hat im Bereich der niedersächsischen Nordseeküste eine Breite von 5 bis 7 km. Die Gezeitenströme bewegen sich durch die sogenannten Seegats, die die einzelnen Inseln voneinander trennen. Die Zu- und Abflussrinnen der Gezeitenströme bilden ein weit verzweigtes, flussähnliches System: Vielfach gewundene Priele und tiefe Baljen, also Wasserrinnen, die sich an die Seegats anschließen, durchziehen die amphibische Landschaft.

Die auch bei Ebbe Wasser führenden Baljen und Seegats werden als Fahrwasser zwischen den Inseln und zu den Küstenorten genutzt. Einge-

Priele in den Salzwiesen Spiekeroogs

steckte Birkenstämmchen, sogenannte Pricken, markieren die Fahrrinne durch die Schlickbänke und Sandplaten. In dieser Landschaft rasten im Frühjahr und Herbst Hunderttausende von Zugvögeln, um sich für die nächste Reiseetappe auf dem Weg nach Sibirien, in die Arktis oder nach Afrika mit Energiereserven zu versorgen. Das Watt gehört zu den bedeutendsten Feuchtgebieten der Erde und bildet seit Mitte der 1980er-Jahre den Nationalpark Niedersächsisches Wattenmeer, der die unbewohnten Teile der Inseln einschließt.

Fette Marschen an der Festlandküste

»Ostfreesland is as ne Pannkoek, der Rand is't Best« (»Ostfriesland ist wie ein Pfannkuchen, der Rand ist das Beste«). Die Küste ist von einem 10 bis 20 km breiten Streifen fruchtbarer Marschen gesäumt. Sie entstanden wie auch das Watt aus Ablagerungen des Meeres. Durch den Wechsel der Gezeiten wurden zweimal täglich Sedimente abgelagert, die nach und nach den Boden erhöhten. Durch systematische Entwässerung und Eindeichung trotzte der Mensch dieses natürlich gedüngte Land dem Meer ab und bewirtschaftete es. Der ›goldene Ring‹ der Deiche bewahrt die Küste davor, ein Opfer der salzigen, zerstörerischen Fluten der Nordsee zu werden. Hinter dem Deich ducken sich vom Wind gekrümmte Bäume, wogen sattgelbe Rapsfelder, weiden schwarzweiße Kühe auf saftiggrünen Wiesen. Stattliche Bauernhöfe, malerische Windmühlen und mächtige mittelalterliche Kirchen künden von der Fruchtbarkeit der Marschen, die im krassen Gegensatz zur kargen, sandigen Natur der Inseln steht.

Moore und Meere

Weite Moorgebiete grenzten die Ostfriesische Halbinsel gegen den Süden ab. Im Sommer vergisst man leicht, welche Melancholie diesen Moorlandschaften zu eigen sein konnten. Noch Mitte des 19. Jh. schrieb ein Emder Lehrer über das Moorgebiet zwischen Emden und Aurich: »Und immerfort zittert und wankt der Boden unter unseren Füßen. Wehe dem Unkundigen, der es wagt, ihn zu betreten. Mit tausend Armen wird er hinabgezogen in die schwarze Tiefe.« Seit der Besiedlung der niedersächsischen Küste mieden die Menschen das Moor. Den Grundstein zur Moorkultivierung legte Preußenkönig Friedrich der Große mit dem Urbarmachungsedikt von 1765.

Im moorigen Binnenland lagen Seen, die »Meere« genannt werden. Zu Beginn des 19. Jh. gab es in Ostfriesland weit mehr als 100 solcher Meere, heute nur noch etwa ein Dutzend. Mit Hilfe windbetriebener Wasserschöpfmühlen legte man sie trocken, um die so gewonnenen Flächen landwirtschaftlich nutzen zu können.

Das Museum der Armut

In Moordorf, 5 km westlich von Aurich, veranschaulicht das Moormuseum die Lebensbedingungen der Moorkolonisten. Moordorf gehörte lange zu den kinderreichsten und zugleich ärmsten Dörfern Deutschlands. Erst gegen Ende des 19. Jh., als einige Moorbewohner im Emder Hafen eine Arbeitsstelle fanden, begann sich die Lage zu bessern, www.moormuseum-moordorf.de, von Frühlingsanfang bis Ende Okt. tgl. 10–18 Uhr, 3 €.

Lebensräume für Spezialisten – Flora und Fauna in Düne und Watt

Düne, Salzwiese und Watt sind die Lebensräume von Spezialisten, von Überlebenskünstlern, die dem Wechsel von Trockenheit und Überflutung trotzen und Salzbäder ebenso wie schneidende Sandstürme und peitschende Orkanböen ertragen können.

Lebenskünstler in den Dünen

Sand und Dünen prägen die Landschaft auf allen Ostfriesischen Inseln. Auf dem flachen, aus losem Sand bestehenden Strand beginnt die Vegetation erst oberhalb des mittleren Hochwasserstandes, wo der Boden durch die Zersetzung von Tang, Quallen und Holzresten Nährstoffe erhält. Die Spülsaumvegetation – Meersenf, Kali-Salzkraut und Melden – wird regelmäßig von den Winterstürmen wieder fortgerissen und zerstört.

Oberhalb der Flutmarke setzen sich Gräser wie die Binsenquecke fest, die mit ihren langen, weit verzweigten Wurzeln den Boden festigen und den Sand auffangen. Mit ihrer Hilfe bilden sich niedrige Dünen, die sogenannten Vor- oder Primärdünen, die bei größeren Sturmfluten auch wieder ganz abgetragen werden können. Wenn die Primärdünen höher geworden sind und das Salz durch Niederschläge ausgewaschen ist, siedelt sich der Strandhafer an, häufig in Gesellschaft des blaugrünen Strandroggens. Sie sind die Leitpflanzen der sogenannten Weißdünen (Sekundärdünen), die eine Höhe von 10–20 m erreichen. Mit seinem weit reichenden Wurzelsystem hält der Strandhafer den Sand zusammen und hindert die Düne am Wan-

49

dern, solange die empfindliche Pflanzendecke unversehrt bleibt.

Den weißen Dünen schließen sich die niedrigeren, flächendeckend bewachsenen Graudünen (Tertiärdünen) an. Der Einfluss von Sonne und Wind, je nachdem, ob auf der Sonnen- oder der Schattenseite, der windzugewandten oder windgeschützten Seite, bildet unterschiedliche Vegetationszonen aus. An den wind- und sonnestrapazierten Süd- und Westhängen herrschen Moose, Flechten und Silbergras vor. Auf den geschützten Nord- und Osthängen trifft man auf Zwergsträucher in typischer Gesellschaft mit Krähenbeere und Tüpfelfarn. Weiter inseleinwärts dominiert die rotviolette Strauchheide.

Endstadium der Dünenentwicklung sind die mit Dünengebüschen und niedrigen Bäumen bedeckten Braundünen. Hier gedeihen Krähenbeere, Glockenheide, vereinzelte Kiefern und Birken.

Blüten im Salz

Vom Dünengürtel schweift der Blick über die vogelreichen Salzwiesen und das sich anschließende Watt. Die Abfolge der hier angesiedelten Pflanzengesellschaften ist abhängig von der Häufigkeit und Dauer der Überflutungen. Auf den oberen, rund zwei Dutzend Mal im Jahr überfluteten Salzwiesenflächen wachsen Strandwegerich und Strandnelke. Auf beweideten Grünflächen herrscht der Rotschwingel vor. Wattwärts sind die im August zartviolett blühende Salzaster und der

Ein atemberaubender Anblick, wenn Tausende und Abertausende Wildgänse in die Luft abheben

verbotenerweise häufig gepflückte lilafarbene Strandflieder zu finden.

Im etwa 150- bis 250-mal pro Jahr überfluteten unteren Bereich der Salzwiesen dominiert das Andelgras. Nur auf unbeweideten Flächen gedeiht der angenehm duftende Strandwermut. Im vorgelagerten, dem Gezeitenwechsel ausgesetzten Quellerwatt findet man in hohem Maße salzresistente Pflanzen wie den Queller, die wichtigste Pionierpflanze im Watt. An der Grenze zwischen Meer und Land trägt er wesentlich zur Ablagerung der Schlicke und Sande bei. Stark zurückgegangen sind die Seegraswiesen. Die bei Ebbe freifallenden Bestände des Zwerg-Seegrases sind eine wichtige Nahrungsquelle für die im Wattenmeer überwinternden Ringelgänse.

Vögel im Wattenmeer

Rund 100 verschiedene Arten von Wat- und Wasservögeln bevölkern die Wattgebiete. Etwa zwei Dutzend Arten brüten hier, andere rasten nur ein paar Wochen auf dem Weg zu ihren Brutplätzen im hohen Norden oder zu den Winterquartieren im Süden. Vor allem im Herbst und im Frühjahr sieht man bei Ebbe kleine Trupps oder riesige, wolkenähnliche Schwärme übers Watt streichen. Ihre Schnabelform und -länge bestimmen ihre Nahrung: Nach Schlickkrebsen, Wattschnecken und Würmern picken Kurzschnäbler wie die Sand- und Seeregenpfeifer sowie der gedrungene kurzbeinige Knutt, ein dynamischer kleinerer Watvogel, der im Wattenmeer nur zwischenlandet, um die Energiereserven

Vögel auf Helgoland

Das Naturschutzgebiet Lummenfelsen Helgoland ist mit einer Größe von 1,1 ha das kleinste Naturschutzgebiet Deutschlands und zugleich der einzige Seevogelfelsen. Im Frühjahr finden sich hier Basstölpel, Trottellummen, Dreizehenmöwen und Eissturmvögel ein, um auf den schmalen Felsvorsprüngen ihren Nachwuchs aufzuziehen (Info: www.jordsand.de). Zur Zeit des Vogelzugs im Frühjahr und Herbst ist die Hochseeinsel ein regelrechter Wallfahrtsort für Ornithologen, dann rasten hier auf engstem Raum viele seltene Singvögel.

für die Weiterreise zu seinem Brutplatz in Sibirien, Alaska oder Grönland bzw. seinem Winterdomizil in Südafrika aufzufüllen. Die schwarzweißen Austernfischer, die man leicht an ihren roten Beinen und dem geraden roten Schnabel erkennen kann, sowie die Alpenstrandläufer stochern nach Würmern und Herzmuscheln. Auf langen Beinen stelzt der rotschnäblige Rotschenkel über Watt und feuchte Marschwiesen auf der Suche nach Muscheln, Schnecken und kleinen Fröschen. Mit seinem aufregend langen, abwärtsgebogenen Schnabel zieht der Große Brachvogel fette Borstenwürmer, aber auch große Muscheln aus dem Schlick.

Zum Speiseplan der Eiderenten gehören die Miesmuscheln, die von ihnen als Ganzes geschluckt und im kräftigen Kaumagen zerrieben werden. Während das Männchen mit seinem schwarz-weiß-braunen Gefieder kontrastreich gefärbt ist, wirkt das tarnfarbene Weibchen eher unscheinbar.

Fast immer zu zweit sieht man die Brandenten, wegen ihrer Gestalt auch Brandgänse genannt. Auffällig ist das mit fuchsrotem Brustband gezeichnetes schwarz-weißes Gefieder. Wie auch einige Möwenarten trampeln sie, auf der Stelle laufend, so lange ›Wannen‹ ins Watt, bis Würmer und anderes Wattgetier zum Vorschein kommen.

Wintergast im Wattenmeer ist die Ringelgans, die auf den Salzwiesen zu finden ist. Die bis auf einen weißen Halsring und weißen Unterschwanz dunkel gefiederten Gänse sind Vegetarier, die die Wiesen am Watt bis auf die Kürze eines englischen Rasens abweiden. Zum Verdruss der Landwirte machen sie sich auch über Winterweizen und Winterraps her.

Überall entlang der Küste, in Häfen ebenso wie im Kielwasser der Schiffe, sind die Möwen zahlreich vertreten. Die dominierende Silbermöwe ist an ihrem roten Schnabelfleck und den fleischfarbenen Beinen zu erkennen. Wie auch die kleinere braunköpfige Lachmöwe und die seltene Sturmmöwe ist sie, was ihre Nahrung angeht, wenig wählerisch. Sie ist ein Allesfresser und schlingt hinunter, was sie erbeuten kann – von Fischen über Abfälle bis zu Vogeleiern, die sie in den Nestern anderer Watvögel raubt.

Ein Vergnügen ist es, Seeschwalben mit ihren Gabelschwänzen zu beobachten, wenn sie über Priele, Watt und Strand jagen, blitzschnell kopfüber ins Wasser stürzen und mit einem Fisch im Schnabel wieder auftauchen. Die fast taubengroße Brandseeschwalbe ist wie auch die zierlichere Küstenseeschwalbe an ihrer schwarzen Kopfhaube zu erkennen. Die zarte Zwergseeschwalbe, deren Bestand bedroht ist, brütet auf den Inseln in den sandigen Ruhezonen des Nationalparks.

Steigende Fluten – der Kampf um den Schutz des Landes

In einer überlieferten Satzung aus der Zeit um 1100 heißt es: »Das ist ein Landrecht, dass wir Friesen eine Seeburg zu stiften und zu stärken haben, einen goldenen Ring, der um ganz Friesland liegt … Wir Friesen wollen unser Land verteidigen mit drei Werkzeugen, mit dem Spaten und mit der Schiebkarre und mit der Forke.«

Als in den letzten Jahrhunderten vor Christi Geburt Volksstämme der Friesen und Chauken in das Gebiet zwischen Weser und Ems zogen und den fruchtbaren Marschboden entlang der Küste großflächig besiedelten, war das Gebiet – bedingt durch den damals niedrigeren Meeresspiegel – noch relativ sturmflutsicher. Mit dem Ansteigen des Wassers und den häufiger werdenden Überflutungen begannen die Menschen, ihre Häuser auf künstlich aufgeworfenen Hügeln, sogenannten Warf(t)en, Wurften oder Wurten, zu bauen. Der römische Historiker Plinius der Ältere, der die Nordseeküste im 1. Jh. n. Chr. bereiste, zeigte angesichts der armseligen Lebensumstände der Warfenbewohner mitleidiges Erstaunen: »Dort bewohnt ein beklagenswert armes Volk hohe Erdhügel, die man so hoch aufgeworfen hat, wie erfahrungsgemäß die höchste Flut steigt. In den darauf errichteten Hütten gleichen sie Seefahrern, wenn das Meer das Land ringsumher überflutet, und Schiffbrüchigen, wenn das Wasser zurückgeflutet ist.«

Aufgeschichtete Sandsäcke zum Schutz vor Sturmflut auf Wangerooge

Gott schuf das Meer, der Friese die Küste

Mit der Einführung des Deichbaus um das Jahr 1000 n. Chr. griff der Mensch erstmals aktiv in die Küstenentwicklung ein. Um 1300 konnte die schützende Deichlinie geschlossen werden. Aus dieser Zeit stammt der Rechtsgrundsatz: »De nich will dieken, de mut wieken!« (»Wer nicht deichen will, muss weichen«). An der Küste wirtschaften durfte nur, wer sein Stück Deich in Ordnung hielt. Erst im Laufe des 18. und 19. Jh. wurde die Organisation des Deichbaus und der Deichpflege allmählich auf den Staat übertragen. Die Arbeit am Deich war und ist bis heute ein Wettlauf mit dem Meer, das gerade in den vergangenen Jahrzehnten erheblich schneller gestiegen ist als erwartet.

Das Meer frisst das Land

Im Verlauf der Jahrhunderte machten gewaltige Sturmfluten die Arbeit immer wieder zunichte. Keine hundert Jahre vergingen, ohne dass sich die Küstenlinie drastisch veränderte. So schufen u. a. die Julianenflut von 1164, die Marcellusflut von 1362 und die Dionysiusflut von 1374 die tiefen Einbrüche von Dollart und Jadebusen, Harle- und Leybucht. In zähem Kampf mit dem Meer konnten Teile der Harle- und Leybucht ab Mitte des 16. Jh. wieder bedeicht werden. Bei der Weihnachtsflut von 1717 kamen im Bereich der heutigen Störtebekerstraße 11 000 (anderen Schätzungen zufolge 22 000) Menschen ums Leben, einige Inseln wurden in mehrere Teile zerschnitten, viele Überlebende verließen das verwüstete Land.

Inselschutz

Im Gegensatz zur Festlandküste wurde auf den ostfriesischen Inseln mit Schutz- und Sicherungsmaßnahmen erst in der Mitte des 19. Jh. begonnen. Um den vor allem auf den Westseiten bedrohlichen Abbruch zu verhindern, wurden massive Schutzwerke gebaut und Buhnen angelegt, das sind bis zu 1,5 km lange Dämme aus Stein, Mörtel und Beton, die quer zum Ufer ins Meer hinauslaufen. Sie sollen die Sandabtragung in die strömungsstarken Seegats zwischen den Inseln verhindern, zugleich aber die Sandanlandung fördern.

Weiterhin richten Orkanfluten große Verwüstungen an. Während der Allerheiligenflut im November 2006 kam es zu Dünenabbrüchen auf Juist, Langeoog und Wangerooge. Auf Norderney und Langeoog wurden in den Jahren 2007/2008 hinter den gefährdeten Randdünen neue Dünenwälle aufgeschüttet und mit Strandhafer bestickt.

Der Meeresspiegel steigt

Als Folge der Orkanflut von 1962 wurden die Deiche nochmals erhöht. Aus den niedrigen Erdwällen des Mittelalters sind mittlerweile breite Deichkörper mit flachen Außen- und Innenböschungen geworden, die die Macht der heranbrechenden Wellen nicht plötzlich stoppen, sondern sie allmählich auslaufen lassen.

Die Sturmfluten im ausgehenden 20. Jh. haben alle bisherigen Pegelrekorde gebrochen. Es besteht kein Zweifel: Der Meeresspiegel steigt, die Häufigkeit der Orkanfluten nimmt zu. Im Moment sieht es danach aus, dass in absehbarer Zeit auch die auf 8 m über N. N. erhöhten Nordseedeiche nicht mehr ausreichen, um das Land zu schützen.

Der Nationalpark Wattenmeer – ein Fall für die UNESCO!

Man sieht nur, was man weiß ... – Nationalpark-Beobachtungsstation auf Langeoog

Das Wattenmeer erstreckt sich entlang der Nordseeküste über eine Länge von 450 km von Den Helder in den Niederlanden bis Esbjerg in Dänemark. Es ist neben den Hochgebirgsregionen der Alpen die letzte großräumige Naturlandschaft Mitteleuropas. Sowohl dem Vorhaben, die Region als Nationalpark auszuweisen, als auch der Entscheidung, sich um die Aufnahme in die Liste des UNESCO-Weltnaturerbes zu bewerben, begegnete ein Großteil der Küstenbewohner zunächst mit Skepsis.

Schutzzonen

Die für eine Vielzahl von Pflanzen und Tieren unersetzlichen Lebensräume Watt, Salzwiesen und Dünen waren und sind durch Schadstoffeinleitungen und verschiedenste Nutzungsansprüche in ihrer Existenz bedroht. Zu ihrem Schutz wurde die deutsche Nordseeküste zum Nationalpark erklärt: Schleswig-Holstein 1985, Niedersachsen 1986, Hamburg 1990.

Der Nationalpark ist in drei Zonen eingeteilt: Die Ruhezone, die 54 % der niedersächsischen Nationalparkfläche umfasst, genießt den höchsten Schutz, sie darf das ganze Jahr über nur auf ausgewiesenen Pfaden betreten werden. Die Zwischenzone umfasst 45 % des Nationalparks und ist ganzjährig zugänglich, allerdings dürfen die Salzwiesen im Deichvorland in der Zeit vom 1. April bis zum 31. Juli nur auf den markierten Wegen begangen werden, um die brütenden Vögel nicht zu stören. In der Erholungszone liegen die Badestrände und Kureinrichtungen. Anders als in Schleswig-Holstein gehören in Niedersachsen auch die Inseln außerhalb der Orte zum Nationalpark, obwohl Teile davon seit Jahrhunderten bewirtschaftet werden.

Konflikte

Laut Bundesnaturschutzgesetz sind Nationalparks Gebiete, die »sich in einem vom Menschen nicht oder wenig beeinflussten Zustand befinden«. So kommt es seit der Gründung des Nationalparks zu Konflikten zwischen Insel- und Küstenbewohnern und Naturschützern. Die Menschen im Nationalpark sehen sich zahlreichen Bestimmungen und Einschränkungen ausgesetzt. Sie dürfen z. B. in einigen Bereichen nicht mehr fischen, segeln und jagen und ihre Hunde nicht mehr frei herumlaufen lassen. Auf der anderen Seite lässt die Nationalpark-Verordnung Nutzungen zu, die vielen Naturschützern ein Dorn im Auge sind. So bleibt etwa selbst die Ruhezone nur weitgehend nutzungsfrei: In großen Bereichen sind sowohl die althergebrachte landwirtschaftliche Nutzung als auch die gewerbliche Fischerei erlaubt. Allerdings wurde im Verlauf der 1990er-Jahre die umstrittene Herzmuschelfischerei eingestellt und ein Großteil der Salzwiesen von der Beweidung ausgenommen.

Tourismus und Naturschutz

Ökonomische und ökologische Interessen prallen auch im Bereich des Fremdenverkehrs aufeinander. Der Tourismus, Haupterwerbsquelle der Insulaner, belastet die sensiblen Naturräume im Wattenmeer. Zugleich ist aber ein schonender Umgang mit der ›Ressource Natur‹ existenzbestimmend für den Frem-

denverkehr. Der Schutz des Wattenmeeres und der Inseln kommt dem Tourismus zugute und dieser wiederum der Wirtschaft. Eine intakte Umwelt ist das Kapital der Küstenregion.

1992 wurde das Niedersächsische Wattenmeer von der UNESCO als Biosphärenreservat anerkannt. Seit 2001 wurde über einen Antrag um Aufnahme des Wattenmeers in die Liste des UNESCO-Weltnaturerbes debattiert. Viele der Küstenbewohner standen der Bewerbung abweisend gegenüber, sie fürchteten weitere Einschränkungen. 2008 zog der hamburgische Wattenmeer-Nationalpark mit den Inseln Neuwerk und Scharhörn, der 2001 als Erster der Anmeldung des Wattenmeers als Weltnaturerbe zugestimmt hatte, überraschend seine Unterstützung zurück. Die Hamburger Wirtschaftsbehörde begründete die Entscheidung mit der aus ihrer Sicht notwendigen Elbvertiefung, die für das Herzstück ihrer Wirtschaft, den Hafen, von Bedeutung ist. Die Umweltminister von Schleswig-Holstein, Niedersachsen wie auch der Niederlande hielten an der Bewerbung fest (den Bewerbungstext und interessante Details zur Aufnahme des Wattenmeeres als Weltnaturerbe findet man unter http://www.waddensea-secretariat.org/management/whs/whs.html).

Ausgezeichnet

Ende Juni wurde das Wattenmeer zwischen der holländischen Insel Texel und der Nordspitze Sylts in die Liste des Welterbes der UNESCO aufgenommen und damit auf eine Stufe mit globalen Naturhöhepunkten wie dem Grand Canyon und dem australischen Great Barrier Reef gestellt. Das Weltnaturerbe erstreckt sich über den deutschen (d. h. niedersächsischen und schleswig-holsteinischen) sowie den niederländischen Teil des Wattenmeeres.

Nachts geht's »auf Granat« – die Küstenfischerei

Während auf den Inseln die traditionellen Wirtschaftszweige seit dem 19. Jh. nach und nach zugunsten des Fremdenverkehrs aufgegeben wurden, prägen entlang der Küste noch Fischkutter die idyllischen Sielhäfen. Den Kern der Fischerei im Wattenmeer bilden Krabbenfang und Miesmuschelfischerei.

Frischer Fisch

Trotz erheblicher Krisen ist die Küstenfischerei ein wichtiges wirtschaftliches Standbein an der Küste. Die Zahl der Fischkutter im Bereich der niedersächsischen Nordseeküste lag 2009 bei 137 Schiffen, die ganz nebenbei auch zur Attraktivität der Region als Urlaubsgebiet beitragen. Fischkutter im Hafen sind ein beliebtes Fotomotiv, auf den Speisekarten vieler Restaurants dominiert frischer Fisch. Oftmals kommt der Fisch frisch vom Kutter, aber keineswegs immer. Die von der EU stark regulierte Frischfischfischerei musste in den vergangenen Jahren einen starken Rückgang verzeichnen. Neben der Begrenzung von Fangmenge und Fangtagen kamen zahlreiche technische Auflagen hinzu, die manchen Fi-

Krabbenkutter vor Langeoog im Morgengrauen

scher zu aufwendigen Umbauten, im schlimmsten Fall auch zum Verkauf seines Kutters zwangen. Wegen der Einfuhr von billigen Fischprodukten aus Asien, darunter die Arten Pangasius und Tilapia, fielen die Preise für Frischfisch, für ein Kilo Scholle gab es zum Jahreswechsel 2008/2009 gerade einmal 1,20 €.

Krabben

Im Gegensatz dazu konnten sich die Krabbenfischer 2008/2009 über Rekordumsätze freuen. Sowohl Fangmengen als auch die Durchschnittspreise legten deutlich zu. Die Fanggründe der Krabbenfischer liegen im Küstenbereich, im Flachwasser der Priele zwischen den Inseln und der Küste. Die sandgrauen Tierchen sind übrigens Sandgarnelen, die unter dem Namen Krabbe vermarktet werden. Sie haben im Gegensatz zu den Strand- und Schwimmkrabben, die zu den Kurzschwanzkrebsen zählen, lange Schwänze. Für den Fang breiten die Kutter häufig noch in Sichtweite der Küste ihre Seitenmasten, die Kurren, mit feinmaschigen Schleppnetzen aus, die mit Hilfe von Rollen über den Meeresgrund gleiten. In langsamer Fahrt werden sie ein bis zwei Stunden über den Boden der Wattströme gezogen. Zwar wird die Bodenfauna durch die relativ leichten Geschirre nicht wie beispielsweise bei der mittlerweile verbotenen Herzmuschelfischerei zerstört, doch in dem engmaschigen Netz verfangen sich viele Jungfische – Schollen, Flundern und Seezungen. Sobald die Netze eingeholt sind, wird der ungewollte Beifang – Seesterne, Krebse, Muscheln und kleine Schollen – von Hand aussortiert und ins Meer zurückgeworfen. Die gespülten, sandgrauen

Krabben wandern in einen großen Kochkessel. Nach wenigen Minuten im brodelnden Nordseewasser sind sie gar – und haben jetzt erst die bekannte rosa Färbung angenommen.

Ein Teil der angelandeten Krabben gelangt ungepult in die Läden der Fischereigenossenschaften, der weitaus größte Teil aber geht auf große Fahrt. Es stimmt, was gemunkelt wird: Die fangfrischen, delikaten Nordseetierchen werden zum Pulen nach Marokko oder Polen geschickt. Wer fangfrische Krabben verzehren möchte, muss sie ungepult kaufen.

Muscheln

Der Miesmuschelfang ist eine Kombination aus Wildmuschelfischerei und Kulturarbeit. Von den Wildbänken, auf denen sich Jungmuscheln nach einem natürlichen ›Brutfallereignis‹ angesiedelt haben, werden Besatzmuscheln abgesammelt und auf ständig unter Wasser gelegenen Kulturflächen wieder ausgebracht, wo sie unter günstigeren Bedingungen in etwa zwei Jahren erntereif sind. Die Kulturflächen der vier niedersächsischen Miesmuschelfischereibetriebe liegen überwiegend in der Ems- und Jademündung. Seit einigen Jahren leiden die Muschelfischereibetriebe unter dem Ausbleiben natürlicher Saatfälle, mit denen die Kulturflächen belegt werden können. 2008 konnten überhaupt keine Saatmuscheln von Wildflächen gefischt werden. Durch gute Preise konnten die Muschelfischer einen Teil des Verlustes wieder ausgleichen. Die Muscheln gehen überwiegend an Großhändler in den Niederlanden, in Niedersachsen selbst gibt es keine Verarbeitungsbetriebe für Muscheln.

Die Heilkräfte der Nordsee – Badefreuden im Wandel der Zeiten

Noch vor 250 Jahren wäre es niemandem in den Sinn gekommen, sich – Heilung versprechend oder gar nur so zum Spaß – in die Nordsee zu stürzen. Die Zeiten haben sich geändert. Heute sind die Ostfriesischen Inseln und Küstenhäfen staatlich anerkannte Heilbäder und Urlaubsorte, die mit den Heilkräften der Nordsee werben und fast ausschließlich von Badegästen leben.

Als Dame und Herr, keusch voneinander getrennt und in Badekarren vor frechen Blicken geschützt, erstmals ihre entblößten Zehen in das salzige Nass der südlichen Nordsee hielten, war schon beträchtliche Überzeugungsarbeit für die Gründung eines deutschen Seebades geleistet worden. Den Weg bereitet hatten Philosophen wie Jean-Jacques Rousseau, der im 18. Jh. die Rückkehr zum einfachen Leben in Naturverbundenheit propagierte, und Johann Wolfgang von Goethe, der ausgerufen hatte: »Das freie Meer befreit den Geist!«

Kraft aus dem Meer

Zu den wirkungsvollsten Argumenten für die Errichtung eines Seebades zählten die Heilkräfte der Nordsee. Der Göttinger Philosoph und Mathematik-Pro-

Ein Hauch von Nostalgie: Badekarren am Strand von Norderney

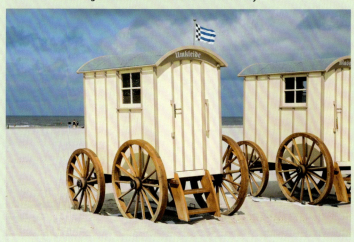

fessor G. C. Lichtenberg (1742–99), der auf mehreren Reisen das englische Badeleben kennengelernt hatte, forderte in zahlreichen Zeitungsartikeln die Einrichtung eines Seebades in Deutschland. Er unterließ es nicht, immer wieder darauf hinzuweisen, dass sogar die englische Königsfamilie das Badeleben wohl zu schätzen wisse. Nicht an der von ihm favorisierten Nordsee, sondern in Heiligendamm/Bad Doberan an der ›friedfertigeren‹ Ostsee wurde 1793 Jahr das erste deutsche Seebad errichtet. Gegenüber der Nordsee waren Bedenken wegen des in Wind- und Gezeitenabhängigkeit schwankenden Salzgehaltes geäußert worden. Doch bereits wenig später erfolgten auch hier die ersten Seebadgründungen: 1797 auf Norderney und 1804 auf Wangerooge und in Dangast.

Badevergnügen anno dazumal

Verglichen mit heute nahm das Badevergnügen in der Frühzeit des Badetourismus einen geringen Raum ein. Es gab einen Strand für die Damen, der streng von dem der Herren getrennt war (daran erinnern noch Straßennamen wie Herrenpfad und Damenpfad). Die Badekleidung unterlag strengen Vorschriften, die Badenden mussten ein dunkles Kostüm tragen, das den ganzen Körper bis zum Knie bedeckte.
Zum Baden wurden Karren, die an einer Seite offen waren, ins Wasser geschoben. Im Schutz aufgezogener Segel oder Markisen ließen sich die Herren auf die Knie fallen und zwei bis drei Wellen über sich ergehen, während die Frauen in Form eines artigen Hofknickses in die Fluten tauchten. Erst im Juli 1899 wurde per Erlass der ›Familienbadestrand‹ eingeführt.

Meer davon! – Thalasso

Die Aufnahme von Badegästen entwickelte sich auf den Inseln im 20. Jh. zur wichtigsten Einnahmequelle. Während die Saison zunächst auf die Bademonate im Sommer begrenzt war, verlängerte sie sich mit der Erweiterung der Kur- und Wellnessangebote. Das neue Zauberwort heißt Thalasso. Es wird von *thalassa*, dem griechischen Wort für Meer, abgeleitet und steht für die vorsorgende und heilende Behandlung mit den Schätzen des Meeres: Schlick, Meerwasser, Algen, Sand und Reizklima. Alles altbekannt: Schon die ostfriesischen Landstände genehmigten die Anschaffung der ersten Badekarren mit der Begründung, dass ein Seebad bei verschiedenen Krankheiten sehr viel Nutzen leiste.

Mein Tipp

Bade:geschichten
Das Staatsbad Norderney dokumentiert auf sehr unterschiedliche Weisen eindrucksvoll die Vergangenheit und Zukunft eines Nordseeurlaubs: Im Bade:museum kann man die interessante und bisweilen sehr amüsante Entwicklung der Bade- und Urlaubskultur nachvollziehen (s. S. 123). Das älteste Meerwasserwellenbad Europas, in dem der Bademeister die Welle für die Wellen noch von Hand ankurbelte, wurde zum Bade:haus, dem größten Thalassozentrum Deutschlands, ausgebaut (s. S. 131).

Im Rausch der Windenergie

Deutschland ist Windkraft-Weltmeister. Hier stehen mehr Anlagen als in den zweit- und drittplatzierten Ländern USA und Spanien zusammen. An der Küste sind die attraktiven Windstandorte längst vergeben, nun richtet sich der Blick aufs offene Meer. Auch dort gibt es Wind im Überfluss. Den ersten Offshore-Windenergieanlagen wird viel Skepsis entgegengebracht.

Windflüchter, die sturmgebeugten Bäume entlang der schnurgeraden Straßen, zeugen von der steten Präsenz des Windes an der Nordseeküste, wo seit über einem halben Jahrtausend Windmühlen zu den herausragenden Orientierungspunkten des platten Landes gehören. Noch immer bietet sich die norddeutsche Küste für die Nutzung des Windes als alternative Energiequelle an, und so sind in den vergangenen Jahrzehnten zunächst Einzelanlagen und dann Windparks wie Pilze aus dem Boden geschossen.

Dem Bau sogenannter Einzelanlagen (außerhalb geschlossener Windparks) wurde im Juni 1994 ein gesetzlicher Riegel vorgeschoben. Für viele Landstriche kam das Gesetz zu spät, dort gehört der Anblick eines ›Windspargels‹ zum Bauernhof dazu wie in anderen Gegenden eine Getreidescheune. Viele Anlieger klagen über Lärmbelästigung, obwohl der Schallemissionspegel der Räder laut Angaben der Windpark-Firmen unter den zulässigen Werten liegt. Auch den Naturschützern ist die Freude über die alternative Energie vergangen. Die Naturschutzverbände beklagen, dass sie bei der Standortplanung nicht hinzugezogen wurden. Die Küste hat als Rast- und Brutplatz für die Vogelwelt eine herausragende Bedeutung und viele Zugvögel meiden heute die Regionen der Windanlagen.

Die meisten Bürgerinitiativen, die sich gebildet haben, um den Bau von Windkraftanlagen zu verhindern bzw. um für die Versetzung bestehender Räder zu kämpfen, sind nicht grundsätzlich gegen die umweltfreundliche Windenergie. Sie machen aber deutlich, dass über das Wie, Wo und Wer nicht genügend diskutiert worden ist.

Offshore-Anlagen

Windanlagen auf See (engl. *offshore*) laufen gleichmäßiger und erwirtschaften einer Greenpeace-Studie zufolge rund 40 % höhere Energieerträge als die an Land. Das Interesse der Investoren ist gigantisch. Anträge für Genehmigungen müssen an das Bundesamt für Seeschifffahrt und Hydrographie gerichtet werden, nicht alle werden genehmigt. Es muss Rücksicht auf öffentliche Belange wie Schifffahrt und Naturschutz genommen werden. Die Folgen von Offshore-Anlagen für das Ökosystem des Meeres sind kaum einschätzbar, viele Fragen sind noch offen: Werden die Vogelzüge, die Meeresfauna, die Fauna und Flora des Meeresbodens durch die riesigen Anlagen gestört? Könnten die wie Riffs aus dem Meer herausragenden Windmühlen das Risiko für Schiffshavarien mit auslaufendem Öl erheblich erhöhen?

Der erste deutsche Offshore-Windpark, der auf hoher See errichtet wird, entsteht außer Sichtweite 45 km nördlich von Borkum. Das Projekt Borkum West nahm im April 2009 mit dem Bau eines Testfelds von zunächst sechs Anlagen unter dem Namen Alpha Ventus seinen Anfang. Die Erfahrungen, die in der Pilotphase gesammelt werden, sollen in die Planung zukünftiger Offshore-Anlagen einfließen. Von einem Offshore-Windrad erhofft man sich die Produktion von doppelt so viel Kilowattstunden wie an den günstigsten Standorten an der Küste oder in den Bergen. Dafür liegen die Baukosten im Meer aber auch etwa dreimal so hoch wie bei einer vergleichbaren Anlage an Land. Die Bundesregierung will bis 2030 15 % des deutschen Strombedarfs mit Offshore-Windenergie decken. Um dieses ehrgeizige Ziel zu erfüllen, wird laut jüngster Novelle des Erneuerbare-Energien-Gesetzes (EEG) von 2009 die Rentabiliät der Offshore-Anlagen mit einem Garantiepreis zusätzlich gefördert: 15 Cent gibt es je Kilowattstunde aus Meereswind, das sind 6 Cent mehr als für Landwindstrom.

Moderne Idylle? Windpark am Wybelsumer Polder nahe Emden

Ein Spiegel reicher Geschichte – die Architektur

Die Dornumer Bartholomäuskirche mit separatem Glockenturm

Kaum jemand erwartet großartige Kulturschätze im kargen, von Sturmfluten geplagten, ganz und gar abgelegenen Ostfriesland. Umso überraschender ist die Fülle und Bandbreite kulturhistorischer Zeugnisse der wechselhaften, von hartnäckigem Freiheitswillen bestimmten ostfriesischen Geschichte.

Mittelalterliche Kirchen

Im Mittelalter konnte sich Ostfrieslands wirtschaftlicher und kultureller Reichtum durchaus mit dem der blühenden Landschaften im Südwesten Deutschlands messen. Ausdruck dessen ist eine erstaunlich hohe Anzahl imposanter Kirchen, die seit dem Mittelalter, ab etwa 1200, überall im Lande im romanischen Stil entstanden. Als Baumaterial nutzte man zunächst die großen Eiszeitfindlinge, aus denen man klobige Granitquader schlug. Später verwendete man für den Kirchenbau auch den leichter zu bearbeitenden Tuffstein, der per Schiff aus der Eifel herangeschafft wurde. Der Backstein, dem das raue, feuchte Küstenklima weit weniger als dem Tuff zu schaffen machte, setzte sich erst im Laufe des 13. Jh. durch. Dieses Jahrhundert gilt denn auch als der Höhepunkt des ostfriesischen Kirchenbaus. Die massiven, auf dem höchsten Punkt der Warfen errichteten Gotteshäuser boten den Menschen Schutz vor Sturmfluten und anrückenden Feinden. Viele dienten den Seeleuten jahrhundertelang als Orientierungspunkt. Der vorherrschende Bautypus war die Einraumkirche mit Kuppelgewölbe und einem frei stehenden, zwei- oder auch dreigeschossigen Glockenturm. Ein integrierter Glockenturm hätte mit seinen Schwingungen auf Dauer wohl so manches Gotteshaus ins Wanken gebracht, da die künstlich aufgeworfene Warf kein massives Fundament bot.

Wasserburgen, Schlösser und Patrizierhäuser

Eine nennenswerte weltliche Baukunst entwickelte sich erst im späten Mittelalter, als einzelne Häuptlingsfamilien an Macht gewannen. Aus den schlichten Steinhäusern der Häuptlinge im 14. und 15. Jh. entwickelten sich im 16. Jh. repräsentative Wasserburgen, ein- bis vierflügelige Anlagen mit Vorburg und Park, die, nachdem ihre Wehrhaftigkeit an Bedeutung verlor, teilweise zu hoheitsvollen Schlössern umgebaut wurden. Nur wenige der Prunkbauten sind noch erhalten, so z. B. in Dornum, Groothusen, Lütetsburg und Pewsum.

Im 16. Jh. wurden in blühenden Handelsstädten wie Emden prächtige, stark durch die niederländische Baukunst geprägte Bürgerhäuser aus Sandstein und Backstein errichtet. Die üppig verzierten, fensterreichen Fassaden demonstrieren den Reichtum eines Standes, der durch Handel zu Macht und Ansehen gelangt ist. Doch auch von diesen Bauten haben nur wenige die Jahrhunderte überdauert. Zu nennen sind das Pelzerhaus in Emden und das Schöninghsche Haus in Norden.

Mühlen

Ostfriesland ist Windland, ist Mühlenland. Die Mühlen wurden genutzt, um Korn zu mahlen, Öl zu pressen, Muschelkalk zu zerkleinern und Holz zu sägen. Kleinere Mühlen dienten (nach niederländischem Vorbild) als Wasserhebewerke zur Entwässerung tief gelegener Ländereien.

Der älteste bekannte Windmühlentyp ist die Bockwindmühle. Das gesamte auf einen Bock montierte Mühlengehäuse wird samt Räderwerk und Mahlgang um einen Ständer im Wind gedreht, darum wird sie auch Ständermühle genannt. Das einzige noch voll funktionsfähige Exemplar Ostfrieslands ist die aus dem Jahre 1626 stammende Bockwindmühle in Dornum. Um den Wind optimal ausnutzen zu können, wurde sie auf einem kleinen Hügel errichtet.

Mein Tipp

Verwunschene Burggärten

Traumhafte, ganz unterschiedliche Burggärten und Parkanlagen entdeckt man auf der **GartenRoute Krummhörn.** Einen gepflegten englischen Landschaftspark findet man am Schloss Lütetsburg in der Nähe von Norden (s. S. 224). In der ehemaligen Vorburg der Burg Berum (s. S. 223) wurde ein formal strukturierter New Cottage Garden mit Kräutern, Stauden und Rosen angelegt. An der Osterburg in Groothusen (s. S. 203) findet man die fotogenen Reste eines romantischen Landschaftsparks mit Allee und der Skulptur eines Flötenspielers. Eine informative Broschüre über diese und viele weitere, auch nicht herrschaftliche Gärten ist über die Touristik GmbH Krummhörn-Greetsiel erhältlich, Infos im Internet: www.gartenroute-krummhoern.de.

Friesische Mühlenstraße
Windmühlenfans können von Mühle zu Mühle einmal weiträumig den Jadebusen umrunden. Informationen zu den einzelnen Mühlen, von denen viele Cafés, einige auch Naturkostläden und Museen beherbergen, erhält man unter: www.friesische-muehlen strasse.de.

Bei der späteren Kappenwindmühle mussten nur noch die Flügel mit Kappe (Haube) in die richtige Position gebracht werden. Da die Kappenwindmühle aus Holland stammt, wird sie auch als Holländermühle bezeichnet.

Viele der in den letzten Jahren aufwendig restaurierten, zum Teil noch funktionstüchtigen Bauwerke erfreuen sich großer Beliebtheit als Museen, Teestuben oder auch als Unterkünfte.

In Ostfriesland wird die erste Windmühle bei Esens 1424 urkundlich erwähnt. Ihre größte Zeit hatten die Mühlen gegen Ende des 19. Jh. Zu dieser Zeit sollen fast 500 Exemplare allein im Regierungsbezirk Aurich ihre Flügel in die Luft gestreckt haben. Auf den ostfriesischen Inseln gab es nur auf Norderney jemals eine Windmühle. Errichtet im Jahre 1862, wurde sie bis 1962 mit Windkraft betrieben und wird heute als Restaurant und Teestube genutzt.

Gulfhöfe und Fischerhäuser

Auf dem Land hat sich bis in unsere Zeit ein Gebäudetyp erhalten, der vor allem in der fruchtbaren, landwirtschaftlich geprägten Marsch gewaltige Dimensionen aufweist. Die sogenannten Gulfhöfe spiegeln den Wohlstand einer Zeit wider, als ein Großbauer noch Herrscher eines wahren Imperiums war. Die stattlichen Höfe bergen Wohn-, Stall- und Scheunenbereich unter einem Dach. Auf beiden Seiten bis fast zur Erde hinuntergezogen, gewähren sie Mensch und Vieh Schutz vor den Stürmen, die im Herbst und Winter über das platte Land fegen. Den Mittelpunkt des Hofes bildet der sogenannte Gulf. Zwischen vier ein Rechteck bildenden Ständerbalken befinden sich zum Dach hin offene, hohe Räume, die der Lagerung von Heu und Futtermitteln sowie der Unterbringung des Viehs dienten. Der Erhalt der riesigen Höfe ist kostspielig – so entdeckt man unterwegs den einen oder anderen verfallenen Hof.

Auf den Inseln standen jahrhundertelang fast nur niedrige Fischerhäuser mit tief gezogenen Dächern und winzigen Fenstern. Manche Inselhäuser, *Drif-Huus* (Treibhaus) genannt, waren für den Fall einer Sturmflut mit einem Schwimmdach ausgestattet. Kam es zum Äußersten, flüchteten die Menschen auf den Dachboden. Stürzten dann die lehmgemauerten Wände bei steigender Flut ein, konnte man das Schwimmdach vom Ständerunterbau lösen. In den Giebeln fing sich der Wind, wie ein Segelschiff trieb das Dach dem Festland zu. Die malerischen Fischerhäuschen sind selten geworden, sie fielen dem Tourismus zum Opfer, der größere, moderne Wohneinheiten erforderlich machte.

Immer noch ein Geheimtipp – Orgeln in Ostfriesland

Kein anderes Land der Welt weist eine derart reiche Orgellandschaft auf wie die Ems-Dollart-Region zwischen dem niederländischen Groningen und Wilhelmshaven. Und mittendrin liegt Ostfriesland mit über 90 historischen Orgeln aus einem Zeitraum von über 500 Jahren, die noch regelmäßig gespielt werden.

Die Seitenflügel der in mattem Taubenblau und Sandsteinfarben gehaltenen Rysumer Orgel schmückt ein Himmel mit goldenen Sternen, Sonne und Mond. Die um 1457 von Meister Harmannus aus Groningen geschaffene Orgel wird von der kleinen Kirchengemeinde am südlichen Rand der Krummhörn in Naturalien bezahlt worden sein. In der Chronik des Eggerik Beninga heißt es nämlich im Jahr des Orgelbaus, dass die Rysumer den Häuptling Victor von Freese gebeten hätten, »ere vette beeste« (ihre fetten Kühe) über die Ems nach Groningen zu schaffen, damit sie ihre Schulden wegen »des örgels« bezahlen könnten. Die Rysumer Orgel erklingt seit nunmehr weit über 500 Jahren im sonntäglichen Gottesdienst.

1801 von Friedrich Wenthin erschaffene Orgel in der Kirche von Groothusen

Alte Meister

Die Anfänge des ostfriesischen Orgelbaus fallen in die Blütezeit des Landes unter Ulrich Cirksena I., der 1464 in den Reichsgrafenstand erhoben wurde. Unter ihm und seinen Nachfolgern entstanden klangvolle Instrumente. In der zweiten Hälfte des 16. Jh. erlebte der Orgelbau einen Aufschwung, als nach der Reformation neben vielen niederländischen Kaufleuten auch Instrumentenbauer aus religiösen und politischen Gründen ihre Heimat verließen und sich in Emden ansiedelten.

Die beherrschende Persönlichkeit in der norddeutschen Orgelgeschichte war der Hamburger Arp Schnitger (1648–1719), der fast vierzigjährig mit dem Bau der großen Orgel in Norden begann. Einen weiteren Höhepunkt erreicht die Orgelbautätigkeit unter dem Schnitger-Schüler Gerhard von Holy. Von ihm stammen die Orgeln in Marienhafe (s. S. 214) und Dornum (s. s. 234). Insgesamt sind in Ostfriesland rund 60 Orgeln aus der Zeit vor 1850 zu finden.

Die neue Zeit

Zu Beginn des 20. Jh. wies der Orgelbau in Ostfriesland keine bedeutenden Meister mehr auf. Erst als ab Mitte der 1920er-Jahre die Restaurierung vieler Instrumente in Angriff genommen wurde, gewann dieses Handwerk wieder an Bedeutung. 1954 ließ sich der Orgelbauer Jürgen Arend in Leer nieder. Seine Restaurierungsarbeiten, beispielsweise in der Hamburger St. Jacobi Kirche, in der Hofkirche zu Innsbruck oder der Ludgerikirche in Norden gelten weltweit als richtungsweisend. Wichtige Impulse für die Förderung der Orgellandschaft gingen von der Arbeit der Norddeutschen Orgelakademie (ab 1977 in Bunderhee) und vom alle zwei Jahre in Aurich stattfindenden Dollartfestival (1981–2003) aus, die beide von Harald Vogel gegründet wurden. Seine rege Publikationstätigkeit wie auch seine Meisterkurse haben die ostfriesischen Orgeln international bekannt gemacht. Das wichtigste Orgelzentrum zur Erforschung und Förderung der regionalen Orgelkultur befindet sich heute in Weener, südwestlich von Leer. Das dortige Organeum (Norderstr. 18, Tel. 04951 91 22 03) ist mit seiner umfangreichen Forschungsbibliothek und einer Sammlung historischer Tasteninstrumente Anlaufstelle für Organisten, Orgelforscher und Orgelfans aus der ganzen Welt.

Historische Orgeln von europäischer Bedeutung

Rysum: Die Orgel von 1457 ist die älteste bespielbare und im Grundbestand erhaltene Orgel Deutschlands.

Dornum: Orgel von 1710 in der St. Bartholomäus Kirche.

Norden: Orgel von 1686 in der St. Ludgeri-Kirche

Marienhafe: Orgel von 1710 in der St. Marienkirche.

Krummhörn-Pilsum: Orgel von 1694 in der Stefanskirche

Krummhörn-Uttum: Orgel von 1660 in der reformierten Kirche.

Hinter-Westerhusen: Orgel von 1642 in der reformierten Kirche.

Wittmund-Buttforde: Orgel von 1681 in der St. Marien Kirche.

Weener: Orgel von 1709/10 in der St. Georgskirche.

In Norden, Leer, Weener und Dornum werden regelmäßig Konzertreihen veranstaltet.

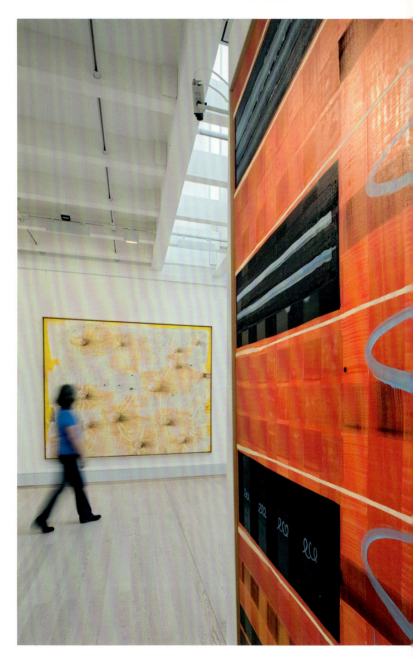

Dangast am Jadebusen war seinerzeit ein Ort der Inspiration für die Maler der Künstlergruppe Die Brücke. Ihre ausdrucksstarken Werke findet man auch in der Kunsthalle von Emden, die mit ihren Sammlungen der klassischen Moderne und zeitgenössischer Kunst weit über die Grenzen Deutschlands berühmt geworden ist.

»Die Gegend ist großartig…«

» … und man muß das alles malerisch festhalten!«, schwärmte Karl Schmidt-Rottluff, als er mit Erich Heckel im Jahre 1907 nach Dangast kam. Die beiden gehörten 1905 zu den Gründern der deutschen Künstlervereinigung Die Brücke, die zusammen mit der Künstlergruppe Der blaue Reiter die Kunstbewegung des deutschen Expressionismus vertrat und von der französischen Malerei beeinflusst war. Den Namen wählte man, um die Verbindungen zu anderen zeitgenössischen Kunststilen außerhalb Deutschlands zu betonen. Die Gruppe, der sich 1906 auch Max Pechstein und Emil Nolde anschlossen, löste sich bereits 1913 wieder auf. Ungeachtet dessen wurde weiter gemalt, viele namhafte Künstler verbrachten in Dangast die Sommermonate. 1923 kam der Ma-

In der Kunsthalle von Emden

ler Franz Radziwill in den idyllisch auf einem Geestkliff am Ufer des Jadebusens gelegenen Ort und schuf seine später berühmt gewordenen Werke der Neuen Sachlichkeit und des Magischen Realismus: »Hier habe ich einen hohen Himmel und die Marschenebene vor Augen. Schon das Hinaustreten aus meinem Haus kann eine Welt von Bildern in Bewegung setzen«, schrieb der junge Maler begeistert. Sein Wohnhaus, in dem er von 1923 bis zu seinem Tod im Jahre 1983 lebte, liegt noch heute am Rand des Ortes. Schnell gelangt man hinaus auf die Felder, ebenso schnell wie ans Ufer des Jade-

Wegen der Kunst nach Ost-Friesland? Auf alle Fälle!

busens. Dort, wo einst die Staffeleien der Dangaster Künstler standen, wo ihre Werke entstanden, zeigen heute Tafeln des Dangaster Kunstpfades eine Abbildung der Werke an ihrem Entstehungsort.

Kunst am Deich

Dangast ist ein schöpferischer Ort geblieben. In den 1970er-Jahren hinterließen zeitgenössische Künstler wie der Düsseldorfer Beuys-Schüler Anatol, der Bildhauer Eckart Grenzer und der Künstler Butjatha Skulpturen, die heute noch in der näheren Umgebung des alten Kurhauses zu sehen sind.

Den Weg am westlichen Jadebusen von Dangast über Cäciliengroden nach

Dangast ist ein schöpferischer Ort geblieben: Skulptur aus den 1970er-Jahren in der Nähe des alten Kurhauses

Wilhelmshaven säumen »Sieben Sehzeichen« zum Thema »Die sieben Tage der Schöpfung«. Sieben Skulpturen zum Thema »Die Sintflut – Bewahrung der Schöpfung hinter dem Deich« findet man am östlichen Jadebusen auf dem Deich zwischen Varel und Eckwarderhörne. Eine ausführliche Broschüre mit Karte ist in der TouristInfo erhältlich, Infos im Internet: www.kunstamdeich.de.

Lust-Objekte

»Bilder, die ich liebe« nannte Henri Nannen eine Ausstellung im Jahre 1989. Seine Erklärung war einfach und schlicht: »Ich habe immer nur gesammelt, was Lust in mir erweckt hat – oder was mich bis unter die Haut schmerzte –, was mich freute, aber auch wütend machte.«

Henri Nannen, Chefredakteur und Herausgeber des Stern, spendierte seiner Geburtsstadt Emden nicht nur seine private Bildersammlung, sondern kümmerte sich zusammen mit seiner Frau Eske auch um den Bau des Museums. Unter deren Leitung entstand die Malschule für Kinder, die heute in einem eigenen, der Kunsthalle gegenüberliegenden Haus untergebracht ist.

Die Leidenschaft des Stifterpaars merkt man dem Haus an. Und sie scheint sich auf den Besucher der Kunsthalle zu übertragen. Das Nannen-Haus ist ein magischer Ort, an dem auch diejenigen, die sonst mit der Kunst nicht viel zu tun haben, überraschend und unerwartet zu Kunstkennern und Kunstgenießern werden. Wer mag, kann sich zudem per Audiohörer kleine Geschichten, Zitate und Beschreibungen zu den Werken erzählen lassen. Große Namen der Kunstgeschichte sind hier vertreten, darunter auch die der Brücke-Maler aus Dangast.

Nordsee ist Mordsee – Lesewonnen an Watt und Strand

Der lang ersehnte Urlaub hat begonnen, die Sonne scheint oder es regnet. Wunderbar, wenn man eine passende Lektüre dabeihat. Krimifans können auf ein überaus reiches Angebot an Titeln, die in Ostfriesland – auf den Inseln oder an der Küste – angesiedelt sind, zurückgreifen. Sie bieten Nervenkitzel und viel Lokalkolorit.

men erst einmal Tee, Stövchen und Kluntjes auf den Tisch, bevor die Ermittler zur Sache gehen. Seine Beschreibungen bedienen viele Klischees, die man sich vielleicht nicht als große Literatur zu Hause vornimmt, aber vor Ort im Urlaub gerne liest. Seine letzten Titel: Nebeltod auf Norderney (2008), Mord in Norddeich (2009).

Der Friesenkrimi

Bereits in den 1980er-Jahren schuf Theodor J. Reisdorf den sogenannten ›Friesenkrimi‹. Seine Krimis sind an der ostfriesischen Nordseeküste und auf den Inseln angesiedelt. Häufig kom-

Der Inselkrimi

Die Autorin Sandra Lüpkes hat einen Großteil ihres Lebens auf Juist verbracht und lange in Norden gewohnt, vor einiger Zeit ist sie nach Münster gezogen. Ihre Kommissarin Wencke Tydmers, die

Im Strandkorb lässt sich's gemütlich schmökern …

bereits in einem guten Dutzend Fällen auf den Inseln und an der Küste recherchiert hatte, nahm sie gleich mit. Dabei war sie einem ans Herz gewachsen: zart, hübsch, in Jeans und ständig mit einem Bauchgefühl ausgestattet, das ihr den richtigen Weg zeigte. Am Ende des Spiekeroog-Krimis »Die Blütenfrau« (2008) geht die alleinerziehende Mutter für einige Zeit nach Amerika. Den nächsten Fall nach ihrer Rückkehr übernimmt sie als Kommissarin in Hannover.

Der Ostfrieslandkrimi

Die einen gehen, die anderen kommen. Seit einigen Jahren lebt der renommierte Schriftsteller Klaus-Peter Wolf in Norden. Er hat sich nicht nur als Verfasser von Kinderbüchern und Jugendromanen, sondern auch als Tatort-Drehbuchautor einen Namen gemacht. Seinem ersten, ebenso spannenden wie bodenständigen Ostfriesland-Krimi »Ostfriesenkiller« folgten »Ostfriesenblut« und »Ostfriesengrab«. Ermittlerin ist Hauptkommissarin Ann Kathrin Klaasen, die nicht nur diverse, komplexe Mordfälle in und um Norden zu lösen hat, sondern auch privat mit Problemen kämpft. Im Gegensatz zu manch (skandinavischen) Kollegen ertränkt sie ihre Probleme nicht im Alkohol – Schnaps trinkt sie selten, wenn aber, dann ist es eisgekühlter Doornkaat. Sie liebt die ostfriesische Landschaft. Orte und Straßen, durch die sie fährt, gibt es ebenso wie die Restaurants, die sie aufsucht, im ganz realen Ostfriesland. Die Begeisterung für seine Wahlheimat überträgt der Autor auf seine Protagonisten: »Juist«, so schwärmt einer von ihnen, »ist wie die Karibik, nur ohne die Scheiß-Palmen!«

Der Wilhelmshaven-Wallander

Martin Trevisan ermittelt in Wilhelmshaven und im Wangerland. In seinem ersten Fall »Der Tod kommt in Schwarz-Lila« (2004) wird in den Dünen von Wangerooge eine Leiche gefunden, im »Haus in den Dünen« (2008) ist ein Pyromane in Wilhelmshaven unterwegs. Der ersten Leiche folgen jeweils weitere, die Ermittlungsarbeit ist mühselig, ein Wettrennen mit dem psychopathischen Mörder, der wieder und wieder zuschlagen wird. Blindspuren und langwierige Routinearbeit werden detailliert geschildert. Der Autor, Ulrich Hefner, kennt sich aus. Er ist Polizist im echten Leben. Seine Sprache ist angenehm knapp, fast wortkarg, sein Kommissar erinnert an den melancholischen Kurt Wallander des schwedischen Bestsellerautors Henning Mankell. Auch die Erzählweise, in der Kapitel aus der Sicht des Mörders zwischen die Ermittlungskapitel eingeschoben werden, erinnert an Mankell. Doch, und da sind sich die Rezensenten einig: Trevisan ist der bessere Polizist.

> **Krimikult im ›Mordwesten‹**
> Knisternde Spannung zwischen Meer und Moor, Düne und Deich versprechen die Ostfriesischen Krimitage (www.krimitage.de). Viele regionale Krimis findet man im Leda-Verlag in Leer, www.leda-verlag.de. Einfach mal auf der Website stöbern, dort kann man sich den zum jeweiligen Urlaubsort passenden Insel- bzw. Ostfrieslandkrimi raussuchen.

Die Kunst des Müßiggangs – ostfriesische Teekultur

Teeservice mit ostfriesischem Rosendekor

Ostfriesen sind leidenschaftliche Teetrinker. Durchschnittlich trinkt jeder von ihnen täglich 7–8 Tassen Tee, das sind rund 40 % des gesamtdeutschen Schwarzteekonsums. Schon Heinrich Heine beschrieb die Ostfriesen als eigenwillige Menschen, die »wohlverwahrt in wollenen Jacken, herumkauern und Tee trinken«, während draußen die Nordsee gegen die Küste tobt.

Die ostfriesische Rose

Über die Niederlande, die im 17. Jh. mit ihren Handelsschiffen die Weltmeere bis nach Fernost befuhren, kam der Tee aus China nach Ostfriesland. Als im Jahre 1777 der Preußenkönig den Ostfriesen das gesundheitsschädigende »Drachengift«, das die Küstenbewohner in »barbarischen Mengen« schlürften, per Erlass untersagte, tadelte er unter anderem, dass das Teetrinken Männer wie Frauen dazu verleite, stundenlang dem Müßiggang zu frönen. Zwei Jahre später musste das Verbot wieder aufgehoben werden, die Abwanderung von Knechten, Matrosen und Mägden in die benachbarten Niederlande stand zu befürchten. Sie waren nicht bereit, auf eine der »wahren Bequemlichkeiten des Lebens« zu verzichten.

Zu den Ursachen für die leidenschaftliche Liebe zum Tee zählte sicherlich die schlechte Qualität des Trinkwassers. Das Wasser in den häufig von Salzfluten überspülten Marschen stammte aus mit Torf verkleideten Brunnen und Zisternen und musste abgekocht und ›aromatisiert‹ werden – aus der Not machten die Ostfriesen eine Tugend. Als die Na-

Zeit für eine Tasse Tee

Im Ostfriesischen Teemuseum in Norden (s. S. 220) wie auch im Bünting-Tee-museum in der Friesischen-Tee-Compagnie in Leer (Brunnenstr. 33, www.buenting-teemuseum.de) erfährt man Wissenswertes zum Thema Tee. Im Rahmen von Führungen wird gezeigt, wie Tee in Ostfriesland traditionell zubereitet wird. Gemütliche und lehrreiche Teestunden mit Verkostung werden überall entlang der Küste und auf den Inseln abgehalten, sehr stilvoll u. a. im Alten Leuchtturm auf Borkum (s. Tipp S. 84) sowie im Fischerhausmuseum auf Norderney (s. S. 126).

tionalsozialisten während des Krieges die Lebensmittelrationierung einführten, genehmigten sie den Ostfriesen ohne lange Debatten drastisch höhere Teerationen als dem Rest der Nation. So sind sie auch in Notzeiten immer hartgesottene Teetrinker geblieben.

Die alteingesessenen Tee-Importeure in Emden (Thiele & Freese, gegründet 1873), Leer (Firma Bünting, seit 1806) Norden (Onno Behrends, seit 1887) und Aurich (Uwe Rolf, seit 1978) komponieren hochgepriesene Teemischungen. Typischer Ostfriesentee ist dunkel und recht herb. Kräftige Assams aus Indien bilden die Grundlage, die – je nach Sorte – mit blumigen Tees aus Darjeeling und Ceylon (Sri Lanka) gemischt werden. Getrunken wird aus der Ostfriesischen Rose, einem zarten, fein bemalten Teegeschirr, das in der Hand der Fischer und Bauern fast zerbrechlich wirkt.

Nu is teetied!

Tee wird zu allen Tag- und Nachtzeiten genossen. Wider Erwarten stehen nicht die Engländer an der Spitze der europäischen Tee-Statistik, sondern die Iren, die 3,2 kg pro Kopf konsumieren, ge-

Die Kreation von Teemischungen erfordert feine Sinne und viel Erfahrung

folgt von den Ostfriesen mit 2,5 kg. Das Teetrinken ist eine Lebenseinstellung, ein Grundrecht, eine Zeremonie.

Die Ostfriesen trinken nicht irgendeinen Tee, vor allem nicht irgendwie. Alte Sprichwörter lassen keinen Zweifel daran, wie der Tee sein muss: »Tee as Öllje, een Kluntje as'n Sliepsteen und Rohm as'n Wullkje«: So dickflüssig und goldbraun wie Öl muss der Tee sein, das Stück Kandis so groß wie ein Schleifstein und obendrauf Sahne wie eine hingetupfte Wolke. Nicht nur die Zutaten zählen, es kommt auch auf die richtige Reihenfolge an. Zuerst gibt man ein Stück Kandis in eine Tasse aus feinem Porzellan. Darüber wird der heiße Tee gegossen, sodass der weiße Kristall knisternd und knackend zerspringt. Es folgt die Sahne, die sich einer Wolke gleich spielerisch verbreitet. Und das weiß jedes Ostfriesenkind: Umrühren ist Sünde und vernichtet den Genuss. Teetrinken ist ein Fest der Sinne in mehreren Etappen: zuerst die milde, kühle Sahne, dann der heiße, bittere Tee und schließlich die aufsteigende himmlische Süße. Auf den verbliebenen Kandis wird wieder Tee gegossen, im Idealfall reicht er für alle Tassen. »Dree is Ostfreesenrecht« – und drei Tassen Tee werden einem mindestens angeboten. Erst danach ist es erlaubt, den Löffel in die Tasse zu stellen.

Unterwegs an der Nordsee

Maritime Augenweide: der Fischerhafen von Greetsiel

Das Beste auf einen Blick

Borkum

Highlight!

Wandelhalle mit Musikpavillon: Auf der breiten Strandpromenade der Stadt Borkum liegt die alte, traditionsreiche Kur- und Wandelhalle am Meer. Sie beherbergt verschiedene Cafés und Restaurants, edles Kunsthandwerk und eine Galerie mit Malschule. Wunderbar ist es, hier zu verweilen, im Sommerhalbjahr kann man der Caféhausmusik oder den Konzerten im Musikpavillon lauschen und dabei die Aussicht über den weiten Sandstrand bis zur Seehundbank Hohes Riff genießen. 1 u. 2 S. 82

Auf Entdeckungstour

Auf den Spuren der Walfänger auf Borkum: Die Goldene Epoche hat ihre Spuren hinterlassen. Faszinierend sind die grau verwitterten Gartenzäune aus Walknochen, die man im Altdorf entdeckt. Am alten Leuchtturm sind die Grabsteine der Kapitäne mit Totenköpfen geschmückt. Beeindruckende Zeugnisse aus Borkums Walfangzeit im 17. und 18. Jh. findet man im Heimatmuseum Dykhus. S. 86

Kultur & Sehenswertes

Feuerschiff Borkumriff: Eine Führung durch das Feuerschiff gibt einen lebendigen Einblick in das beengte Leben der Mannschaft an Bord. S. 95

Aktiv & Kreativ

Gezeitenland: Badespaß für die ganze Familie, wenn es draußen nicht so gemütlich ist. Saunieren mit Blick auf die Nordsee. 1 S. 90

Streifzug durch die Greune Stee: In dem von Wasser- und Schilfflächen durchdrungenen Inselwald brüten viele Sumpfvögel. Schmale Spazierpfade führen durch das üppige Dickicht. S. 94

Genießen & Atmosphäre

Strandbuden: Eintöpfe und Milchreisgerichte direkt am Strand. Einfach große Klasse für eine kleine Stärkung zwischendurch sind diese Buden westlich und östlich der Wandelhalle. S. 81

Omas Teestübchen: Wenn's draußen grau ist oder nieselt, kann man hier im Sofa versinken und einen heißen Sanddorntee genießen. 2 S. 89

Bauernstuben und Café Ostland: Kurz vor Juist, im Ortsteil Ostland, liegen diese beiden Ausflugslokale. Sie bieten regionale Köstlichkeiten, für Kinder gibt es einen kleinen Streichelzoo und einen Spielplatz. S. 97

Abends & Nachts

Matrix: Der schönste Ort für einen Cocktail am Meer, direkt an der Strandpromenade, ein Tipp zum Sonnenuntergang. 3 S. 91

Insel der Walfänger

Zwei Stunden ist die tideunabhängige Fähre von Emden nach Borkum unterwegs zur westlichsten und größten Ostfriesischen Insel, die als einziges Eiland in der südlichen Nordsee Hochseeklima bietet. *Mediis tranquillus in undis* – »Ruhig inmitten der Wogen« heißt es in ihrem Wappen, das neben einem roten Leuchtturm zwei Wale schmücken. Sie erinnern an die Blütezeit Borkums im 18. Jh., als auf der Insel wohlhabende Kommandeure ihre schmucken Häuser mit Zäunen aus mächtigen Walknochen umgaben.

Zunächst machte Borkum nur als Teil einer wesentlich größeren Insel namens Bant ›Schlagzeilen‹. Der Geograf und Schriftsteller Strabo beschreibt um 7 v. Chr. den Kriegszug des älteren Drusus, der Bant – von den Römern Burchana genannt – »nach einer Belagerung eroberte«. Im 12. und 13. Jh. zerschlugen mehrere schwere Sturmfluten die Großinsel Bant und ließen die Restinseln Borkyn, Juist, Bant, Buise und Osterende entstehen. Die Inselbewohner fristeten ein karges Dasein als Fischer und Bauern. Erst zu Beginn des 18. Jh. tat sich ihnen eine Möglichkeit auf, Ruhm und Reichtum zu erwerben. Sie heuerten auf Walfangschiffen an, die Kaufleute in Emden, Hamburg und den Niederlanden ausrüsteten. Die goldene, mit viel Leid erkaufte Ära währte jedoch kein Jahrhundert, und ihr folgte eine Zeit großen wirtschaftlichen Elends.

Während auf Norderney schon 1797 Deutschlands erstes Nordseebad etabliert worden war, tauchten auf Borkum Badegäste erst in den 1840er-Jahren auf. Die Insel erfreute sich jedoch bald zunehmender Beliebtheit bei Erholung Suchenden, denen Norderney entweder zu teuer oder zu vornehm war. Ein Chronist der Ostfriesischen Zeitung preist 1850 die Vorzüge des Borkumer Badelebens: »In Borkum lebt man für wenig Geld gut und un-

---

Infobox

Infos zu Borkum

Tourist-Information Borkum: gegenüber dem Bahnhof, Am Georg-Schütte-Platz 5, 26757 Borkum, Zimmervermittlung und Information Tel. 0 18 05 80 77 90 (0,14 €/Min.), Mo-Fr 8.30–12.30, 14–17.30 Uhr
www.borkum.de: Informationen zu Unterkunft, Anreise und Veranstaltungen.
Borkumer Zeitung: Inselereignisse, News aus aller Welt, Tel. 04922 912 40, www.borkumer-zeitung.com.

Anreise

Autos können mit auf die Insel genommen werden, es wird aber geraten, sie auf dem Festland zu lassen; gebührenpflichtige Parkplätze in ausreichender Zahl in Anlegernähe.
Fähre und Katamaran: Abfahrtshäfen sind Emden und Eemshaven/Niederlande, Fahrzeit ab Emden mit der Fähre ca. 130 Min., mit dem Katamaran ca. 60 Min., 2–5 x tgl., tideunabhängig, Info: Tel. 01805 18 01 82 (0,14 €./Min.), www.ag-ems.de.
Flug: Vom Flughafen Emden nach Borkum bis zu 5 x tgl., Info: Tel. 04921 899 20, www.olt.de oder von Hamburg, Tel 040 70 70 88 90, www.air-hamburg.de

Infos zum **Verkehr auf der Insel** und zu **Inselfesten** s. S. 91

Borkum – die Stadt

geniert. Hier fühlt man den Druck der sogenannten Etikette nicht. Hier kleidet sich ein jeder, wie es ihm beliebt. Hier haben Nachtmütze, Schlafrock und Pantoffeln mit Hut, Frack und Stiefeln gleichen Wert. Hier gilt, gottlob, ein nicht geschorener Bart dem glatt rasierten Kinn völlig gleich ...«.

Borkum – die Stadt

▶ A/B 5/6

Vom Borkumer Hafen im Süden der Insel fährt die historische Inselbahn in das 7,5 km entfernte Städtchen Borkum im äußersten Westen der Insel. Der Zug quert das Wattenmeer auf einem Damm und passiert die Woldedünen, in denen der berühmte Seeräuber Klaus Störtebeker seine Schätze vergraben haben soll. Der 1888 erbaute Inselbahnhof liegt im Herzen der Stadt. Von hier führt die Bismarckstraße in wenigen Minuten ans Meer. Borkums zum großen Teil moderne, bunt zusammengewürfelte Architektur findet in der Reiseliteratur kaum Erwähnung. Umso überraschter entdeckt man dann an der Strandpromenade edle, blendend weiße Hotelfassaden aus der Zeit um 1900.

Strandpromenade

Zwischen Süd- und Nordbad erstreckt sich die Flaniermeile Borkums auf einer Länge von 6 km immer am Meer entlang. Sie verläuft oberhalb des weißen Sandstrandes mit den für Borkum typischen bunten Strandzelten und Liegestühlen. Legendär sind die ›Buden‹ am Badestrand. Hier erhält man kleinere Gerichte – Milchreis, deftige Eintöpfe, rote Grütze, Hefeklöße, Bockwurst mit Kartoffelsalat, Eis – ideal für zwischendurch, wenn man erst abends im Hotel oder der Ferienwohnung warm isst.

Ein unverwechselbarer Ort – der Musikpavillon an der Borkumer Strandpromenade

Borkum – die Stadt

Sehenswert

1 Kur- und Wandelhalle
2 Musikpavillon
3 Neuer Leuchtturm
4 Kleines Kaap
5 Großes Kaap
6 Nordsee-Aquarium
7 Walknochenzaun
8 Alter Leuchtturm
9 Heimatmuseum Dykhus
10 Franzosenschanze

Übernachten

1 Seehotel Upstalsboom
2 Nordsee-Hotel
3 Gästehaus Victoria
4 Villa Müller-Scharpius
5 Teerlingshafen
6 Villa Harmonie
7 Insel-Camping Borkum

Essen & Trinken

1 as Cruso
2 Omas Teestübchen
3 Restaurant Valentin's
4 Heimliche Liebe
5 Café Sturmeck
6 Fischerkate
7 Scheunenrestaurant Upholm

Einkaufen

1 Atelier am Meer
2 Inselgalerie und Schatz-kiste
3 Stoffeckchen
4 Natürlich
5 Windy

Aktiv & Kreativ

1 Gezeitenland
2 Busbahnhof
3 Ortsführungen
4 Radtouren
5 Spielinsel
6 Reitstall Borkum
7 Sattelbude Jüttings
8 Borkumer Kleinbahn
9 Wassersportzentrum/ Segelschule

Abends & Nachts

1 Kulturinsel
2 Kajüte
3 Matrix
4 Inselkeller
5 Strandschlucht

Die Kurhalle mit Musikpavillon !

Die alte Wandelhalle entstand 1911–19 in einer Zeit, als Urlauber noch nicht allzu großen Wert auf einen direkten Kontakt mit der Natur legten. Man liebte Promenaden und errichtete in Borkum praktischerweise eine kilometerlange geschlossene Halle, die mit großer Fensterfront Platz für 2000 Gäste bot. Ende der 1990er-Jahre wurde die alte Wandelhalle komplett renoviert. Die neue **Kurhalle am Meer** 1 ist Kult. Im 1911 erbauten gegenüberliegenden **Musikpavillon** 2 werden im Sommer regelmäßig Konzerte gegeben, denen man auf der Terrasse eines der Promenadencafés lauschen und dabei die Aussicht über den weiten Sandstrand bis zur Seehundbank Hohes Riff genießen kann. Kultur, Genuss und Natur liegen hier ganz nah beieinander.

Neuer Leuchtturm 3

Strandstr., April–Okt. tgl. 10–11.30, 15–17.30 sowie Mo, Mi, Fr, Sa 19–20,
Nov.–März Di, Mi, So 15–16.30 Uhr, 1,50 € mit, 2,50 € ohne Kurkarte

Der von einer freien Dünenwiese umgebene Neue Leuchtturm ist das Wahrzeichen Borkums. Der 60 m hohe Turm wurde im Jahre 1879 in einer Rekordzeit von nicht einmal sieben Monaten erbaut. Über 300 Stufen sind bis zur Aussichtsplattform zu erklimmen. Bei klarem Wetter reicht der Blick bis zum 20 km entfernten Festland und zu den Nachbarinseln.

Kleines und Großes Kaap

Im 16. Jh., der Zeit von Reformation und Religionswirren, entwickelte sich Emden zur blühenden Hafenstadt, der Schiffsverkehr auf der Ems nahm stark zu. Um den fremden Schiffsführern den Weg durch die gefährlichen Gewässer des Wattenmeeres zu weisen, wurden Seezeichen immer wichtiger. Auf Borkum wurden außer den Leuchttürmen drei Kaaps als Landmarken für die Schifffahrt errichtet. Das heute noch vorhandene **Kleine**

Borkum

Kaap 4 und das **Große Kaap** 5 wurden im Jahr 1872 aus roten Klinkersteinen gemauert. Kurz hinter dem 12 m hohen Kleinen Kaap endet die breite Strandpromenade, sie führt als Rad- und Wanderweg weiter durch die Dünen.

Das Südbad

Anders als die meisten anderen Ostfriesischen Inseln verfügt Borkum über einen weiten, schlickfreien Südstrand. Zu erreichen ist der Bade- und Zeltstrand auf der breiten Strandmauer, die um das gesamte Westende der Insel herumläuft. Direkt an der asphaltierten Promenade im nördlichen Bereich des Strandes liegt das **Nordsee-Aquarium** 6 (Von-Frese-Str., Tel. 04922 15 88, www.nordseeaquarium-borkum.de, März–Okt. Di–Sa 10–12 u. 14–17 Uhr, 2,50 €). In 18 Becken mit 14 000 Litern Meerwasser ist die Tier- und Pflanzenwelt der Nordsee zu sehen.

Das Altdorf

Vom Neuen Leuchtturm führen mehrere Straßen ins Altdorf, das gen Osten in Wiesen übergeht. In der Wilhelm-Bakker-Straße passiert man in unmittelbarer Nähe des Alten Leuchtturms einen **Gartenzaun** 7 aus mächtigen altersgrauen Knochen – den Kinnladen von Walen (s. Entdeckungstour S. 86).

Alter Leuchtturm 8
Kirchstr., www.heimatverein-borkum.de, Juni–Okt. Mo, Mi, Fr, Sa 10–12, Nebensaison seltener, 1,50 €
Trutzig erhebt sich der 42 m hohe Alte Leuchtturm auf der historischen Kirchwarf. Eine in die Westwand des Turms eingelassene Sandsteintafel berichtet in lateinischer und holländischer Spra-

Mein Tipp

Teestunde im Alten Leuchtturm
Die typische ostfriesische Teestunde auf dem Alten Turm sollten man sich nicht entgehen lassen, sie ist lehrreich und gemütlich und kostet 5 € pro Person (Termine nach Absprache Tel. 04922 18 12 od. 04922 28 55, www.borkum-alter-leuchtturm.de).

che über den Bau des damals wichtigen Seezeichens, das von Emder Kaufleuten in Auftrag gegeben und finanziert wurde. Gut 150 Stufen sind es bis zur Aussichtsplattform.

Heimatmuseum im Dykhus 9
Roelof-Gerritz-Meyer-Str., Tel. 04922 48 60, www.heimatverein-borkum.de, Anfang April–Ende Okt. Di–So 10–17 Uhr, sonst Di, Sa 15–17 Uhr, 3 €
Am Alten Leuchtturm vorbei führt die Roelof-Gerritz-Meyer-Straße zum Heimatmuseum im Dykhus, das noch bis 1958 als Wohnhaus diente. Das für Ostfriesland typische Gulfhaus, in dem Wohnräume, Stall und Scheune unter einem gemeinsamen Dach vereint sind, steht auf einer Warft am Fuße des ersten Deichs, der auf Borkum gebaut wurde. Die einstigen Wohnräume sind liebevoll mit historischen Möbeln und Gerätschaften eingerichtet. Das beeindruckendste Ausstellungsstück jedoch wird in der Entdeckungstour verraten, s. S. 86.

Franzosenschanze 10
An der gleichnamigen Straße liegt die Franzosenschanze, eine von breiten Wassergräben gesäumte, U-förmige Wallanlage, die heute ein Einfamilien-

Borkum – die Stadt

haus schützend umgibt. Sie wurde 1811 auf Befehl Napoleons errichtet. Mit der Stationierung französischer Truppen auf den Ostfriesischen Inseln wollte er den zur Zeit der Kontinentalsperre blühenden Schmuggel mit englischen Waren unterbinden. Ein Schild weist auf das Bauwerk hin, das auf einem Privatgrundstück liegt, von der Straße aber gut zu sehen ist.

Spaziergang zum Upholm-Deich

Östlich des Alten Leuchtturms geht die Bebauung allmählich in Wiesen über. Zwei Straßen führen durch die Wiesen Richtung Upholmdeich: die Upholmstraße sowie der schmale von der Reedestraße abzweigende Weg Franzosenschanze, die sich gut zu einer Rundtour kombinieren lassen. Um 1600 wurde der Deich zum Schutz der fruchtbaren Binnenwiesen gebaut. Da er zunächst nur etwa zwei Meter hoch war, gingen alle höheren Sturmfluten über ihn hinweg. Bei der großen Flut im Jahre 1643 brach er gleich an fünf Stellen. Zeugnisse solcher Deichbrüche sind die sogenannten Kolke (Wasserlöcher) an der Binnenseite des Deiches. Diese tiefen, heute von dichtem Schilf gesäumten Gewässer umging man beim Wiederaufbau des Deiches, um Erde zu sparen. Aus diesem Grund verläuft der Deich in einer Schlangenlinie durch das grüne Weideland. Vom Deich aus bietet sich ein reizvoller Blick über Wiesen, auf denen Pferde und Kühe weiden, und auf die Stadt mit ihren hohen Türmen.

Übernachten

Nostalgischer Charme – **Seehotel Upstalsboom 1**: Viktoriastr. 2, Tel. 04922 91 50, www.upstalsboom.de, DZ ab 170, Eck-/Erker- und Turmzimmer ab 190 €. Eine der herrschaftlichen, leuchtend weißen Residenzen im klassizistischen Stil der Jahrhundertwende vis-à-vis des Neuen Leuchtturms, 200 m vom Strand. Erstklassiges Restaurant im Haus.

In der ersten Reihe – **Nordsee-Hotel 2**: Bubertstr. 9, Tel. 04922 30 80, www.nordseehotelborkum.de, DZ 113–149, Suiten 164–188 €. Feudales Haus mit über 120-jähriger Familientradition in bester Lage an der Strandpromenade. Das Hotel bietet eine integrierte Kurmittelabteilung sowie die Badelandschaft Friesentherme, gehobene Küche im Restaurant Burchana.

Strandnah – **Gästehaus Victoria 3**: Viktoriastr. 14, Tel. 04922 30 70, www.gaestehaeuser-victoria.de, DZ mit Vollpension Erw. ab 120 €. Die CVJM-Häuser Victoria, Catarina und Marina liegen in unmittelbarer Nähe des Hauptstrandes. Das Haus Victoria hat die beste Lage mit Blick über den Hauptstrand und die Seehundbänke.

Im alten Ortskern – **Villa Müller-Scharpius 4**: Kirchstr. 32, Tel. 04922 24 40, Nov.–März 04321 158 17, www.villa-mueller.de, DZ ab 66 €, Suite ab 88 €. Persönlich geführte Nichtraucher-Pension 600 m vom Hauptstrand, mit einem schön angelegten großen Garten mit altem Baumbestand. Einige der Zimmer haben eine Pantryküche, es gibt einen gemeinsamen Aufenthaltsraum mit TV und einer kleinen Auswahl an Büchern und Spielen.

Freundliches Ambiente – **Teerlingshafen 5**: Neue Str. 10, Tel. 04922 28 35, www.borkum-zimmer.de, DZ/Suiten ab 68 €. Hübsches Nichtraucherhaus in ruhiger, zentraler Lage, Zimmer teilweise mit separatem Wohn- und Schlafraum, Teeküche vorhanden, WLAN, im hauseigenen Café Gänseliesel werden leckere Windbeutel serviert.

Persönlich – **Villa Harmonie 6**: Neue Str. 11, Tel. 04922 92 91 10 u. 99 05 15,

85

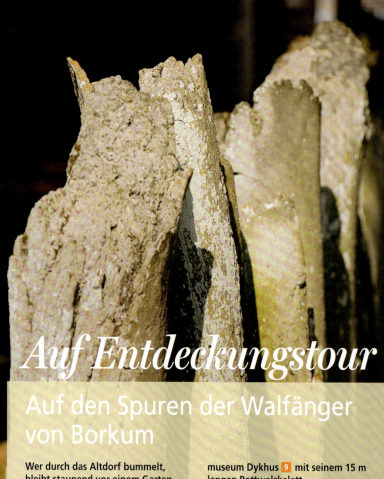

Auf Entdeckungstour

Auf den Spuren der Walfänger von Borkum

Wer durch das Altdorf bummelt, bleibt staunend vor einem Gartenzaun aus Walknochen [7] stehen. Gegenüber dem Alten Leuchtturm [8] findet sich in der Roelof-Gerritz-Meyer-Straße ein weiteres Relikt dieser Art. Die grau verwitterten Exemplare sind beeindruckende Zeugnisse aus Borkums Walfangzeit im 18. Jh. Mehr über diese lukrative und leidvolle Epoche erfährt man im Heimatmuseum Dykhus [9] mit seinem 15 m langen Pottwalskelett.

Start: das ev. Pastorat in der Wilhelm-Bakker-Straße im Altdorf

Dauer: etwa 2 Std.

Lesetipp: Die Walknochen der Nordseeinsel Borkum, Klaus Barthelmess, 6,80 €, erhältlich im Heimatmuseum

»Guck mal, was ist denn das für ein Gartenzaun?« Die Entdeckung der grau verwitterten, morschen Kinnladen unweit des Alten Leuchtturms in der Wilhelm-Bakker-Straße weckt Erstaunen, Neugier und immer auch ein kleines Schaudern. Dutzende dieser mächtigen, zerfurchten Walknochen säumen, dicht aneinandergedrängt, den Vorgarten des evangelischen Pastorats. Im 18. Jh. befand sich hier das Haus des berühmten Walfang-Kommandeurs Roelof Gerritz Meyer, der zwischen 1736 und 1786 auf 47 Grönlandfahrten insgesamt 311 Wale erlegte.

Up Moord und Doodslag naar Groenland!

Mit diesem Abschiedsgruß fuhren die Inselfriesen zwischen Sylt und Borkum im 18. Jh. auf den Schiffen Emder, Hamburger und Amsterdamer Kaufleute auf Walfang in den hohen Norden. Von den Ostfriesischen Inseln stellte Borkum das Hauptkontingent für den Walfang. Die seegewohnten Insulaner verdingten sich überwiegend in führenden Stellungen. In einem Bericht über die Borkumer Walfänger heißt es im Jahre 1767: »... ein Borkumer gibt nicht gern einen einfachen, schlichten Matrosen ab, sondern bewirbt sich lieber um ein Officium auf den Schiffen, welches sie unter sich Officiers nennen, es sei Commandeur, Harpunier, Bootsmann etc.« In einem Jahrhundert zählte man rund 100 Kommandeure (das heißt Kapitäne) aus Borkum.

Mitte März bis Anfang April zogen die Walfänger aus, um fast ein halbes Jahr den rauen Naturgewalten im eisigen Nordmeer zu trotzen. Die Jagdgebiete befanden sich östlich von Grönland im Nordatlantik oder in der Davidsstraße zwischen Kanada und Grönland. Ziel der Jagd war der heute extrem seltene Grönlandwal, der bis zu 18 m lang wurde, und der wesentlich kleinere Nordkaper. Im August ging es dann mit sechs, manchmal auch mehr geschlachteten Tieren in die Heimat zurück.

Zäune aus Kinnladen

Die massiven mannshohen Kinnladen der erbeuteten Wale hingen während der langen Rückfahrt in den Rahen der Schiffe und lieferten ein qualitativ reines Öl, das sehr gut bezahlt wurde. In Ermangelung an Holz nutzten die Borkumer die mannshohen Knochen, um ihre Grundstücke vor Sandverwehungen zu schützen. In der Wilhelm-Bakker-Straße und der Roelof-Gerritz-Meyer-Str. stehen sie seit rund 250 Jahren, mehr oder minder gut erhalten. Die salzige Luft, das raue Nordseewetter und rücksichtslose Souvenirjäger, die ein Stück ›Gartenzaun‹ abbrechen und einstecken, machen ihnen allerdings zu schaffen.

Die Gräber der Walfänger

Stark verwittert sind auch die Walknochen auf der historischen Kirchwarft ein paar Schritte weiter. Dort wo sich heute der 42 m hohe Alte Leuchtturm erhebt, stand bis 1903 die Inselkirche mit dem Friedhof, auf dem die letzten Toten im Jahre 1873 begraben wurden. Bei den Grabsteinen mit eingravierten Totenköpfen handelt es sich nicht um die letzte Ruhestätte ruchloser Piraten, sondern um Gräber der Borkumer Walfänger und ihrer Frauen. Der Walfang war ein lebensgefährliches Geschäft. Die riesigen Tiere wurden von kleinen Schaluppen aus mit Handharpunen gejagt und mit Lanzen getötet. Jedes Jahr fehlten bei der Rückkehr ein oder zwei Mann, die bei schwerer See über Bord gefallen, vom Mast gestürzt, von den wütenden

87

Schwanzschlägen der um ihr Leben kämpfenden Wale zerfetzt oder durch die vitaminarme Ernährung vom Skorbut dahingerafft worden waren. Um 1750 fehlte in 40 von 120 Borkumer Familien der Haupternährer.

Am Fuße des alten Leuchtturms wurden bei Ausgrabungen im Jahre 2008 die Reste mehrerer Vorgängerkirchen freigelegt. In der Zeit um 1683 und 1720 wurde die vorhandene Kirche jeweils erweitert – die Verbesserung der wirtschaftlichen Lage der Borkumer durch den Walfang ging mit dem Anwachsen der Bevölkerungszahl einher.

Walgeschichte(n) im Dykhus

Die zahlreichen Fangfahrten des 18. Jh. verringerten die Walbestände dramatisch. Die Harpuniere erlegten häufig weibliche Wale und Jungtiere, weil sie langsamer als ihre ausgewachsenen männlichen Artgenossen schwammen. Der englisch-holländische Seekrieg von 1780–84 brachte den Walfang endgültig zum Erliegen. Auf Borkum reichte die vernachlässigte Landwirtschaft bei weitem nicht aus, um die in den goldenen Jahren des Walfangs gewachsene Bevölkerung zu ernähren – nackte Not zwang die Hälfte der Borkumer, die Insel zu verlassen. Zählte man 1774 noch 852 Einwohner, so waren es 1806 nur noch 406.

Lebendig wird diese ebenso glorreiche wie leidvolle Ära im Heimatmuseum. Vom Alten Leuchtturm führt die Roelof-Gerritz-Meyer-Straße zum Dykhus (Deichhaus). In der Walhalle schwebt höchst beeindruckend das 15 m lange Skelett eines 35 Tonnen schweren Pottwals frei in der Luft. Die Küche ist reich mit Fliesen der holländischen Manufakturen aus der Zeit zwischen 1680 und 1840 geschmückt. Nur wohlhabende Walfang-Kommandeure konnten sich diesen kostbaren Wandschmuck leisten. Unglaublich ist der Fund einer sogenannten Regenbakke, den man 1997 beim Abriss eines Borkumer Hauses machte. Das Innere der Wasserzisterne, die durch Regenwasser gefüllt wurde, war komplett mit holländischen Fliesen verkleidet.

Imposant – die Überreste eines 35 Tonnen schweren Pottwals im Dykhus

Borkum – die Stadt

www.hotelharmonie.de, Ferienwohnungen für 1–6 Pers., 70–150 €. Apartementhaus mit Frühstücksservice, die Wohnungen sind ganz unterschiedlich eingerichtet. Sauna, Solarium, kleiner Fitnessbereich.

Komfortabel und kinderfreundlich – **Insel-Camping-Borkum** **7** : Hindenburgstr. 114, Tel. 04922 10 88, www.insel-camping-borkum.de, in der Sommersaison Mindestaufenthalt 1 Woche, Erw. 7,90 €, Stellplatz Wohnwagen/Familienzelt 12,50 €. Ein ›Dorf im Dorf‹ am nordöstlichen Stadtrand mit Minimarkt, Restaurant, Sauna, Solarium, Fahrradverleih, großem Abenteuerspielplatz, in den Sommermonaten Kinderanimation.

Essen & Trinken

Für die ganze Familie – **Kartoffelkäfer:** in der **Kurhalle am Meer** **1** , www.kartoffelkaefer-borkum.de, tgl. ab 10 Uhr, Ofenkartoffeln ab 4,50 €, Aufläufe ab 8 €, Fisch ab 13 €. Auf der Karte geht es um die Kartoffel: Pommes, Reibekuchen, Gratin, Deftiges und Mediterranes, von fleischlos bis Fisch. Nachmittags gibt's Kaffee und Kuchen, und das alles mit fantastischem Blick auf Strand und Meer.

Mit Caféhausmusik – **Grandcafé Panorama:** in der **Kurhalle am Meer** **1** , www.grandcafe-borkum.de, tgl. ab 9 Uhr. Das Grandcafé bietet viel Flair und eine große Sonnenterasse an der Promenade. Außer Kuchen auch kulinarische Kleinigkeiten wie Baguettes, Pfannkuchen, Suppen und Salate.

Zum Abhängen – **as Cruso** **1** : Bismarckstr. 24, Tel. 04922 13 07, tgl. 9 bis ca. 1 Uhr. Café und Bar mit Terrasse in der Fußgängerzone, drinnen verbreiten alte Bootsteile und Schiffsmasten maritime Gemütlichkeit. Frühstück in allen Variationen, kleine Speisen. Kos-

tenloser Internetzugang im Café, man kann seinen eigenen Laptop mitbringen oder sich einen leihen.

Gemütlich – **Omas Teestübchen** **2** : Bahnhofspfad 3, tgl. 11–18 Uhr. Kuschelig wie bei Oma im Wohnzimmer. Eine große Auswahl an Tee- und Kandissorten, leckeren Torten und Pfannkuchen. Hier kann man bestens einen grauen, stürmischen Nordseetag verbringen. Gleich nebenan liegt Omas Teeladen.

Klein, aber fein – **Restaurant Valentin's** **3** : Neue Str. 12, Tel. 04922 12 34, www.hauptsachen.de, tgl. 11.30–14.30, 17–22 Uhr, Pasta ab 8 €, Fisch und Fleisch ab 12,50 €. Mediterrane Köstlichkeiten in einem freundlichen, modernen Ambiente. Leichte und abwechslungsreiche Küche.

Maritim – **Heimliche Liebe** **4** : Süderstr. 91, Tel. 04922 92 95 20, www.heimliche-liebe-borkum.de, März–Okt. tgl. ab 11 Uhr, Hauptgerichte ab 10 €. Gutbürgerliche Küche, vor allem Fisch – gutes Preis-Leistungs-Verhältnis. Nachmittags gibt's Kaffee und Kuchen. Die Lage direkt am Meer mit Blick auf die vorbeifahrenden Schiffe ist grandios, es gibt allerdings keinen Bereich, wo man draußen sitzen kann.

In den Dünen – **Café Sturmeck** **5** : Hindenburgstr. 144, Tel. 04922 12 22. www.sturmeck.de, Hauptgerichte ab 9 €. Am nordwestlichen Ortsrand, einen kleinen Fußmarsch von der Strandpromenade entfernt, Kaffee, Kuchen, gutbürgerliche Küche oder nur ein Bier genießt man bei schönem Wetter draußen auf der windgeschützten Terrasse.

Nur Fisch – **Fischerkate** **6** : Hindenburgstr. 99, Tel. 04922 38 44, www.fischerkate-borkum.de, tgl. 11.30–14, 17.30–22 Uhr, im Winterhalbjahr Mi Ruhetag bzw. Betriebsferien, Vorspeisen ab 10,50 €, Hauptgerichte 14–25 €. Rustikale Fischgaststätte, die für ihre leckeren und frischen Fischspezialitä-

89

Borkum

ten bekannt ist. Empfehlenswert auch das hausgemachte Labskaus (14,90 €).
Beliebtes Ausflugsziel am alten Deich – **Scheunenrestaurant Upholm** **7**: Upholmstr. 45, Tel. 04922 41 76, tgl. ab 11, Küche 11–14, 17–22 Uhr, Hauptgerichte ab 10,50 €. Große Auswahl an Fisch- und Fleischgerichten im rustikalen Restaurant, der Biergarten mit Schnellrestaurant ist bei schönem Wetter ein beliebtes Ausflugsziel, Kinder können auf dem Spielplatz toben, am Wochenende Livemusik.

Einkaufen

Schöne Bilder – **Atelier am Meer** **1**: s. Lieblingsort S. 92
Schmuck und Kunstgewerbe – **Inselgalerie und Schatzkiste** **2**: Bismarckstr. 14. Eine exklusive Auswahl ganz unterschiedlicher Arbeiten: Keramik, Porzellan, Glasobjekte und Goldschmiedearbeiten, eine Schatzkiste für besondere Dinge.
Patchwork – **Stoffeckchen** **3**: Alter Postweg 5, Mo–Fr 10–12.30, 15–18, Sa 10–13 Uhr. Jede Menge schöne Stoffe und Tipps.
Duftende Seifen – **Natürlich** **4**: Strandstr. 16. Handgeschöpfte Natur- und Wellnessprodukte.
Für Drachenfans – **Windy** **5**: Bismarckstr. 43, Tel. 04922 38 70, www.windy-borkum.de. Hier gibt es alles fürs Drachenfliegen, Buggyfahren und Kitesurfen: Ausrüstung, Literatur, Reparaturservice und viele Tipps.

Aktiv & Kreativ

Baden
Wasser und Wellness – **Gezeitenland** **1**: Goethestr. 27, Tel. 04922 93 36 00; www.gezeitenland.de, April–Okt. Erlebnis-/Saunadeck Mo–Fr 10–21, Sa, So 10–20 Uhr, Wellnessdeck Mo–Fr 7–19, Sa, So 10–19, Preise mit Kurkarte: 2 Std. 7 €, Tageskarte 9,50 €. In seiner Bauweise einem Ozeandampfer nachempfunden, mit Erlebnis-, Wellness- und Saunadeck. Riesenrutsche, Indoor-Surfanlage FlowRider und Saunieren mit Blick auf die Nordsee.

Führungen und Touren
Bequem – **Busfahrten:** Die Insel per Bus kennenlernen, ab **Busbahnhof** **2**, in der Saison tgl., Info: **Borkumer Kleinbahn** **8**.
Zu Fuß – **Ortsführungen mit Bucki Begemann** **3**: Di und Fr 10 Uhr, ab Telefonhäuschen bei ehem. Kurverwaltung, Tel. 0171 768 49 75, www.buckiborkum.de. Viele Dittjes und Dattjes über die Insel und ihre Bewohner.
Für Radfahrer – **Radtouren mit Bucki Begemann** **4**: So 10 Uhr, Treff: Verleih Schuhmacher, Fauermannspad 5, Dauer ca. 2,5 Std., Tel. 0171 768 49 75.

Kinder
Kostenlos – **Spielinsel** **5**: Westerstr. 35, Tel. 04922 93 32 94, Mo–Fr 10–17.30 Uhr. Hier können sich Kinder jeden Alters in den Tischtennis-, Spiel-, Lese- und Bastelräumen tagsüber die Zeit vertreiben.
Betreut – **Kinderkiste:** in der **Spielinsel** **5**, kostenlose Betreuung von Kurgastkindern (3–7 Jahre) während der Anwendungen, kostenpflichtige Betreuung zwischen 10 und 12 Uhr (mindestens 5 Kinder), Anmeldung am Tag zuvor erforderlich.

Malen
s. **Atelier am Meer** **1**

Reiten
Am Meer und in der Halle – **Reitstall Borkum** **6**: Goedeke-Michel-Str. 11, Tel. 04922 91 01 44, www.reitstall-borkum.de. Ausritte, Unterricht für An-

Borkum – die Stadt

fänger und Fortgeschrittene in der Halle und im Freien.

Mit Reiterfahrung – **Sattelbude Jütting** **7**: Kiebitzdelle Achterlangs 6, Tel. 04922 99 00 83, 0160 823 03 38. www.strandausritte.de. Die Sattelbude findet man an der Verlängerung Upolmstraße/Ecke Ostfriesenstraße. Täglich zweistündige Ausritte durch die Dünen und am Strand, 25 €.

Schiffsausflüge

Vielseitig – **Borkumer Kleinbahn** **8**: Tel. 04922 30 90, www.borkumer-kleinbahn.de. Fahrten zu den Seehundbänken, auf Krabbenfang, nach Juist, Norderney, Groningen (über Eemshaven), »Fahrten in See« mit zollfreiem Einkauf, nach Helgoland. Abfahrt immer Borkum-Bahnhof.

Wassersport

Am Nordstrand – **Wassersportzentrum** **9**: Wind- und Kite-Surfen, Kitebuggy- und Windsurfschule; Segeln, Kurse für Ein- und Aufsteiger, Materialvermietung, Tel. 04922 22 99, www.beachnet.de.

Mit dem Wind – **Strandsegelschule:** Lage wie **9**, Schulung, Verleih und Segelscheinprüfung, am Nordstrand, Tel. 04922 23 61, www.strandsegelschule.de.

Abends & Nachts

Pralles Programm – **Kulturinsel** **1**: Goethestr. 25, Tel. 04922 93 31 21. Hier finden viele Veranstaltungen, Vorträge und Ausstellungen statt, es gibt auch ein Kino, automatische Programmansage: Tel. 04922 91 81 21.
Kneipenmeile – **Bismarckstraße:** Hier liegen die meisten Kneipen und Diskotheken und man kann einfach mal ein wenig rumbummeln. Gemütlich auf ein Bier sind das **as Cruso** **1** und

die **Kajüte** **2**, in der auch getanzt wird.

Cocktails am Meer – **Matrix** **3**: Bürgermeister-Kieviet-Promenade, www.matrix-borkum.de, tgl. ab 10 Uhr. Café-Bistro bei der Kurhalle direkt an der Strandpromenade, abends Livemusik von Blues, Soul, Funk bis Jazz, wunderbar zum Sonnenuntergang.
Tanzen im Keller – **Inselkeller** **4**: Bismarckstr. 8, Tel. 04922 923 98 69, www.inselkeller-borkum.de, tgl. ab 20 Uhr, Disco mit topaktueller Musik, für einen oder anderen internationalen Oldie und hauseigenem Imbiss für den Hunger zwischendurch.
Treffpunkt in der Schlucht – **Strandschlucht** **5**: Gorch-Fock-Str. 8, Tel. 04922 45 40, www.strandschlucht.de, tgl. ab 20 Uhr. Es werden Schlager, aber auch aktuelle Charts gespielt, wer Disco-Fox mag, kommt hier auch auf seine Kosten.

Infos & Termine

Tourismusbüro
s. Infobox S. 80

Verkehr auf der Insel
Inselbahn: Tel. 04922 30 90, www.borkumer-kleinbahn.de. Vom Anleger Borkum Reede verkehrt ganzjährig die Borkumer Kleinbahn zum Bahnhof im Ort mit Zwischenhaltestelle am Jakob-van-Dyken-Weg (7,5 km, Fahrt im Fährpreis enthalten). Die auf den Fahrplänen abgedruckten Abfahrtzeiten für Katamaran und Fähre beinhalten die Fahrt mit der Borkumer Kleinbahn und gelten ab Borkum Bahnhof.
Gepäckbeförderung: vom Anleger in Emden bzw. Eemshaven zur Unterkunft, Info: AG Ems, Tel. 01805 18 01 82 (0,14 €/Min.), www.ag-ems.de.
Bus: Mehrmals tgl. geht ein Bus vom Busbahnhof zum Hafen, Flugplatz,

Lieblingsort

Malen am Meer
Im sonnendurchfluteten Atelier am südlichen Ende der Kurhalle liegen farbverschmierte Paletten herum, dicke und dünne Pinsel stehen in Bechern und Gläsern, Künstler sind hier am Werk, egal ob jung oder alt, geübt oder noch etwas zaghaft und fast erschrocken über den eigenen Mut, endlich (wieder einmal) zu malen. An Anregungen fehlt es nicht, in der Galerie im hinteren Teil des Ateliers locken Werke renommierter norddeutscher Künstler zum Betrachten und zum Kaufen, Hauptmotive sind Wasser, Wogen, Strandkörbe, Piraten und Leuchttürme. »Malen müsste man können«, denkt so mancher Besucher. Kann man. Die Galeristin und Künstlerin Nicole Wenning bietet einwöchige Malkurse in den verschiedensten Techniken für Erwachsene und Kinder an. Mit Blick aufs Meer entstehen Kunstwerke, über die man selber staunt; dicht verwoben mit Erinnerungen an einen Urlaub am Meer bleibt vielen die Lust am Malen auch im Alltag erhalten (**Atelier am Meer** [1], Jann-Berghaus-Str. 1, Tel. 04922 99 05 55, www.atelier-am-meer.de).

Borkum

FKK-Strand und zum Ostland (im Winter nur Sa, So). Fahrpläne in der Tourist-Information oder am Fahrkartenschalter der Borkumer Kleinbahn.

Fahrradverleih: Räder sind das Hauptverkehrsmittel auf Borkum. Mehrere Verleihbetriebe, einer am Bahnhof, an der Endhaltestelle der Inselbahn.

Taxi: Tel. 04922 10 01. Taxen stehen am Bahnhof bzw. nach 23 Uhr am Busbahnhof, am Anleger Borkum-Reede und am Flugplatz.

Auto: In der Saison ist der Autoverkehr auf Borkum stark eingeschränkt, nur außerhalb der Stadt ist es möglich, ein paar Kilometer ohne Einschränkungen zu fahren. Sondergenehmigungen für die Fahrt zur Unterkunft zum Aus- und Einladen des Gepäcks erhält man an den Fahrkartenschaltern der Reederei AG Ems in Emden und Eemshaven, Ausnahmegenehmigungen für Gehbehinderte im Rathaus Borkum, Tel. 04922 30 32 22.

Parken: Parkplätze auf Borkum sind rar, auf fast allen öffentlichen Straßen besteht Parkverbot. Man sollte sich – sofern vorhanden – beim Vermieter einen Parkplatz sichern. Öffentliche Parkplätze: Am Langen Wasser (z. T. gebührenpflichtig), Ankerstraße, Oppermanns Pad, FKK-Strand, Anleger.

Events & Termine

Borkumer Jazztage: Pfingsten; s. Feste & Unterhaltung S. 30

Drachenfestival: Ende Aug./Sept., am Hauptstrand. Mit Darbietungen im Kunstfliegen und großem Feuerwerk.

Borkumer Meilenlauf mit Nordic Walking: Sept., www.borkumer-meilen lauf.de. Eine Teilnahme ist für alle möglich. Piratenlauf, Jugendlauf, 5-km-Kaap-Lauf, Viertel- oder Halbmarathon, Nordic Walking stehen zur Auswahl.

Borkum Beach-Race: Sept.; www. borkum-beachrace.de. Mountainbike-Rennen für Powerwaden.

Lütje-Markt: 28.–30. Dez.; winterlicher Kunst- und Handwerkermarkt in der **Kulturinsel** 1 .

Borkumer Blues Nights: 29./30. Dez., in verschiedenen Gaststätten und Kneipen. Blues-Festival mit Kneipennacht.

Silvesterlauf: 31.12., www.borkumer–meilenlauf.de. Teilnahme erwünscht, Infos im Internet.

Der Inselsüden

Streifzug durch die Greune Stee ▸ B 6

Ein Vergnügen ist es, die Greune Stee (Grüne Stelle), einen von üppigem Dickicht, stellenweise auch offenen Wasser- und Schilfflächen durchdrungenen Inselwald zu durchstreifen. In dieses Gebiet kann bei höheren Fluten Salzwasser eindringen, sodass hier vielfältige Übergänge von der Salzwiesen- zur Süßwasservegetation zu finden sind. Hier brüten Sumpfvögel wie beispielsweise die Rohrweihe und die Löffelente. An trockenen Standorten überwiegen Kiefern, ansonsten dünnstämmige Erlen, Weiden und Birken. Verschiedene schmale Pfade winden sich durch das Grün. Über sumpfige Stellen führen Knüppelwege, die nur für Fußgänger zugänglich sind. Breitere, zum Teil gepflasterte Wege sind auch für Radfahrer zugelassen (Infostand der Nationalparkverwaltung, im Sommerhalbjahr).

Woldedünen ▸ B 6

Von einer Aussichtsdüne in den nahen Woldedünen bietet sich ein schöner Blick über die Greune Stee. Südlich des Inselwaldes und des hügeligen Dünengebiets erstreckt sich die Ronde Plate, eine große Sandfläche, die nur bei höheren Fluten überspült wird. Hier brüten im Frühjahr und Frühsommer verschiedene seltene Seeschwalbenarten und Sandregenpfeifer.

Alter und neuer Hafen

▶ C 6

Zum Hafen gelangt man über einen durch das Wattenmeer und ausgedehnte Salzwiesen führenden Damm, auf dem die Autostraße, die Gleise der Inselbahn und ein Wanderpfad dicht nebeneinander verlaufen. Die Fähre legt im Alten Hafen an, der im Jahre 1888 den Gleisanschluss zum Ort erhielt. Der Neue Hafen wurde von 1937 bis 1942 als Marinestützpunkt erbaut. Nach dem Krieg sollte er wie alle anderen militärischen Anlagen zerstört werden, blieb dann aber als Schutzhafen für die Emsschifffahrt erhalten. Bei Unwetterwarnung suchen hier viele Küstenmotorschiffe und Fischkutter Schutz. Der östliche Teil des Hafens war bis 1996 der Bundesmarine vorbehalten. Als der Standort trotz heftiger Proteste aufgelöst wurde, verloren die Borkumer einen wichtigen Arbeitgeber, der neben dem Fremdenverkehr den zweitgrößten Wirtschaftsfaktor der Insel dargestellt hatte.

Feuerschiff Borkumriff ▶ C 6
Tel. 04922 20 30, www.feuerschiff-borkumriff.de, April–Okt.Di–So 9.45–17.15 Uhr, Führungen April–Okt. Di–So 10.45, 11.45, 13.45, 14.45, Juni–Aug. auch 16.15 Uhr, im Winter seltener, 4 € (Eintritt Nationalpark-Infozentrum frei)
Hundert Jahre lang, von 1888 bis 1988, sicherten Feuerschiffe das durch wechselnde Strömungsverhältnisse und sich ständig verlagernde Sandbänke schwierige Fahrwasser am Borkumriff 18 Seemeilen nordwestlich der Insel. Im Mai 1989 wurde das letzte Feuerschiff

als Schiffs- und Küstenfunkmuseum – 1900 war auf einem seiner Vorgänger die erste Küstenfunkstelle der Welt in Betrieb genommen worden – sowie als Nationalparkschiff mit einem Informationszentrum zum Wattenmeer und Naturschutz reaktiviert. Eine Führung durch das Feuerschiff gibt einen lebendigen Einblick in das beengte Leben der zwei je 13-köpfigen Besatzungen, die einander im Zwei-Wochen-Rhythmus ablösten.

Übernachten

Für Aktive – **Jugendherberge Am Wattenmeer:** Reederstr. 231, Tel. 04922 579, www.jugendherberge.de, Vollpension ab 29,90 €. 530 Betten in Häusern der ehemaligen Marine-Kaserne, 5 Min. vom Anleger, Betriebspause Mitte Okt.–Mitte März, nur Vollpension möglich. Café und Kneipe »Backpackers«, Fahrrad- und Skateverleih, Kegelbahn, Minigolf, Indoor-Klettern, Wattwanderungen.

Essen und Trinken

Feinste Meereskost – **Byl's Fisshus:** Specksniederstrate 15, Tel. 04922 267 57, Geschäft Mo–Sa 8–18, Restaurant 11–17.30 Uhr, Hauptgerichte ab 7 €. Von der Monatszeitschrift Feinschmecker als eines der 200 besten Fischgeschäfte Deutschlands ausgezeichnet.
Gut besucht – **Yachthafen-Restaurant:** Am Neuen Hafen 2, Tel. 04922 77 73, www.borkum.de/homepage/yachthafen, Hauptgerichte ab 12 €. Ein beliebtes Ausflugsziel für Wanderer und Radfahrer. Nachmittags wird zu hausgebackenen Torten der Tee auf dem Stövchen serviert. Die Küche ist gediegen, überwiegend gutbürgerlich, bei schönem Wetter kann man drau-

Borkum

ßen sitzen, es gibt einen Kinderspielplatz.

Aktiv & Kreativ

Hoch hinaus – **Indoor-Klettern:** in der **Jugendherberge**, s. o., Tel. 04922 91 01 62, Sa u. So ab 14 Uhr. Unter professioneller Anleitung können verschiedene Routen erklettert werden, von der Kinderwand bis zum Spaziergang unter der Hallendecke. In der JH gibt es auch Halfpipes zum Inline-Skaten.

Naturschutzgebiete und Ostland

Zwischen West- und Ostland liegen zwei Naturschutzgebiete, Waterdelle und Tüskendör. Beide Gebiete befanden sich einst im Bereich des Meeresdurchbruchs, der Borkum bis 1864 in zwei Inseln teilte. Am Flughafen vorbei führt die Autostraße zu den Bauernhöfen im Ostland. Für den Rückweg bieten sich mehrere Möglichkeiten an.

Wer nicht auf demselben (kürzesten) Weg ins Westland zurückkehren möchte, kann entweder am Nordstrand direkt am Wasser entlangwandern oder auf dem Deich am Wattrand im Süden der Insel. Im Inselinneren ist die Chance allerdings am größten, eines der Rehe zu erspähen, die 1955 auf der Insel angesiedelt wurden.

Waterdelle ▶ B 5
Nordöstlich der Stadt befindet sich das Naturschutzgebiet Waterdelle, ein ca. 87 ha großes, vogel- und pflanzenreiches Feuchtgebiet mit einem vermoorten und verschilften Flachwasserteich. Das Muschelfeld war einst ein Strandsee, der bei Sturmfluten vom Meer mit Schill (Schalen von Muscheln und Schnecken) gefüllt wurde. Die Insulaner sammelten den Schill und verarbeiteten ihn zu Mörtel. Das Muschelfeld ist durch einen Dünenwall vom Meer getrennt.

Tüskendör ▶ B 5
Der die Inseln trennende Wasserarm, durch den die Gezeiten strömten, wurde Tüskendör genannt, was so viel

Schön zum Tagesausklang – ein Spaziergang am Meer

wie »zwischendurch« bedeutet. Das weite Gebiet mit Flughafen, Außenweiden und Tüskendörsee erstreckt sich südlich des Hinterwalls bis zum Watt. Der Hinterwall, ein breiter, dicht mit Heckenrosenbüschen bewachsener Dünendamm, der sich entlang der Straße vom West- zum Ostland zieht, verbindet seit Mitte der 1860er-Jahre die ehemals getrennten Inselteile. Der unter Naturschutz stehende Tüskendörsee ist ein ehemaliger Baggersee, der erst 1975/76 durch die Sandentnahme für den Deichbau entstand. Die umliegenden Feuchtwiesen sind ein wichtiges Brutgelände für Uferschnepfe, Rotschenkel, den Großen Brachvogel und die selten gewordene Bekassine. Mit einem Fernglas kann man die Vögel beobachten, ohne sie zu stören. Zu ihrem Schutz ist das Betreten des Gebiets verboten.

Bauernhöfe im Ostland ▶ B 5
Schon von Weitem sieht man sie leuchten, die roten Dächer der fünf über zweihundert Jahre alten Gehöfte. Im Dezember 1752 wurde erstmals die Erlaubnis erteilt, im Ostland eine Schafhürde (transportabler Weidezaun) zu errichten. Die erste Besiedlung des Ostlandes fiel in die Blütezeit des Walfangs, als sich innerhalb weniger Jahre die Einwohnerzahl Borkums verdoppelt hatte und der Bedarf an Lebensmitteln drastisch gestiegen war. Leicht war das Leben im Osten zu keiner Zeit. Der Boden war sandig und wenig fruchtbar, zudem machten häufige Deichbrüche den Siedlern zu schaffen. Als ein bei Wanderern und Radfahrern äußerst beliebtes Ausflugsziel, das in der Saison täglich vom Bus angefahren wird, setzen die Ostländer heute auf den Tourismus, in zwei Lokalen mit großen Gartenterrassen werden die Ausflügler bewirtet.

Wanderung zum Hoge Hörn ▶ C 5
Hinter den Bauernhöfen verläuft der Weg zwischen bewachsenen Dünen und flachem, vogelreichem Wiesenland weiter nach Osten. Am Ende der Dünenkette führt der Wanderpfad um die Sternklippendünen herum an den Nordstrand. Wer möchte, kann bis zum östlichsten Inselzipfel am Hoge Hörn weiterwandern. Ein durch Pfähle markierter Pfad führt um das Hörn herum. Die Hornsbalje trennt Borkum von der 2 km entfernten Vogelinsel Lütje Hörn, deren Existenz bereits für das Ende des 16. Jh. belegt ist.

Übernachten

Natürlich – **Camping-Aggen:** 5 km vom Ort, Ostland 1, Tel. 04922 22 15. Entfernung zum FKK-Strand ca. 15 Gehminuten. Für Naturfreunde, die die Ruhe lieben, inmitten ruhiger Dünen- und Wiesenlandschaft auf einem der letzten bewirtschafteten Bauernhöfe der Insel, Platz für Autos und Caravan.

Essen und Trinken

Kinderfreundlich – **Bauernstuben:** Ostland 3, Tel. 04922 35 04, warme Küche im Sommerhalbjahr tgl. 10–21, im Winter 10–18 Uhr, ab 10 €. Deftige Hausmannskost, Fisch und Fleisch und regionale Spezialitäten wie Dickmilchschnitte mit Heidelbeeren. Es gibt einen kleinen Streichelzoo und einen Spielplatz.
Letzte Gaststätte vor Juist – **Café Ostland:** Ostland 4, Tel. 04922 22 02, tgl. 10–21 Uhr, im Winter Mo Ruhetag, ab 10 €. Von der windgeschützten Terrasse hat man einen freien Blick über Weiden und Salzwiesen. Bekannt für die hausgemachte Sanddorntorte, Matjesspezialitäten und Dickmilchvariationen.

Das Beste auf einen Blick

Juist

Highlight!

Der Hammersee: Der in die Dünen eingebettete Süßwassersee gehört zu den schönsten Landschaften der Ostfriesischen Inseln. In dem breiten, den See einrahmenden Schilfgürtel wimmelt es von Wasservögeln, von den nahen Aussichtsdünen bietet sich ein freier Blick auf zwei Meere. Man kann den See nur zu Fuß umrunden, Fahrräder bleiben auf dem sandigen, sich am Seeufer entlangschlängelnden Pfad stecken. S. 111

Auf Entdeckungstour

Wattwanderung mit Flutbeobachtung: Wattwanderungen gehören zu einem Nordseeurlaub wie Sand an den Inselstrand. Auf den ersten Blick nur eine graue unscheinbare Fläche, erweist sich das Watt mit einem kompetenten Führer als eine außergewöhnlich lebensvolle und spannende Welt. Auf Juist wird dieses Vergnügen noch mit einer Flutbeobachtung getoppt. S. 108

Kultur & Sehenswertes

Küstenmuseum: Eine bemerkenswert vielseitige Ausstellung im ruhigen Ortsteil Loog, für die man sich Zeit nehmen sollte. Es gibt viel Wissenswertes über das Alltagsleben der Insulaner, über Schifffahrt, Seenot und Küstenschutz. S. 105

Juister Maizeit: Ostern ist vorbei, die Sommerferien noch nicht da, aber das Wetter oft schon verheißungsvoll sommerlich. In dieser Zeit erklingt drinnen und draußen eine verlockende Vielfalt von Musik, Theater und Literaturlesungen. S. 110

Aktiv & Kreativ

Kutschfahrten: Juist ist eine Insel der Pferde, einmal sollte man an einer der Ausflugs-, Rund- oder Sammelfahrten teilnehmen, am besten ganz ans West- oder Ostende der Insel und dann am Strand zurück ins Dorf laufen. S. 107

Genießen & Atmosphäre

Lütje Teehuus: Etwas versteckt am stillen Janusplatz im Hauptdorf findet man diese gemütlichste Adresse zum Teetrinken auf Juist. S. 106

Domäne Bill: Zu Fuß, mit dem Rad oder per Kutsche gelangt man ans Westende der Insel. Das Ausflugslokal ist berühmt für frisch gebackenen Rosinenstuten und deftige Eintöpfe. S. 114

Abends & Nachts

Sonnenuntergang an der Strandpromenade: Bei schönem Wetter lässt sich der Abend am besten bei einem Cocktail auf der Strandpromenade mit Blick aufs Meer genießen. Das **Café del Mar** ist eine sympathische Strandbar in den Dünen, Partyfreunde können später am Abend gleich nebenan in der **Diskothek Zappel** weiterfeiern. S. 110

Dat Töwerland

Wie eine Illustrierte aufgrund einer Umfrage herausfand, zählt *dat Töwerland,* das Zauberland, wie Juist von sei-

Infobox

Infos zu Juist

Kurverwaltung Juist: Postfach 1464, 26560 Juist, Tel 04935 80 91 06 od. 80 91 07, Zimmernachweis 04935 80 92 22. **www.juist.de:** Infos zu Unterkunft, Anreise und Veranstaltungen
Online-Zeitungen: www.jnn.de, www. aufjuist.com
De Strandlooper: Veranstaltungskalender mit Terminen, Badezeiten usw.

TöwerCard: Die Chipkarte ersetzt das Fähr- oder Flugticket und Kurkarte. Fehlende Beträge, beispielsweise der Kurbeitrag müssen vor der Abreise bezahlt werden. Servicestellen im Rathaus, Hafengebäude, Küstenmuseum im Loog und Meerwasser-Erlebnisbad. Vorbestellung der TöwerCard ist im Internet möglich, www.juist.de.

Anreise und Weiterkommen

Juist ist autofrei. Stellplätze und Garagen in Anlegernähe in Norddeich.
Fähre: ab Norddeich 1–2 mal pro Tag, Tagesfahrten sind etwa alle 14 Tage möglich, Fahrtdauer ca. 90 Min., www.reederei-frisia.de, www.juist.de.
Flug: im Sommer bis zu 10 x tgl. von Norddeich, Info: Tel. 04931 933 20, www.fln-norddeich.de. Es gibt günstige Kombitickets für Fähre/Flug.

Infos zum **Verkehr auf der Insel** und zu **Inselfesten** s. S. 110

nen Einwohnern liebevoll genannt wird, neben Hawaii zu den zehn schönsten Inseln der Welt. Kühne Worte – aber nicht einmal so fern der Wahrheit, findet doch die mitten durch die Dünen führende Strandpromenade nicht ihresgleichen in der südlichen Nordsee.

Juist ist mit über 17 km Länge die längste der Ostfriesischen Inseln, aber extrem schmal: Sie misst an keiner Stelle mehr als 1100 m von Strand zu Strand, an manchen Stellen sogar nur 500 m. Der außergewöhnlich breite Sandstrand ist sogar noch ein gutes Stück länger als die Insel selbst, weil er an ihrem West- und Ostende um die Spitzen herumgreift. Das Hauptdorf liegt an der schmalsten Stelle, etwa in der Mitte des Eilands.

Der Ursprung des Namens Juist liegt im Dunkeln. Vermutlich steht er im Zusammenhang mit dem plattdeutschen Wort *güst,* das bedeutet »trocken, unfruchtbar«. Im Verlauf ihrer Geschichte hat Juist – wie alle Inseln – immer wieder Land, Kirchen und Dörfer dem Blanken Hans opfern müssen. Zu Beginn des 16. Jh. war sie nur etwa halb so lang, dafür aber wesentlich breiter als heute. Die Bewohner betrieben Ackerbau und Viehzucht. Ab dem letzten Drittel des 16. Jh. ging durch Sturmfluten immer mehr Weideland verloren. Die Insulaner kämpften ums nackte Überleben. 1840 erwarb man drei im Seebad Norderney ausrangierte Badekarren – das war auch schon der ganze Komfort. Bettzeug, Kochgeschirr und Lebensmittel mussten die Gäste selbst mitbringen. Die Reise von Norden nach Juist dauerte je nach Wind einen halben, einen oder auch mehrere Tage. Aus dieser Zeit stammt der Ausspruch: »Twee Tie un-

Juist – das Dorf

Ein warmes Leuchten als Willkommensgruß: Der Leuchtturm Memmertfeuer empfängt die Ankommenden direkt am Hafen

nerwegens un noch neet up Juist« (Schon zwei Tiden – also 12 Stunden – unterwegs und noch nicht auf Juist). Heute ist die Anreise nach Juist einfacher, doch auch jetzt noch erlaubt der tidenabhängige Fahrplan täglich höchstens zwei Verbindungen. Tagesgäste sind die Ausnahme. Wer hierherkommt, bleibt meist länger.

Juist ist eine Pferdeinsel. Schon gleich bei der Ankunft der Fähre warten Pferdekutschen am Anleger auf Gäste. Es gibt mehrere Unternehmen, die neben normalen Streckenfahrten auch verschiedene Ausflugs-, Rund- und Sammelfahrten anbieten.

Juist – das Dorf ▶ F 3
Geschichte

Bewegt und bewegend ist die Geschichte der Dörfer auf Juist. Im Jahre 1651 teilte die große Petriflut die Insel in zwei Hälften. Sie verwandelte die Gemeindewiese, den Hammer, in eine öde, bei jeder höheren Flut überspülte Sandfläche und zerstörte das Inseldorf. Zwar verlegten die Insulaner ihre Häuser einige hundert Meter weiter nach Osten, doch von nun an fraß sich die Nordsee gierig immer weiter ins Land. Winde trieben die zerstörten Dünen vor sich her, die für die Schifffahrt notwendige Fahrrinne versandete. 1685 musste auch das neue Dorf aufgegeben werden. Es entstanden jetzt zwei Dörfer mit je einer Kirche. Einige der Vertriebenen siedelten im Loog, das Hauptdorf aber baute man in der Bill im Westen der Insel. Es ging in der großen Flut am Heiligabend 1717 samt Kirche unter, nur ein einziger Bewohner überlebte. Das Loogdorf blieb zwar weitgehend unbeschädigt, doch viele seiner Bewohner waren auf dem Heimweg vom Weihnachtsgottesdienst in der Billkirche von einer riesigen Flutwelle verschlungen worden. In den folgenden Jahren kamen die Fluten auch dem Loogdorf bedrohlich näher. Im Jahre 1742 klagt der Inselvogt, dass der klägliche Rest

Juist

von Juist bei der nächsten höheren Flut wohl endgültig untergehen werde. Neue Häuser wurden von nun an überwiegend weiter östlich im Dorf, dem heutigen, zentralen Ort Juist gebaut.

Sehenswert

Lange vor Ankunft der Fähre entdeckt man das neue Wahrzeichen der Insel: Ein 18 m hoher Turm erhebt sich am Ende der Seebrücke am Sportboothafen in der Form eines Segels. Von hier aus bietet sich ein weiter Blick über das Wattenmeer, die Insel und den Segelhafen. Vom Fähranleger gelangt man in wenigen Minuten in den modernen, von zwei- bis höchstens vierstöckigen roten Backsteinbauten geprägten Hauptort.

Der Leuchtturm Memmertfeuer
Besichtigung im Sommer möglich, 1 €
Am Hafen begrüßt der 1992 errichtete Leuchtturm Memmertfeuer die Ankommenden. Es ist die 14 m hohe Nachbildung des ehemaligen Leuchtturms der Vogelschutzinsel Memmert. Das aus dem Jahre 1939 stammende Laternenhäuschen ist allerdings original, es wurde vom stillgelegten Leuchtturm auf Memmert abmontiert und vom Juister Heimatverein erworben.

Nationalpark-Haus
Carl-Stegmannstr. 5, Tel.04935 15 95, www.nationalparkhaus-juist.de, April–Okt. Di–Fr 9.30–12.30, 15–18, Sa, So 15–18, Nov.–März Mi 15–18 Uhr, Eintritt frei, Spende erwünscht
Gleich hinterm wattseitigen Deich am Ortseingang bietet das Nationalpark-Haus im alten Bahnhof am Kurplatz kindgerecht zusammengestellte Informationen über den Lebensraum Nordsee und das Wattenmeer mit den Bereichen Strand, Dünen, Salzwiesen und Watt. Beeindruckend ist ein 9 m langes Zwergwalskelett.

Kurplatz mit Schiffchenteich
Das Zentrum des Ortes lädt zum Verweilen ein. Die Kinder können in einem Wasserbecken ihre selbst gebauten (oder gekauften) Boote fahren lassen, während die Eltern in den umliegenden Cafés einen Cappuccino trinken, dem Kurorchester lauschen und zuschauen, wie die mit Gepäck und Gästen beladenen Pferdekutschen vorbeitraben.

Juist – das Dorf

Das Dorf Juist: freundlich liegt es dort mit seinen roten Backsteinbauten, eingebettet zwischen sommerlichem Grün und Meeeresblau ...

Janusplatz
Stiller geht es am Janusplatz zu. Die kleine Grünanlage mit schönen Rosengewächsen trägt ihren Namen nach dem Pfarrer Janus, der sich Ende des 18. Jh. als Erster dafür einsetzte, auf Juist ein Seebad einzurichten. Hier findet man einige der wenigen erhaltenen Insulanerhäuser aus der ersten Hälfte des 19. Jh. In einem ist die gemütliche Teestube **Lütje Teehuus** untergebracht (s. S. 106).

Evangelische Kirche
Tagsüber geöffnet
Es gibt zwei Kirchen auf Juist. In der 1964 errichteten evangelischen Kirche in der Wilhelmstraße hängt eine große Tafel mit der bewegten Geschichte der Juister Kirchen; diese Kirche allein hatte schon fünf Vorgänger. Die Kanzel von 1732 stammt aus der nicht mehr erhaltenen Kirche im Loog.

Katholische Kirche
Tagsüber geöffnet
Die katholische Kirche in der Dünenstraße wurde 1910/11 erbaut und 1960/61 um ein Halbrund im Westen verlängert. Ein um 1911 angefertigtes Fresko stellt den hl. Ludger als Verkün-

103

Juist

der des Christentums auf der ehemaligen Großinsel Bant dar.

Skulpturen

Eine hübsche, von Karl Ludwig Böke (1927–96) geschaffene Skulptur steht vor der Kurverwaltung im alten Warmbad (Friesenstr. 18): Ein nacktes junges Mädchen hält unter Aufsicht einer alten Badefrau vorsichtig einen Fuß ins Meer.

Vier kleine, aber feine Skulpturen des Bildhauers Wolfgang Lamché (geb. 1947) weisen Spaziergängern den Weg zum Meer. An der Strandstraße zwischen dem Hotel Pabst und dem Kurhaus stehen sie rechter Hand: Die erste Skulptur zeigt einen Mann in Badehose, die Skulpturen 2 und 3 zeigen ihn auf dem Weg ins Wasser, die Skulptur vier guckt nur noch mit dem Kopf aus den Wellen hervor.

Strandpromenade ▶ F 3

Die Juister Strandpromenade führt etwa 15 m über dem Strand als breiter Klinkerpfad durch die weißen Dünen. Als um 1900 auf den anderen Inseln repräsentative Strandpromenaden mit protzigen Hotels angelegt wurden, war Juist an seiner Nordseite durch starke Dünenabbrüche bedroht. So wurden alle Bauwerke weit hinter dem schützenden Dünenwall errichtet und der Bau eines Dünenschutzwerkes in Angriff genommen. Zwischen 1913 und 1929 entstand eine 1400 m lange Strandmauer. Durch veränderte Strömungsverhältnisse kam es schon während der Bauzeit zur Sandanhäufung und Dünenbildung vor dem Schutzwerk, das heute völlig vom Sand bedeckt ist. Ebenfalls unter den Dünen verschwand eine vom alten Kurhaus zum Strand hinabführende herrschaftliche Freitreppe.

Wasserturm

Keine Innenbesichtigung

Wie ein Wahrzeichen überragt der im Volksmund auch **Doornkaatbuddel** genannte, fast 17 m hohe Wasserturm den Ort (die alte ostfriesische Schnapsmarke, die es heute nicht mehr gibt, wurde früher in ähnlich aussehenden Geneverkrügen aus Ton abgefüllt). 1927 erbaut, dient er heute als Zusatzwasserspeicher für die Insel, sein Vorratsbecken umfasst ca. 250 m³.

Das alte Kurhaus

Das um 1897/98 entstandene alte Kurhaus beherbergte im Jahre 1912 den König von Sachsen mit seinem Gefolge. Das stattliche Gebäude stand viele Jahre leer und verfiel, bevor mit dem Umbau zu einer exklusiven Hotel- und Appartementanlage mit hauseigenem Restaurant begonnen wurde. Nach historischem Vorbild rekonstruiert, blieb auch der fürstliche »weiße Saal« mit Säulen und Stuckornamenten erhalten. Auch Nicht-Hotel- bzw. Restaurantgäste können den Ausblick von der gläsernen Kuppel genießen.

Ortsteil Loog ▶ F 3

Ruhig und beschaulich geht es im ›zweiten Dorf‹ der Insel zu – im Loog. Man erreicht es über die wattseitige Uferstraße, die von einer um 1935 entstandenen Siedlung mit zwei Reihen weiß verputzter Häuser gesäumt ist. Loog (plattdeutsch: Dorf) war einmal der Hauptort von Juist. Obgleich es heute eher verschlafen wirkt, verfügt es mit dem Loogster Huus über ein eigenes Haus für Veranstaltungen; außerdem findet man hier das Küstenmuseum, dessen Besuch wärmstens zu empfehlen ist.

Küstenmuseum

Loogster Pad 21, Tel. 04539 14 88, www.kuestenmuseum-juist.de, April–Okt. Di–Fr 9.30–13, 14.30–17, Sa 9.30–14, 14.30–17, So 14.30–17, Nov.–März Di, Sa 14–17 Uhr, 2,50 €

Auf einer Fläche von über 500 m² findet sich hier ein erfreulich breit gefächertes Themenangebot, für das man sich Zeit nehmen sollte: Geomorphologie der südlichen Nordsee, Inselgeschichte, Zoologie und Botanik der Insel, Siedlungsgeschichte des Küstenraums, Sturmfluten/Deichbau/Küstenschutz, friesische Schifffahrt, Geschichte des Seezeichenwesens, See- und Küstenfischerei, Erd- und Gasgewinnung in der Nordsee, Seenot/Strandung/Rettungswesen, deutsche Seebädergeschichte.

Übernachten

Mondän und exklusiv – **Strandhotel Kurhaus Juist:** Strandpromenade 1, Tel. 04935 91 60, www.kurhaus-juist.de. DZ, Appartements und Suiten für 2 Pers. 203–301, Grand Suite für 4 Pers. 400–564 €. Das 1898 erbaute ›Weiße Schloss am Meer‹ bietet auf der schattigen Nordseite Blick zum Meer, die sonnige Südseite hat Wattenmeer-Aussicht; Saunalandschaft, großzügiger Bade-, Wellness- und Fitnessbereich.

Wohlfühlen am Wattenmeer – **Hotel Achterdiek:** Wilhelmstr. 36, Tel. 04935 80 40, www.hotel-achterdiek.de, DZ 280–375, Eltern-Kind-Kombination 345–385 €. First-Class-Hotel in ruhiger Lage hinterm Deich, Badelandschaft mit Schwimmbad, Saunen, Solarium, Fitnessraum, Beautyfarm und Kinderspielraum. Hotelhalle mit offenem Kamin, vorzügliche, hochgelobte Küche.

Idylle im Dünental – **Gästehaus Weberhof:** Dünenstr. 13 b, Tel. 04935 244, www.weberhof-juist.de. Schöne Zimmer und Suiten in ruhiger Lage. DZ mit Frühstück 140–180 €. Drei komfortable reetgedeckte Ferienhäuser für 4–5 Pers. 210–225 €. Das Gästehaus und die Ferienhäuser bilden eine Welt für sich fernab vom Trubel.

Vollwertig und genussreich – **Bio-Hotels Haus AnNatur und Haus AnNatur Garni:** Dellertstr. 13 u.14, Tel. 04935 918 10, www.annatur.de. Die beste Chance auf Juist, etwas für sich zu tun: sehr gute vegetarische Vollwertkost, Gesundheitsseminare, Naturkosmetik. Im Stammhaus Haus AnNatur EZ u. DZ mit Halbpension 158–178 €, in der neu eröffneten Dependance gegenüber stehen Studios für 2 Pers. zur Verfügung 146–156 €, mit gemütlichem Frühstück.

Familienfreundlich – **Villa Charlotte:** Wilhelmstr. 9, Tel. 04935 216, www.villacharlotte.de. DZ mit Halbpension 98–112, Eltern-Kind-Kombi 135–166 €. Die zentral gelegene Villa ist auf Kinder eingestellt, zur Verfügung stehen Spiele, Bücher und Strandspielzeug. Wenn die ›kleinen Mäuse‹ im Bett sind, kann man den Tag in der Veranda ausklingen lassen oder auch den Babysitterdienst in Anspruch nehmen.

Erstklassige Lage – **Parkvilla Mathilde:** Friesenstr. 22, Tel. 04935 929 00, www.parkvilla-mathilde-juist.de, 1- bis 3-Raum-Appartements für 2–5 Pers. 130–200 €. Freistehendes Appartementhaus mit Garten am Dünenaufgang zum Hauptbadestrand. Die Wohnungen haben Fliesen- oder Holzböden, einige Balkon oder Terrasse, WLAN.

In der Siedlung – **JuistFerien:** Tel. 04935 12 72, www.juistferien.de. Wohnungen für 2–6 Pers., 135–185 €. Gut ausgestattet. Individuell eingerichtete Wohnungen zwischen Dorf und Loog, alle mit Wattenmeerblick.

Im Dorf – **JuistZeit:** Tel. 04935 88 91 01, Enno-Arends-Str. 7, www.juistzeit.de. Ferienwohnungen für 2–5 Pers. in verschiedenen Häusern, 85–180 €. Komfortabel, wenige Minuten vom Orts-

Juist

kern, Strand oder Hafen entfernt, informative Internetpräsentation, einfach mal gucken.

Auch für Familien – **Jugendherberge:** Loogster Pad 20, Tel. 04935 929 10, www.jugendherberge.de, mit Vollpension (inkl. Bettwäsche) ab 25,50 €, ganzjährig, im Nov., Dez. auf Anfrage. Ruhige Lage im Loog, 300 Betten, 12 Familienzimmer.

Essen und Trinken

Kreative Küche – **Restaurant Gabeljürge:** Gräfin-Theda-Str. 3, Tel. 04935 10 07, ab 15 €. Hochgepriesenes Kellerrestaurant, Fisch- und Deichlammspezialitäten, frische Hummern und Austern, leckere Desserts, keine Vorbestellung möglich.

Zentral – **Café Baumann's:** Bahnhofstr. 4, Tel. 04935 91 43 56, tgl. ab 11 Uhr. Hier am Kurplatz kommt man immer mal vorbei, Kaffee, Kuchen, aber auch kleine Speisen, 6–13 €. Schön sitzt es sich oben auf der Terrasse im ersten Stock.

Gutbürgerlich – **Kompass:** Carl-Stegmann-Str. 5, ab 10 €. In die ehemalige Bahnhofsgaststätte kehren auch Insulaner ein, große Sonnenterrasse, preiswerter Mittagstisch, von vielen Gerichten gibt es auch kleinere Portionen, freitags wird gegrillt.

Freundlich – **Galerie Café Kunststück:** Standstr. 1, Tel. 04935 85 51, www.galerie-juist.de. Liebevoll geführtes Café mit Theke und Treppe aus Gerüstbauholz, das edel nach Treibgut aussieht. Es gibt Frühstück, hausgemachte Kuchen, kleine Speisen, auch für Vegetarier, dazu nebenan Maritimes, Kunstgewerbe und schöne Bilder.

Zum Wohlfühlen – **Lütje Teehuus:** Am Janusplatz, Tel. 04935 84 02, Herzhaftes 8–18 €. Selbstgebackener Kuchen, inseltypische Speisen in einem gemütlichen alten Insulanerhaus; die schönste Adresse zum Teetrinken auf Juist.

Beste Lage – **Strandhalle Pabst:** Strandpromenade 3, Tel. 04935 80 54 80. Von morgens bis abends durchgehend warme Küche, 8–23 €, preiswerte Tageskarte. Eigene Konditorei, Pfannkuchen, Salate, Pasta, Fisch. Windgeschützte Sonnenterrasse zum Meer und eine Spielecke für Kinder.

Gediegene Küche – **Domäne Loog:** Tel. 04539 12 50, Do Ruhetag, ab 10 €. Café und Restaurant am Westrand des Loog. Lecker die gefüllte Lammkeule, ganze Flugenten auf Bestellung, Kinder können in einem mit Sand gefüllten Boot buddeln.

Einkaufen

Filigraner Schmuck – **Inselgoldschmiede:** Gräfin-Theda-Str. 1, www.inselgoldschmiede-juist.de. Schönes aus Silber und Gold. Man kann dem Goldschmied bei der Herstellung von Filigranschmuck nach traditionellen und neuen Mustern zuschauen, alle zwei Wochen führt er abends nach Geschäftsschluss seine filigrane Kunst vor.

Mein Tipp

Heißer Backfisch
Das etwas versteckt hinter Heinos kleinem Eisladen liegende Bistro hat eine nette, ruhige Terrasse zum Draußensitzen, von dem heißen Backfisch schwärmen auch Einheimische. Zum Nachtisch dann ein Eis bei Heino (**Bistro/Fischhandlung Schönrock,** Rosengang, 9.30–13, 16–18 Uhr).

Juist – das Dorf

Teegeschirr – **Inseltöpferei:** Gräfin-Theda-Str. 1. Die Töpferin arbeitet direkt im Laden – ein schönes Mitbringsel sind verschiedene Teebecher mit passendem Stövchen.

Feines aus Glas – **Juister Glas-Atelier,** Friesenstr. 19. Glasobjekte und Glasschmuckunikate, davon einige mit Blattgold kombiniert – im alten Insulanerhaus Siebje am Rande des Janusparks.

Käse, Butter, Milch – **Kees un Botterfatt:** Strandstr. 20/Ecke Kurplatz, im Souterrain des Hotels Friesenhof gelegen, Mi–Sa 8.30–12,30, 15.30–18, So 10–12, 17–18 Uhr. Eine kleine, gut bestückte Käsehandlung, zu den regionalen Köstlichkeiten gehören ostfriesischer Ziegenkäse, selbst angesetzte Dickmilch mit Früchten und Juister Sanddornbeerenkonfitüre.

Aktiv & Kreativ

Baden

Aussicht auf zwei Meere – **Meerwasser-Erlebnisbad:** im Kurmittelhaus auf der Düne, tgl., in der Saison Mo–Sa 10.30–19, So 15–19 Uhr. Mit großer Rutsche, Solarium, Sauna, Café usw. Alle Gäste mit TöwerCard können sich tgl. 1,5 Std. kostenlos im Erlebnisbad tummeln, jede weitere Stunde 2 €.

Kutschfahrten

Mit 2 PS – **Ausflugs- und Rundfahrten:** u. a. zur Domäne Bill; Name, Adressen und Angebote, auch der Reitställe, sind mit Preisen sowohl im Gastgeberverzeichnis als auch im Internet unter www.juist.de zu finden.

Unterhaltung auch für die Jugend

Familienfreundlich – **Haus des Kurgastes im Dorf:** ganztags geöffneter Leseraum, Ausstellungen und Veranstaltungen, Kinderspielraum, Tischtennis

und Pool-Billard, Jugend-Disco und Internetcamp zum Surfen und Chatten (Mo–Fr 14–20, Sa 14–18 Uhr), Internetkurse (Mo–Fr 10–12.30 Uhr), Info: Tel. 0162 6728186, www.jcamp.de.

Selbst ist der Loog – **Loogster Huus:** der kleine Bruder vom Haus des Kurgastes im Dorf, ebenfalls mit Kinderspielraum, Lesesaal, Tischtennisraum.

Wassersport

Im Wattenmeer – **Windsurfen:** Kurse im Juli und Aug., Info: Nordseehotel Freese, Tel. 04935 80 10.

Am Nordstrand – **Kitesurf Island:** Tel. 0177 506 77 68, www.kitesurfisland.de, Kitesurfen, Grundkurse und Verleih.

Wattwanderungen

Erlebnisreich – **Heino und Ino Behring:** s. Entdeckungstour S. 108; **Nationalpark-Haus:** s. S. 102, 1 Std. Schnupper-Watt für Familien mit Kindern bis 8 J. kostet 3 € pro Pers.

Abends & Nachts

Uriges Bierlokal – **Die Spelunke:** Strandstr. 21 (Ecke Kurplatz), Tel. 04939 319, www.spelunke.de, tgl. ab 17 Uhr, am Samstag zum Fußball ab 15 Uhr. Gemütliche Kneipe mit maritimem Flair.

Kellerkneipe – **Börnie:** Wilhelmstr. 57, Di Ruhetag. Ein paar Stufen führen hinunter zum Frischgezapften – weit weg von Sturm und Meer.

Und noch 'ne Kellerkneipe – **Die Welle:** Wilhelmstr. 13, im Keller des Hotel Bracht, für Einheimische und Inselgäste, schöne Inselbilder an den Wänden.

Open Air mit Meerblick – **Schirmbar:** an der Strandpromenade neben der Strandhalle, im Sommerhalbjahr den ganzen Tag bis nachts geöffnet. Es gibt eine gute Auswahl an Cocktails, Long- und Softdrinks, klasse zum Sonnenuntergang.

Auf Entdeckungstour

Wandern auf dem Meeresboden vor Juist

Eine geführte Wattwanderung kann auf Juist mit einer spannenden Flutbeobachtung kombiniert werden. Barfuß und in kurzer Hose ist es am schönsten, es gibt natürlich auch Tage, in denen man lieber einen dicken Pulli und Gummistiefel trägt. Das hochgelegene Watt vor Juist ist angenehm trocken und fest, es ist kein Schlickwatt, in dem man bis zu den Knien versinkt.

Planung: Wattführer in 2. und 3.Generation sind Heino und Ino Behring, Tel. 04935 339, www.heino-juist.de, 8–10 €. In der Saison fast tgl., mit Flutbeobachtung nur etwa alle 2 Wochen.

Treffpunkt: am Hafen ▶ F 3

Dauer: 1,5–3 Std.

»Ich höre des gärenden Schlammes geheimnisvollen Ton«, so beschreibt Theodor Storm das Wispern und Knistern, mit dem das Watt bei Ebbe erfüllt ist. Es wird u. a. von Schlickkrebsen erzeugt: Immer wenn der 8 bis 10 mm lange Flohkrebs bei der Nahrungssuche seine Fühler auseinanderspreizt, platzt das Wasserhäutchen dazwischen mit einem leisen »Zipp«. Er besiedelt mit bis zu 40 000 Exemplaren einen Quadratmeter Wattboden. Diese ungeheuer hohe Besiedlungsdichte ist ein Charakteristikum für die Tier- und Pflanzenwelt im nährstoffreichen Watt.

Auf ins Watt!

Auf den ersten Blick aber ist enttäuschend wenig zu entdecken von der Vielfalt hochspezialisierter Lebewesen, die das Watt bevölkern soll. Das Auge schweift über die weiten, trockengefallenen Flächen: Nur ein paar angetriebene Algen und Muschelschalen. Doch dieser Eindruck täuscht, denn bei Niedrigwasser zieht sich alles, was im Watt kreucht und fleucht, in den schützenden Boden zurück. Eine Wanderung mit einem Wattführer öffnet einem Augen und Ohren für diese Wunderwelt und entpuppt sich als Entdeckungstour, die ihren Namen verdient hat. Die Wattwanderer treffen sich zum angegebenen (tideabhängigen) Termin in der Nähe des Anlegers. Alle zusammenbleiben, lautet die Devise.

Der Sandpierwurm und Kollegen

Die auffälligsten Tierspuren sind die Hinterlassenschaften des Pierwurms, auch Sandpier oder Wattwurm genannt. Geringelte Kotsandhaufen und ein dicht daneben einfallender Trichter markieren Ende und Anfang des etwa 20 bis 30 cm tiefen, U-förmig gebogenen Ganges, in dem der Wurm lebt.

Mit dem Vorderende nimmt er den durch den Trichter in die Röhre fallenden nährstoffreichen Sand auf, verdaut die organischen Partikel und scheidet die unverdaulichen Anteile als Kotschnüre mit dem Hinterende wieder aus. Auch die erst Ende der 1970er-Jahre vermutlich aus den USA eingeschleppte Amerikanische Schwertmuschel mit ihren schmalen, bis zu 16 cm langen Schalenklappen gräbt sich tief in den schützenden Schlicksand ein.

Nur 1–2 cm unter der Oberfläche lebt die rundliche, geriffelte Herzmuschel. Der Wattführer lässt einen Eimer voll sammeln und schüttet sie auf dem Wattboden aus. Weil die Herzmuscheln immer Gefahr laufen, freigespült zu werden, müssen sie besonders beweglich sein. Man kann dabei zugucken, wie sie sich mit Hilfe ihres Fußes ruckelnd wieder ins Watt eingraben. Die Energischen haben hier die besten Überlebenschancen, Trödler und Träumer sind leicht eine schmackhafte Beute für die Vögel im Watt.

Das Auflaufen des Wassers

Die Wanderung führt bis dicht an die Fahrrinne der Fährschiffe heran. Kommt die Flut, füllt das Wasser zunächst die Fahrrinne und drängt dann auf breiter Fläche mit enormer Geschwindigkeit über das Watt vor. Bleibt man stehen, um sich noch etwas erklären zu lassen, steht man in Sekundenschnelle knöcheltief im Wasser. Der Wattführer hält seine Gruppe zusammen, er ist mit einem Funkgerät ausgestattet, der Hafen ist in Sichtweite, und doch ist man am Ende der Tour irgendwie erleichtert, von den Fluten zwar eingeholt, aber nicht verschlungen worden zu sein, was – diese Anmerkung sei erlaubt – während einer Juister Wattwanderung auch noch nie geschehen ist.

Juist

*In den Dünen – ***Café del Mar:** Strandpromenade 7/Ecke Herrenstrandstr., tgl. ab 11 Uhr. Abends wird das Café zur Cocktail-Bar, es gibt Tapas und andere Kleinigkeiten, Nachtschwärmer können dann gleich nebenan weitermachen.

*Hier ist Party angesagt – ***Zappel:** Strandpromenade 7, www.zappel-juist.de, Di–So ab 23 Uhr, im Winterhalbjahr geschlossen (Ausnahme Weihnachten und Neujahr). Die einzige Disco der Insel, viele Veranstaltungen, z. B. Beach Party, Oldieparty, Singleparty.

Infos & Termine

Tourismusbüro
s. Infobox S. 100

Verkehr auf der Insel
Gepäck: Bei Ankunft der Fähre auf Juist stehen private Gepäckträger (der jeweiligen Unterkunft, am besten vorher vereinbaren) bzw. der Pferdebus (Mitte Juni–Mitte Sept.) am Hafen. Die Preise für den Pferdebus vom Hafen zum Loog liegen bei 5 €/Erw. (2,50 €/Kind). Vom Dorf zum Flugplatz sind es 8 €, vom Loog zum Flugplatz 10 €. **Gepäckabholung** bei der Abreise erfolgt durch den Gepäckdienst Fuhrmannshof Kannegieter, Tel. 04935 12 35, Bestellung mindestens 24 Std. vor der Abreise.
Fahrrad: das Hauptverkehrsmittel auf der lang gestreckten Insel. Es gibt mehrere Fahrradverleihe sowohl im Dorf als auch im Loog, Preise und Adressen sind im Gastgeberverzeichnis angegeben.

Feste
Juister Maizeit: zweite Maihälfte; großes Kulturangebot mit Klassik-, Jazz-Rock- und Shantykonzerten (z. T. Open Air), Literatur- und Krimilesungen, Vorträgen, Theater, Kabarett, i. d. R. freier Eintritt, Infos über www.juist.de.

Töwerland-Music-Festival: drei Tage ab Himmelfahrt; Jazz, Country- und Westernmusik, Folk, Gospel und Rock, sowohl Open Air als auch in vielen Kneipen auf Juist, Eintritt für alle Bands 12 €, www.juister-musikfestival.de.

Der Inselwesten

Der Westen ist wild und einsam, wenn nicht gerade Menschenscharen auf dem wattseitigen Fahrweg zur Domäne Bill, dem beliebtesten Ausflugslokal der Insel, unterwegs sind (s. Lieblingsort S. 114). Das ist bei schönem Wetter die Regel. Eine wunderbare Aussicht über das Westende, aber auch zwei salzige Meere und den einzigen Süßwassersee der Ostfriesischen Inseln bietet sich von der Aussichtsdüne Dree Water Uitkiek am Strandaufgang Loog sowie von den zwei Aussichtsdünen am Hammersee.

Naturschutzgebiet Bill
▶ E 3/4

Das bereits unmittelbar hinter dem Ortsteil Loog beginnende Naturschutzgebiet Bill umfasst den gesamten Westteil der Insel. In die bereits 1899 zum Naturschutzgebiet erklärte Bill gelangt man entweder über den mitten durch die zum Teil feuchten, mit Buschwald bestandenen Dünentäler führenden Wanderpfad vom Westende des Hammersees oder vom Loog aus über den wattseitigen Fahrweg südlich der Hammerdünen. Die Bill, einst Zentrum der Insel, blieb nach der Weihnachtsflut von 1717 jahrhundertelang menschenleer. Erst Ende des 19. Jh. nahm sich der Lehrer und Naturschutzpionier Otto Leege der sandigen Einöde an und begann mit dem Aufforsten der Dünentäler. Der wattseitige Weg ist an sonni-

Der Inselwesten

gen Tagen dicht von Fußgängern und Radfahrern bevölkert. Linker Hand erstreckt sich der von Entwässerungsgräben durchzogene Heller. Auf dem weiten Heller, der sich bis zum Watt hin ausbreitet, weiden nur noch die Pferde der Juister Fuhrbetriebe, Pensionsvieh vom Festland gibt es schon seit 1970 nicht mehr. Etwa auf halbem Weg zur Domäne Bill liegt die 1975 errichtete vollbiologische Kläranlage. Mittels einer Solartrocknungsanlage konnte die CO_2- Emission im Bereich des Klärwerks von 234 t auf 15 t pro Jahr reduziert werden.

Der Hammersee ❗ ▶ E 3

Inmitten einer wildromantischen Dünenlandschaft liegt der größte Süßwassersee der Ostfriesischen Inseln. Der Name Hammer stammt aus dem Friesischen und bedeutet »niedrig gelegene, feuchte Wiese«.

Dort, wo sich heute das lang gestreckte, von einem Dickicht aus Weiden, Erlen, Heckenrosen und Pappeln gesäumte Binnengewässer befindet, strömten früher die Meeresfluten durch das sogenannte Hammergat, das als Folge der verheerenden Petriflut im Jahre 1651 entstand, die Juist in zwei Teile riss. Durch Sandablagerungen verringerte sich im Verlauf der Jahrhunderte der Abstand zwischen den beiden Inselhälften wieder, bis vor gut 200 Jahren mit der Eindeichung der südlichen Dünenhälfte begonnen werden konnte. Um die Insel wieder zu einen, wurde zwischen 1927 und 1932 der nördliche Dünendeich angelegt, der aber noch während des Baus in einem Sturm brach, sodass Meerwasser auf den eingedeichten Strand strömte. Angereichert und versüßt durch Regen- und Grundwasser, entstand so der ursprünglich 1,8 km lange, aber nur etwa 1 m tiefe Hammersee.

Heute ist der nur noch knapp 1 km lange See in der Verlandung begriffen. Eine breite, urwüchsige Uferzone mit Sumpf- und Moorpflanzen – darunter das dominierende Schilfrohr – engt den See zunehmend ein. Er wird wieder zu einem ›Hammer‹ werden. Auf

Wo soll's denn hingehen? Zur Domäne Bill?

111

dem See wimmelt es von Wasservögeln, darunter verschiedene Enten- und Möwenarten, Wasserrallen und Blesshühner.

Haakdünen ▶ E 4

Von dem Ausflugslokal Domäne Bill geht der Fahrweg noch einen halben Kilometer weiter. In der Nähe des ausgedienten, aus rotem Backstein errichteten Bootsschuppens der Rettungsstation Bill muss man sich endgültig von seinem Fahrrad trennen, von hier an gibt's nur noch Sand. Die Haakdünen bilden in einem weiten Bogen das wunderbar sandige Westende der Insel, das hier keinerlei Buhnen und betonierte Uferbefestigungen aufweist.

Im Norden der Haakdünen hat sich die Nordsee schon tief in den schützenden Dünengürtel gewühlt. An den steilen Abbrüchen lässt sich gut die zerstörerische Gewalt des Meeres erkennen. Entlang der bedrohten Randdünenkette hat man Buschzäune gesetzt, um den treibenden Sand festzuhalten, damit sich die Dünen langsam wieder aufbauen können. Hier im Westen, wo einst drei Dörfer untergegangen sind, ist Juist am stärksten bedroht. Im Gegensatz zu den anderen Inseln hat es aber den Vorteil, dass der Wind in manchen Jahren auch neue Sandmassen heranweht oder als ein Sandriff von draußen an den Strand heranschiebt. In den vergangenen Jahren musste der Bereich zwischen Bill und Westende allerdings mit Sand aufgefüllt und durch Halmanpflanzungen befestigt werden.

Billriff ▶ D/E 4

Vor den Dünen erstreckt sich das aus mehreren ausgedehnten Sandbänken bestehende Billriff. Bei ablaufendem Wasser werden hier riesige Muschelbänke mit einer verlockenden Vielfalt von verschiedenen Muscheln und Schneckenhäusern freigelegt. Auf dem Riff rasten häufig große Scharen von Mantelmöwen und sonnen sich Seehunde. Über das Billriff verläuft seit Mitte der 1970er-Jahre eine unterirdische Pipeline, durch die Erdgas vom norwegischen Gas- und Erdölfeld Ekofisk nach Emden geführt wird.

Insel Memmert ▶ D/E 4

Von Juist nur durch die Juister Balje getrennt, liegt die Vogelschutzinsel Memmert mit dem Leuchtturm und dem einsamen Haus des Vogelschutzwarts, das wegen der Westwanderung der Insel (seit 1750 ist die Westflanke bereits um 2 km nach Osten versetzt worden) schon zweimal inselwärts verlegt werden musste. Zu Beginn des 17. Jh. taucht der Name Memmert das erste Mal in Verbindung mit einem Sandhaken an der Insel Juist auf. Als der Juister Lehrer und Naturschutzpionier Otto Leege 1888 das erste Mal die etwa 10 ha große Sandplate betrat, zählte er dort sechs Pflanzenarten. Durch Anpflanzungen von Strandhafer und den Bau von Sandfangzäunen förderte er die natürliche Dünenbildung. 1907 wurde auf Memmert eine Vogelschutzkolonie eingerichtet, 1924 wurde die Sandbank zum Naturschutzgebiet erklärt, das, vom Fremdenverkehr weitgehend unbeeinträchtigt, als Brut- und Rastplatz für Vögel besonders wertvoll ist.

Essen & Trinken

Rosinenstuten und Eintopf – **Domäne Bill**: s. Lieblingsort S. 114

Der Inselosten

Noch vor 300 Jahren befand sich das Ostende von Juist etwa dort, wo heute das Dorf endet. Seither ist die Insel um mehr als 4 km gewachsen. Die Fahrstraße zum Flughafen verläuft an der Grenze zwischen den bis zu 18 m hohen grauen Dünen und dem flachen, von schnurgeraden Entwässerungsgräben durchzogenen Heller mit seinem reichen Vogelleben. Dieses Gebiet steht unter Naturschutz und darf das ganze Jahr über nicht betreten werden. An sonnigen Sommerwochenenden, wenn fast ohne Unterlass kleine Propellermaschinen starten, ist der Geräuschpegel erheblich: Mit 40 000 Starts und Landungen pro Jahr liegt Juist, was die Flugbewegungen angeht, in Niedersachsen an zweiter Stelle hinter Hannover-Langenhagen.

Unterwegs zum Ostende der Insel

Goldfischteiche ▶ F 3

Die erste Etappe per pedes oder Rad auf dem Weg Richtung Osten sind die in einem windgeschützten Dünental gelegenen, zu Beginn des 20. Jh. angelegten Goldfischteiche, eine Viertelstunde Spaziergang vom Dorf. Die Samen der Blumen und Gräser wurden in der Bill im Westen der Insel gesammelt und in der Umgebung des Teiches ausgesät. Im Zweiten Weltkrieg verschwand die liebevoll gehegte, mittlerweile wieder üppig blühende Pracht. Auf der Insel wurden damals Flak-Einheiten stationiert, Bäume und Sträucher mussten Geschützständen und Baracken weichen. Die allerletzten Büsche fielen in dem harten Winter nach Kriegsende, als Heizmaterial knapp war, der Axt zum Opfer. Erst durch die Neuanpflanzung von Zwergkiefern, Holunder, Birken, Sanddorn und Pappeln wurde die Idylle wiederhergestellt.

Wilhelmshöhe ▶ G 3

Zum Ausflugslokal Wilhelmshöhe gelangt man entweder auf einem schmalen Fußpfad, der sich durch die Dünen schlängelt, oder auf der gepflasterten Flughafenstraße, auf der neben den Radfahrern auch die Pferdefuhrwerke Richtung Flughafen unterwegs sind. Das Café liegt auf einer fast 20 m hohen Düne, von der sich ein weiter Rundblick bietet: über die weiße Dünenkette zum offenen Meer im Norden und den grünen Heller zum Watt im Süden.

Kalfamer ▶ G 3

Am Flugplatz vorbei führt der Wanderweg zum Kalfamer, dem Ostende der Insel. Dieser seltsame Name stammt aus dem Friesischen: Kalv bedeutet Kalb, Hammer niedrig gelegene feuchte Wiese. Um die auf dem Kalfamer rastenden oder brütenden Vogelarten wie die vom Aussterben bedrohte Zwergseeschwalbe nicht zu stören, ist nur ein kleiner Bereich des Ostzipfels das ganze Jahr über zugänglich. Ein grün markierter Wanderpfad führt in einem weiten Bogen um die Ostbake herum und zweigt dann Richtung Norden zum Strand ab. Der Pfad um die Südostseite des Kalfamers ist nur in der Zeit von November bis März freigegeben und dann auch nur bei Niedrigwasser begehbar. Am Ostende der Insel fällt das Ufer verhältnismäßig steil zum Norderneyer Seegatt ab. Am Horizont zeichnet sich die blendend weiße Skyline von Norderney gegen den Himmel ab.

Essen & Trinken

Atemberaubende Lage – **Wilhelmshöhe:** Tel. 04935 249, www.cafe-wilhelmshoehe-juist.de, tgl. 11–19 Uhr, im Sommer auch länger. Im Café werden Kuchen und Speisen für den kleinen Hunger serviert, über Nacht kann man auch bleiben: DZ 62–72 € (Dusche/WC im Zimmer).

Lieblingsort

Einfach gut

Das letzte und einzige Haus am Westende der Insel ist einer der Orte, die man erst nach einer längeren Wanderung, Radfahrt oder per Kutsche erreicht. Auf dem wattseitigen Fahrweg geht es entlang, Spaziergänger können auch dem schmalen, gewundenen Fußpfad folgen, der am Hammersee entlang und durch das einzige Wäldchen der Insel führt. Das Ausflugslokal ist berühmt für deftige Eintöpfe und frisch gebackenen Rosinenstuten und lockt nicht nur bei schönem Wetter. Man sollte Wind und Regen trotzen und sich trotzdem aufmachen, bei schönem Wetter tun es alle, dann muss man ziemlich lange für ein kühles Bier anstehen. Die Kinder können unterdessen die Kutschpferde streicheln, die auf die Rückkehr zum Dorf warten. Damit niemand den Weg gen Westen ›umsonst‹ macht, sind die Öffnungszeiten der Domäne Bill auf einem Schild am wattseitigen Weg angeschlagen (**Domäne Bill,** ▶ E 4, Tel. 04539 12 12, i. d. R. tgl. 11–17, Mi Ruhetag).

Das Beste auf einen Blick

Norderney

Highlight!

Kurplatz: Norderney ist die Grande Dame der Nordseebäder. Blendend weiße Prunkbauten aus der Gründerzeit der Insel säumen das Herzstück des traditionsreichen Staatsbades. Im 1840 im klassizistischen Stil errichteten **Conversationshaus** kann man Kaffee trinken, lesen, im 1890 erbauten **Kurtheater** Filme schauen. Hinter dem modernen Eingangsvorbau verbirgt sich ein wunderschönes altes Hoftheater mit roten Cordsamtsesseln, Logen und zweigeschossigen Rängen. 2 u. 3 S. 122

Auf Entdeckungstour

Fischerhausmuseum: Nur ein paar Schritte vom edlen Kurplatz entfernt, taucht man in eine ganz andere Welt. Fern vom Trubel, eingebettet in das vogelzwitschernde Argonner Wäldchen, liegt ein liebevoll restauriertes Fischerhaus aus der Zeit um 1800. Hier wird die Wohn- und Arbeitswelt der alten Norderneyer lebendig, die ihren Lebensunterhalt auf dem Meer verdienten. Hier erfährt man, warum heute noch viele Norderneyer einen Goldring im Ohr tragen. 9 S. 126

Kultur & Sehenswertes

Bademuseum: Die Reise- und Badekultur präsentierte sich in ihrer Frühzeit etwas anders als heute. Die Badekleidung bedeckte den ganzen Körper, die Damen knicksten nur ins kalte Nass. Auch Kinder haben ihren Spaß an dem Vergleich zu heute. 10 S. 123

Aktiv & Kreativ

Historisches Schaufenster: Ein spannender Streifzug durch sieben Jahrhunderte Inselgeschichte. Schautafeln entlang des Lehrpfades erklären mittels großformatiger Fotografien historische Orte, Ereignisse und Entwicklungen. S. 123

bade:haus Norderney: Ganzjährigen Badespaß für die ganze Familie bietet Deutschlands größtes Thalassozentrum mit Wasser-Ebene, Feuer-Ebene und Erlebnis-Ebene. 1 S. 131

Genießen & Atmosphäre

Surfcafé: Am Übergang zum Surfstrand gibt es immer etwas zu sehen, das Essen ist frisch und lecker, der Service freundlich, wem kalt ist, der bekommt eine Wolldecke. 9 S. 130

Weiße Düne: Ein wunderbarer Ort zum Entspannen, tagsüber delikate und kreativ angerichtete Snacks wie Currywurst im Glas, abends à la carte. Der schönste Strand der Insel liegt gleich vor der Haustür. S. 136

Abends & Nachts

Goode Wind: Traditionsreiche, auch von Einheimischen geschätzte Inselkneipe mit einem Wirt, der sich aufs Cocktailmixen versteht. 3 S. 132

Die Grande Dame der Nordsee

Norderney ist die urbanste und meist-
besuchte Ostfriesische Insel. 6000 Einwohner sind hier mit erstem Wohnsitz
gemeldet. Rund 400 000 Tages- und
Kurgäste und 1,3 Mio. Übernachtungen

Infobox

Infos zu Norderney
**Tourist-Information Norderney und
Kurverwaltung:** Am Kurplatz 1, im
Conversationshaus, Tel. 04932 89 11 32,
Zimmervermittlung Tel. 04932 89 13
00, tgl. geöffnet
www.norderney.de: Infos zu Unter-
kunft, Anreise und Veranstaltungen

NorderneyCard
Die Chipkarte ersetzt Fährticket und
Kurkarte. Vor der Abreise muss man
die angefallenen Kosten wie z. B. die
Kurtaxe im neuen Conversationshaus
begleichen, ServiceCard-Schalter auch
im Hafengebäude und im Badehaus.

Anreise und Weiterkommen
Norderney ist keine autofreie Insel, es
ist jedoch ratsam, den Wagen auf dem
Festland zu lassen. Alle wesentlichen
Punkte der Insel können bequem mit
dem **Bus** erreicht werden.
Fähre: ab Norddeich mit der Auto-
fähre in der Sommersaison fast stdl.,
Fahrzeit ca. 1 Std., Info: www.reede
rei-frisia.de
Flug: Flugplatz Norden – Norderney,
10–20 x tgl., Tel. 04932 933 20, www.
fln-norddeich.de

Infos zum **Verkehr auf der Insel** und zu
Inselfesten s. S. 132

zählt man pro Jahr, an sonnigen Sommerwochenenden herrscht Gedränge
auf der Insel. Spätestens dann nerven
die Autos, die zu Tausenden auf die Insel geschifft werden. Kein Pferdege-
trappel bei der Ankunft, keine Inselbahn, sondern Busse und Taxis stehen
für die Ankommenden bereit.

Die Inselgeschichte aber ist wie bei
den Nachbarn geprägt von den großen
Sturmfluten, Landverlusten und dem
harten Überlebenskampf ihrer Bewohner. Im 13. Jh. lag zwischen Juist und
Baltrum die Insel Buise, die vermutlich
während der großen Marcellus-Flut
von 1362 in zwei Teile brach. Der west-
liche Teil wurde im Verlauf der Jahrzehnte ständig kleiner und ging in der
Petri-Flut von 1651 endgültig unter,
während der östliche Teil langsam an
Substanz gewann. Als »Osterende«
wird die Insel erstmalig im Jahre 1398
urkundlich erwähnt, 1549 heißt sie
dann Norder-Nye-Oog (Nordens neue
Insel). Da auf dem unfruchtbaren Dünensand kaum Landwirtschaft möglich
war, suchten die Inselbewohner ihren
Lebensunterhalt auf dem Meer, zunächst als Fischer, im 18. Jh. auch als
Schiffer. In den napoleonischen Kriegen zu Beginn des 18. Jh. gingen fast
alle Frachtschiffe verloren, sodass den
Insulanern nur der Fischfang blieb, bis
ab Mitte der 1880er-Jahre die in der
modernen Hochseefischerei verstärkt
eingesetzten Dampfschiffe die Fischkutter verdrängten.

Die einzige Alternative war und ist
der Fremdenverkehr. Bereits im Mai
1797 wurde grünes Licht für die Errichtung eines Seebades gegeben. Norderney wurde Staatsbad, das bald die
feine Gesellschaft aus ganz Europa an-
zog. Man ging am Strand spazieren,
vergnügte sich abends in der 1822 er-

öffneten Spielbank, beim Tanz oder ritt aus.

Reiten wird auf Norderney auch heute noch ganz groß geschrieben. Es gibt ein ausgedehntes Netz an Reiterwegen und mehrere Reitställe, die auch Ponyreiten und Reiten an der Longe anbieten. Auch bietet die Insel ideale Surfmöglichkeiten, der mehrfache Deutsche Meister Bernd Flessner stammt von hier. Der Nordstrand mit starker Brandung und hohem Wellengang ist etwas für Könner mit gutem Stehvermögen, für Anfänger eignet sich die Bucht am Yachthafen mit geringem Wellengang.

Norderney – die Stadt ►H 3

Die einstige Sommerresidenz des Hannoverschen Königshauses gilt als die Grande Dame der Nordsee. Im Jahre 1836 erwählte sie der hannoversche Kronprinz und Herzog von Cumberland, der spätere König Georg V., zu seiner Sommerresidenz. Heinrich Heine und Theodor Fontane dichteten hier, hochkarätige Politiker wie Otto von Bismarck und Fürst von Bülow frönten auf Norderney dem Glücksspiel und dem unbeschwerten Müßiggang – und machten Politik. Zwar wurde die asphaltierte Strandpromenade in den 1950er- und 1960er-Jahren ohne große Hemmungen mit modernen, kantigen Betonkästen verunstaltet, der Ort selbst mit einigen unschönen Zweckbauten angereichert, doch das Zentrum mit dem eleganten Kurhaus (Conversationshaus) von 1840, dem gepflegten Kurpark und den belebten Cafés hat seinen königlichen Charme nicht verloren. Viel verblichene, doch darum nicht weniger bezaubernde Schönheit ist noch in den Biedermeiergässchen zu entdecken, in denen sich altmodische weiß gestri-

In warmes Herbstlicht getaucht: Weststrand von Norderney

Norderney – die Stadt

Sehenswert
1. Nationalparkhaus
2. Conversationshaus/Info
3. Kurtheater/Haus der Insel
4. Kaiser-Wilhelm-Denkmal
5. Georgshöhe
6. Napoleonschanze
7. Wasserturm
8. Mühle
9. Fischerhausmuseum
10. Bademuseum
11. Rettungsbootmuseum

Übernachten
1. Hotel Seesteg
2. Strandhotel Pique
3. Wuppertal
4. Landhuis am Denkmal
5. Hotel Aquamarin
6. Villa Felicitas
7. Jugendherberge
8. Camping Booken

Essen & Trinken
1. Central-Café
2. Giftbude
3. Milchbar am Meer
4. Da Sergio
5. Marienhöhe
6. Old Smuggler
7. De Leckerbeck
8. Lenz
9. Surfcafé
10. Meierei

Einkaufen
1. Silk-Art-Galerie
2. Norderneyer Sanddornstübchen
3. Männerträume
4. Stoffe in Maßen
5. Fleischerei Deckena

Aktiv & Kreativ
1. bade:haus
2. Golfplatz
3. Atelier Norderney
4. Reitschule
5. Segelschule
6. Surfschule

Abends & Nachts
1. Cinema
2. Cocktail-Schmiede
3. Goode Wind
4. Möpken
5. Casablanca

Norderney

chene Gästehäuser mit verglasten Frühstücksveranden und stilvolle Restaurants aneinanderreihen, ebenso wie in den stillen Seitenstraßen mit altehrwürdigen Krankenhäusern und prächtigen Kurheimen in solidem rotem Backstein. Eine in der Hauptsaison schier überquellende Stadt zum Bummeln, zum Sehen und Gesehenwerden und natürlich zum Konsumieren.

Sehenswert

Nationalparkhaus 1
Am Hafen 1, Tel. 04932 20 01, www.nationalparkhaus-norderney.de, Mai–Okt. Di–So 9–18, Nov.–April Di–So 10–17 Uhr, 2 €
Eine informative Dauerausstellung und Filme vermitteln Einblicke in die ökologischen Zusammenhänge im Wattenmeer. In Meerwasseraquarien sind typische Lebewesen des Watts, wie der Einsiedlerkrebs und die Strandkrabbe, zu beobachten. Viele Führungen, auch für Kinder.

Mein Tipp

In Ruhe schmökern
In dem ganztags frei zugänglichen Lesesaal des **Conversationshauses** 2 kann man ganz entspannt für ein paar Stunden in schweren, dunklen Clubsesseln versinken und die Welt draußen vergessen. Gleich nebenan befindet sich die Bibliothek Norderney (Mo, Mi, Fr 9.30–12.30, Di, Do, Sa 16–19 Uhr). Im Foyer gibt es für Inhaber der NorderneyCard gratis Internetzugang, begrenzt auf 15 Minuten, das reicht zum Checken der Mails.

Der Kurplatz !
Unbestrittener Mittelpunkt von Norderney ist der Kurplatz mit seinen blendend weißen Prunkbauten aus der Gründerzeit der Insel. Glanzpunkt ist das 1840 im klassizistischen Stil errichtete Kurhaus, heute **Conversationshaus** 2 (s. links Mein Tipp), mit seinem eleganten, von Säulen gesäumten Laubengang. Es beherbergt die Touristeninfo, die Bibliothek, einen schönen Lesesaal, ein Café und seit 1978 die Spielbank der Insel. Für Georg V. und fürstliche Gäste entstand das »Große Logirhaus«, heute das **Kurhotel**. Im 1890 erbauten **Kurtheater** 3 neben dem **Haus der Insel** gibt die Landesbühne Niedersachsen-Nord regelmäßig Gastspiele (s. auch Lieblingsort S. 124).

Kaiser-Wilhelm-Denkmal 4
Das imposante, 1898 errichtete Denkmal wird von den Insulanern schlicht Klamottendenkmal genannt. Die 13 m hoch aufragende Pyramide, die an die Gründung des Deutschen Reiches im Jahr 1871 erinnert, besteht aus rohen, unterschiedlich großen Steinblöcken, die von 75 Städten aus dem gesamten Deutschen Reich nach Norderney geschickt wurden. Einige der grauen Quader entstammen historischen Bauwerken wie dem Frankfurter Römer. Das Denkmal zierte einst eine Büste Kaiser Wilhelms, an seiner Stelle breitet heute eine weiße Möwe ihre Schwingen aus.

Georgshöhe 5
Nördlich des Zentrums, an der Strandpromenade, bietet sich von der nach König Georg V. benannten Georgshöhe ein schöner Rundblick über die Stadt, das Meer und einige Baustellen: Von 2002 bis 2006 wurden Promenade und Deckwerk auf einer Länge von 5 km im Norden und im Westen erneuert, erhöht und verstärkt.

Norderney – die Stadt

Napoleonschanze 6

Von der Janusstraße führt ein geruhsamer Spaziergang durch eine Parkanlage zum Schwanenteich und zur Napoleonschanze. In der frei zugänglichen Anlage aus den napoleonischen Kriegen, als auf Norderney etwa 200 bis 300 französische Soldaten stationiert waren, werden seit 1912 evangelische Freiluft-Gottesdienste abgehalten (bei gutem Wetter Juni–Aug. jeden Sonntagmorgen).

Wasserturm 7

April–Okt. gelegentlich Führungen, Infos über Tel. 04932 84 07 25
Nordöstlich der Schanze ragt der 42 m hohe, 1930 in Betrieb genommene Wasserturm auf. Der schlichte Bau aus rotem Backstein ist eines der Wahrzeichen der Insel. Eine Ausstellung über die Wassergewinnung und -versorgung der Insel Norderney ist geplant.

Mühle 8

Folgt man der Mühlenstraße von der Napoleonschanze nach Süden, gelangt man in wenigen Minuten zu einer reetgedeckten einstöckigen Windmühle, der einzigen auf den Inseln. Sie war von 1862 bis 1962 in Betrieb und trägt den sinnigen Namen Selden Rüst (Selten Ruhe). Heute beherbergt sie das gemütliche und immer gut besuchte Restaurant Zur Mühle.

Museen

Fischerhausmuseum 9

s. Entdeckungstour S. 126

Bade:museum 10

Am Weststrand 11, www.museum-norderney.de, Saison Di–So 11–16 Uhr, 3 €
In den Räumlichkeiten des alten Freibads wurde das sehenswerte Bademuseum eingerichtet, das die Geschichte der Reise- und Badekultur sowie die Entwicklung Norderneys zum Staatsbad zeigt.

Mein Tipp

Historisches Schaufenster
Der mit 22 Schautafeln ausgestattete Lehrpfad bietet einen spannenden Streifzug durch sieben Jahrhunderte Inselgeschichte. Großformatige Fotografien und gut verständliche Texte lassen historische Orte, Ereignisse und Entwicklungen lebendig werden. Die dazugehörige wissenswerte Broschüre Norderney entdecken kostet 2,50 € und ist u. a. im Bademuseum erhältlich.

Rettungsbootmuseum 11

Weststrand 5, April–Okt., 15–17 Uhr
Zwischen Strandpromenade und der parallel verlaufenden Kaiserstraße erstrecken sich breite Wiesenstreifen. Die Kaiserstraße säumen überwiegend moderne Hotelanlagen. Nur am Weststrand finden sich noch einige historische Bauten unmittelbar an der Strandpromenade. Dort liegt auch das kleine Rettungsbootmuseum Fürst Bismarck.

Übernachten

Außergewöhnlich – **Hotel Seesteg 1**: Damenpfad 36a, Tel. 04932 89 36 00, www.seesteg-norderney.de, DZ 260–440 €. Studios, Lofts und Penthouse-Suiten mit großen verglasten Fensterfronten, Terrasse oder Balkon zum offenen Meer, edles Ambiente in Eichenholz, nordischem Klinker und

Lieblingsort

Wunderbar plüschig
Bei Inselurlaub denkt man an Sonne und Strand, nicht aber an Kino oder Theater. Hinter dem modernen Eingangsvorbau des 1893 im Stil eines Residenztheaters erbauten Kurtheaters am Kurplatz jedoch verbirgt sich ein wunderschönes altes Hoftheater mit roten Cordsamtsesseln, Logen und zweigeschossigen Rängen. Mit seinem plüschigen Ambiente bietet es das sprichwörtlich ganz große Kino. Das Programm ist reichhaltig, außer Filmvorführungen gibt es auch Musik, Theater, Kleinkunst und Kabarett. Das aktuelle Programm hängt im Schaukasten am Kurplatz in der Nähe der Park-Apotheke aus (**Kurtheater** 3, nur zu Veranstaltungen geöffnet).

Auf Entdeckungstour

Das Fischerhausmuseum auf Norderney [9]

Abseits der bevölkerten Einkaufsstraßen des Zentrums stößt man im stillen Argonner Wäldchen auf eine Oase der Ruhe. Das in einem alten Fischerhaus aus der Zeit um 1800 untergebrachte Museum veranschaulicht die Wohn- und Arbeitswelt der alten Norderneyer, die – lange bevor sie Gastgeber wurden – ihren Lebensunterhalt auf dem Meer verdienten.

Fischerhausmuseum: Tel. 04932 17 91, www.heimatverein-norderney.de, April–Sept. Mo–Fr 15–17 Uhr, So 10–12, März u. Okt. Di, Do, Sa 15–17, Nov.–Feb. Fr 15–16 Uhr, ganzjährig Di 11 Uhr öffentliche Führung. Wenn wenig los ist, sind Fragen immer gern willkommen.

Eintritt: Erw. 2 €, Kinder 1 €

Versteckt im Argonner Wäldchen, zwischen Conversationshaus und Bademuseum, liegt das Norderneyer Fischerhausmuseum. Das bescheidene, fast schmucklose Gebäude aus der Zeit um 1800 stand ursprünglich in der Winterstraße und wurde noch bis in die 1930er-Jahre von drei Familien als Wohnhaus genutzt – nachdem der Fremdenverkehr die wichtigste Erwerbsquelle auf der Insel geworden war, blieben nur wenige dieser traditionellen Fischerhäuser erhalten. Die eingeschossigen Häuser waren niedrig gehalten, um den Stürmen so wenig Angriffsfläche zu bieten wie möglich. Die zweifarbigen, grün-weiß gestrichenen Schiebefenster sind klein, die Türen niedrig. Automatisch zieht man den Kopf ein und betritt eine andere Welt – etwas dunkel, aber in vieler Hinsicht praktisch und gemütlich. Hier wird die Zeit der alten Norderneyer lebendig, als die Inselbewohner ihren Lebensunterhalt auf dem Meer suchen mussten, zunächst als Fischer, im 18. Jh. auch als Schiffer, weil auf dem unfruchtbaren Dünensand kaum Landwirtschaft möglich war.

Seefahrer und Fischer

Für Emder, Bremer, Hamburger, aber auch holländische Handelshäuser übernahmen die Norderneyer Kauffahrten in die Nord- und Ostsee bis nach Russland. Um 1800 zählte die Norderneyer Kauffahrteiflotte etwa 50 seetüchtige Segelschiffe, deren Bemannung den vierten Teil der Insulaner umfasste, und die Norderneyer Fischereiflotte zählte 80 Schaluppen.

Große Reichtümer scheinen dennoch nicht erwirtschaftet worden zu sein. In einer alten Seemannsweise heißt es zwar: »Up Nördernee, da gifft noch'n Sleef vull Bree« (Auf Norderney gibt es noch eine Schale voll Brei).

Doch bereits in der nächsten Strophe wird relativiert: »Norderneiers et'n sick half satt« (Norderneyer essen sich halb satt). Die Zeiten wurden nicht besser. In den napoleonischen Kriegen zu Beginn des 18. Jh. gingen fast alle Frachtschiffe verloren, sodass den Insulanern nach dem Friedensschluss nur die Rückkehr zum Fischfang blieb, da es billiger war, Fischkutter zu bauen als größere Frachter. In erster Linie wurde Fang auf Schellfisch und Scholle betrieben, von Bedeutung waren aber auch Kabeljau, Rochen, Steinbutt, Aal, Makrele und Seezunge. Ab Mitte der 1880er-Jahre verdrängten die in der modernen Hochseefischerei verstärkt eingesetzten Dampfschiffe die Fischkutter. Heute gibt es auf Norderney keinen einzigen Fischkutter mehr. Nur noch wenig erinnert an die alten Zeiten, in denen die Norderneyer hinausfuhren. Mitunter sieht man einen Insulaner mit einem runden Goldring im Ohr. Diese alte seemännische Tradition geht in die Seefahrerzeit zurück, als man sich seine Initialen in die Kreole eingravieren ließ, um im Fall des Todes in der Fremde leichter identifiziert werden zu können. Gleichzeitig bot der Ring durch den Materialwert des Goldes die Gewähr, im Todesfall ein christliches Begräbnis zu erhalten. Goldringe dieser Art findet man auch im Fischerhaus auf Norderney.

Wohn- und Lebenskultur anno dazumal

Den First des Norderneyer Fischerhauses schmückt ein Zierbrett mit nordischen Symbolen und Runen, die seine Bewohner vor Krankheit und Gefahren bewahren sollten. Es war ein ›Sippenhaus‹, in dem mehrere Generationen unter einem Dach wohnten. Die zwei kleinen Räume rechts vom Ein-

127

gang dienten als Alteneil. Hier findet man eine Ausstellung der Kostbarkeiten, die die Norderneyer Seefahrer von ihren weiten Fahrten nach Hause brachten, darunter chinesische Porzellane und Silberlöffel. Angeschlossen an die kleine Stube ist eine winzige Schlafkammer. Unter der Schlafbutze, einer Art Alkoven, verwahrte man Platz sparend die Kartoffeln.

Im ›Jungteil‹ gab es nur Küche und Schlafkammer. Gekocht wurde auf einem offenen Torffeuer.

Den Mittelpunkt des Hauses bildete die große Wohnstube mit dem schönen, mit Delfter Fliesen geschmückten Kamin und wenigen Möbeln. Es zeigt die insulare Wohnkultur um 1850. Hier fand das Familienleben statt, hier nahm man die Mahlzeiten ein. Die jüngsten Kinder (10 bis 12 Kinder waren keine Seltenheit) mussten mangels Sitzgelegenheit im Stehen essen.

Puffhunde

Im Wohnzimmer des Norderneyer Fischerhauses steht ein Paar sogenannter Kaminhunde. Sie werden auch Puffhunde genannt und waren weit verbreitet in den Wohnstuben friesischer Seefahrerfamilien. Objekte aus Porzellan oder aus Porzellan imitierendem Material besaßen im 19. und auch noch im 20. Jh. eine große Attraktivität als Schmuckstücke. Anrichten, Eckschränke und Kaminsimse waren bevorzugte Stellflächen für die Keramiken, die die Seefahrer in großen Mengen von ihren Fahrten nach Hause brachten, weshalb sie heute auch in keinem Heimatmuseum an der Küste fehlen. Es kursieren unterschiedliche Geschichten über die eigentliche Bedeutung und Herkunft dieser Mitbringsel. Es heißt, dass Bordell-Damen in den Hafenstädten Por-

zellanhunde in ihr Fenster stellten, um Seeleuten anzuzeigen, ob ein Besuch bei ihnen möglich war – die Hunde waren entweder mit dem Rücken oder mit dem Gesicht zum Fenster ausgerichtet. Im letzteren Fall war ein Besuch willkommen. Da es gesetzlich verboten war, die Damen für ihre Liebesdienste zu bezahlen, kauften die Seeleute ihnen die Hunde ab. Ihre Frauen daheim freuten sich über das mitgebrachte Schmuckstück und sollen bis ins 20. Jahrhundert keinen Verdacht geschöpft haben. Ob diese gern erzählte Geschichte Wahrheit oder späte Erfindung ist, wird kontrovers diskutiert, auf alle Fälle belegt sie eine fortwährende Freude an dieser Art anrüchiger Anekdote.

Werkstattarbeiten

Im Raum neben dem großen Wohnzimmer wurden Netze geflickt und Angelwerkzeuge hergerichtet. Hier findet man *Pütz* (Eimer), *Gräp* (Forke), *Sandback* (Behälter für Würmer) und *Want* – die bis zu 3000 m langen, mit bis zu 300 Köderhaken versehenen Angelleinen wurden von den Frauen mit Wattwürmern bestückt. Diese Tätigkeit wurden *Esen* genannt – einige Ortsnamen an der Küste wie beispielsweise Esens erinnern noch an diese Tätigkeit. Auch das Ausgraben der Würmer aus dem Watt – pro Fangfahrt wurden etwa 2700 Wattwürmer benötigt – gehörte zum Aufgabenbereich der Frauen.

Im *Achterhuus* (Hinterhaus) befand sich der Schafstall mit Abort. Hier ist heute eine Nebelkanone platziert, die bei schlechter Sicht stündlich von der Marienhöhe abgeschossen wurde, um den Fischern die Orientierung zu erleichtern, wenn sie draußen auf See von plötzlich auftretendem Nebel überrascht wurden.

Norderney – die Stadt

Naturseide. In allen Zimmern Internetzugang und Teeküche. Auch Spa, Pool und Workout kommen nicht zu kurz, regelmäßiges Fitnessprogramm, Restaurant im Haus.

Zum Wohlfühlen – **Strandhotel Pique** **2**: Am Weststrand 3–4, Tel. 04932 939 30, www.hotel-pique.de, DZ ab 147,50 €. Historisches Gebäude in traumhafter Lage am Meer, dazu ein großzügiger Spaß- und Wellnessbereich mit Meerwasserschwimmbad, Restaurant/Café mit Seeterrasse.

Im Jugendstil – **Ferienhotel Wuppertal** **3**: Marienstr. 18, Tel. 04932 93 41 10, www.ferienhotel-wuppertal.de, DZ mit Frühstücksbuffet ab 121 €. Einzel-, Doppel- und Dreibett-Zimmer in dem wunderbar restaurierten ersten Hospital der Insel. Einzelreisende und Familien sind ebenso willkommen wie Gäste mit Handicap.

Klein, aber fein – **Landhuis am Denkmal** **4**: Friedrichstr. 21, Tel. 04932 938 30, www.landhuis-am-denkmal.de, DZ 98– 150 €. Liebevoll im Landhausstil eingerichtete Hotel-Pension in einer 1896 erbauten weißen Villa in der Fußgängerzone, wenige Minuten vom Strand und Stadtzentrum. Im stilvollen Bistro-Restaurant wird mediterrane Küche serviert.

Sympathisch – **Hotel Aquamarin** **5**: Friedrichstr. 5, Tel. 04932 928 50, www.hotel-aquamarin-norderney.de, DZ 70–130 €. Kleines, traditionsreiches Galeriehotel mit ganz unterschiedlich geschnittenen Zimmern und einer offenen Dachterrasse für alle Gäste. Bilder zahlreicher ostfriesischer Künstler und Skulpturen schmücken das Haus.

Nur eine Minute zum Meer – **Villa Felicitas** **6**: Damenpfad 15, Tel. 04932 571, www.villa-felicitas.de, 70–100 € pro Wohnung. Vier Wohnungen für 2–5 Personen in einer romantischen Jugendstil-Villa in Strandnähe, zwei mit Balkon.

Familienappartements unterm Dach – **Jugendherberge Norderney** **7**: Mühlenstr. 1, Tel. 04932 84 09 00, www.jugendherberge.de. Das 262-Betten-Haus ist ganzjährig geöffnet. 2-, 4-, 6- und 8-Bettzimmer, Übernachtung mit Vollpension ab 32,50 €/Pers. (Aufpreis für Senioren ab 27 J. 3 €). 10 Min. zu Fuß zum Strand, 20 Min. zu Fuß vom Hafen.

Ruhig – **Camping Booken** **8**: Waldweg 2, Tel. 04932 448, www.camping-booken.de, ganzjährig geöffnet. 10 Min. Fußweg ins Zentrum, 350 m zum Nord-Badestrand.

Essen & Trinken

Elegant und besonders – **kurPalais:** Bar und Café im **Conversationshaus** **2**, ein bemerkenswerter Mix von Stilen beherrscht den fast sieben Meter hohen Raum, mit großgemusterter Tapete und aufregend roten Leuchtern. Leckere Kleinigkeiten 3–10 €, Platz zum Sitzen auf dem Balkon und der großen Terrasse zum Kurplatz.

Ein Klassiker – **Central-Café** **1**: Wilhelmstr. 1–3, Frühstück ab 9 Uhr, 5–10 €, Hauptgerichte 7–14 €. Beste Lage am Kurplatz mitten im Zentrum, dort, wo die City am schönsten ist und es am meisten zu sehen gibt.

Italienisch – **Giftbude** **2**: Am Weststrand 2, www.giftbude.de, 11–22 Uhr, Hauptgerichte 7–23 €. Café-Restaurant am Weststrand mit freundlichem Service. Es gibt Pasta und Pizzen, Fisch und Fleisch.

Ein Top-Platz – **Milchbar am Meer** **3**: Damenpfad 35, Tel. 04932 92 73 44, www.milchbar-norderney.de, tgl. 10–23 Uhr. Stilvolles Bistro mit großer Sonnenterrasse zum Meer. Außer Milchgetränken und Milchreis gibt es alles von Pasta bis Paella, ab 7 €. Im Anbau schöne Sitzgelegenheit in Sesseln mit Aussicht aufs Meer, für Kinderwagen

Norderney

ist auch drinnen genügend Platz vorhanden.

Cucina italiana – **Da Sergio** **4**: Damenpfad 12, Tel. 04932 700, www.dasergio-norderney.de. Nicht nur die Küche, sondern auch das Ambiente sind italienisch und modern, an der Bar kann man auch nur etwas trinken. Pizza und Pasta ab 7 bzw. 9 €, Wild, Lamm und saisonbedingte Fischspezialitäten 14–24 €.

Beste Aussicht – **Café Marienhöhe** **5**: Am Weststrand 1, tgl. 11–19 Uhr. Die wunderbare Lage genoss schon der Dichter Heinrich Heine. »Ich liebe das Meer wie meine Seele«, jubilierte er. Auf der Marienhöhe soll er das Lied »Am Meer«, das von Franz Schubert vertont wurde, gedichtet haben. Der Kuchen ist klasse, der Service dafür öfter mal unfreundlich.

Ein Urgestein der Norderneyer Gastronomie – **Old Smuggler** **6**: Birkenweg 4, Tel. 04932 35 68, www.oldsmuggler-norderney.de, Küchenzeiten Do–Di 11.30–14 u. 17–22 Uhr, Hauptgerichte 10–24 €. Rustikales, maritimes Ambiente, große Auswahl gutbürgerlicher Gerichte, auch zum Mitnehmen.

Für alle etwas – **De Leckerbeck** **7**: Schmiedestr. 6, Tel. 04932 99 07 53, www.leckerbeck-norderney.de. Küchenzeiten Di–So 11.30–14.30, 17.30–22 Uhr, Hauptgerichte 10 20 €. Ostfriesische Spezialitäten wie Dicke Bohnen, Snirtjebraten, Schnippelbohnen, Labskaus. Auch Diätküche, auf Wunsch glutenfrei, laktosefrei, milcheiweißfrei, kaliumarm, auch kleinere Portionen.

Ausgezeichnet und erlesen – **Lenz** **8**: Benekestr. 3, Tel. 04932 22 03, Di–So 17.30–21.30 Uhr, Hauptgerichte 15–27 €. Gourmet-Küche und freundlicher Service. Vorbestellung wird angeraten.

Ein Treffpunkt nicht nur für Surfer – **Surfcafé** **9**: Am Januskopf 9, www.surfcafe.info, tgl. 10–22 Uhr. Ein zu

Recht beliebtes Café auf der Promenade am Übergang zum Surfstrand, freundlicher und lockerer Service, wem es draußen kalt wird, der bekommt eine Wolldecke. Kleine Snacks und nett angerichtete Gerichte, u. a. Folienkartoffel mit Norderneyer Seeluftschinken, 5–15 €. Sehr verlockend: der Picknickkorb für 2 Pers. inkl. Wein, Besteck und Decke.

Gediegen – **Restaurant zur Mühle**: in der **Mühle** **8**: Marienstr. 24/Ecke Mühlenstr., Tel. 04932 20 06, Do–Di 11–23 Uhr, Mittagskarte um 11, Hauptgerichte ab 12 €. Hier bleibt so mancher auf dem Weg gen Osten hängen. Nachmittags ist es fast immer voll, und wer hier abends essen möchte, sollte vorbestellen.

Beliebtes Ausflugslokal – **Meierei** **10**: Lippestr. 24, Tel. 04932 818 24, Hauptgerichte ab 10 €. Kinderfreundliches Café-Restaurant am östlichen Stadtrand. Kuchen und Torten, aber auch Deftiges.

Einkaufen

Kunst mit Seide – **Silk-Art-Galerie** **1**: Bülowallee 1, Tel. 04932 20 66. Zarte Aquarelle auf Seidenkleidern, -tüchern, -kissen und Lampenschirmen, außerdem handgefertigte Schmuckstücke und Serviettenhalter aus antiken Silberbestecken – auf Wunsch werden auch von Kunden mitgebrachte Erbstücke verarbeitet, alte Gravuren bleiben erhalten (www.besteckschmuck.de).

Zum Verschenken – **Norderneyer Sanddorn-Stübchen** **2**: Friedrichstr. 28, Tel. 04932 21 94, www.solaro.de. Honig, Konfitüren, Pralinen, Tee, Sirup, Säfte, Liköre, Sekt und Grappa, aber auch Kosmetik, schön verpackt, ideal als Mitbringsel von der Insel.

Nostalgische Herrlichkeiten – **Männerträume** **3**: Knyphausenstr. 2 (Nähe

Denkmal), Mo–Sa 11–13, 15–18 Uhr. Automodelle, Traktoren, Boote und Modellflugzeuge, Radios und Plattenspieler im Retrodesign – eine gute Gelegenheit, ein Geschenk für jemanden zu finden, der ansonsten schon alles hat.

Zum Stöbern und Fachsimpeln – **Stoffe in Maßen 4**: Am Hafen 8, Tel. 04932 815 22, Mo–Fr 16–18 Uhr. In den Räumlichkeiten einer ehemaligen Werft taucht man in eine andere Welt: Ein überwältigendes Angebot an schönen Stoffen, viele davon handgewebt, manche zart, andere fest und strapazierfähig. Wer mag, kann hier nach Wunsch nähen lassen, alle Stoffe sind aber auch als lose Meterware erhältlich.

Wurst und Schinken – **Fleischerei Deckena 5**: Im Werbegelände 55, Tel 04932 911 20, www.inselmanufaktur. de. Regionale Delikatessen wie Norderneyer Seeluftschinken, Inselleberwurst mit Nordseekrabben, Schinkensülze in Sanddornaspik. Im Gewerbegebiet gibt's einen kleinen Fabrikverkauf, Fleischer-Fachgeschäfte in der Friedrichstraße 16 und in der Strandstraße 12 (mit SB-Restaurant). Shoppen auch im Internet möglich.

Aktiv & Kreativ

Baden

Thalasso und mehr – **bade:haus Norderney 1**: Am Kurplatz, Tel. 04932 89 11 62, www.badehaus-norderney.de, tgl. 9.30–21.30 Uhr, Wasserebene inkl. Wellenbad 13 € (4 Std.), mit Feuerebene 19 €, Tageskarte 39 €. In Europas ältestem Meerwasserwellenbad befindet sich Deutschlands größtes Thalassozentrum auf drei Ebenen: der Wasserebene, der Feuerebene und der sogenannten Erlebnisebene – ein Vergnügen für die ganze Familie mit Brandungsbecken, Kinderplantschbecken, Grotten, Riesenrutschbahn.

Golfen

Fliegende Bälle – **Golfplatz 2**: Tel. 04932 92 71 56. Ein landschaftlich sehr reizvoll in die urwüchsige Dünenlandschaft eingebetteter Platz; das Spielen hat allerdings seine Tücken: Der starke Wind vertreibt so manch gut gezielten Ball. Der Dünengolfplatz ist ein Links-Course.

Kinder

Spielen – **Kinderspielhaus Kleine Robbe:** im Bademuseum **10,** Tel.04932 93 54 95, Spielen und Basteln, die Kinderbetreuung (3–11 Jahre) ist mit NorderneyCard kostenlos.

Malen

Für Kreative – **Atelier Norderney 3**: Winterstr. 9, Tel. 04932 93 50 53, Mobil 0170 437 02 65, www.atelier-norderney.de, Info und Anmeldung Mo–Sa 10–12.30, 14.30–19, So 11–12.30, 14.30–18 Uhr. Galerie, Material und Kurse für Kinder, Jugendliche und Erwachsene: Acryl, Aquarell, Pastell, Figuren-/Porträtzeichnen. Auch Bernsteinschleifen und Seemannsknoten gehören zum Angebot.

Reiten

Reiterparadies – **Reitschule Junkmann 4**: Lippestr. 23, Tel. 04932 924 10, www.reitschule-junkmann.de.

Wassersport

Mit dem Wind – **Segelschule Norderney 5**: Am Hafen 17, Tel. 04932 766, www.segelschule-norderney.de. Segelschein, Sportbootführerschein, Segeltörn mit Skipper, Jüngstensegeln am Südstrand.

Wellenreiten und Windsurfen – **Happy Surfschule am Yachthafen 6**: Am Hafen 17, Tel. 04932 648, www.surfschule-norderney. de. Ein breit gefächertes Programm für Kids ab 7 J., Anfänger und Fortgeschrittene, Verleih

Norderney

von Kinderkajaks und Familienkanus, April–Sept.

Abends & Nachts

Bistro und Bierbar – **Cinema** [1]: Wedelstr. 3, www.cinema-norderney.de, tgl. ab 16 Uhr, Samstags zum Fußball ab 15 Uhr. Modernes, ungezwungenes Ambiente, nachmittags kann man hier bei einem Latte Macchiato entspannen und dabei Backgammon spielen, abends ab und zu Konzerte mit lokalen Bands.

Carribean feeling – **Die Cocktail-Schmiede** [2]: Schmiedestr. 8, Tel. 04932 93 54 10, www.cocktailschmiede.de, tgl. ab 18 Uhr. In der 1832 erbauten Dorfschmiede werden klassische und kreative Drinks und Cocktails ab 4,50 € angeboten. Dazu gibt's frisch zubereitete Flammkuchen.

Beliebtes Urgestein – **Goode Wind** [3]: Gartenstr. 58a, Tel. 04932 32 62, www.goodewind.de, Mo–So 17–1 Uhr, Sa, So zusätzlich 11–13 Uhr. Traditionsreiche, ganz normale Inselkneipe für ein gemischtes Publikum, es gibt Bier vom Fass, ein reichhaltiges Whiskyangebot und Longdrinks – der Wirt war 2007 Landesmeister der Niedersächsischen Cocktail-Meisterschaften.

Musikkneipe – **Möpken** [4]: Poststr. 10, www.moepken-norderney.de, tgl. 18–2 bzw. 3 Uhr, gegenüber der Post, Eingang in der kleinen Passage. Kneipenklassiker für ein gemischtes Publikum aus Einheimischen und Urlaubern. Ein Hauch Irland, es gibt frisch gezapftes Guinness und Kilkenny, auf der Speisekarte stehen Baguettes und Salate.

Etwas nostalgisch – **Inselkeller:** Am **Kurtheater** [3] im **Haus der Insel,** Di–So 19–4 Uhr. Tanztreff für Jung und Alt.

Oldies – **Casablanca** [5]: Jann-Berghaus-Str./Ecke Poststr., www.hotel-am-denkmal.de, tgl. ab 19 Uhr. Tanzen in den historischen Gewölben der alten Post nach Oldies der 50er-, 60er- und 70er-Jahre, kleine Speisen, Salate und Steaks für den späten Hunger.

Vielseitiges Unterhaltungsprogramm – **Kurtheater** [3]: s. Lieblingsort S. 124

Infos & Termine

Tourismusbüro
s. Infobox S. 118

Verkehr auf der Insel
Auto: Von den Oster- bis zu den Herbstferien nur eingeschränkter Verkehr in der Stadt. Autofahrer erhalten bei der Überfahrt einen Passagierschein, der dazu berechtigt, bis 1 Std. nach Ankunft bzw. vor Abfahrt ihre Unterkunft anzufahren. Nach dem Ausladen des Gepäcks muss man das Auto auf einem der Parkplätze am Ortsrand abstellen – Infos zum Parken erhält man auf der Fähre.
Bus: Alle wesentlichen Punkte der Insel können bequem mit dem Bus erreicht werden. Der Busbahnhof liegt in der Jann-Berghaus-Straße, Fahrplan im Tourismusbüro, auch als PDF im Netz.

Feste
Norderney ist berühmt für sein vielfältiges, festivalähnliches Kulturleben.
White Sands Festival: Pfingsten; s. Feste und Unterhaltung S. 31
Internationales Filmfest Norderney/ Emden: Juni; s. Feste und Unterhaltung S. 30
Folk- und Bluesnacht: Ende Juni od. Anfang Juli; lokale Bands machen Musik, Infos u. Karten über www.ney-folk.de
Internationales Drachenfest: am letzten Juliwochenende; am Weststrand mit professionellen Drachenfliegern,

Partystimmung beim berühmten White Sands Festival auf Norderney

Norderney

einem umfangreichen Rahmenprogramm und Kinderanimation.
Jazzfestival am Meer: Anfang Sept.; Swing und Dixie, Blues und Soul in wechselnden Lokalitäten.

Der Inselosten

In Anbetracht der langen Touristentradition verfügt Norderney über eine bemerkenswert intakte und artenreiche Natur. Das dicht bebaute, im äußersten Westen von Norderney gelegene Stadtgebiet nimmt etwa ein Sechstel der Insel ein. Einer Ausbreitung der Stadt nach Osten sind gesetzliche Grenzen gesetzt: Östlich der alten Meierei darf nicht mehr gebaut werden. Wie auf den anderen Inseln prägen ausgedehnte Dünengürtel, Salz- und Strandwiesen die Landschaft.

Von der Stadtgrenze bis etwa zur Inselmitte erstreckt sich die Zwischenzone des Nationalparks, in der die Jugendherberge, einige Campingplätze, Ausflugslokale, ein Hotel, der Flughafen und der Leuchtturm zu finden sind.

Am Parkplatz Ostheller endet die Auto- und Kutschstraße, hier beginnt die Ruhezone des Nationalparks, die fast die Hälfte der Insel einnimmt.

Leuchtturm ▶ J 3
April–Okt. tgl. 14–16 Uhr, 3 €, mit NorderneyCard 2 €
Der 1872 fertiggestellte Leuchtturm ist mit 54,6 m das höchste Gebäude der Insel. 253 Stufen gilt es zu bewältigen, bevor man den fantastischen Rundblick genießen kann. Eine Glaskugel gewährt den Blick in das technische Innenleben des Leuchtturms.

Streifzüge durch Dünentäler und Heller
Der Ostteil der Insel mit seiner noch weitestgehend natürlichen Dünenlandschaft ist nur zu Fuß zu erkunden. Südlich des ausgedehnten Sandstrands schließen sich weiße und graue Dünen an. Einmalig auf den Ostfriesischen Inseln sind die durch Windausblasungen entstandenen, zum Teil bis auf Grundwasserniveau ausgepusteten Dünentäler, in denen sich Süßwasser gesammelt

In den Salzwiesen der Insel brütet auch der selten gewordene Rotschenkel

hat. In den Dünen brüten neben verschiedenen Möwenarten auch die Brandgans und der Große Brachvogel. Südlich des Dünengürtels erstrecken sich weite Salzwiesen bis ans Watt. Sie bilden ein wichtiges Brutgebiet für selten gewordene Vogelarten wie den Rotschenkel. Im Herbst begegnet man bei Wanderungen riesigen Schwärmen von Austernfischern, Alpenstrandläufern, Großen Brachvögeln, Brandenten und Silbermöwen. Zur Wattseite erstrecken sich Heller bzw. Groden oder Polder – das sind nur einige der Namen für deichreifes oder bereits eingedeichtes Marschland. Eingedeicht ist es ein Binnengroden oder Polder (wie der Grohdepolder östlich des Flugplatzes und der Südstrandpolder östlich des Hafens, s. u.), nicht eingedeicht heißt es Außengroden oder Heller – das sind Bereiche, die vom Meer periodisch oder in unregelmäßigen Abständen überflutet werden.

Umrundung des Südstrandpolders ▶ J 3

Zur Ruhezone gehört neben der Ostspitze der Insel auch der Südstrandpolder, ein von Wasserflächen durchzogenes Vogelschutzgebiet östlich des Hafens. Ursprünglich sollte auf diesem 140 ha großen Gebiet, das erst 1940/41 eingedeicht und aufgespült wurde, ein Militärflugplatz entstehen. Er wurde nie fertiggestellt, das Areal lag zwei Jahrzehnte lang brach. In dieser Zeit entwickelte sich ein einzigartiger Lebensraum für Pflanzen und Tiere. Über 40 verschiedene Vogelarten, darunter Nachtigallen, Rohrdommeln, Wasserrallen und Teichrohrsänger, brüten hier. Das Betreten des Südstrandpolders ist verboten. Einen schönen Einblick in das Vogelparadies erhält man aber von dem etwa 4,5 km langen Wanderweg, der auf dem Deich um das Gelände herumführt.

Wrack an der Rattendüne ▶ L 2

Viel besucht am sandigen Ostende der Insel ist das von Wind und Wellen angenagte Wrack an der Rattendüne – ein kläglicher Rest eines Muschelbaggers, der 1968 bei dem Versuch, ein auf der Sandbank festsitzendes Schiff freizuschleppen, unrettbar strandete. Das liegengebliebene Schiff konnte sich später selbst befreien. Hinter dem Wrack liegt eine Seehundbank.

Übernachten

Außerhalb – **Jugendherberge:** Am Dünensender 3, Tel. 04932 25 74, mit Vollpension ab 30,10 €/Pers. Mitten in den Dünen in der Inselmitte liegt die JH Dünensender (144 Betten), 1 Std. zu Fuß vom Zentrum, zum Strand nur 20 Min. Der **Jugendzeltplatz** liegt neben der Jugendherberge in den Dünen, Zelter müssen Mitglieder sein, ebenfalls nur mit Vollpension.

Ländlich – **Camping Domäne Eiland:** Am Leuchtturm 10, Tel. 04932 21 84, www.camping-eiland.de. Camping auf einem bis Anfang der 1970er-Jahre bewirtschafteten Hof. 1 km nördlich vom Leuchtturm, 6 Min. Fußweg zum Strand (auch FKK), Kiosk, Mietwohnwagen.

Größter Platz der Insel – **Campingplatz Um Ost:** Tel. 04932 618 od. 710, www.campingplatz-um-ost.de. Auf der Südseite der Insel zwischen Weißer Düne und Leuchtturm. Restaurant, Kinderspielplatz und Kiosk.

Essen & Trinken

Abseits, aber gut besucht – **Café Oase:** Idyllisch im Schutze der weißen Dünen am Durchgang zum FKK-Strand gelegen, Salate, Fisch und Fleisch ab 7 €.
Wo Norderney am schönsten ist – **Weiße Düne:** s. Lieblingsort, S. 136

Lieblingsort

Wunderbare weiße Düne
Die ›Holzhütte‹ liegt am Übergang zum schönsten Strand der Insel. Es ist ein wunderbarer Ort zu jeder Jahreszeit: in den Wintermonaten, um im dicken Ledersessel vorm Kamin Schutz vor Wind und Wetter zu suchen, im Sommer ein kühlschattiges Plätzchen. Die großen verglasten Fenster bieten Dünen- und Meerblick, über die Terrasse fegt immer der Sand vom Strand. Serviert wird eine frische, individuelle Küche, Kleinigkeiten für Zwischendurch wie Kürbiskernöl-Kartoffelsalat, hausgebackener Karottenkuchen; legendär ist die Currywurst im Glas, abends Genießerküche, beispielsweise Limandesfilet auf Linsen-Limonenrisotto oder Seeteufelmedaillons mit Hummerchilisauce (**Weiße Düne**, ▶ J 2, Weiße Düne 1, Tel. 04932 93 57 17, www.weisseduene.com, Küche tgl. 11–21 Uhr).

Das Beste auf einen Blick

Baltrum

Auf Entdeckungstour

Gezeitenpfad: Dieser insgesamt etwa sieben Kilometer lange Pfad führt vom Hafen durch Watt und Salzwiesen, zum Strand und in die üppig bewachsenen Dünentäler. Mit Hilfe von schön gestalteten Infotafeln und interaktiven Modellen, die auch Kinder begeistern und neugierig machen, werden viele Naturphänomene erklärt. Die Endstation ist das Gezeitenhaus. S. 142

Kultur & Sehenswertes

Altes Zollhaus: Liebevoll eingerichtetes Museum im Westdorf zur Geschichte der Insel. Dokumentiert werden Schifffahrt und Tourismus, erzählt wird von Eiswintern, Sturmfluten und dem Alltag der Insulaner. S. 141

Alte Kirche: Das Gotteshaus im Westdorf war die anrührend bescheidene Kirche einer kleinen Gemeinde. Aus dem Windfang kann man durch eine Glastür in den hübschen Innenraum schauen. In der Holzkonstruktion vor der Kirche hängt die Glocke. S. 144

Aktiv & Kreativ

Dünensingen: Wo man singt, da lass dich ruhig nieder – auf Baltrum passiert das in der Saison regemäßig mitten in den Dünen. Wer mag, kann mitsingen. S. 147

Genießen & Atmosphäre

Strandgut: Ferienwohnungen zum Wohlfühlen in einem typischen Insulanerhaus im alten Ostdorf. S. 145

Strandcafé: Abhängen in Strandnähe, einen Orangensaft oder ein Bier trinken, eine leckere Kleinigkeit essen. Hier sind auch Eltern mit Kindern bestens aufgehoben. S. 145

Abends & Nachts

Kiek rin: Wer denkt, im stillen Baltrum sei nichts los für die Jugend, der irrt. In dieser Disco an der Grenze zum Ostdorf vergnügen sich Einheimische und Zugereiste auf der Tanzfläche. S. 146

Inselbühne: Den ganzen Winter wird in diesem kleinen Theater im Westdorf geprobt, die Aufführungen sind hochkarätig, einfach klasse, ein echter Tipp. S. 146

Das Dornröschen der Nordsee

Die kleinste der bewohnten Ostfriesischen Inseln – sie ist nur 5,5 km lang und an der breitesten Stelle knapp 2 km breit – schlummert vom Frühherbst bis zum späten Frühjahr, um im Sommer nur für ein paar Monate zu erwachen. Aber auch dann geht es ruhig zu: Das Getrappel der Pferde, die die Gepäckwagen ziehen, das aufgeregte Geschrei der Vögel im Watt, das Rauschen des Meeres, das helle Lachen eines Kindes im Bollerwagen – das ist schon fast alles, was Baltrum zu bieten hat.

Erstmals taucht Baltrum in Widzel tom Brooks Urkunden aus dem Jahre 1398 auf, dort allerdings unter dem Namen Balteringe. Die Herkunft des Namens ist unbekannt. Er könnte auf eine ringförmige Kultstätte des Sonnengottes Balder hinweisen, wie sie beispielsweise auch auf Helgoland nachzuweisen ist. Möglicherweise ist Baltrum einfach dem Ortsnamen Berum zuzuordnen – Baltrum gehörte früher zum Amt Berum.

Aus seiner frühen Geschichte ist wenig bekannt. Die großen Sturmfluten im 17. und 18. Jh. rissen viel Land weg, nutzbares Weideland gab es immer weniger. Um ihre Familien zu ernähren, fuhren viele Baltrumer zur See. Neben Fischerei und Landwirtschaft war die Gewinnung von Muschelkalk von Bedeutung. In der Nacht vom 4. auf den 5. Februar 1825 wurde Baltrum durch eine schwere Sturmflut im Bereich des sogenannten Timmermanns Sloop (zwischen West- und Ostdorf) in zwei Teile gerissen. Wie durch ein Wunder konnten alle Insulaner ihr Leben retten, aber bis auf zwei Häuser wurden alle Gebäude zerstört. Noch lange nach der Katastrophe blieben die Baltrumer auf Geldmittel und Sachspenden vom Festland angewiesen.

Ins Jahr 1876 fällt die Gründung des Baltrumer Seebads, 1893 eröffnete das erste Hotel. Im Sommer 1900 kamen immerhin schon 450 Gäste auf die kleine Insel, die etwa 150 Einwohner

Infobox

Infos

Kurverwaltung Baltrum: Postfach 1355, 26574 Baltrum, Tel. 04939 800, Auskunft über freie Zimmer: Tel. 04939 91 40 03.

www.baltrum.de: Infos zu Anreise, Unterkunft und Veranstaltungen

Anreise

Baltrum ist autofrei. Direkt am Anleger findet sich ein Großparkplatz (nicht sturmflutsicher) für Tagesgäste. Pkw-Annahme für Stellplätze und Garagen hinter dem Deich erfolgt direkt am Hafen, einfach den Schlüssel abgeben. Es wird gebeten, **keine Fahrräder** mit auf die Insel zu nehmen.

Fähre: ab Neßmersiel je nach Saison 1–3 x tgl., tideabhängig, Fahrtdauer ca. 30 Min., Reederei Baltrum-Linie, Tel. 04933 99 16 06, www.baltrum-linie.de

Bahn: bis Norden, dort umsteigen in den Zubringer-Bus »Baltrum-Fähre« auf dem Bahnhofsvorplatz am Bahnsteig 1. Er erreicht den Hafen Neßmersiel pünktlich zur Abfahrt des Schiffes.

Flug: Baltrum wird ganzjährig tgl. vom Flughafen Harlesiel aus angeflogen, Info: Luftverkehr Friesland-Harle, Tel. 04464 948 10, www.inselflieger.de.

Infos zum **Verkehr auf der Insel** und zu **Inselfesten** s. S. 147

Zu jeder Tageszeit einladend: Strandkörbe auf Baltrum

zählte. Langsam, aber sicher entwickelte sich von nun an auch auf Baltrum der Tourismus zum wesentlichen Wirtschaftsfaktor.

Baltrum – Westdorf und Ostdorf ▶ L/M 2

Die nicht einmal 500 Einwohner Baltrums wohnen in zwei ineinander übergehenden Siedlungen, dem größeren Westdorf und dem kleineren Ostdorf. In beiden Siedlungen gibt es keine Straßennamen, die Häuser sind chronologisch nummeriert. Die ältesten Inselhäuser tragen niedrige Zahlen, zu ihnen gehören die Häuser 5 und 6 in der Nähe der alten Kirche. Zwei befestigte Wege verbinden das West- mit dem Ostdorf. Im Jahr 1919 schon verwiesen die Baltrumer stolz auf die Schönheit des wattseitigen Wanderpfades: »Angenehm lustwandelt man auch an der Wattseite auf blütenreichem Teppich vom Westdorf nach dem Ostdorf und weiter den Dünenrand entlang ...«

Gezeitenhaus Baltrum
Haus Nr. 177, Tel. 04939 469, www.gezeitenhaus-baltrum.de, April–Okt. Di–Fr 10–12 u. 15–19, Sa, So 15–19 Uhr, Eintritt frei, Spende erwünscht

Auf dem Weg vom Hafen ins Dorf passiert man rechter Hand das Gezeitenhaus. Es liegt auf einer Wurt außerhalb der sicheren Deichlinie. Passend dazu bilden die Gezeiten und der Klimawandel einen der Schwerpunkte der Ausstellung. Hier erhältlich ist auch das Heft zum Gezeitenpfad, auf dem man die Insel erkunden kann (s. Entdeckungstour S. 142).

Museum Altes Zollhaus im Bummert
Haus Nr. 18, tgl. 10–12, 14–18, jeden 1. Mo im Monat bis 21 Uhr, 3 €

Auf Entdeckungstour

Der Gezeitenpfad auf Baltrum

Die Wanderung führt vom Hafen zu Watt und Salzwiesen, an den Strand und weiter durch die Dünen zum Gezeitenhaus. Mit Hilfe von schön gestalteten Infotafeln und interaktiven Modellen, die auch Kinder begeistern und neugierig machen, werden viele Naturphänomene wie Ebbe und Flut oder die Entstehung von Dünen erklärt.

Start- und Endpunkt: Einstieg an jeder der 18 Stationen möglich, offizieller Start am **Hafen,** ▶ L 2, Ende am Gezeitenhaus in Hafennähe.

Dauer: mindestens 2 Std. (etwa 7 km)

Tipp: Am besten holt man sich vor Beginn der Wanderung im Gezeitenhaus (s. S. 141) das Büchlein »Der Gezeitenpfad«. Infos inkl. Karte gibt es auch unter www.nationalpark wattenmeer.niedersachsen.de.

Ebbe und Flut prägen den Lebensrhythmus an der Nordseeküste. So richten sich beispielsweise die ›gleitenden‹ Fahrpläne zu den Inseln Juist, Baltrum, Spiekeroog und Wangerooge nach den täglich wechselnden Gezeiten und dem Stand des Wassers. Jeweils nur eine gewisse Zeit vor und nach dem Hochwasser haben die Fähren die nötige Handbreit Wasser unter dem Kiel. Auf Baltrum bietet sich die Möglichkeit, dieses und andere Naturphänome zu begreifen. Drei Stationen des Pfades seien als Appetizer näher ins Auge gefasst.

Das Wasser kommt, das Wasser geht

Östlich des Bootshafens befindet sich die erste Station des Gezeitenpfads. Hier wird das Phänomen von Ebbe und Flut erklärt.

Jeweils innerhalb von 24 Stunden und 50 Minuten läuft das Wasser zweimal ab (Ebbe) und wieder auf (Flut) – Hoch- und Niedrigwasser verschieben sich also jeden Tag um ungefähr 50 Minuten. Diese Auf- und Abbewegung des Wassers entsteht durch die Anziehungskraft des Mondes und die Fliehkraft der Erde. Auf der dem Mond zugekehrten Seite der Erde ist seine Anziehungskraft größer, auf der ihm abgekehrten Seite die Fliehkraft der Erde; auf der einen Seite wird das Wasser also vom Mond angezogen, auf der anderen Seite strebt es von ihm weg. Dadurch entstehen zwei Flutberge und zwischen ihnen Ebbtäler. Durch die Erdrotation wandern diese großen Flutberge entgegen dem Uhrzeigersinn um die Welt, durch Ozeane und Randmeere. Die Flutwelle dringt vom Atlantik nördlich von Schottland in die Nordsee ein, läuft entlang der englischen und niederländischen Küste, erreicht etwa 12 Stunden später die deutsche Küste und zieht dann entlang der Westküste Schleswig-Holsteins, Dänemarks und Norwegens nach Norden. Alles klar? Beim Verstehen hilft das Modell am Baltrumer Bootshafen, in dem man die Sonne, Mond und Erde bewegen kann.

Land in Bewegung

Der Kampf gegen die extremen Gezeiten, die Sturm- und Orkanfluten, bedeutete auf den Inseln immer auch den Kampf ums nackte Überleben. Die zweite Etappe der Gezeiten-Wanderung führt vom Hafen über die Strandmauer in den äußersten Westen der Insel. Stück für Stück verlor Baltrum hier im Verlauf der Jahrhunderte Substanz: Vor rund 350 Jahren befand sich Baltrums Westende noch dort, wo heute das Ostende von Norderney liegt! Dem Abbruch im Westen Baltrums wurde ein steinerner Riegel vorgeschoben. Ein starres Korsett aus Buhnen, Asphalt und Beton, das zuletzt 2008/2009 umgebaut und verstärkt wurde, schützt heute das Dorf.

Vom Winde verweht …

Andere Insellandschaften sind nach wie vor im Wandel. Der Wind treibt den vom Meer herangeschwemmten Sand vor sich her. Oberhalb der Flutmarke setzen sich Gräser fest, die mit ihren langen, weit verzweigten Wurzeln den Boden festigen und den Sand auffangen. Mit ihrer Hilfe bilden sich die ersten niedrigen Dünen, die mehrmals im Jahr höheren Fluten standhalten müssen. Bei größeren Sturmfluten kann es passieren, dass sie ganz abgetragen werden. An der Station 9 des Gezeitenpfades im Baltrumer Dünental erfährt man Wissenswertes über die Entstehung der Dünen, die bis zu 20 m hoch werden können. An der Windmaschine kann man die Wirkung von Sand und Wind testen.

Baltrum

Das Museum im Haus Nr. 18 widmet sich verschiedenen Aspekten aus dem Leben der Insulaner und zur Geschichte der Insel. Ergreifend ist das Schicksal des jungen Tjark, der Weihnachten 1866 auf dem Nachhauseweg nach Baltrum im Watt ertrank. Die Zigarrenkiste mit seinem Abschiedsbrief trieb später an Land und ist im Museum zu sehen. Zum Eintritt gibt es Audiohörer, mit angenehm verständlichen und informativen Beiträgen zu verschiedenen Ausstellungsstücken, dazu in jedem Raum einen Sessel zum Sitzen.

Alte Kirche

Haus Nr. 8, Vorraum tagsüber geöffnet, durch eine Glastür kann man einen Blick ins Innere werfen

Die größte Sehenswürdigkeit Baltrums ist die alte Kirche. Das 1826 errichtete winzige Gotteshaus war noch nicht auf eine größere Zahl von Kurgästen zugeschnitten, sondern die bescheidene Kirche der armen Gemeinde, die noch jahrzehntelang an den Folgen der großen Februarflut von 1825 zu leiden hatte. Die Kirchenglocke hängt in einem schlichten Holzgerüst neben der Kirche. Sie stammt von einem holländischen Segler und hatte als Schiffsglocke gedient, bis eine Sturmflut sie an den Strand spülte.

Katholische Kirche

Haus Nr. 34, tagsüber frei zugänglich

Auf dem Weg ins Ostdorf passiert man die 1956/57 entstandene katholische Kirche. Das architektonisch ausgesprochen gelungene, dem hl. Nikolaus geweihte Gotteshaus umfasst einen kleinen reetgedeckten Rundbau, die Winterkirche, sowie einen offenen Vorhof mit Grünfläche und einem ebenfalls reetgedeckten Umgang, die Sommerkirche. Bemerkenswert sind die von der Künstlerin Margarete Franke ›zur Unterhaltung der Kinder‹ geschaffenen Glasfenster, die Szenen aus dem legendenreichen Leben des Heiligen Nikolaus darstellen.

Übernachten

Natürlich – **Naturhotel Baltrum:** Ostdorf, Haus Nr. 171, Tel. 04939 27 39 80, www.naturhotel-baltrum.de, DZ ab 130 €. Drei Doppelzimmer haben eine Verbindungstür zu einem großen EZ oder einem DZ, gut geeignet für Familien, 200–240 € komplett. Rauchfreies Hotel im ehemaligen DRK-Kurhaus, mit Bio-Verpflegung, Naturgarten, Pilates-Yogastudio und Kunstatelier.

Beste Lage – **Strandhotel Wietjes:** Westdorf, Haus Nr. 58, Tel. 04939 918 10, DZ ab 110–140 €, März–Okt. Traditionsreiches, etwas altbackenes Hotel direkt am Baltrumer Sandstrand, Zimmer zum Teil mit Balkon zur Seeseite oder Sonnenseite, Restaurant mit Wild- und Fischspezialitäten.

Am Watt – **Dünenschlößchen:** Ostdorf, Haus Nr. 48, Tel. 04939 912 30, www.duenenschloesschen.de, EZ, DZ und Eltern-Kind-Kombinationen, DZ 90–120 € bei einem Mindestaufenthalt von 5 Tagen, Oster- bis Herbstferien. Ein freundliches, familiäres Haus mit Hallenbad und Sauna, Restaurant mit regionaler Küche, große Sonnenterrasse, hauseigener Spielplatz.

Im Landhausstil – **Teestube:** Westdorf, Haus Nr. 149, Tel. 04939 600, www.teestube-baltrum.de, ganzjährig, Ferienwohnungen für 2–6 Pers. 115–165 €. Geschmackvoll eingerichtete Ferienwohnungen an der Grenze zwischen Ost- und Westdorf, mit Balkon oder Terrasse und Weitblick aufs Watt oder in die Dünen, Waschmaschine mit Trockner. Café-Restaurant tgl. ab 11 Uhr, Hauptgerichte ab 12 €. Friesische Einrichtung mit viel Blau und Kamin, großzügige Terrasse mit Blick übers

Watt; hausgebackene Kuchen, Salate, Nudelvariationen, Fisch und Fleisch.

Ein Kleinod – **Strandgut:** Westdorf, Haus Nr. 39, Info: Tel. 06421 238 89, www.baltrum.de/angebote/strandgt. htm. Zwei gemütliche, sehr hübsche Ferienwohnungen für 2–4 (5) Pers. in einem liebevoll restaurierten typischen Insulanerhaus im alten Ostdorf, Kaminofen, Garten, 105 bzw. 125 €.

Wunderbar spartanisch und abgelegen zelten – **Jugendbildungsstätte des Niedersächsischen Turnerbundes:** etwa 2 km vom Hafen, nur mit vorheriger Anmeldung bei Margret Tobiassen, Aurich, Tel. 04941 99 11 64, Preisinfos über www.jbs-baltrum.de. Schöner Platz in den Dünen am Rand der Ruhezone des Nationalparks Wattenmeer. Er bietet keinen nennenswerten Komfort, dafür einen Waschplatz in freier Natur mit Blick über Salzwiesen und Watt, das bedeutet Zähneputzen zum Piepen der Austernfischer.

Essen & Trinken

Im Landhausstil – **Teestube:** s. Übernachten

Hausmannskost – **Zum Seehund:** Westdorf, Haus Nr. 178, Tel. 04939 228, www.flockert.de, Do–Di 11–13.30, 17–20.30 Uhr, Hauptgerichte 8–15,50 €, von vielen Gerichten gibt's auch kleinere Portionen. Gutbürgerliche Küche in der Nähe der alten Kirche, immer gut besucht. Für viele Stammgäste und Einheimische gibt es nichts anderes, hier kann man abends auch beim Bier abhängen.

Italienisch – **La Luciano:** Westdorf, Haus Nr. 24, Tel. 04939 91 09 74, März–Nov. 9–23.30 Uhr, ab 7 €. Eis aus eigener Produktion, aber auch Antipasti, Primi, Secondi, Pizza, für die ganze Familie ist etwas dabei.

Liebenswert – **Café Kluntje:** Westdorf, Haus Nr. 29, Do–Di 11–20 Uhr. Kaffee, Kuchen und deftige Kleinigkeiten in einem unter Denkmalschutz stehenden Inselhaus im alten Ostdorf, bei gutem Wetter kann man draußen sitzen.

Behaglich – **Café Zum Klönschnack:** Westdorf, Haus Nr. 53, Tel. 04939 537, nur im Sommerhalbjahr, Mo–Sa 12–18 Uhr. Ein schon immer rauchfreies Café mit ein paar Tischen draußen und freiem Blick über die Hellerwiesen. Serviert werden leckere Torten, Waffeln mit heißen Kirschen. Mittwochs gibt es frisch zubereitete Flammkuchen aus dem Holzbackofen.

Maritim – **Moby Dick im Hotel Seehof:** Westdorf, Haus Nr. 86, Hauptgerichte 11–20 €. Erlebnisgastronomie, die auch Kinder begeistert. Man fühlt sich wie an Bord eines Walfängerschiffes, viel Holz und ein umfangreiches Speisenangebot, nicht nur für Fischfans, sondern auch Steaks und Schnitzel.

Kinderfreundlich – **Strandcafé:** Westdorf, Haus Nr. 70, zwischen Kinderspielhaus und Badestrand Abschnitt B, Tel. 04939 200, www.strandcafe-baltrum.de, tgl. ab 10 Uhr, Kleinigkeiten ab 4,50 €, Hauptgerichte 9,50–17,50 €, auch kleinere Portionen möglich. Schnellrestaurant und Kneipe, die beste Adresse auf Baltrum für Familien mit Kindern. Frisch zubereitetes Essen in der Saison tgl. 10–20 Uhr, auch zum Mitnehmen. Drinnen gibt es für Kinder kleine Tische und Stühle und sogar eine kindgerechte Toilette, draußen einen Spielplatz in den Dünen.

Einkaufen

Für jeden etwas – **Kaufhaus Stadtlander:** Auf welchen Wegen man auch durch den Ort schlendert, irgendwann landet ein jeder bei diesem Kaufhaus

Baltrum

gegenüber von Rathaus und Kurverwaltung, in der Saison auch So 10–12 Uhr geöffnet. Hier bekommt man alles, was man für einen Inselurlaub braucht, von Zeitungen über Fotoausrüstung, Bücher und Spielzeug bis zu Süßigkeiten, Tabakwaren und Badeanzügen.

Schönes aus Ton – **Töpferei Brookmerland:** Westdorf, Haus Nr. 57, www.toepferei-brookmerland.de. Kleiner Töpferladen mit Krügen, Schalen, Teegeschirr, Stövchen, Schmunzelsteinen, handbemalten Fliesen.

Aktiv & Kreativ

Baden
Wasservergnügen – **SindBad:** Westdorf, Haus Nr. 240, zwischen Kurverwaltung u. Tennisanlage, Juli–Mitte Sept. tgl. 12–19, Vor- und Nachsaison Mo–Sa 10–18, im Winter geschl., 2 Std. 5 €, Tageskarte 10 €. Badeparadies mit Grotte, Wasserfall, Solarien und Saunen.

Kinder
Spielvergnügen – **ONNOs Kinderspöölhus:** Westdorf, Haus Nr. 68, Tel. 04939 80 36. Hier gibt es eine große Auswahl an Spielen und Spielsachen sowie ein gutes Angebot an Mal- und Bastelaktionen; besondere Attraktion: ein Piratenschiff vor dem Haus.
Ahoi – **Spielteich:** an der Wattseite zwischen West- und Ostdorf, hier kann man Schiffchen schwimmen lassen.

Reiten
Für Große und Kleine – **Reit- und Kutschbetrieb Ponterosa:** Ostdorf, Tel. 04939 91 05 35. Ponyreiten, Ausritte, Kutschfahrten.

Wassersport
Windsurfen – **Windsurfing-Schule an der Strandpromenade:** am Übergang zum Strandhotel, Auskunft und Anmeldung bei Ulfert Mammen, Haus Wattenblick, Haus Nr. 192, Tel. 04939 433. Kurse und Boardverleih.

Mein Tipp

Mittendrin
Ein kleiner Laden, der eigentlich eher nach einem Kiosk aussieht, und doch kann man hier wunderbar nach den neuesten Ostfriesenkrimis stöbern. Es gibt einige, die direkt auf Baltrum spielen, wie Ulrike Barows »Endstation Baltrum« und »Dornröschen muss sterben« – da kann ich einfach nicht widerstehen (**Bücherwurm,** Westdorf, Haupteinkaufsstraße, Haus Nr. 23).

Abends & Nachts

Maritim und rockig – **Skippers Inn:** Westdorf, Haus Nr. 50, Tel. 04939 91 09 33, www.skippers-inn.de, Di–Sa tgl., Hauptgerichte 10–18 €. Restaurant-Café-Bar neben der ev. Kirche, nettes Ambiente mit echten Holzplanken, einiger cooler Werbung für das jährliche Rockfest (s. unter Feste), ab und an gibt es Livemusik. Serviert werden leckere Suppen und Salate, Pasta, Fisch und Fleisch.

Der Treffpunkt – **Kiek rin:** im Haus Nr. 123. Musikkneipe in den Kellerräumen unter dem Hotel Strandhof, zwischen West- und Ostdorf, in der Saison Mo–Sa ab 22 Uhr.

Theater – **Inselbühne:** Wechselndes Programm, in der Saison wird meist Mi in der Turnhalle/Haus des Gastes Lustiges oder Ernstes gespielt. Erstaunlich professionell und darum unbedingt ein Tipp für Inselurlauber.

*Lieder von der Waterkant – ***Shanty Chor:** Regelmäßige Konzerte im Haus des Gastes, Termine s. Aushänge
*Traditionsreich – ***Baltrumer Gitarrengruppe:** in der Saison meistens Di in der evangelischen Kirche
*Zum Mitmachen – ***Dünensingen:** in der Hauptferienzeit bei schönem Wetter, Mi 19 Uhr, im Schutz der Düne hinter der katholischen Kirche. Wer hier jubiliert, dem wird leicht ums Herz.

Infos & Termine

Tourismusbüro
s. Infobox S. 140

Verkehr
Wer nicht laufen möchte, muss sich auf Baltrum aufs Pferd bzw. in die Kutsche schwingen.
Kutschen und Inseltaxi: Tel. 04939 990 90 00 (Gaiser), Tel. 04939 91 05 35 (Ponterosa).
Gepäck: Ein Baltrumer Fuhrunternehmen befördert das Gepäck vom Hafen in die Unterkunft. Viele Vermieter lassen ihre Gäste entweder mit einer pensionseigenen Kofferkarre (Wippe) vom Schiff abholen oder stellen ihnen einen Handwagen an den Anleger.

Feste
Dornröschen rockt: letztes Juli-Wochenende; in der Mehrzweckhalle (Haus Nr. 265 nahe Bade- und Burgenstrand), www.dornroeschen-rockt.de. Großes Spektakel und klasse Musik von Rockmusikern vorwiegend aus dem norddeutschen Raum.

Der Inselosten

Großes Dünental ▶ M 2
Unmittelbar hinter den letzten Häusern des Ostdorfes gibt es nur noch Na-

tur. Eine der schönsten Insellandschaften ist zweifelsohne das zwischen dem weißen Dünengürtel im Norden und den grauen Dünen in der Inselmitte eingebettete Große Dünental, das wegen des Vorkommens seltener Pflanzen und Tiere bereits 1950 unter Naturschutz gestellt wurde. Das Dünental ist dicht mit Vogelbeerbüschen, Holunder, Grauweiden und Sanddorn bestanden. Wer an der Schutzhütte vorbeiläuft, gelangt in ein Feuchtgebiet, in dem das Schilf meterhoch steht – ein Dorado für Vogelbeobachter. Das wasserreiche, von Tümpeln durchzogene Gelände ist auch die Heimat der Kreuzkröte, die wegen ihrer kraftvollen Frühlingskonzerte – und in Ermangelung des namengebenden Singvogels – auch die Baltrumer Nachtigall genannt wird. Da Baltrum vom Festland mit Trinkwasser versorgt und die Süßwasserlinse unter der Insel nicht genutzt wird, sind die Feuchtbiotope nicht gefährdet. So findet man hier noch eine Reihe andernorts bedrohter Pflanzen wie das Sumpfherzblatt und das Rundblättrige Wintergrün.

Osterhook ▶ M 2
Der Weg ans Ostende der Insel führt immer am Heller entlang, mit Blick über das vogelreiche Watt und das 6 km entfernte Festland. In den Salzwiesen findet man ausgedehnte Rotschwingelbestände und den unter Naturschutz stehenden violett blühenden Strandflieder. Seltene Vogelarten wie die rotfüßigen Küsten- und Flussseeschwalben und eine stattliche Lachmöwenkolonie brüten hier.

Ebenfalls zum Osterhook führt ein markierter Pfad, der in Höhe des Zeltplatzes nach Süden ins Watt abzweigt. Er verläuft in 100 m Abstand parallel zur Hellerkante und darf nur eine Stunde vor bis eine Stunde nach Niedrigwasser betreten werden.

Das Beste auf einen Blick

Langeoog

Highlight!

Melkhörndüne: Im wahrsten Sinne des Wortes ein Highlight. Von der 20 m hohe Dünenkuppe bietet sich ein fantastischer Panoramablick über die Insel zwischen Wattenmeer und offener Nordsee, in unmittelbarer Nähe brüten Silbermöwen im Schutz der Dünen in der Ruhezone des Nationalparks. S. 159

Kultur & Sehenswertes

Wasserturm: Das Wahrzeichen der Insel, eine Wendeltreppe führt zur verglasten Aussichtsplattform in luftiger Höhe. S. 151

Dünenfriedhof: Ein geschichtsträchtiger Platz in den Dünen, viel besucht ist das Grab der Lale Andersen. Der Russenfriedhof und eine Baltengedenkstätte erinnern an Folgen des nationalsozialistischen Wahns im Zweiten Weltkrieg. S. 152

Aktiv & Kreativ

Dat Werkhus: In der Werkstatt werden Goldschmiedekurse angeboten, Verliebte können ihren eigenen Trauring schmieden. S. 155

Osterhook: Der sandige Ostzipfel der Insel ist nur zu Fuß zu erreichen, von der kleinen Schutzhütte schweift der Blick zu den nahen Seehundbänken und hinüber nach Spiekeroog. S. 160

Genießen & Atmosphäre

Höhenpromenade: Entlang der höchstgelegenen aller ostfriesischen Strandpromenaden laden mehrere Cafés, Snackbars und Restaurants zum Schlemmen mit Panoramablick aufs Meer. S. 152

Meierei Ostende: Ganz am Ostende der Insel werden auf einem ehemaligen Bauernhof regionale Gerichte und Säfte serviert. S. 159

Abends & Nachts

Windlicht: Einen Urlaubsabend kann man gut in diesem gemütlichen Bistro und Restaurant mitten im Dorf mit anschließendem Kinoprogramm verbringen. S. 156

Düne 13: Partystimmung auf der Höhenpromenade. Für die ersten Cocktails in der Abendsonne stehen draußen ein paar Bänke. S. 156

Strand ohne Ende

Wer auf Langeoog ankommt, besteigt die bunte, nostalgische Inselbahn und

Infobox

Infos zu Langeoog
Kurverwaltung Langeoog/Zimmernachweis im Rathaus: Hauptstraße 28, 26465 Langeoog, Tel. 04972 69 32 01 **www.langeoog.de:** Infos zu Unterkunft, Anreise und Veranstaltungen
De Utkieker: Veranstaltungskalender und Inselinfos, April–Sept. u. zum Jahreswechsel, www.de-utkieker.de
LangeoogNews: Online-Wochenzeitung, www.langeoog-news.de

LangeoogCard
Sie ersetzt das Fährticket, die Kur- und Strandkorbkarte usw., Service-Center im Bahnhof

Anreise
Langeoog ist autofrei, das Auto bleibt in einem der zahlreichen Garagenbetriebe in Anlegernähe vor dem Deich.
Fähre: ab Bensersiel in der Saison bis 9 x tgl.; tideunabhängig, Fahrt 1 Std. inkl. Inselbahn, Fahrkarten: Tel. 04971 928 90, www.schiffahrt-langeoog.de
Bahn: bis Sande, von dort mit Tidebus nach Bensersiel, oder auf Bahn-Nebenstrecke bis Esens, von dort mit dem Bus zur Fähre, www.nordwestbahn.de
Flug: in der Saison Linienflüge von Harlesiel, Norden-Norddeich und Emden, 3–4 x tgl., Harlesiel, www.inselflieger.de, Norden-Norddeich, www.reedereifrisia.de, Emden, www.olt.de

Infos zum **Verkehr auf der Insel** s. S. 157

zuckelt mit ihr durch ausgedehnte grüne Weiden, die fast an das ostfriesische Festland erinnern. Vor dem Bahnhof mitten im Dorf warten Kutschen oder Elektrokarren auf die Bepackten, während leichtfüßige Tagesgäste ausschwärmen, um den freundlichen Ort mit seinen breiten Straßen, dichten Laubbäumen und hübschen Vorgärten zu erkunden. Nichts erinnert daran, dass die von Sturmfluten und Sandstürmen jahrhundertelang gebeutelten Insulaner Anfang des 18. Jh. gezwungen waren, die Insel zeitweise zu verlassen und aufs Festland zu ziehen.

Um 1630 lebten auf Langeoog 35 bis 40 Menschen in sieben Haushaltungen und unter durchweg ärmlichen Verhältnissen. Landwirtschaft konnte nur auf den kleinen Hellerflächen betrieben werden, die häufig versandeten. Der Flugsand machte den Insulanern so zu schaffen, dass sie im Jahre 1666 ihr ganzes Dorf verlegen und samt Kirche neu errichten mussten. Vergebliche Mühe: Die Weihnachtsflut von 1717 zerstörte das neue Dorf. Viele Bewohner verließen daraufhin die Insel. Die Februarflut von 1825 verschlimmerte die ohnehin große Not der Langeooger noch. Die Entwicklung zur Badeinsel verlief zögerlich. Während auf der Nachbarinsel Norderney das Badeleben schon lange florierte, trat die entscheidende Wende auf Langeoog erst 1884 ein, als das evangelische Kloster Loccum auf der Insel ein Hospiz errichten ließ und gleichzeitig alle bis dahin eher dürftigen Badeeinrichtungen auf der Insel übernahm und ausbaute. Bereits drei Jahre später zählte man 1216 Gäste, 1891 waren es 1719. Langeoogs Entwicklung zum Nordseebad hatte endgültig eingesetzt.

Langeoog – das Dorf ▶N 2

Vom Bahnhof aus empfiehlt es sich, zunächst am weinumrankten Rathaus vorbei die Hauptstraße hinaufzuschlendern, die direkt zum markanten Wasserturm am Rande des Dünengürtels führt. Unterhalb des Wasserturms steht Langeoogs neues Wahrzeichen: Zum 100. Geburtstag von Lale Andersen, die lange auf der Insel lebte, wurde hier eine Bronzestatue der »Lili Marleen«-Sängerin enthüllt. Vom Wasserturm führt ein gepflasterter Pfad durch die weißen Kaapdünen direkt an den Hauptstrand. Wer lieber noch bummeln möchte, schlendert die von Cafés gesäumte Barkhausenstraße Richtung Kurviertel hinunter.

Wasserturm
April–Okt. Mo–Fr 10–12 Uhr, 1 €
Am Ende der Hauptstraße erhebt sich der 18 m hohe, auf einer Düne gelegene Wasserturm aus rotem Backstein und weißem Wellblech. Langeoogs markantes, weithin sichtbares Wahrzeichen diente von 1909 an als Trinkwasserspeicher, bis 1994 ein modernes Speicherbecken beim Wasserwerk diese Aufgabe übernahm. Eine Wendeltreppe führt zur verglasten Aussichtsplattform in 23 m Höhe über N.N.

Infohaus Altes Wasserwerk
Mittelstraße/An der Kaapdüne, tgl. 9–16 Uhr, Eintritt frei
Interessantes und Wissenswertes rund um die Trinkwasser-Gewinnung und -Versorgung auf Langeoog. Die Insel deckt ihren Trinkwasserbedarf nicht durch eine Anbindung an das Trinkwassernetz des Festlandes, sondern aus einer großen Süßwasserlinse im Bereich des Pirolatals.

Schifffahrtsmuseum mit Nordseeaquarium
Tel. 0492 69 32 11, April–Okt. Mo–Do 10–12, 15–17, Fr, Sa 10–12 Uhr, 2 €
Im Haus der Insel ist das sehenswerte Schifffahrtsmuseum mit Nordseeaqua-

Das weithin sichtbare Wahrzeichen Langeoogs: der Wasserturm

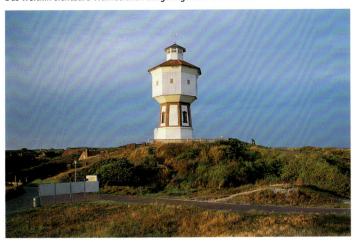

Langeoog

rium untergebracht. Modelle historischer Schiffe, Buddelschiffe, nautische Geräte, Logbücher sowie Werbeplakate bekannter Überseereedereien geben einen lebendigen Einblick in die Geschichte der Schifffahrt. Eindrucksvoll ist die Sammlung verzierter Walknochen.

Museumsrettungsboot

Ostern–Herbstferien, Öffnungszeiten s. Anschlag od. unter www.museumsrettungsboot-langeoog.de, Besichtigung frei, Spende erwünscht
Spannend vor allem für Kinder ist das alte Rettungsboot Langeoog vor dem Haus der Insel. Das 1944 in Hamburg-Finkenwerder gebaute Schiff diente zur Rettung Schiffbrüchiger, in Notfällen für Krankentransporte zum Festland, als Eisbrecher im Winter und ist seit Juli 1980 Museumsschiff.

Heimatmuseum Seemannshus

Casper-Döring-Pad/Mittelstr., Mi, Fr 15–18, So 10–12 Uhr, 1 €
Das etwas abseits gelegene, 1989 liebevoll restaurierte Insulanerhaus beherbergt eine bunte Vielfalt an Exponaten und eine jährlich wechselnde Themenausstellung zu naturkundlichen und historischen Themen.

Langeoogs Kirchen

Tgl. ganztags geöffnet
Einen Abstecher sind auch die beiden Kirchen Langeoogs wert. Die evangelische Inselkirche wurde 1888–90 in rotem Backstein gebaut und 1959 erweitert. Bemerkenswert ist das 1990 von dem Nordener Maler Hermann Buß geschaffene Altarbild, das einen gestrandeten weißen Wal mit einer verstreuten Gruppe teilnahmslos wartender Passagiere zeigt. Die Anfang der 1960er-Jahre erbaute katholische Kirche ist dem hl. Nikolaus, dem Schutzpatron der Schiffer, geweiht.

Höhenpromenade

Geht man rechts an der katholischen Kirche vorbei, gelangt man zur Höhenpromenade, die sich auf einer Länge von 1,5 km über die zur offenen See hin gelegene Dünenkette schlängelt. Sie verläuft in einer Höhe von 15–20 m und ist damit die höchstgelegene aller ostfriesischen Strandpromenaden. Sie führt oberhalb des Kurviertels vorbei und endet an der Straße Gerk sin Spoor, die nach dem Fuhrunternehmer Gerk Albers benannt ist, der auf diesem Weg mit seinem Gespann Strandgut Hause brachte. Dem Sandstrand vorgelagert sind viele hundert Meter lange Sandbänke, sogenannte Strandriffe, die bei Flut überspült werden. Auf der am weitesten draußen liegenden Sandbank, der »Robbenplate«, ruhen bei Ebbe sehr oft Seehunde.

Dünenfriedhof

Frei zugänglich, auch die Gedenkstätte
Viele Besucher zieht der hübsch angelegte, geschichtsträchtige Dünenfriedhof mit dem Grab der Lale Andersen an. Die Sängerin der »Lili Marleen« starb 1972 zwar in Wien, wurde aber auf ihren Wunsch hin auf dem Dünenfriedhof in Langeoog beigesetzt, wo sich auch ein Russenfriedhof und eine Baltengedenkstätte befinden.

In der Straße Gerk sin Spoor ducken sich, nur einen Katzensprung vom Friedhof entfernt, mehrere hübsche reetgedeckte Inselhäuser hinter gepflegten Hecken. Eines von ihnen, der Sonnenhof, gehörte einst Lale Anderson. Heute beherbergt es eine beliebte Tee- und Weinstube.

Seenotbeobachtungsstation

Frei zugänglich
Auf einem hohen Dünenkamm, nur wenige Gehminuten vom Sonnenhof entfernt, bietet sich von der Seenotbeobachtungsstation aus ein Rundblick

Langeoog – das Dorf

über das Dorf, die offene See, ins Pirolatal sowie zum Ostende der Insel. Die orangefarbene, mit einer Antenne zum Empfang von Seenotrufen versehene kastenförmige Station wird von der Deutschen Gesellschaft zur Rettung Schiffbrüchiger unterhalten.

Übernachten

Behaglich – **Nordseehotel Kröger:** Am Wasserturm, Tel. 04972 68 60, www. nordseehotel-kroeger.de, DZ 138–160 €. Persönlich geführtes Haus, Zimmer teilweise mit Balkon oder Terrasse und Blick auf den Wasserturm. Zum Strand sind es 200 m, zum Bahnhof 300 m. Sauna, Solarium, Internet und Bibliothek sind für alle Gäste zugänglich. Essen à la carte im Restaurant, an der Bar kann man den Tag ausklingen lassen.

Strandnah – **Gästehaus Luv un Lee:** Am Wasserturm 2, Tel. 04972 969 60, www. luvunlee.de. Ferienwohnungen für 2–8 Personen mit Loggia oder Sonnenterrasse, 84–230 €. Spielraum und Innenhof zum Toben für die Kleinen. Das Penthouse mit einer Wohnfläche von 200 m^2 bietet 4 Schlafzimmer, 2 Bäder und einen 40 m^2 großen Dachgarten mit Blick auf Wasserturm und Nordsee, Preis pro Tag 230 €.

Hell und kinderfreundlich – **Hus Likedeeler:** An den Hecken 2, www.hus likedeeler.de, Tel. 04486 93 84 75, Wohnungen für 2–6 Pers. 64–115 €. 9 gut ausgestattete Wohnungen, überwiegend mit Balkon oder Terrasse. Große Spielwiese und Terrasse für Groß und Klein, Bücher, Spielzeug, Sandkasten und Kletterbaum für die Kleinen.

Traditionsreich – **Haus Poggfred:** Info Tel. 030 42 08 99 50, www.haus-pogg fred.de, Ferienwohnungen 65–150 €. 1912 erbautes, freundlich geführtes Haus mit schön eingerichteten Ferienwohnungen verschiedener Größe für

1–6 Pers. Benannt ist das Feriendomizil übrigens nach dem Epos »Poggfred« (plattdeutsch für »Froschfrieden«), in dem der Dichter Detlev von Liliencron ein idyllisches Haus an der Nordsee beschreibt.

Familienfreundlich – **Haus Kloster Loccum:** Am Hospizplatz 8–14, Tel. 04972 805, www.inselhospiz.de, Beginn der Osterferien bis Ende der Herbstferien, Mindestmietdauer 7 Tage, EZ 40, DZ 50 €, Wohnungen für 2–8 Pers. 50–107 €. Im weitläufigen Gebäudekomplex des historischen Inselhospizes von 1885 werden bevorzugt kinderreiche Familien aufgenommen.

Essen & Trinken

Gemütlich – **Sonnenhof:** Gerk sin Spoor Nr. 6, Tel. 04972 713, www.cafesonnenhof.de, 11–23 Uhr, Mi Ruhetag, Pasta ab 10 €, Fisch und Fleisch ab 14 €. Reetgedeckte Tee- und Weinstube im ehemaligen Wohnhaus der Sängerin Lale Andersen, an sie erinnern einige Exponate und Fotos. Torten, hausgemachte Desserts.

Beste Lage – **Strandhalle:** Höhenpromenade 5, Tel. 04972 99 07 76, www. strandhalle.info, warme Küche 11.30–22 Uhr, Pasta und vegetarische Gerichte ab 10, Fisch, Schnitzel, Steaks ab 11 €. Café, Restaurant und Bar auf der Höhenpromenade. Draußen gibt's eine große windgeschützte Sonnenterrasse. Abends zum Sonnenuntergang auch leckere Cocktails, im Sommer jeden Do ab 22 Uhr Samba, Latin und Standardtänze.

Viele regionale Produkte – **PanoramaRestaurant-Café Seekrug:** Höhenpromenade 1, Tel. 04972 383, www.see krug.de, Hauptgerichte ab 12,50 €. Das Mobiliar ist nichts Besonderes, aber sei's drum – bei so einem grandiosen Ausblick, der nicht nur zum Sonnenun

Langeoog

tergang den Atem verschlägt. Es wird viel Wert auf frische, ökologisch erzeugte Bio-Produkte aus der Region gelegt, Spielecke für Kinder.

Gut besucht – **Café Leiß**: Barkhausenstr. 13, Tel. 04972 65 14, www.cafe-leiss.de, tgl. 9–23 Uhr. Drinnen stimmungsvolle Kaffeehausatmosphäre, draußen große Terrasse an der lebhaften Hauptflaniermeile Langeoogs. Frühstück, eine große Auswahl an Kuchen und Torten, aber auch Deftiges, in der »blauen Stunde« von 17–19 Uhr gibt es verschiedene Cocktails für 4,90 €.

Beliebt bei Einheimischen – **In't Dörp**: Barkhausenstr. 4, Tel. 04972 91 20 71, www.intdoerp.de, Küche 11.30–14, 17.30–21.30 Uhr, Hauptgerichte 12–15 €. Ob Nordseescholle oder indisches Fischgulasch, das Preis-Leistungs-Verhältnis stimmt. Wenn die Insulaner essen gehen, dann gerne hierhin.

Zentral und nett – **He Tant**: Barkhausenstr. 7, Tel. 04972 99 02 39, www.he-tant.de, Do–Di 9–22 Uhr, Milchspeisen und Pfannkuchen ab 4 €, Abendkarte ab 10 €. Freundlich geführtes Café-Restaurant. Die Kuchen und Torten stammen aus der hauseigenen Backstube, Frühstück gibt es von 9–12 Uhr, auf Wunsch laktose- und glutenfrei.

Mittendrin – **Dwarslooper twee**: Hauptstr./Ecke Am Wasserturm, tgl. 11–1 Uhr, Baguettes und Pizzen, Aufläufe, Fisch ab 7 €. Restaurant, Café und Kneipe, freundliches, entspanntes Ambiente, auch ein Tipp für abends.

Frisch vom Kutter – **Fischkombüse**: im Biergarten des **Fischgeschäfts**, s. unter Einkaufen, Mo–Sa 11–18 Uhr.

Einkaufen

Gehobene Lage – **Le Paradies**: Höhenpromenade/Ecke Warmbadweg, Tel. 04972 91 29 00. Gemälde, Nippes und Kunstobjekte ganz unterschiedlicher Art. Dazu gibt es Ausstellungen von Originalen und Reproduktionen des Inselmalers Anselm Prester, zu dessen Werken neben Inselmotiven auch Porträts berühmter Clowns und Pantomimen wie Charlie Rivel und Marcel Marceau gehören.

Alles für die Teetid – **Langeooger Teeladen**: Barkhausenstr. 9, Tel. 04972 1515, www.tee-tradition.de, Mo–Fr 9.30–12.30, 15–18, So 10–12 Uhr. Jede Menge Ostfriesen-, Schwarz-, Früchte- und Grüntees, dazu liebevoll zusammengestellte Teepräsente und -zubehör sowie eine große Auswahl an Teegeschirr.

Schmökern erwünscht – **Buchhandlung Inge Krebs**: Am Wasserturm 14, www.buchhandlung-krebs.de. Auf kleinstem Raum findet man hier ein pralles Angebot an gutem Lesestoff und schönen Postkarten.

Bio und frisch – **De Grönhöker**: Barkhausenstr. 8, Tel 04972 6653, www.agena-gmbh.de, Mo–Sa 9–12.30, 15–18.30, Sa 8.30–12.30 Uhr. Müsli, Kräuter- und Gewürzmischungen, frisches Obst und Gemüse sowie leckere Molkereiprodukte, darunter Dickmilch mit Sanddorn, Quarkspeise mit Roter Grütze.

Frisch vom Kutter – **Fischgeschäft**: An den Bauhöfen 2, beim Flugplatz, Tel. 04972 91 29 60, www.langeoog-fischgeschaeft.de, Mo–Sa 9–18 Uhr, im Winter geschlossen. Frischer Fisch, Krabben zum Selberpulen, Räucherfisch, Fischsalate. Im Garten des alten Inselhauses die **Fischkombüse**, s. unter Essen & Trinken.

Aktiv & Kreativ

Baden

Vergnügen im Wasser – **Meerwasser-Freizeit- und Erlebnisbad**: Im Kurzen-

Langeoog – das Dorf

trum, Tel. 04972 693-241, mit Geysiren, Wellenzone, Saunalandschaft; Basis-Öffnungszeiten in der Saison: Mo 14–21, Di–So 10–18 Uhr. Besitzer der LangeoogCard dürfen 1x tgl. 1,5 Std. kostenlos baden, im Winter sogar 3 Std.

Golfen
Im Grünen – **Golfclub Langeoog:** 9-Loch-Golfplatz südlich des Flugplatzes, Tel. 04972 6371, www.golfclub-insel-langeoog.de.

Kinder
Viel Spaß für Kids – **www.langeoog-kids.de:** Langeoog hat ein prall gefülltes Programm für Kids. Diese Website bietet Infos, Tipps und Termine.
Das laute Haus – **Spöölhus:** Am Kavalierpad 10, Tel. 04972 69 32 39, in der Saison Mo–Fr 10–18 Uhr. Spielparadies mit vielen Spielmöglichkeiten drinnen und draußen – allerdings unbeaufsichtigt.
Das leise Haus – **Spöölstuv** mit Gemeindebücherei: schräg gegenüber vom Spöölhus, Am Kavalierpad 3, Tel. 04972 69 32 36, Lesebereich Mo–Fr 8–18 Uhr, Kinderstube mit Beaufsichtigung der Kinder bis 6 Jahre Mo–Fr 9–12, Anmeldung am Vortag. Hier werden Bastel-, Spiel- und Sportkurse für die ganze Familie angeboten.

Kunst und Kunsthandwerk
Inspirierend – **Atelier Anselm am Meer:** Warmbadweg 4, Tel. 04972 63 71, www.atelier-am-meer-langeoog.de. Der Inselmaler Anselm Prester lebt seit 1965 auf Langeoog. In der Saison gibt er einwöchige Malkurse für Erwachsene und auch für Kinder, Techniken: Pastell, Öl, Zeichnung. Ein zusätzliches Angebot ist die **Ferienakademie**, eine Kreativwoche im März mit Malunterricht und Unterkunft, Pauschalpreis 390 €.

Mein Tipp

Hau drauf, nicht so zaghaft!
Man denkt, es ist ein zartes Handwerk, doch ganz andere Erfahrungen macht, wer den Hammer selbst in die Hand nimmt und ein Stück Silber zu formen versucht. Dat Werkhus bietet individuelle Goldschmiedeseminare für Erwachsene und Kinder ohne Vorkenntnisse an. Krönendes Erlebnis für Verliebte: Sie können hier ihren eigenen Trauring schmieden. Auch originelle Kreationen aus der Werkstatt sind hier zu kaufen (**Dat Werkhus,** An den Bauhöfen 1, Tel. 04972 99 03 44, www.goldschmiedeseminare.de, www.trauringseminare.de).

Reiten
Ausritte und mehr – **Reithalle Kuper:** Süderdünenring, 1, Tel. 04972 62 69, www.reithalle-kuper-langeoog.de. Kutschfahrten zur Meierei und zum Bahnhof, Transportfahrten, Unterricht, Ausritte.
Vielfältiges Angebot – **Reiter- und Ponyhof To'n Peerstall:** Schniederdamm 8, Tel. 04972 725, www.langeooger-reiterhof.de, Ponyreiten und Ponykutschen, Unterricht, Strandausritte, Café.

Schiffsausflüge
Schiff ahoi – **Schifffahrt der Inselgemeinde Langeoog:** Inselbahnhof, Tel. 04972 69 32 60, www.schiffahrt-langeoog.de. Fahrten zu den Nachbarinseln Wangerooge, Spiekeroog, Baltrum und Norderney, nach Helgoland, zu den Seehundbänken, auf Krabben- und Fischfang durch den Nationalpark Wattenmeer.

Langeoog

14 km feinster weißer Sandstrand umschmeicheln Langeoog

Wassersport
Für Anfänger und Könner – **Segeln:** 150 Liegeplätze für Sportsegler und Motorboote, Schnuppersegeln, Segelkurse und Törns: www.seglerverein-langeoog.de, www.segelschule-langeoog.de, www.foletta.de

Abends & Nachts

Kino und mehr – **Windlicht:** Am Hospizplatz 7, Lichtspiele Langeoog, Tel. 04972 922 50, www.windlicht-langeoog.de. Gemütliches Bistro und Restaurant im Kino.

Musik und Cocktails – **Lili Marleen:** Raucherbar im Hotel Lamberti, Mo–Fr ab 20 Uhr, Sa 15–17.30 und ab 21 Uhr, So 16.30–19 und ab 21 Uhr. Fußballfans kommen hier auf ihre Kosten, alle Fußballspiele werden hier live gezeigt.

Musikkneipe am Meer – **Düne 13:** Höhenpromenade 1, www.duene13.de, Di–So ab 20.30, Sa zum Fußball auch 15–18 Uhr, in den Sommerferien erweiterte Öffnungszeiten. Kneipe mit Billardtisch, für die ersten Cocktails in der Abendsonne stehen draußen ein paar Bänke, Baguettes und Salate ab 4 €.

der Hauptstraße und sind auf den Ansturm von Tagegästen eingestellt.
Kutschtaxen: Langeooger Kutschfahrten, Tel. 0175 460 10 45, Uwes Pferdemobil Tel. 0179 761 47 88, Kutschtaxen Vogel, Tel. 0171 332 05 04.
Gepäck: Gepäckdienst Conrad Heyken, Tel. 04972 60 60, www.gepaeckdienst-heyken.de, Zustellung bzw. Abholung

Der Inselsüdwesten

Langeoog ist neben Juist die einzige Insel, deren Westende nicht durch Buhnen geschützt werden muss. Ohne verunstaltende Deckwerke aus Asphalt und Beton erstreckt sich der weite Sandstrand Richtung Süden. Dorf und Inselwald liegen im Schutze der Kaap- und der Süderdünen, an die sich im Süden die Flinthörndünen anschließen. Die Entfernung zur Nachbarinsel Baltrum, die von Langeoog durch die bis zu 18 m tiefen Accumer Ee (*Eh* oder *Ehe* bedeutet Wasser) getrennt ist, beträgt knapp 2 km.

Radtour durch den Inselwald ▶ N 2
Die Erkundung des Südwestens kann man mit einer Radfahrt oder auch Wanderung durch den zu Beginn der 1950er-Jahre entstandenen Inselwald verbinden. Er bedeckt heute einen Teil des von ausländischen Zwangsarbeitern im Zweiten Weltkrieg angelegten ehemaligen Militärflugplatzes. Im nordwestlichen Bereich, dort, wo die Insulaner in einer bunten Schrebergartenkolonie ihr eigenes Gemüse züchten, drängen Holunderbüsche, Heckenrosen und Weidenröschen durch Risse und Brüche in den Betonpisten und erobern sich das Areal zurück.

Flinthörn ▶ N 2
Führungen April–Okt.
Die eigentliche Attraktion des Südwes-

Infos

Tourismusbüro
s. Infobox S. 150

Verkehr auf der Insel
Hauptverkehrsmittel auf Langeoog ist das **Fahrrad**, entsprechend hoch ist das Verkehrsaufkommen. Von März bis Oktober ist der Ortskern in der Zeit von 10–12.30 Uhr und 16–18 Uhr für Fahrräder gesperrt (sie dürfen dann nur geschoben werden). Es gibt mehrere Fahrradvermieter auf Langeoog, auch in unmittelbarer Nähe des Bahnhofs. Zwei liegen hintereinander in

Langeoog

tens ist das in der Ruhezone des Nationalparks gelegene Flinthörn. Seit 1825 hat sich hier ein nehrungsartiger Fluthaken, eine durch Strömung und Sandablagerungen entstandene hakenförmige Anlandung, gebildet. Auf den höher gelegenen Schillflächen (aus Muschelschalen) brüten neben Rotschenkeln und Austernfischern auch mehrere seltene Seeschwalbenarten.

Nur ein kleiner Bereich des Flinthörns ist Spaziergängern zugänglich, im Sommer markiert von Zaun das Ende des Weges, am Dünenrand steht von März bis Oktober ein Informationsstand der Nationalparkverwaltung. Die Schilder des Naturpfades weisen auf die Besonderheiten in der Natur hin. Einen weiten Blick über dieses artenreiche, von Prielen und Wasserflächen durchzogene Naturschutzgebiet hat man vom 7,4 m hohen Westdeich, der von den Flinthörndünen direkt zum Hafen führt.

Seedeich ▶ N 2
Am tideunabhängigen Hafen, wo die Fähren anlegen und Frachtschiffe be- und entladen werden, herrscht reges Leben. Schön ist eine Wanderung vom Hafen auf den Seedeich, der grüne, von Pferden beweidete Polderwiesen schützt. Von seiner Krone reicht der Blick über den Heller, an den sich das Wattenmeer anschließt. Dort, wo der Seedeich auf die Willrath-Dreesen-Straße stößt, geht es links in den Ort, rechts aber in den Osten der Insel.

Essen & Trinken

Beliebt – **Teestube:** Hafenstr. 27, Tel. 04972 61 56, www.teestube-lange oog.de, tgl. ab 11 Uhr, Do Ruhetag, ab 11 €. Gemütliches Café-Restaurant mit Blick auf Schiffe und Wattenmeer, selbstgebackene Kuchen auch für Dia-

betiker und viel Fisch. Angeschlossenes Tee-Lädchen mit Tee, Kluntjes, schönem Geschirr und Sanddornspezialitäten.

Der Inselosten

Vom Dorf führt ein schnurgerader Plattenweg an der Grenze zwischen hohen Dünen und Hellerwiesen entlang in den Osten der Insel. An den nordöstlichen Ortsrand schließt sich zunächst das Pirolatal an.

Pirolatal ▶ N 2
Das fast 2 km lange und 100–300 m breite Dünental trägt seinen Namen nach dem Rundblättrigen Wintergrün (Pyrola rotundifolia). Weil aber Trinkwasser aus der Süßwasserlinse unter dem Pirolatal gewonnen wird, ist es der zwischen Juli und September rosaweiß blühenden Pflanze im Pirolatal zu trocken geworden, und sie hat sich zurückgezogen. Ein gepflasterter Wander- und Radpfad mit vielen Ruhebänken schlängelt sich durch das von bis zu 15 m hohen grauen Dünen gesäumte Tal. Spannend: Zum Schutz der von Abbrüchen bedrohten Randdünen wurde quasi in zweiter Reihe im Sommer 2007 eine neue künstliche Dünenkette aufgeschüttet und mit Strandhafer gespickt.

Großer Schlopp ▶ N/O 2
Auf der Straße nach Osten passiert man den Großen Schlopp, die Gegend, in der die Insel in der Weihnachtsflut 1717 überflutet wurde. Erst 1906 konnte die Lücke in der Dünenkette endgültig durch den Bau eines Deiches geschlossen werden. Überbleibsel des Durchbruchs sind mehrere Brackwassertümpel in dem weiten Wiesengelände des Großen Schlopp, in dem es außerdem seit 1971 einen bis zu 12 m

Der Inselosten

tiefen Baggersee gibt, der entstand, als man hier Sand für das Strand-schutzwerk im Nordosten des Haupt-bades abbaggerte.

Melkhörndüne ! ▶ O 2
Zwischen dem Großen und dem Klei-nen Schlopp erhebt sich die Melkhörn-düne mit einer stolzen Höhe von knapp 20 m. Einst höchster ›Gipfel‹ der Ostfriesischen Inseln, hat sie in den ver-gangenen Jahrzehnten durch Erosion gut eineinhalb Meter an Höhe verlo-ren. Schmale Pfade führen von Westen und Norden auf die Kuppe, von der sich ein fantastischer Panoramablick über die Insel bietet, besonders schön zum Sonnenuntergang.

Vogelwärterhaus ▶ O 2
In der Brutzeit Mitte Mai–Ende Juni gelegentlich kleine Rundgänge in der Kolonie, Info/Termine vor Ort
Eine kleine Rast auf dem Weg zum Ost-ende lohnt das Vogelwärterhaus mit einer Dokumentation der Langeooger Vogelwelt. Oberhalb des Hauses bietet sich von einem Aussichtspunkt ein wei-ter Blick in die Dünenlandschaft. In dem seit 1875 existierenden Natur-schutzgebiet »Möwenkolonie« brüten jedes Jahr über 3000 Silber- und He-ringsmöwen. Auch die schwarz-wei-ßen, mit einem fuchsroten Brustband geschmückten Brandenten (auch Brandgänse genannt) nisten hier unter Gebüschen oder in – größtenteils künstlichen – Erdhöhlen. Das Betreten der Vogelkolonie, die zur Ruhezone des Nationalparks gehört, ist außer-halb von Führungen verboten.

Meierei Ostende ▶ O 2
Reich ist die Vogelwelt auch in der nä-heren Umgebung der Meierei Ost-ende, die darum nicht nur ein belieb-tes Etappenziel für Wanderer und Rad-fahrer ist, sondern auch ein Treffpunkt

für Ornithologen. Seit 1975 schützt ein 5,20 m hoher Deich den Hof und das benachbarte Schullandheim bei Sturm-fluten. Ein etwa 1 m hoher ›Sommer-deich‹, der vom Seedeich bis zur Meie-rei am Wattrand verläuft, verhindert während der Sommermonate Über-schwemmungen des Grünlandes bei Hochfluten.

Osterhook
s. Lieblingsort S. 160

Übernachten

Nur mit Vollverpflegung – **Jugendher-berge:** Domäne Melkhörn, Tel. 04972 276, www.jugendherberge.de, Voll-pension ab 22,60 €. Ein bisschen ist es noch wie früher, in der 1923 erbauten Domäne Melkhörn gibt es einen gro-ßen, zentralen Gemeinschaftsraum und 126 Betten, die Domäne liegt etwa 5 km östlich vom Ort in der Mitte der Insel, 10 Min. vom Strand ent-fernt. Aufnahme nur nach vorheriger schriftlicher Anmeldung, Mitte/Ende April–Sept., im Winterhalbjahr ge-schlossen.
Der einzige auf der Insel – **Zeltplatz:** Unmittelbar hinter der Jugendher-berge liegt Langeoogs Zeltplatz, er bietet Platz für 150 Gäste. Schriftliche Anmeldung bei den Jugendherbergs-eltern.

Essen & Trinken

Ein Highlight im Osten – **Meierei Ost-ende:** Tel. 04972 248, www.falke-meie rei.de, in der Saison tgl. 10.30–17.30 Uhr, sonst Di Ruhetag. Einziges Aus-flugslokal im Osten, windgeschützte Terrasse hinterm Sommerdeich. Spe-zialität Dickmilch mit Zucker und Schwarzbrot oder Sanddornsaft.

Lieblingsort

Früh am Morgen, spät am Abend

Wenn ich auf Langeoog bin, gehört ein Ausflug zum Osterhook zu meinem ›Luxusprogramm‹ für die Seele. Gerne mache ich mich in den frühen Morgenstunden auf den Weg, wenn nur wenige (oder keine) Menschen unterwegs sind, dafür aber viele Tiere – Rehe, Hasen, Fasane und natürlich jede Menge Seevögel – zu entdecken sind. Etwa 11 km geht es vom Dorf auf befestigtem Weg an der Melkhörndüne, dem Vogelwärterhäuschen und der Meierei Ostende vorbei immer gen Osten. Vom Ende der befahrbaren Straße sind es noch etwa 700 m auf dem Strand entlang zu einer auf einer Düne gelegenen Aussichtsplattform, von wo aus sich mit etwas Glück Seehunde beobachten lassen. Wunderbar ist es, einen Abstecher zum Strand im Norden zu machen. Wer nicht mit dem Fahrrad gekommen ist, kann entlang der Wasserlinie zurück ins Dorf laufen, das ist unvergleichlich schön an sonnigen Abenden, wenn einem die untergehende Sonne ins Gesicht scheint (**Osterhook, ▶ P 2**).

Das Beste auf einen Blick

Spiekeroog

Highlight!

Spiekeroog – das alte Dorf: Eine Bilderbuchschönheit und völlig anders als die Dörfer auf den anderen Ostfriesischen Inseln. Jahrhundertealte Inselhäuser, gemütliche Teestuben, hochgewachsene Laubbäume, hier und da ein Bollerwagen, nicht einmal einen Fahrradverleih gibt es hier. Die kleine Kirche ist die älteste auf den Inseln, sie birgt so manches an Land getriebene Kleinod. S. 165

Auf Entdeckungstour

Schiffbrüche vor Spiekeroog: Für die Überlebenden an Bord der vor Spiekeroog so zahlreich gestrandeten Schiffe konnte man anno dazumal kaum etwas tun, es gab nicht einmal Rettungsboote. Das änderte sich erst nach einem tragischen Schiffsunglück vor Spiekeroog. Spuren der stürmischen Geschichte findet man im Inselmuseum, in der kleinen Inselkirche und auf dem Friedhof Drinkeldoden-Karkhof. S. 166

Kultur & Sehenswertes

Umweltzentrum Wittbülten: Die Ausstellung im Ostteil der Insel bietet viel Wissenswertes, an der Decke schwebt das imponierende Skelett eines Pottwals. S. 172

Aktiv & Kreativ

Künstlerhaus: Das Angebot dieser Werkstätten am Dorfrand ist vielfältig. Man kann den Künstlern bei der Arbeit zusehen, vor allem aber selber kreativ sein und zum Künstler werden. S. 170

Fahrt mit der Museumspferdebahn: Einmal im Urlaub sollte man sich das Vergnügen gönnen, die Pferdebahn ans Westende der Insel zu nehmen, nebenbei Anekdoten aus vergangenen Tagen zu lauschen und zu wissen, dass man zu Fuß viel schneller wäre. S. 171

Genießen & Atmosphäre

Lesepavillon in den Dünen: Eine Hütte auf dem Weg zum Strand, ein paar Stühle und Tische, Ausblicke ins Dünengras, der Wind bleibt vor der Tür. S. 165

Altes Inselhaus: Im ältesten Haus der Insel werden leckere Kuchen und regionale Speisen serviert. S. 168

Campingplatz: Inmitten der Dünen lebt es sich ein bisschen wie Robinson. Im urigen Kiosk bekommt man das Nötigste, z. B. ein Bier auf einer windschiefen Treibholzbank – bei Sonne fühlt man sich wie in der Karibik. S. 172

Abends & Nachts

Gaststätte Laramie mit Café Westend: Für das Laramie nimmt man den weiten Weg vom Dorf gerne auf sich. Brause und Bier gibt's in der Flasche, tagsüber kann man Backgammon spielen, abends abhängen, Dart spielen und tanzen. S. 170

Die Dorfschöne

Nur ein paar Minuten sind es vom Hafen ins Dorf, das seit fast vierhundert Jahren unverändert an derselben Stelle steht. Die alten Inselhäuser ducken sich im Schutze üppig grüner, zum Teil über hundertjähriger Linden und Kastanien, deren Blätter verspielte Muster an die Hauswände, über die Gartentische und die grün gestrichenen Zäune werfen.

Wer es eilig hat, sollte Spiekeroog meiden: Es gibt nicht einmal einen Fahrradverleih, geschweige denn Autos oder gar einen Flughafen. Das einzige öffentliche Verkehrsmittel ist Deutschlands letzte Pferdebahn zwischen dem alten Inselbahnhof und dem Dünenrand im Westen.

Die Herkunft des Namens Spiekeroog ist umstritten. Zwei unterschiedliche Deutungen sind möglich: Der Name könnte entweder auf *Spieker*, Speicher, zurückgeführt werden, also zur Zeit der Seeräuber Speicherinsel bedeutet haben, oder aber auf die ersten Siedler, die möglicherweise aus einem küstennahen Dorf namens Spieka oder Spieker kamen.

In der Geschichte der niemals übermäßig begüterten Insulaner dominieren neben den zerstörerischen und gestaltenden Naturgewalten Überfälle durch rivalisierende Häuptlinge und Piraten sowie Schiffbrüche.

Als Erholungsort wurde Spiekeroog spät entdeckt. Erstmals 1846 offiziell als Seebad bezeichnet, hatte Spiekeroog in der ersten Saison bereits 162 Feriengäste vorzuweisen. Die meisten von ihnen kamen, weil ihnen der Aufenthalt auf Norderney »teils zu kostbar, teils zu geräuschvoll« war. Schon die ersten Gäste genossen also die beschauliche Ruhe der Insel, die einen kleinen Boom erlebte, als nach der schweren Sturmflut von 1855 der Badebetrieb auf der Nachbarinsel Wangerooge völlig eingestellt werden musste. Mittlerweile hat das seit 1972 offiziell als Nordseeheilbad anerkannte Spiekeroog allen erdenklichen Kur- und Urlaubsluxus zu bieten, ohne dass die Insel mit ihrem traditionell ge-

Infobox

Infos zu Spiekeroog
Kurverwaltung & Schifffahrt: Haus des Gastes »Kogge«, Noorderpad 25 (800 m vom Anleger), 26474 Spiekeroog, Tel. 04976 919 31 01, Fax 04976 919 32 13, Mo–Fr 9–12.30, 14–17, Sa, So 11–14 Uhr
www.spiekeroog.de: Infos zu Unterkunft, Anreise und Veranstaltungen
Spiekeroog im ... (jew. Monat): Den Veranstaltungskalender gibt es gratis in der Kurverwaltung.
Spiekerooger Inselbote: 28 x im Jahr, www.spiekerooger-inselbote.de

Verkehr
Spiekeroog ist **autofrei.** Garagen und Stellplätze für Dauerparker liegen etwa 800 m vor dem Fähranleger, man geht zu Fuß oder nimmt den kleinen Zubringerbus. Die Parkplätze direkt am Anleger sind sturmflutgefährdet, daher nur Tagesparkplätze.
Fähre: Ab Neuharlingersiel 1–3 x tgl., tidenabhängig, Fahrzeit je nach Wasserstand 40–50 Min.; Auskunft: Hafen Spiekeroog, Tel. 04976 919 31 33.

Infos zum **Verkehr auf der Insel** und zu **Inselfesten** s. S. 171

164

wachsenen Dorfkern Schaden genommen hat. Das moderne Kurzentrum und das Hallenbad wurden dezent in die Dünen eingebettet, auf Hochhäuser und betonierte Einkaufsstraßen haben die Insulaner verzichtet.

Spiekeroog – das Dorf❗ ► Q 1

Es ist das älteste und schönste Dorf auf den Ostfriesischen Inseln. Nach der Allerheiligenflut von 1570 verlegten die Insulaner ihr Dorf gen Osten an den Ort, wo es heute noch ist. Nach Ankunft der Schiffe zieht sich der Strom der neuen Gäste den Wüppspoor hinauf zum Noorderloog, der Flaniermeile Spiekeroogs. Hier reihen sich Cafés, Geschenkeläden, Eisdielen, Bäckereien und efeuberankte Hotels mit gemütlichen Restaurants aneinander. An heißen Sommertagen findet sich immer ein schattiger Platz in einem der einladenden Straßencafés. Im Herbst, wenn die Stürme das Laub durch die gepflasterten Straßen fegen, lockt ein heißer Tee mit Kluntjes und Sahne in den gemütlichen Teestuben.

Inselmuseum
Noorderloog 1, Di–Sa 15.30–17.30 Uhr, im Winter geschl., 3,50 €
Das kleine Inselmuseum dokumentiert die Geschichte der Insel und die Entwicklung von Schifffahrt, Fischfang, Badeleben und Seenotrettungswesen (s. auch Entdeckungstour S. 166).

Die alte Inselkirche
Süderloog, Öffnungszeiten s. Aushang
Die 1696 errichtete Alte Inselkirche ist das älteste erhaltene Gotteshaus auf den Ostfriesischen Inseln. Klein und fein, dabei fast etwas überladen wirkt

das Kirchenschiff, an dessen himmelblauer Decke goldene Sterne funkeln. Die mit Bibelsprüchen auf Plattdeutsch geschmückte Renaissance-Kanzel stammt aus dem 16. Jh. In der winzigen und von hohen Bäumen beschatteten Kirche finden im Sommer regelmäßig Abendandachten statt (s. auch Entdeckungstour S. 166).

Kurpark
Etwas außerhalb, im Westen des Dorfes, erstreckt sich der hübsche, von Wasserläufen durchzogene Kurpark mit üppigem Baumbestand. Ruhebänke und hölzerne Plattformen bieten hier eine gute Gelegenheit, die zahlreichen Wasservögel zu beobachten. Am Rande der sich anschließenden, von Blumenbeeten gesäumten Rasenflächen findet man den Musikpavillon, in dem während der Sommermonate regelmäßig Konzerte stattfinden.

Muschelmuseum
Kurzentrum, Haus des Gastes, Noorderpad 25, www.kuriosesmuschelmuseum.de, Mo–Fr 10–17, Sa, So 11–13 Uhr, 1 € (Münzgeld erforderlich!)
Über 3000 von wenigen Gramm bis zu 30 kg schwere Exemplare sind im Muschelmuseum zu bestaunen. Das Nette dabei ist, dass jedem Fundstück ein origineller Fantasiename gegeben ist, der in vielen Fällen wunderbar stimmig ist, nicht selten zum Schmunzeln oder Nachdenken anregt. Für die ganz Kleinen gibt es eine Spielecke.

Lesepavillon ► Q 1
Viele Pfade schlängeln sich vom Dorf durch den mehrere hundert Meter breiten Dünengürtel zum Bade- und Burgstrand im Norden der Insel. Wer dem Noorderpad vom Kurzentrum folgt, entdeckt mitten in den Dünen einen kleinen Lesepavillon. Er wurde be-

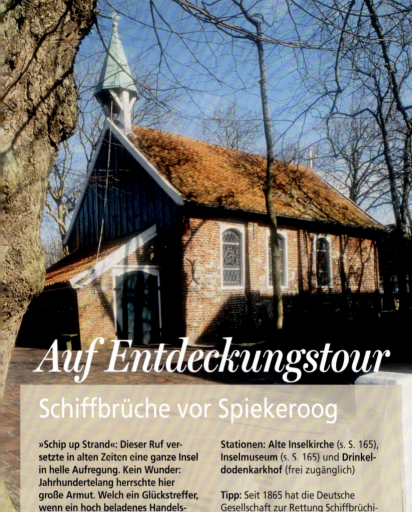

Auf Entdeckungstour

Schiffbrüche vor Spiekeroog

»Schip up Strand«: Dieser Ruf versetzte in alten Zeiten eine ganze Insel in helle Aufregung. Kein Wunder: Jahrhundertelang herrschte hier große Armut. Welch ein Glückstreffer, wenn ein hoch beladenes Handelsschiff auf die Sandbänke vor der Insel geworfen wurde … An mehreren Schauplätzen auf Spiekeroog wird dieses dramatische Kapitel der Geschichte wieder lebendig.

Reisekarte: ▶ Q 1

Stationen: Alte Inselkirche (s. S. 165), Inselmuseum (s. S. 165) und **Drinkeldodenkarkhof** (frei zugänglich)

Tipp: Seit 1865 hat die Deutsche Gesellschaft zur Rettung Schiffbrüchiger (www.dgzrs.de) mehr als 74 000 Menschen aus Seenot gerettet. Sie finanziert sich über Spenden. Jeder Euro in den dezent auf Fährschiffen und in Läden platzierten Spendenschiffchen kommt an.

Geborgene Schätze

Im Schatten hoher Laubbäume steht die kleine **Alte Inselkirche** aus dem Jahr 1696. Ihre Wände sind aus rotem Backstein gemauert. Im Inneren findet man unter blauer, sternenbesetzter Decke manch an Land getriebenes, geheimnisumwittertes Kunstwerk wie die hölzerne Pietà. Die Skulptur der trauernden Maria, die ihren gerade vom Kreuz genommenen Sohn in den Armen hält, soll von einem der Schiffe der spanischen Armada stammen, die 1588 in die berühmte Seeschlacht gegen England zogen. Zahlreiche Schiffe gingen auf dem Rückweg in den Herbststürmen unter. Dass eines von ihnen vor Spiekeroog strandete, wird heute in Zweifel gezogen. Ein Besuch der Spanier auf der Insel ist aber nicht völlig von der Hand zu weisen – es wurden nicht nur spanische Münzen, sondern auch ein Degen entdeckt, der von einem spanischen Offizier stammen könnte.

Strandräuber

Seit alters spielte die Bergung von Strandgut eine wirtschaftlich wichtige Rolle auf den Ostfriesischen Inseln, Spiekeroog nicht ausgenommen. Es war die Aufgabe der seit dem Mittelalter von den jeweiligen Landesherren eingesetzten Strandvögte, aufzupassen, dass das an den Strand geworfene Gut rechtmäßig geteilt wurde: Ein Drittel der Beute für die Obrigkeit, ein Drittel für die Berger, ein Drittel für den Eigentümer der Ware bzw. des Schiffes. Nicht selten aber wurden angeschwemmte Güter ohne Wissen der Behörden geborgen und heimlich weggeschafft. Diese Strandräuberei galt unter den Insulanern keineswegs als unehrenhaft, auch wenn sie dafür mitunter in Gewahrsam genommen wurden.

Die Strandung der Johanne

Um die Menschen an Bord der gestrandeten Schiffe machte man sich wenig Gedanken. Ein Umdenken setzte nach einer Tragödie ein: Anfang November 1854 strandete das Auswandererschiff Johanne mit 216 Passagieren und einer dreizehnköpfigen Besatzung vor Spiekeroog. Das Schiff wurde in der Brandung hin- und hergeschlagen, von der Insel aus war keine Hilfe möglich. Erst als der Sturm sich legte und Ebbe einsetzte, konnten die Überlebenden geborgen und versorgt werden.

Rettungsmänner

Im ganzen Land wurde über das Unglück berichtet. Die Forderung nach Rettungsstationen wurde laut, aber erst eine weitere Katastrophe, die Strandung der Alliance auf dem berüchtigten Borkum-Riff, führte 1861 zur Gründung des ersten deutschen Vereins zur Rettung Schiffbrüchiger. Auf den Inseln werden die Rettungsmänner in Ehren gehalten. In den Museen, so auch im **Inselmuseum** Spiekeroogs, werden sie und ihre Boote namentlich genannt. Auf dem Friedhof neben der alten Kirche wird auf Grabsteinen besonders erfolgreichen Rettungsmännern gedankt.

Die Überlebenden

Für 77 Menschen auf der Johanne kam jede Hilfe zu spät. Sie wurden wenige Tage nach dem Unglück in einem stillen Dünental auf Spiekeroog beigesetzt, das damals noch außerhalb des Dorfes lag. Heute hält hier auf dem **Drinkeldoden-Karkhof** ein von einer Ankerkette umschlungenes Kreuz die Erinnerung an das Unglück wach. Später fanden hier noch viele Unbekannte, die das Meer an den Strand trieb, ihre letzte Ruhestätte. Die Schiffsglocke der Johanne hängt heute im Inselmuseum.

Spiekeroog

reits 1931 erbaut, brannte 1987 ab und wurde 1989 neu errichtet. Das runde, mit einfachen Kiefernmöbeln ausgestattete Häuschen steht Leseratten bei jedem Wetter offen.

Übernachten

Zentral und komfortabel – **Hotel Inselfriede:** Süderloog 12, Tel. 04976 919 20, www.inselfriede.de, DZ ab 68 € pro Pers., Eltern-Kind-Kombi 150–200 €. Geschmackvoll eingerichtete Zimmer, Badelandschaft mit Whirlpool, Sauna, Solarium und Schlemmen im hauseigenen Restaurant, Irish Pub für den Absacker am Abend.

Charmant – **Hotel zur Linde:** Noorderloog 5, Tel. 04976 919 40, www.linde-spiekeroog.de, DZ ab 65 € pro Pers. Traditionsreiches Hotel im alten Ortskern mit einer beeindruckenden Linde vor der Tür, im Haus: Restaurant Siwalu und und Kneipe Kap Hoorn.

Wunderbare Vielfalt – **ApartHotel Spiekerooger Leidenschaft & Residenzen:** Noorderpad 6, Tel. 04976 706 00, www.spiekerooger-leidenschaft. de. Außer dem ApartHotel mehrere, ganz unterschiedliche Häuser – insgesamt 24 Zimmer und 42 Ferienwohnungen. Die Häuser sind alle gepflegt und geschmackvoll eingerichtet, sie verfügen über Terrasse und Balkone, einfach mal im Internet nachschauen. Eines davon ist die **KünstlerHerberge** im ehemaligen Haus der Begegnung, Norderloog 27. DZ, Familienzimmer 140–180 €, Wohnungen 105–150 €.

Alt und neu – **Die Inselvilla:** Westerloog 27, Tel. 04976 706 99 99, www. die-inselvilla.de, FeWo für 2–6 Pers. 135–225 €. Am Westrand des Ortes aus 140-jährigen Backsteinen und Dachpfannen im alten Stil neu erbaut. Neun geschmackvoll eingerichtete Ferienwohnungen.

Für Pferdefreunde und Familien mit Kindern – **Islandhof:** Up de Höcht 5, Tel. 04976 219, www.islandhof-spiekeroog.de, FeWo für 2–4 Pers. 75–120 €. Freundliche, helle Ferienwohnungen am Westrand des Dorfes. Mehrere Terrassen und Innenhöfe, Wiese mit Sandkasten und Strandkörben, im Mai, Juni und Sept. Pferdeprogramme für kleine Kinder und Maltage, wenn es regnet; Babysitter vorhanden.

Alleinstehend auf hoher Düne – **Haus Klasing:** Westend 10, Tel. 04976 230, www.haus-klasing.de, DZ 76–98 €, FeWo für 4 Pers. 130 €, Oster- bis Ende Herbstferien. Nichtraucherhaus mit Blick über Watt und Meer. Vegetarisches Vollwertfrühstück, die Gäste verzichten auf Fernseher, Radio und Handy, Münzfernsprecher vorhanden.

Essen & Trinken

Ambitioniert – **Spiekerooger Leidenschaft:** s. Übernachten. Abwechslungsreiche Küche: Pasta und Bratkartoffeln, Insellamm und Spiekerooger »Pannfisch«, 10,50–21,50 €. Bei schönem Wetter werden mittags Fisch und Fleisch auf der Terrasse gegrillt, dazu gibt es frische Salate. Hübscher Terrassenbereich, kleiner Kinderspielplatz.

Urgemütlich – **Altes Inselhaus:** Süderloog 4, tgl. 15–17, 19–22 Uhr, Café und Restaurant im ältesten Haus der Insel, errichtet um 1700. Außer leckerem Kuchen gibt es auch regionale, deftige Küche ab 10 €. Bemerkenswert ist übrigens die Konstruktion des Daches. Bei Überflutung ließ es sich mit wenigen Handgriffen von seiner Verankerung am Haus lösen und in ein Floß verwandeln, das samt der Hausbewohner mit der Flut aufs Festland zutrieb. Viele Insulaner retteten auf diese Weise ihr Leben.

Typisch ostfriesisch – **Spiekerooger Teestube:** Noorderloog/Ecke Noorderpad,

Spiekeroog – das Dorf

11–20 €. Bei jedem Wetter gemütlich ist das über 200 Jahre alte, in weiß-grün gehaltene Insulanerhaus mit schöner Terrasse unter Bäumen, morgens gibt's Frühstück, nachmittags Tee mit leckerem Kuchen, ab mittags regionale Spezialitäten nach Omas Rezepten.

Gemütlich und stilvoll – **Inselcafé:** Noorderloog 13, www.inselbaeckerei.de, tgl. 8–18 Uhr. Im Schatten alter Bäume Tee auf dem Stövchen, Kuchen und selbstgemachtes Eis, gleich daneben der Inselbäcker mit Teekontor, Sanddornprodukten und Konfitüre.

Familienfreundlich – **Der Bahnhof:** direkt neben der Pferdebahn, Pizza ab 6 €, Pasta ab 7 €, alle Speisen auch zum Mitnehmen, kleiner Spielplatz.

Strandnah – **Strandhalle:** Slurpad, tgl. 11–18 Uhr, ab 3 €, Tagesangebot (z. B. Schollenfilet) um 8 €. Selbstbedienungsrestaurant am Strandübergang, sehr angenehm, weil es den langen Weg zurück durch den Dünengürtel ins Dorf erspart. Es gibt alles, was das Kinderherz begehrt – Pizza, Pasta, Pommes, aber auch frische Salate, Schnitzel und Milchspeisen.

Einkaufen

Heiß begehrt – **Eis-Zeit:** Noorderloog. Die Auswahl an Sorten ist riesig, dafür muss man hier auch öfters mal anstehen und kann dabei das riesige Angebot studieren: Zimt-Pflaume, Champagner-Trüffel, Joghurt-Pfirsich…

Gut sortiert – **Bioladen Spiekeroog:** Noorderpad 3, Tel. 04976 70 67 27. Etwas zurückliegend, Käse, Weine, Obst und Gemüse.

Käse, Weine und Naturkost – **Schröders Feine Kost:** Noorderloog 8, Tel. 04976 336. Statt essen zu gehen, kann man einfach mal hier den Einkaufskorb füllen; Verleih von Käsefonduetöpfen und Raclettegeräten.

Die schmucken Inselhäuser auf Spiekeroog sind häufig in Weiß und Grün gehalten

Spiekeroog

Mein Tipp

Saloon mit Pfiff
Für das Café Westend (nachmittags) bzw. das Old Laramie (abends) nimmt man den ca. halbstündigen Fußmarsch in den Westen der Insel gerne auf sich. Nachmittags wird Kaffee und Kuchen serviert, Brause und Bier gibt's in der Flasche, auch im Trubel der Hochsaison kann man hier in aller Ruhe Backgammon spielen, abends dann abhängen, Dart spielen, flippern oder auch tanzen (**Old Laramie mit Café Westend, im Alten Warmbad,** ▶ P 1, Tel. 04976 318, Ostern–Ende Okt. tgl. 14–17 und ab 21 Uhr, Mo Ruhetag, außerhalb der Hauptsaison nur ab 20 Uhr, im Sommer Mi, Fr u. Sa Musik und Tanz).

Dies und das – **Galerie Goos:** Noorderloog 6, Tel. 04976 70 67 66, Mo–Sa 10–12, Mo–Fr auch 16–18 Uhr. Verschiedene Geschenkartikel, darunter Bilder, Fleecedecken, Schuhe, Taschen, Spiele und Kunstobjekte.
Mittendrin – **Inselzauber:** Noorderloog 3, www.spiekerooger-inselzauber.de, tgl. ab 9 Uhr. Bücher zum Schmökern, Mode und Schmuck. Mit Gastronomie: Pastavariationen und Weine zum Genießen in mediterranem Ambiente, schöne Hofterrasse.
Etwas abseits – **Spiekerooger Fenster:** Bi d'Utkiek 5, Tel. 04976 671. Von außen etwas unscheinbar, drinnen aber überrascht eine Riesenauswahl an Teegeschirren plus Zubehör, außerdem Tee zum Abfüllen und eine Boutique.

Aktiv & Kreativ

Baden
Schwimmvergnügen – **Schwimmdock:** Meerwasser-Hallenbad im Kurzentrum, ganzjährig bis auf ca. 3-wöchige Inspektionspause im Jan. od. Febr., Badezeiten: Mo, Di, Fr, Sa 10–12.30, 14–18, Mi, Do bis 19 Uhr, So geschl., Einzelkarte 3,60 €. Kurmittelanwendungen, Kinderbecken, Wassergymnastik, Schwimmkurse, Sauna.

Kinder
Kinderspielhaus – **Trockendock:** im Kurzentrum, Noorderpad 25. Bereich zum Toben mit Tunnelrutsche, Bällebad, Sandraum sowie Räume zum Basteln, Papierboot-Regatta, Lesungen und Theater, Computerkurse (auch für Erwachsene); keine Kinderbetreuung.

Musisches
Hochkarätige Vielfalt – **Künstlerhaus:** Achter d'Diek 3, Tel. 0421 46 04 44 40, www.kuenstlerhaus-spiekeroog.de. Galerie, Ateliers, Werkstätten, Seminar- und Kursräume. Das Angebot zum Angucken und/oder Mitmachen für Erwachsene und Kinder umfasst Malerei/Grafik, Steinbildhauerei, Töpferei, Schmiede- und Metallkunst, Musik- und Tanzworkshops, Schreibwerkstatt, wechselnde Ausstellungen zeitgenössischer Kunst sowie Konzerte. Zudem Verkauf von Bildern, Büchern, Kunsthandwerk, Künstlerbedarf.

Reiten
Auf Islandpferden – **Islandhof:** s. Übernachten. Täglich Ausritte ans

Meer. Unterricht für Anfänger und Fortgeschrittene auf Islandpferden, Abendritte. Ganzjährig finden auf dem Islandhof Intensivreitkurse mit gemeinsamem Wohnen in einem Gästehaus statt.

Mit Reithalle – **Reitstall Petschat:** Achtern d'Diek, Tel. 04976 14 01. Tgl. Strandausritte, Unterricht für Anfänger/Fortgeschrittene in der Reithalle oder auf dem Platz; Kutschfahrten.

Abends & Nachts

Entspannt – **Blanker Hans:** Wüppspoor 2 (direkt am Weg vom Hafen ins Dorf). Gemütliche, ganzjährig und täglich geöffnete Kneipe mit Biergarten.
Let's go west – **Old Laramie:** s. Mein Tipp S. 170

Infos & Termine

Tourismusbüro
s. Infobox S. 164

Verkehr auf der Insel
Es wird darum gebeten, **keine Fahrräder** mit auf die Insel zu bringen, es gibt auch keinen Fahrradverleih. Unentbehrlich insbesondere für Familien mit Kindern ist ein Bollerwagen, in dem alles Nötige für einen Strandtag verstaut werden kann (mehrere Verleihstellen).
Inselmobil: Gäste mit Gehproblemen können mit einem Elektro-Caddie befördert werden, der Platz für 3 Pers. hat, Tel. 01 52 02 18 48 34.
Gepäck: Gepäckbeförderung auf der Insel vom Hafen zur Unterkunft gegen Gebühr.

Feste
Jazzfestival Spiekeroog: drei Tage Ende April, s. S. 30.

Der Inselwesten

Weite, artenreiche Salzwiesen prägen den Westteil Spiekeroogs. Der von Gräben und Prielen durchzogene Westergroen ist eine der größten Brutkolonien der Fluss- und Küstenseeschwalben. Das Gebiet, das zur Ruhezone des Nationalparks gehört, darf das ganze Jahr über nicht betreten werden. Am Nordrand dieses Naturschutzgebietes verläuft Deutschlands letzte Museumspferdebahn auf einer eineinhalb Kilometer langen Strecke vom Dorf zum Dünenrand im Westen.

Museumspferdebahn ▶ Q 1
Ostern–Sept. So–Fr (außer So vormittags) jeweils um 10, 10.45, 15 und 15.45 Uhr, die Rückfahrt jeweils 30 Min. später, einfache Fahrt 2 €
Die Pferdebahn verkürzte bereits 1885 den lästigen Weg vom Dorf zum Herrenbadestrand am Westende. Da die Sandwege der Insel mit hochrädrigen Pferdewagen nur mühsam zu befahren waren, wurde die Bahnstrecke 1896 um eine Abzweigung nach Süden bis zum alten Fähranleger erweitert. 1949 wurde sie durch eine Diesellok ersetzt, die mit der Einweihung des neuen Hafens 1981 ihren Dienst beendete.

Franzosenschanze ▶ Q 1
Im nördlichen Teil des Naturschutzgebiets sieht man die Reste der Franzosenschanze. Um zu Beginn des 19. Jh. den vor der Küste blühenden Schmuggel zu unterbinden, der das Handelsembargo gegen England untergrub, besetzten napoleonische Truppen die Inseln und ließen militärische Einrichtungen bauen. Die unscheinbaren Überbleibsel der Schanze sind nicht zugänglich, da sie in der Ruhezone liegen.

Ein paar Meter weiter nordwestlich sieht man direkt neben der Straße einen weiß getünchten Rettungsschup-

Spiekeroog

pen von 1862, der heute als Stall für Islandpferde fungiert.

Altes Warmbad am Westend ▶ P 1
Das Gebäude, in dem heute das Old Laramie einen Hauch Wilden Westen verbreitet (s. Mein Tipp S. 170), entstand 1899 als erstes Warmbad der Insel. Es bot bei schlechtem Wetter die Möglichkeit, Wannenbäder in erwärmtem Meerwasser zu nehmen. Nach der Verlegung des Badestrandes an die heutige Stelle nördlich des Dorfes diente es von 1934 bis 1945 als Flughafengebäude; der Flughafen wurde gleich nach Ende des Zweiten Weltkriegs wieder abgeschafft.

Alter Fähranleger ▶ S 1
Im äußersten Südwesten gelangt man zum alten Fähranleger. Er ist seit Anfang der 1980er-Jahre, als der neue Hafen eingeweiht wurde, stillgelegt und verfällt. Die Reste der Gleisanlage, die ab 1892 Hafen und Dorf verband, tauchen irgendwo am Weg aus dem Dünensand auf und enden im Nirgendwo auf der von Wind und Wellen angenagten Brücke im Watt.

Übernachten

Familienfreundlich – **Haus Sturmeck:** Westend, Tel. 04976 258, www.diakonie-freizeitzentrum-spiekeroog.de, DZ mit Vollpension ab 73 €. Weiter westlich geht es fast nicht, 20 Min. zu Fuß vom Anleger, aber nur 5 Min. an den Sandstrand. Ein Haus für Gruppen, Familien und Einzelreisende, 2- bis 4-Bett-Zimmer, große Sonnenterrasse mit Blick über die Salzwiesen zum Watt, kleiner Spielplatz, Tischfußball und Kicker.
Zelten in den Dünen – **Campingplatz:** ca. 3,5 km vom Fähranleger, Mai–Mitte Sept. Kiosk mit Lebensmitteln, frühzeitige Voranmeldung empfohlen: Tel.

04976 919 32 2 od. 04976 288 (während der Saison). Wunderbarer Platz ohne großartigen Komfort in den Dünen im äußersten Südwesten der Insel.

Der Inselosten

Wie keine andere der Ostfriesischen Inseln hat Spiekeroog in den letzten knapp 200 Jahren im Ostteil durch Sandanlandung an Substanz gewonnen. Vom Dorf geht es auf dem Hellerpad, der Verlängerung des Süderloog, nach Osten zur Hermann-Lietz-Schule, deren Gelände direkt an das östliche Naturschutzgebiet grenzt, das nur wenige Monate im Jahr zugänglich ist.

Hermann-Lietz-Schule ▶ Q 1
Hellerpad 2, Tel. 04976 910 00, www. hl-schule.de, keine Besichtigung
In dem 1928 gegründeten, staatlich anerkannten Internatsgymnasium werden knapp 90 Schülerinnen und Schüler nach den Prinzipien des Reformpädagogen Hermann Lietz (1868–1919) unterrichtet. Sie genießen hier eine ganzheitliche Erziehung, die neben den obligatorischen Fächern auch den Erwerb praktischer Fertigkeiten umfasst. Die Lehrer leben als ›Familieneltern‹ mit jeweils 4 bis 8 Jugendlichen in einem Wohnbereich zusammen. Die Schule ist auch Träger der HSHS High Seas High School – das segelnde Klassenzimmer. Mit der 7. und 8. Klasse geht's auf die Nordsee, mit der 11. Klasse über den Atlantik, kostet aber eine Kleinigkeit.

Umweltzentrum Wittbülten ▶ Q 1
Tel. 04976 91 00 50, Mitte März bis Anfang Nov. Di–So 11–17 Uhr, im Winter So geschl., 4 €
Wittbülten bedeutet im Plattdeutschen so viel wie Primärdünen, das sind die ersten kleinen Sandhaufen, die zur Bildung einer Düne und damit letzt-

Der Inselosten

endlich zur Inselentstehung führen. Die 2006 eröffnete Ausstellung dokumentiert die Entstehung der Insel, die Gezeiten und den Naturraum Nordsee. Eine Aquariumanlage bietet Einblicke in die Unterwasserwelt der Nordsee. An der Decke schwebt das imponierende Skelett eines Pottwals, nettes Café mit Produkten aus kontrolliert ökologischem Anbau.

Wrack der Verona ▶ R 1

Die Pfade von der Schule zum Strand auf der Nordseite der Insel sind ganzjährig begehbar. Ein beliebtes Wanderziel ist das Wrack der Verona. Der britische Dampfer, dessen klägliche Überreste nur sporadisch aus dem Sand auftauchen, strandete 1883 vor Spiekeroog. Die 21 Mann starke Besatzung wurde vollständig gerettet, aber alle Versuche, das 111 m lange, am Kiel gebrochene Schiff zu bergen, scheiterten. Nach dem Abwracken blieben nur Bug und Heck zurück.

Ostplate ▶ R 1

Der gesamte Ostteil Spiekeroogs liegt in der Ruhezone des Nationalparks und darf nur auf wenigen markierten Wegen betreten werden. Das Gebiet der Ostplate ist in der Brut- und Aufzuchtzeit der Vögel von April bis Juli zum großen Teil gesperrt. Die etwa 7 km lange und 2,5 km breite Ostplate ist für Geologen und Botaniker von besonderem Interesse, da sie hier alle Stadien der Inselentstehung beobachten und wesentliche Erkenntnisse über die Entstehungsgeschichte der Ostfriesischen Inseln gewinnen können. Auf der von vielen Wasserflächen durchzogenen Sandplate, die nur bei Sturmflut unter Wasser steht, prägen niedrige Dünen unterschiedlichen Alters die Landschaft. Im Südosten bilden artenreiche Salzwiesen mit breiten Verlandungszonen den Übergang zum Sandwatt. Seit 1935 hat sich hier vom Menschen fast unbeeinflusst eine einzigartige Tier- und Pflanzenwelt entwickeln können. Anderswo schon selten geworden, kommt hier die Stranddistel noch in großer Zahl vor, gedeihen Strandqueller und die zartrosa blühende Strandwinde. Am Strand und im Primärdünenbereich brüten Silbermöwen, See- und Sandregenpfeifer und Zwergseeschwalben. Auf dem Heller gibt es Kolonien brütender Austernfischer und Eiderenten.

Ausritt am menschenleeren Strand von Spiekeroog

173

Das Beste auf einen Blick

Wangerooge

Auf Entdeckungstour

Von Leuchtturm zu Leuchtturm: Mit dem Fahrrad geht es quer über die Insel zu den geschichtsträchtigen Leuchttürmen der Insel, die Zeugen der spannenden, mitunter höchst dramatischen Inselgeschichte sind. Geschützt und sicher in der Mitte des Dorfes erhebt sich der Alte Leuchtturm, das Wahrzeichen der Insel aber ist der Neue Westturm. Das Fundament seines Vorgängers findet man im Watt, bei Hochwasser ist es von den Fluten überspült. S. 178

Kultur & Sehenswertes

Nationalparkhaus Rosenhaus: Abseits der Hauptstraße am Rosengarten mitten im Dorf gelegen, gibt es hier außer der sehenswerten Ausstellung regelmäßig Diavorträge und Filmvorführungen, Kinderstunden und naturkundliche Exkursionen – zu Fuß oder mit dem Fahrrad. S. 177

Aktiv & Kreativ

Kleine Tour zum ehemaligen Ostanleger: Dunkle Pfahlreihen ragen aus dem hellen Sand, die Reste des ehemaligen Ostanlegers. Hinter dem Ausflugslokal Café Neudeich im Osten der Insel geht es noch ein Stück mit dem Fahrrad und dann nur noch zu Fuß weiter. S. 185

Genießen & Atmosphäre

Inselgasthaus Jan Seedorf: Auf dem Weg gen Westen kommen regionale Spezialitäten auf den Tisch, frisch und mit Hingabe zubereitet. S. 184

JuHe im Neuen Westturm: Die einsame Lage ist unschlagbar, die Aussicht vom Turmzimmer grandios. Man lässt sich bekochen, das Essen wird im modernen Anbau serviert. S. 185

Abends & Nachts

Café Treibsand: In diesem Café mitten im Dorf kann man sich ganzjährig treiben lassen. S. 182

Diggers: Auf der Strandpromenade, in der Saison ein beliebter Treff für einen Drink zum Sonnenuntergang. S. 183

Insel der Leuchttürme

Die zweitkleinste und östlichste der bewohnten Ostfriesischen Inseln gehörte in ihrer wechselvollen Geschichte zweimal zu Russland, aber niemals zu Ostfriesland. Das autofreie, liebenswert überschaubare Eiland ist eine ruhige Familieninsel.

Die erste urkundliche Erwähnung Wangerooges fällt in das Jahr 1327, als das Schiff eines Wangerooger Kapitäns vom Sturm verschlagen wurde und in die Gewalt des Grafen von Holland geriet. Die Tatsache, dass die Inselbewohner in einem Brief aus diesem Jahr *oppidani* – etwa gleichbedeutend mit dem Begriff Stadtbürger – genannt werden, weist darauf hin, dass es auf Wangerooge zu dieser Zeit bereits einen Ort gegeben haben muss.

Seit 1575 in Oldenburger Hand, fiel Wangerooge 1793 durch Erbschaft an Russland (Katharina die Große, die Zarin von Russland, war die Schwester des Fürsten Friedrich August von Anhalt-Zerbst), 1807 an Holland, drei Jahre später an Frankreich, dann wieder an Russland und 1818 schließlich an Oldenburg, wozu es bis heute gehört. Noch zur Zeit der russischen Herrschaft, nämlich um 1800, kamen die ersten Badegäste.

Der Fremdenverkehr entwickelte sich zunächst nur zögerlich. Erst unter oldenburgischer Herrschaft ging es steil bergauf, als die großherzogliche Familie beschloss, ihre Sommerresidenz auf die Insel zu verlegen. In ihrem Gefolge besuchten Herzöge, Prinzen und hochrangige Politiker das Seebad. 1854 zählte man schon 820 Gäste. Diese erfolgreiche Badesaison sollte jedoch bis auf Weiteres die letzte sein: Weihnachten 1854 wurde das florierende Nordseebad Opfer einer verheerenden Sturmflut. Die Menschen konnten ihr Leben zwar retten, doch ein Drittel der Häuser war völlig zerstört, die anderen Gebäude stark beschädigt. Die neue Siedlung entstand im damaligen Ostteil der Insel rund um den heutigen Dorfplatz. Bei einem Bombenangriff kurz vor Kriegsende wurde der größte Teil der Häuser beschädigt oder zerstört, sodass auf Wangerooge heute kaum alte Gebäude zu finden sind.

Infobox

Infos zu Wangerooge
Kurverwaltung Wangerooge: Strandpromenade 3, 26486 Wangerooge, Tel. 04469 990
Tourist-Service Verkehrsverein Wangerooge: im Bahnhofsgebäude, Tel. 04469 948 80, www.westturm.de, Mo–Fr 9–17, Sa 10–12 Uhr
www.wangerooge.de: Infos zu Unterkunft, Anreise und Veranstaltungen

Anreise
Wangerooge ist autofrei; Park- und Garagenplätze auf dem Festland.
Fähre: ab Harlesiel, 1–4 Abfahrten, tideabhängig, Fahrzeit ca. 1 Std. 20 Min. inkl. Inselbahn, Info: Bahnhof Harlesiel, Tel. 04464 94 94 11, www.siw-wangerooge.de
Bahn: am besten bis Sande/Friesland, von dort mit dem Tidebus bis an den Anleger in Harlesiel
Flug: von Harlesiel nach Wangerooge, im Sommer 9 x tgl., Tel. 04464 948 10, www.inselflieger.de

Infos zum **Verkehr auf der Insel** s. S. 183

Wangerooge – das Dorf

Abendstimmung im Yachthafen von Wangerooge

Wangerooge – das Dorf ▶ T 1

Die bunte Inselbahn bringt die Urlauber vom einsam am Südwestzipfel der Insel gelegenen Hafen – am östlichen Rande einer weiten, vogelreichen Lagunenlandschaft vorbeizuckelnd – zum Bahnhof Kehrwieder im Dorfzentrum. Am Bahnhof nimmt die Zedeliusstraße ihren Ausgang, Wangerooges Einkaufsstraße und Flaniermeile. Sie führt direkt auf das an der Strandpromenade gelegene Café Pudding zu, von dem aus sich ein Panoramablick aufs Meer bietet.

Inselmuseum im Alten Leuchtturm
Zedeliusstr. 3, Tel. 04469 83 24, www.leuchtturm-wangerooge.de, Mo–Mi 10–13, 14–17, Do 10–13, 19–22, Fr 14–17, Sa, So 10–12, 14–17 Uhr, 2 €
Nur wenige Schritte vom Bahnhof erhebt sich der 39 m hohe, schwarz-rot-weiß gestrichene Alte Leuchtturm, das älteste erhaltene Bauwerk der Insel (s. Entdeckungstour S. 178). Seit 1980 beherbergt er das Inselmuseum, in dem eine bunte Vielfalt von Exponaten zur bewegten Inselgeschichte ausgestellt ist. Kinder haben ihre Freude an der Muschel-, Bernstein- und Vogelsammlung sowie der kleinen Miniatureisenbahn, die munter durchs Museum zuckelt.

Seit 1996 kann man übrigens in einer besonderen Traustube im Alten Leuchtturm heiraten, die Organisation der Traumhochzeit übernimmt der Verkehrsverein.

Nationalparkhaus Rosenhaus im Rosengarten
Friedrich-August-Str. 18, Tel. 04469 83 97, www.nationalparkhaus-wangerooge.de, Mitte März–Ende Okt. Di–Fr 9–13, 14–18, Sa, So 10–12, 14–17 Uhr, im Winter reduzierte Öffnungszeiten, Eintritt frei, Spende erwünscht
Im Rosenhaus hinter dem Musikpavillon am Ostende des bereits 1928 als Park angelegten Rosengartens ist das Informationszentrum des Nationalparks Niedersächsisches Wattenmeer

Auf Entdeckungstour

Von Leuchtturm zu Leuchtturm auf Wangerooge

Wangerooge verfügt mit dem Neuen Leuchtturm über ein aktives Seefeuer sowie über zwei historische Seezeichen – den Alten Leuchtturm in der Ortsmitte und den Neuen Westturm im Westen der Insel. Sie sind Zeugen einer spannenden, mitunter höchst dramatischen Inselgeschichte.

Reisekarte: ▶ S/T 1

Stationen: Fundament Alter Westturm, Neuer Westturm, Neuer und Alter Leuchtturm/Inselmuseum

Dauer: ohne Abstecher und Pausen zu Fuß etwa 3, per Rad 1–1,5 Std.

Öffnungszeiten: Neuer Westturm s. S. 184, Alter Leuchtturm s. Inselmuseum S. 177

Von alters her verfügten die Ostfriesischen Inseln über Landmarken, die für die Seefahrer wichtige Orientierungshilfen boten. Zunächst dienten vielfach die Kirchtürme der Orientierung, später wurden sie vielerorts durch Leuchttürme oder Leuchtfeuer ersetzt. Nicht selten gewährten die mitunter massiven Steintürme den Insulanern bei Sturmfluten und Unwettern den letzten Zufluchtsort.

Das Meer verschlingt Kirchtürme und Leuchtfeuer

Oft genug aber wurden die Landmarken selber zum Opfer des Meeres. Infolge der unaufhaltsamen Ostverlagerung der Inseln rückten viele Dörfer mitsamt ihrer Kirche immer näher an das Meer heran. Auf Wangerooge musste das von Abbrüchen bedrohte Dorf im Nordwesten der Insel im Verlauf des 16. Jh. verlassen und dem Verfall preisgegeben werden. Die vermutlich im 14. Jh. errichtete Wangerooger Nikolaikirche stürzte gegen Ende des 16. Jh. bis auf eine Resthöhe von 15 m ein. Sie lag etwa 5 km westlich vom heutigen Westrand der Insel und diente den Schiffen noch lange als Seezeichen, bis sie endgültig von den Wogen abgetragen war. Da der Turm eine wichtige Orientierung für die sichere Einfahrt in die Weser gewesen war, setzte sich die Bremer Kaufmannschaft für den Bau eines neuen Turms ein. 1597 wurde der Grundstein gelegt, der markante neue Seeturm wurde zum Wahrzeichen des ebenfalls neu gegründeten Dorfes und wird heute als Alter Westturm bezeichnet.

Reste eines Riesen

Gut 300 Jahre diente der **Alte Westturm**, das weithin sichtbare Landzeichen, den Insulanern als Kirche, das obere Stockwerk war Lager für Strandgut. Gelegentlich dienten die Räum-

lichkeiten aber auch als Gefängnis, Eiskeller und, in der Franzosenzeit, als Waffenlager. Das Meer rückte näher. Als sich nach einer Sturmflut 1860 Risse im Mauerwerk zeigten, wurde die Einrichtung der Turmkirche in Sicherheit gebracht, drei Jahre später wurde er ganz aufgegeben. Nun stand der mächtige Turm, einst krönender Dorfmittelpunkt, allein auf weitem Strand, von den herandrängenden Meereswellen umspült. Doch letztendlich wurde nicht das Wasser dem einsamen Riesen zum endgültigen Verhängnis. In Erwartung eines englischen Angriffs zu Beginn des Ersten Weltkriegs, bei dem der Turm als Orientierungszeichen hätte dienen können, entschied man sich Weihnachten 1914, das markante, doch bereits baufällige Bauwerk zu sprengen. Möglicherweise war die Begründung der Marine nur ein Vorwand, um sich des Bauwerks zu entledigen, dessen Erhaltung aufwendig und kostspielig war. Das runde Fundament wurde später in ein Buhnenbauwerk integriert. Es ist noch heute bei Niedrigwasser an der Buhne B, der zweiten westlich des Neuen Leuchtturms, zu erkennen und zu begehen. Eine große runde Steinfläche markiert den ehemaligen Standort des Alten Westturms.

Neues Wahrzeichen

Wangerooge blieb von feindlichen Angriffen verschont, doch die Insulaner und die langjährigen Stammgäste trauerten um das gesprengte Wahrzeichen, das noch heute das Wangerooger Wappen schmückt. Schon bald machte man sich an die Verwirklichung der Pläne für eine Nachbildung ein ganzes Stück weiter südlich. Der weithin sichtbare, 1933 fertiggestellte **Neue Westturm** gilt als Wahrzeichen der Insel. Der neue Turm, der nach seiner Fertigstellung die Jugendherberge aufnahm, wurde im Gegensatz zum alten mit Fenstern ausgestattet. Auch Nicht-Übernachtungsgäste können sich an der Rezeption im neuen Anbau der Jugendherberge den Schlüssel für den Turm holen und von oben eine grandiose Sicht über die ganze Insel genießen.

Vom Petroleumbetrieb zur Vollautomatisierung

Auch der 1969 in Dienst genommene vollautomatische, hinter den Dünen im Westen der Insel platzierte **Neue Leuchtturm** gehört zu den Wahrzeichen Wangerooges. Das Seefeuer in 64 m Höhe ist eines der höchsten an Deutschlands Küsten und hat eine Reichweite von 56 km. Die Kennung ist das Signal: 0,1 Sekunden Blitz (rot), 4,9 Sekunden Pause. Der Neue Leuchtturm kann nicht besichtigt werden, man passiert ihn auf der Straße zurück ins Dorf, in dessen Mitte sich der 39 m hohe, schwarz-rot-weiß gestrichene **Alte Leuchtturm,** das älteste erhaltene Bauwerk der Insel, erhebt. Der 1855/56 am damaligen Ostende der Insel errichtete Leuchtturm, der bis 1969 in Betrieb war, wurde anfangs mit einem Petroleum-Feuer, seit Ende des Jahrhunderts dann elektrisch betrieben. Die Außenseite des Leuchtturms schmückt ein Stein mit dem Wappen des Hauses Anhalt-Zerbst, das als Hoheitszeichen bereits an dem 1687 erbauten, steinernen Feuerturm angebracht war. Über die 161 Stufen der Wendeltreppe gelangt man zur Aussichtsplattform in 35 m Höhe mit einem Panoramablick über die turmreiche Insel. Bei klarer Sicht entdeckt man weiter draußen andere Leuchttürme und Seezeichen, die den Schiffen bei Ein- und Ausfahrten in die Flüsse Jade, Weser und Elbe Orientierung bieten. Zu ihnen gehören der bekannte Leuchtturm Roter Sand und sein Nachfolger Alte Weser sowie die Leuchtfeuer Helgoland, Minsener Oog und Mellumplate. Im integrierten Inselmuseum erfährt man viel Spannendes über die Geschichte der Leuchttürme, die man bereits gesehen hat oder noch sehen wird, je nachdem, wo man die Tour begonnen hat.

Der Neue Westturm gilt als Wahrzeichen der Insel

Wangerooge – das Dorf

untergebracht. Die Ausstellung informiert über den Lebensraum Wattenmeer. Es werden regelmäßig naturkundliche Exkursionen – zu Fuß oder mit dem Fahrrad – und Kinderstunden angeboten.

Kriegsgräberstätte

Wegen seiner Lage am Eingang zum Jadebusen, wo ab 1856 der wichtigste deutsche Kriegshafen, Wilhelmshaven, ausgebaut wurde, war Wangerooge in beiden Weltkriegen ein wichtiger militärischer Stützpunkt. Auf der Insel wurden Bunker gebaut, es wurden Flugabwehr- und Jagdfliegereinheiten stationiert. Kurz vor Kriegsende, im April 1945, wurde Wangerooge das Ziel des schwersten Bombenangriffs auf einer Ostfriesischen Insel. Innerhalb von 15 Minuten legten 480 alliierte Bomber die kleine Insel mit rund 6000 Bomben in Schutt und Asche – 311 Menschen starben. In der Kriegsgräberstätte westlich des Kurmittelhauses und des Schwimmbads liegen die Opfer des Bombenangriffs begraben. Oben auf den Dünen ragt ein dunkles Holzkreuz empor. Es steht auf einem Bunkergrab und erinnert an die 14 Soldaten und 6 Marinehelferinnen, die hier bei dem schweren Bombenangriff ums Leben kamen.

Katholische Kirche

Tagsüber geöffnet

Die 1962/63 erbaute katholische Kirche liegt in der Westingstraße im nordöstlichen Teil des Dorfes. Auf zwei großflächigen Wänden sind aus farbigen Glassteinen Szenen aus dem Alten und Neuen Testament dargestellt. Thema der vorwiegend in Rot gehaltenen Nordwand sind die Kreuzwegstationen. Auf der Südwand dominieren mit dem Wasser in Verbindung stehende Themen in blauen Farbtönen, z.B. Noah in der Arche und der den Jonas ausspeiende Wal.

Übernachten

Blick auf den Weltschifffahrtsweg – **Upstalsboom Strandhotel:** Strandpromenade 21, Tel. 04469 87 60, www.upstalsboom.de. Die feinste Lage der Insel, Einzel-, Doppel- und Dreibettzimmer sowie Suiten direkt am Meer, DZ 192–332 €. Mit Wellnessbereich, Schwimmbad, Sauna, Solarium und drei Restaurants.

Zentral – **Hotel Villa im Park:** Dorfplatz 16, Tel. 04469 870 80, www.vip-wangerooge.de, DZ 130–158 €. Zentrale, ruhige Lage, Einzel-, Doppel- und Dreibettzimmer in einem traditionsreichen, modernisierten Haus, Sauna, Solarium, Internet inklusive.

Ruhig und gepflegt – **Pension Haus Kapitän K. F. Keil:** Friedrich-August-Str. 8, Tel. 04469 319, www.haus-keilwangerooge.de, DZ 68–90, FeWo 65–75, Bungalow 120 €, hinzu kommt noch die Endreinigung. Zentral gelegenes, familiär geführtes Kapitänshaus mit 10 Zimmern mit Kochgelegenheit, 3 Ferienwohnungen für 2–5 Pers. (auf Wunsch mit Frühstück) und einem Bungalow für 4–6 Pers.

Familiär – **Haus Jakobs:** Elisabeth-Anna-Str. 29, Tel. 04469 335, www.hausjakobs.de, April–Nov., DZ 76 €. Gästehaus von 1911, seit 90 Jahren im Familienbesitz, Zimmer mit Dusche/WC, Teeküchenbenutzung.

Einfach und nett – **Haus Helena:** Bahnhofstr. 1, Tel. 04469 550, DZ 64–78 €. Hübsche, bahnhofsnahe Pension in einer alten Villa mit 6 Doppel- und 2 Einzelzimmern, Gästeküche und Aufenthaltsraum.

Persönlich – **Villa Marie:** Friedrich-August-Str. 6, Tel. 04469 277, www.hausvilla-marie.net, EZ, DZ sowie 6 Appartements für 1–4 Pers., DZ 50–100 €. Kleine Pension, nur wenige Minuten vom Strand. Es gibt ein Langschläferfrühstück und auch Appartements.

181

Wangerooge

Essen & Trinken

Erlesen – **Strandrestaurant Gerken:** Strandpromenade 21, Tel. 04469 87 60, Hauptgerichte ab 13 €. Gepflegte Küche mit Meerblick im Hotel Upstalsboom, große Strandterrasse. Mi gibt's italienisches Buffet, Sa friesisches Schlemmerbuffet.

Ganz oben – **Café Pudding:** Zedeliusstr. 49, Tel. 04469 220, außer im Juli/Aug. Di Ruhetag, Hauptgerichte ab 10 €. Der markante Rundbau am obersten Punkt der Haupteinkaufsstraße bietet Panoramablick auf Strand und Meer. Es gibt Kaffee und Kuchen, aber auch Mittag- und Abendessen.

Delikat-kreative Küche – **Kompass:** Strandpromenade 19, www.compass-wangerooge.de, tgl. 11–1 Uhr, Hauptgerichte ab 9 €. Stilvolles, neu eingerichtetes Restaurant mit vielen alten Fotos. Es gibt einen runden Tisch mit drehbarer Bank und einem Michel, hier kann selbst gezapft werden, Lounge für die Raucher.

Nicht immer nordisch, aber gut – **Schnigge:** Obere Strandpromenade, ab 9 Uhr, Küche 12–21 Uhr, ab 11 €, Mittagskarte um 10 €. Beliebtes Restaurant und Café, windgeschützt mit Terrasse zum Meer.

Für jeden etwas – **Düne 17:** Zedeliusstr. 39, warme Küche 12–21 Uhr. Selbstgebackene Kuchen, Baguettes, Salate, vegetarische Aufläufe, Pizza, Pasta, Fisch und Fleisch ab 7 €. Auch nett für abends auf ein Bier, Wein oder Cocktail.

Preiswert – **Fischrestaurant Kruse:** Elisabeth-Anna-Str. 17, Tel. 04469 14 14, Di–So 11.30–14, 17.30–21 Uhr, Hauptgerichte ab 9 €. Frischer Fisch, reelle Portionen, freundlicher Service, nebendran Imbiss mit Tellergerichten ab 6 €.

Für täglich – **Café Treibsand:** Zedeliusstr. 32, Tel. 04469 12 10. Café, Bistro und Kneipe, ist auch nett für ein Glas Wein am Abend. Hier hängen auch gerne mal die Einheimischen ab, vor allem im Winterhalbjahr, wenn die Strandbistros mit Meeresblick geschlossen haben, eine Institution für einen kleinen Klönschnack …

Italienisch – **Eiscafé und Pizzeria Venezia:** Zedeliusstr. 20, Tel. 04469 13 77, Pizza und Pasta ab 6 €. Der eindeutige Favorit aller Kinder.

Chill out am Meer – **Surf Kiosk:** untere Strandpromenade, allerletztes Haus am Hauptbadestrand, noch ein ganzes Stück hinter dem Hallenbad, nur in der Saison. Einfache Strandbar in der Baracke der Surfschule. Auf der Speisekarte stehen Kuchen, Bockwurst und Pizza.

Einkaufen

Bilder – **Galerie Collage Monika Ploghöft:** Charlottenstr. 25, www.ploghoeft.de. Bilder zum Angucken und zum Kaufen, aber auch Postkarten und schöne kleine Dinge.

Urlaubsseligkeiten – **von Ahn:** Kleine und Große finden hier alles, was das Urlaubsherz begehrt: Strandspielzeug, Lenkdrachen, Brettspiele für Regennachmittage, Bücher und Souvenirs.

Aktiv & Kreativ

Baden

Bei Wind und Wetter – **Meerwasser-Freizeitbad Oase mit Freibad:** in der Saison Mo 12.30–19, Di–So 10–19, Fr bis 22 Uhr, mit Kinderplantschbecken, Geysiren, Sauna usw.

Golfen

Naturbelassen – **Golfclub Wangerooge:** Im Westen 23, Tel. 04469 94 21 71, www.golf-wangerooge.de. Ein 9-Loch-Golfplatz ist im Ostinnengroden zwischen Kläranlage und Flugplatzgelände geplant.

Wangerooge – das Dorf

Kinder

Betreut – **Gästekindergarten:** an der Oberen Strandpromenade, für 3- bis 6-Jährige. Osterferienbeginn bis Ende Okt. 9.30–2.30 Uhr. Spielräume ohne Betreuung befinden sich im Innenhof der Kurverwaltung.

Selberspielen – **SpielHaus:** am Fußweg zum Westen, in der Hauptsaison tgl. 10–18 Uhr, Eintritt frei. Mit Kletterwand und Trampolinen.

Fantasievoll – **Abenteuerspielplatz:** unterhalb der Kriegsgräberstätte. Ruhige, windgeschützte Lage unmittelbar hinter den Dünen.

Reiten

Auch Kutschfahrten – **Inselhof:** Am Alten Deich 11, Tel. 04469 945 97 82, www.inselhof-wangerooge.de. Strand- und Dünenausritte.

Ausritte und Ponyreiten – **Reitstall Eden:** Ende Richthofenstr., Tel. 04469 266.

Aufnahme von Gästepferden – **Reitstall Janßen:** Rösingstr. 11, Tel. 04469 650.

Lesen mit Blick aufs Meer

Manchmal hat man genug vom ewigen Wind oder braucht einfach mal Ruhe von allem. Dann wirkt ein halbes Stündchen im Lesesaal im Haus des Gastes wahre Wunder. Es gibt schlichte, gepolsterte Stühle mit Lehnen, dazu verschiedene überregionale Tageszeitungen und einen atemberaubend direkten Blick aufs Wasser (**Lesesaal im Haus des Gastes,** Obere Strandpromenade, ganztägig frei zugänglich).

Wassersport

Windsurfen/Katamaransegeln – **Wind Specials-FunCenter:** Untere Strandpromenade West, Info Tel. 0171 325 43 66 od. 0179 540 68 53, im Sommer auch Tel. 04469 94 22 22, www.windsurfing-wangerooge.de. Anfänger-, Kinder-, Aufbau- und Fortgeschrittenenkurse, Juni–Anfang Sept.

Abends & Nachts

Eine richtige Disco gibt es zurzeit nicht, aber einige nette Café-Bistro-Kneipen, in denen man auch abends einkehren kann. **Düne 17** und **Treibsand** gehören dazu, s. unter Essen & Trinken.

Bier mit Aussicht – **Strandkorb:** Obere Strandpromenade 19. Gemütliche Kneipe mit langer Holztheke und Blick aufs Meer.

Schnigges Bar – **Lütt un Lütt:** Obere Strandpromenade 27, tgl. ab 17 Uhr bzw. früher, wenn Spiele der Bundesliga gezeigt werden, Di Ruhetag. Kleine Terrasse zum Draußensitzen, auf den Tisch kommt auch Deftiges von Currywurst, Rotbarschfilet und Schnitzel ab 6 €.

Beste Aussichten – **Diggers:** Obere Strandpromenade Nr. 3. In der modernen, freundlichen Strandbar genießen Inselgäste wie Einheimische das Leben am Meer. Es ist der schönste Platz zum Sonnenuntergang, es gibt Bier, Cocktails und Kleinigkeiten zu essen.

Infos

Tourismusbüros
s. S. 176

Verkehr auf der Insel

Wichtigstes Verkehrsmittel auf Wangerooge ist das **Fahrrad.** Es gibt meh-

Wangerooge

rere Fahrradvermieter, auch in Bahnhofsnähe. Während der Hauptsaison ist der obere Teil der Zedeliusstraße für Radfahrer gesperrt. Auf der oberen und unteren Strandpromenade ist das Radfahren ganzjährig verboten.
Gepäck: Gepäckdienst auf der Insel: Firma Hundorf & Tammen, Tel. 04469 14 26. Die Firma steht bei der Ankunft am Bahnhof, bei der Abreise nur auf Anforderung am Vortag bis 18 Uhr, Beförderung auch vom bzw. zum Flughafen auf Anforderung.

Der Inselwesten

Verschiedene Wege – am Watt oder am Strand entlang, über die Fahrstraße oder durch die Dünen – führen nach Westen. Ein günstiger Ausgangspunkt für eine Wanderung oder Radfahrt Richtung Westturm ist der Bahnhof. Die Straße Am Wattenmeer führt schnell in unbebautes Gebiet. Bevor der Weg auf den Westgrodendeich abzweigt, führen die Gleise der Inselbahn durch ein Deichschart, das bei hohen Sturmfluten geschlossen wird. In Höhe der ehemaligen Haltestelle Saline – der Name erinnert an ein Salzgewinnungswerk, das ein Oldenburger Kaufmann 1832 errichtete, aber bereits 1854 wieder aufgeben musste – sieht man mehrere kreisrunde Tümpel – Bombentrichter, in denen sich Grundwasser gesammelt hat.

Westaußengroden ▶ S 1
Zwischen der nach Süden zum Anleger oder Hafen abzweigenden Inselbahn und dem nach Südwesten führenden Westgrodendeich erstreckt sich der Westaußengroden mit der Lagune, einem ausgedehnten, verzweigten Salzwasserseengebiet, dessen Betreten zum Schutze der Vögel ganzjährig verboten ist. Die Lagune ist Menschen-

werk, sie entstand, als man hier im Jahr 1912 Schlick und Sand für den Bau des Westgrodendeiches entnahm.

Neuer Westturm ▶ S 1
Auf Anfrage in der JuHe, s. S. 185
Der weithin sichtbare, 1933 fertiggestellte Neue Westturm ist das Wahrzeichen Wangerooges. Er beherbergt auch eine Jugendherberge (s. u.), der Aufstieg zum Ausguck im Dach ist auch für Nicht-Übernachtungsgäste möglich (s. auch Entdeckungstour S.178).

Hafen ▶ S 1
Zum Hafen im äußersten Südwesten gelangt man entweder über den Strand im Westen der Insel oder auf dem befestigten Radweg am Westturm vorbei. Am Pier sind Fährschiffe und Frachter festgemacht, im inneren Hafenbecken liegen Segel- und Motorboote. Das Holzhaus des Hafenmeisters steht zum Schutz vor Sturmfluten auf hohen Pfählen. Ankommende Urlauber steigen in die wartende Inselbahn um. Da kein Spazierpfad durch die Lagune führt, muss man für den Rückweg entweder wieder am Westturm vorbei (am Strand oder auf dem Fahrweg) oder die Bahn ins Dorf zurück nehmen.

Essen & Trinken

Regionale Spezialitäten – **Inselgasthaus Jan Seedorf:** An der Saline, Straße zum Westen 72, Tel. 04469 387, nur in der Saison 12–20 Uhr, Di Ruhetag, ab 13 €. Beliebt bei Wanderern und Radfahrern, netter Service, Sonnenterrasse im Schutz der Westdünen, hier gibt's Birnen, Bohnen und Speck für 12,80 € und Speckendicken für 15,80 € – das ist ein herzhafter Pfannkuchen mit Speck und Rauchmettwurst, zu dem gedünstete Apfelstücke gereicht werden.

Der Inselosten

Mein Tipp

Zimmer mit Ausblick
Wenn schon Jugendherberge, dann diese im bzw. am Alten Westturm. Die JuHe im einsamen Westen der Insel ist auf Familien mit Kindern eingestellt. Ich fand sie sogar schon klasse, als man hier noch in zugigen Schlafsälen und nicht in freundlichen Zimmern mit privatem Bad nächtigte (**Jugendherberge im Westturm**, 3,5 km vom Dorf, Tel. 04469 439, www.jugendherberge.de, ganzjährig, Nov.–Feb. auf Anfrage, 2-, 3-, 4- oder 6-Bett-Z immer im historischen Westturm od. im modernen Anbau, alle Zimmer mit Dusche u. WC, Vollpension ab 27,80 €).

Der Inselosten

Umrundung des Ostinnengrodens
▶ T 1
Mit dem Fahrrad und natürlich auch zu Fuß kann man den 1923–25 eingedeichten Ostinnengroden umrunden. Vom Bahnhof aus folgt man am besten dem Deich um den Dorfgroden. Der 1902 erbaute Deich brach während der Sturmflut von 1962 auf einer Länge von 230 m und wurde daraufhin auf 6 m über N.N. erhöht. Eine Gedenktafel erinnert an die Gewalt des Wassers: »Water ist Segen, Water ist Not, Lat uns den Segen, Bewahr us vör Not«. Der sich anschließende Ostgrodendeich hielt der Sturmflut stand, wurde aber ebenfalls auf 6 m erhöht. Bis zum Café Neudeich kann man immer auf dem Deich weiterwandern bzw. Rad fahren. Unweit des geschützt am Deich liegenden Cafés befindet sich eine Naturschutzstation (naturkundliche Führungen s. Aushang, keine Ausstellung, Tel. 04469 81 74).

Zum Ehemaligen Ostanleger ▶ U 1
Vom Café Neudeich geht es noch ein Stück mit dem Fahrrad und dann nur noch zu Fuß weiter. Am Weg zum ehemaligen Ostanleger steht die Neue Strandbake von 1909. Von hier sieht man dunkle Pfahlreihen aus dem Sand ragen, Reste des ehemaligen Ostanlegers, den ein Gleis mit dem Ort verband. Der 1904 gebaute Anleger, der eine gezeitenunabhängige Verbindung von Wilhelmshaven und Bremerhaven nach Wangerooge ermöglichte, war bis zu seiner Aufgabe 1958 ein teures Sorgenkind der Gemeinde und der Schifffahrtslinien. Versandung, Unterspülung, Sturmfluten und Eistreiben machten ihn immer wieder unbrauchbar.

Minsener Oog ▶ U 1
Von der östlichen Inselspitze fällt der Blick auf die kleine, künstlich geschaffene Insel Minsener Oog. Seit 1908 wurden auf einer Sandbank Buhnen und Leitdämme gebaut, um die nach Osten wandernden Sande aufzuhalten und das wichtige Fahrwasser nach Wilhelmshaven vor der Versandung zu schützen.

Essen & Trinken

Der Weg lohnt – **Café Neudeich**: Straße zum Osten, Tel. 04469 272, Mi–Mo ab 11 Uhr. Freundliches Ausflugslokal, Kaffee, Kuchen, warme Speisen 9–15 €.

Das Beste auf einen Blick

Emden und die Krummhörn

Highlights!

Kunsthalle in Emden: Ein berühmtes und doch erstaunlich persönliches Haus für Werke der klassischen Moderne und der zeitgenössischen Kunst. Nach dem Kulturgenuss gibt's Kulinarisches im Henri's nebenan, im Sommer Terrasse direkt am Wasser. 8 S. 195

Greetsiel: Ein ausgesprochen malerischer Fischer- und Künstlerort mit sorgfältig restaurierten Giebelhäusern aus dem 17. und 18. Jh., einer kleinen, trutzigen Kirche, Baum bestandenen Klinkerstraßen entlang dem Alten Siel, geschmackvollen Läden und stilvollen Restaurants. S. 207

Auf Entdeckungstour

Hafenrundfahrt in Emden: Die Rundfahrt führt vom Ratsdelft in den Emder Außenhafen, wo in guten Jahren mehr als eine Million Autos verschifft werden. Der Kapitän vermittelt einen spannenden und informativen Einblick in das Wirtschaftsleben der Stadt. S. 192

Kultur & Sehenswertes

Ostfriesisches Landesmuseum: Das Emder Rathaus birgt die faszinierende Städtische Rüstkammer. Vom Turm bietet sich ein schöner Blick über den Ratsdelft mit Museumsschiffen. S. 194

Rysum: Ein bildhübsches Warfendorf mit einer im 15. Jh. erbauten Kirche, in der sich die älteste, noch bespielbare Orgel des Landes befindet. S. 202

Leuchtturm von Pilsum: Der fotogene, gelb-rot gestreifte Leuchtturm von Pilsum ist nur zu Fuß oder per Rad zu erreichen. S. 204

Aktiv & Kreativ

Radtour durch die Krummhörn: Auf der Friesenroute Rad up Pad geht es von Warft zu Warft, zu mittelalterlichen Kirchen, Leuchttürmen und Burgen. S. 210

Genießen & Atmosphäre

Kanal- und Grachtenfahrten: Eine Bootsfahrt durch die zahlreichen Wasserläufe in Emden bietet überraschend malerische Aspekte der VW-Stadt. S. 200

Poppinga's Alte Bäckerei: Urgemütliche Teestube in Greetsiel. Der Tee wird in »Ostfriesischer Rose« auf dem Stövchen serviert. S. 211

Abends & Nachts

Zwischen den Märkten: Viele Szene-Kneipen liegen in Emden im Bereich Zwischen den Märkten und am Neuen Markt. S. 200

Konzerte im Rysumer Fuhrmannshof: Stimmungsvolle Klavierkonzerte in der alten Scheune eines Gulfhofes aus dem 18. Jh. S. 207

Hafenkieker: Gemütliches Bierlokal am Kutterhafen in Greetsiel. S. 214

Die westliche Nordseeküste

Die im 16. Jh. für ihren unermesslichen Reichtum berühmte Handelsmetropole Emden zählt zu den bedeutendsten Seehäfen Deutschlands und bildet nach wie vor das kulturelle und wirtschaftliche Zentrum Ostfrieslands.

An das Emder Stadtgebiet schließt sich im Nordwesten die Gemeinde Krummhörn an, die den südwestlichen Zipfel der Ostfriesischen Halbinsel einnimmt. Der Name Krummhörn stammt aus dem Plattdeutschen und bedeutet so viel wie »krumme Ecke«. Wie eine Nase ragt die seewärts von Deichen geschützte Gemeinde zwischen dem Dollart im Süden und der Leybucht im Norden hervor. Neben 18 romantischen Warfendörfern gehört zu ihr auch der malerische Fischer- und Künstlerort Greetsiel. Verwaltungssitz ist das Städtchen Pewsum. Die Störtebekerstraße verläuft durch die Marschenlandschaft Krummhörn bis nach Greetsiel immer einige Kilometer landeinwärts, sodass man, um einen Blick aufs Meer zu werfen, auf Nebenstraßen abzweigen und über den Deich steigen muss.

Infobox

Infos zu Emden und Krummhörn
Emden Marketing und Tourismus GmbH: s. S. 200
Touristik GmbH Krummhörn Greetsiel: s. S. 207
Tipps & Termine: sehr informativer Veranstaltungskalender zur Region, kostenlos erhältlich in den Touristenbüros
**www.emden-touristik.de,
www.greetsiel.de,
www.krummhoern-greetsiel. de:** Infos zu Unterkunft, Anreise und Veranstaltungen

Anreise
Emden ist InterRegio-Station. Regelmäßige Busverbindungen zwischen Emden, Greetsiel, Norden und Aurich. Info: Weser-Ems Busverkehr GmbH, Bahnhofsplatz 11, Emden, www. weser-ems-bus.de.

Infos zu **Festen** in der Region s. S. 201, 207, 214

Emden ► J 10/11

Stadtgeschichte

Um die Wende des 8./9. Jh. ließen sich an der Stelle der späteren Stadt zunächst friesische Fernhändler auf einer Warf, einem künstlich aufgeworfenen Erdhügel, nieder und schufen einen Handelsplatz. Aufgrund ihrer verkehrsgünstigen Lage im Mündungsgebiet der Ems entwickelte sich die kleine Einstraßensiedlung bis zu Beginn des 15. Jh. zu einem Hauptort des friesischen Handels.

Seine Hochblüte erlebte der Seehafen ab 1570, als während des Niederländischen Befreiungskrieges Tausende von Glaubensflüchtlingen aus Holland, Brabant und Friesland nach Emden flohen. Emden wurde Mittelpunkt des Calvinismus in Norddeutschland. Viele Glaubensflüchtlinge brachten Kapital, Schiffe und Handelsbeziehungen nach Emden mit, das jetzt mit etwa 20 000 Einwohnern zu den größten Städten Deutschlands zählte. Im Jahre 1575 sind 600 Schiffe

Emden

Der Emder Ratsdelft im Weihnachtsschmuck ...

von Emder Kaufleuten bereedert – das war vermutlich mehr als der gesamte damalige Bestand der englischen Flotte.

Emdens Blütezeit ging ihrem Ende entgegen, als die niederländischen Glaubensflüchtlinge in ihre Heimat zurückkehrten. Verheerende Folgen hatte auch die durch eine Sturmflut verursachte Verlagerung der Ems: Der Fluss, der vorher direkt an der Stadt vorbeigeflossen war, verlief jetzt 3 km von Emden entfernt. Das alte Flussbett, bisher die Hafenzufahrt, drohte zu verschlicken. Um 1750 lebten nur noch 7000 Menschen in Emden, das sich immer mehr zur Landstadt entwickelte. Erst Ende des 19. Jh. ging es wieder aufwärts. Durch den Bau des Ems-Jade-Kanals (1888) und des Dortmund-Ems-Kanals (1898) erhielt die Stadt Anbindung ans Binnenland, vor allem an die Industriereviere an Rhein und Ruhr, und entwickelte sich im Verlauf weniger Jahrzehnte zu einem leistungsfähigen Umschlaghafen (s. Entdeckungstour S. 192).

Beträchtlich angewachsen ist seit den 80er-Jahren der Fremdenverkehr. Im Sommer kommen Tausende von Touristen von den Inseln und Küstenorten, um die kulturell lebendige Stadt zu erkunden – 100 000 Besucher zählt allein die Emder Kunsthalle pro Jahr.

Im Zweiten Weltkrieg zu fast 80 % zerstört, wurde die Stadt auf dem Grundriss des mittelalterlichen Stadtkerns wieder aufgebaut. Zweigeschossige Backsteinhäuser mit Mansardendächern säumen die Straßen der Alt-

Emden

Sehenswert

1 Rathaus mit Landesmuseum
2 Dat Otto Huus
3 Emder Hafentor
4 Pelzerhäuser
5 Johannes a Lasco Bibliothek
6 Museumsschiffe
7 Bunkermuseum
8 Kunsthalle
9 Vrouw Johanna Mühle
10 Rote Mühle
11 Kesselschleuse
12 Weiße Mühle
13 Gödenser Haus
14 Neue Kirche

Übernachten

1 Alt Emder Bürgerhaus
2 Heerens Hotel
3 Hotel Gazelle
4 Navtec-Haus
5 Jugendherberge
6 Petkumer Hof
7 Larrelter Mühle
8 Wohnmobile
9 Campingplatz Knock

Essen & Trinken

1 Nordseewelle
2 Grand Café
3 Hafenhaus
4 Strandlust

Einkaufen

1 Wochenmarkt
2 Handarbeiten Arends

Aktiv & Kreativ

1 Friesentherme
2 Van Ameren Bad
3 Bootsverleih
4 Stadtführungen
5 Kanal- und Grachtenfahrten
6 Ratsdelft/Hafenrundfahrten
7 VW-Werksbesichtigung
8 Ökowerk Emden

Abends & Nachts

1 Kulisse
2 Maxx
3 Mojito
4 Sam's Café/Mozo
5 CineStar Kino

stadt, Historisches mischt sich mit Modernem. Der baumbestandene, zu Beginn des 17. Jh. aufgeworfene und fast vollständig erhaltene Stadtwall umgibt das historische Zentrum und bietet inmitten des städtischen Trubels eine Oase der Ruhe und üppiger Natur.

Die meisten Sehenswürdigkeiten und Museen sind vom Rathaus am Ratsdelft, dem historischen Hafenbecken im Zentrum, bequem zu Fuß zu erreichen.

Rund um den Hafen

Das Hafenbecken, der Ratsdelft, markiert die Stelle, wo zur Geburtsstunde Emdens vor 1200 Jahren die Ems verlief. Damals hieß die Siedlung Amuthon (Ort an der Mündung des Flusses A in die Ems), aus der Lagebezeichnung entwickelte sich der heutige Name. Eine Hafenrundfahrt sollte man sich nicht entgehen lassen, s. Entdeckungstour S. 192.

Das Rathaus [1]

Das Rathaus ist das Wahrzeichen der Stadt. Sein Vorgänger, der in der Blütezeit Emdens nach dem Vorbild des Antwerpener Rathauses in der zweiten Hälfte des 16. Jh. von Laurenz van Steenwinckel errichtet wurde, versank während des Bombenangriffs am 6. September 1944 in Schutt und Asche. Von 1959 bis 1962 wurde es von Bernhard Wessel unter Berücksichtigung der früheren architektonischen Gliederung in modernisierter Form wieder aufgebaut. Die erhalten gebliebene Bausubstanz, u. a. das alte Hauptportal, das der Spruch *Concordia res parcae crescunt* (Durch Eintracht wachsen kleine Dinge) ziert, wurde in den Neubau integriert. Eingeweiht wurde der neue Bau am 6. September 1962, dem 18. Jahrestag des Bombenangriffs. Das Rathaus beherbergt das **Ostfriesische Landesmuseum** (s. S. 194). Nach zweijähriger Umbauzeit und Erweiterung wurde es am 6. Sep-

Auf Entdeckungstour
Hafenrundfahrt in Emden

In Emden, wo Deutschland (fast) zu Ende ist, beginnt die Reise über das Meer für Windkraftanlagen ›made in Ostfriesland‹ und in guten Zeiten, wie zuletzt 2007 und 2008, mehr als einer Million Autos pro Jahr. Die Hafenrundfahrt vermittelt einen spannenden und informativen Einblick in das Wirtschaftsleben der Stadt.

Planung: Hafenrundfahrten werden nur in der Saison angeboten, von Anfang April bis Ende Okt., bei genügend Interessenten tgl. 12, 13, 14, 15, 16 Uhr, in den Sommerferien auch 11 Uhr, Erw. 6,90 €, Kinder (4–11 J.) 3 €.

Start: ab Delftreppe im **Ratsdelft** [6]

Dauer: 1 Std.

Der Hafen an der Mündung der Ems in die Nordsee ist der Lebensnerv der Stadt Emden. Im Süden bzw. Südwesten der Stadt liegen die großen Betriebe der Autoproduktion und Schiffswerften. Bis zur Verlagerung der Ems befand sich der Haupthafen am Ratsdelft, der heute ›nur noch‹ als Museumshafen und als Anleger für das Hafenboot MB Ratsdelft dient.

Seezeichen und Schiffswerften

Das Sightseeing-Boot ist flach wie eine Flunder, muss es sein, denn auf dem Weg zum Außenhafen passiert es drei Brücken, keine davon höher als 1,60 m über dem Wasser. Da heißt es Köpfe einziehen und sitzen bleiben.

Vorbei geht die Fahrt am Tonnenhof mit Seezeichen in kräftigen Farben, die den Schiffen den richtigen Weg weisen. Schwimmende Schifffahrtszeichen werden Tonnen genannt. Sie sind durch Form und Farbe unterscheidbar und haben international festgelegte Bedeutungen, so markieren rote Tonnen die Steuerbordseite und grüne die Backbordseite. Hier werden sie gewartet und bei Bedarf wieder im Wasser ausgesetzt – mit einem drei Tonnen schweren Zementklotz am Bein, damit sie nicht davonwandern.

Beeindruckend sind die Schwimmdocks der Thyssen-Nordseewerke und der Cassens Werft. Die Docks sind eine Art Schiffswerkstatt: Die Tanks an den Seiten des Docks werden geflutet, das Schiff fährt hinein. Danach werden die Tanks wieder geleert, sodass sich das Dock mitsamt dem Schiff in die Höhe hebt. Nun kann von allen Seiten daran gearbeitet werden. Die Zeiten sind nicht leicht, erklärt der Kapitän, als Folge der Wirtschaftskrise ist der Bedarf an Schiffen drastisch zurückgegangen. Einzig der Bau von Spezialschiffen hat bessere Aussichten.

Dicke Pötte

Der Außenhafen Emdens ist nach Zeebrugge (Brügges Hafen) und Bremerhaven der drittgrößte Autoverladehafen Europas. Von hier gehen die gigantischen Containerschiffe auf die große Reise nach Amerika, Japan, wohin auch immer. Bis zu 6000 Autos können sie fassen – darunter alle Modelle des VW-Konzerns, dem mit Abstand größten Arbeitgeber der Region.

Das VW-Werk, das 7900 Menschen beschäftigt, liegt gleich hinterm Deich. In Emden wurde Autogeschichte geschrieben: Hier rollte am 1. Dezember 1964 der erste VW Käfer vom Band, der letzte in Deutschland gebaute Käfer verließ am 19. Januar 1978 die Produktionshalle. Seither wird an der Ems der VW Passat produziert, darunter die Modelle Passat Limousine und Variant, seit 2008 zusätzlich das Passat Coupé.

Die Auswirkungen der Finanz- und Wirtschaftskrise haben den Emder Hafen mit einem dramatischen Einbruch im Hafenumschlag erfasst. Die Krise ist nicht zu übersehen: Das Hafenboot passiert mehrere sogenannte Auflieger, das sind Frachtschiffe, die hier festgemacht haben, um auf Besserung der Wirtschaftslage und neue Aufträge zu warten.

Wieder an Land

Das Hafenboot tuckert am alten Hafentor und den Museumsschiffen vorbei zurück zum Ratsdelft. Wer Hunger bekommen hat, braucht nur ein paar Schritte zu gehen. Am Hafentor liegt der Imbiss Emder Heringslogger, dessen maritime Köstlichkeiten auch Einheimische zu schätzen wissen. Passend zum Ausflug bietet sozusagen gleich um die Ecke das Feuerschiff Deutsche Bucht bodenständige norddeutsche Küche im Kajütenrestaurant. Hier gibt es Labskaus und frischen Matjes.

Emden und die Krummhörn

tember 2005 wieder für das Publikum geöffnet.

Dat Otto Huus 2

Große Str. 1, Tel. 04921 221 21, www.ottifant.de, März–Okt. Mo–Fr 9.30–18, Sa 9.30–14, April–Okt. auch So 10–16 Uhr, 2 €

Im Erdgeschoss Ottifanten-Schnickschnack zum Verkauf, im oberen Stock wird anhand eines ›kleinen musealen Schmunzelkabinetts‹ die Karriere des aus Emden stammenden Komikers Otto Waalkes dokumentiert.

Emder Hafentor 3

Am Westufer des Ratsdelfts weist das Emder Hafentor auf die Einfahrt des historischen Hafens hin. Es wurde 1635 von Martin Faber in niederländischem Baustil errichtet. Den oberen Abschluss der rundbogigen Durchfahrt bildet ein barocker Giebel mit dem eingemeißelten Sinnspruch: *Et pons est Embdae et portus et aura Deus* (»Gott ist für Emden Brücke, Hafen und Segelwind«).

Pelzerhaus Nr. 12 4

Pelzerstr. 11/12, www.landesmuseum-emden.de, Di, Mi, Fr, Sa, So 11–18 Uhr

Vom Ratsdelft sind es nur wenige Minuten zur Pelzerstraße, die vom 12. bis zum 16. Jh. Standort der Pelz- und Fellhandelshäuser war. Das um 1585 erbaute Haus in der Nr. 12 ist ein wunderbares Beispiel flämisch-niederländischer Architektur. Mit seiner schönen dreigeschossigen Renaissancefassade zeugt es vom einstigen Glanz der Hafenstadt. Heute beherbergt es ein Kulturzentrum mit wechselnden Ausstellungen.

Johannes a Lasco Bibliothek 5

Kirchstr. 22, Tel. 04921 915 00, www.jalb.de, April–Okt. Di, Do 11–17, Mi, Fr, Sa 11–14, So 14–17 Uhr, Führungen So 14.30 Uhr, Nov.–Okt. Sa, So geschlossen

Der Pelzerstraße folgend gelangt man zur Großen Kirche, der Moederkerk (Mutterkirche) der calvinistischen Gemeinden Nordwesteuropas. Ihre Geschichte reicht bis ins 12. Jh. zurück. Unter Ulrich Cirksena, dem ersten ostfriesischen Grafen, wurde die Einraumkirche im 15. Jh. zum imposanten Bauwerk ausgebaut, das 1944 von Bomben getroffen wurde. Heute beherbergt das Kirchenschiff, das unter Einbeziehung der Ruinen wieder aufgebaut wurde, ein einzigartiges Studienzentrum. In ihm ist die berühmte, seit 1578 kontinuierlich gewachsene »Bibliothek der Großen Kirche« (heutige Bezeichnung: Johannes a Lasco Bibliothek), eine wissenschaftlich-theologische Bibliothek für den reformierten Protestantismus, sowie die Regionalbibliothek für Emden und Ostfriesland untergebracht.

Museen

Ostfriesisches Landesmuseum und Emder Rüstkammer

Neutorstr. 7–9, Tel. 04921 87 20 58, www.landesmuseum-emden.de, Di–So 10–18 Uhr, 6 €

Das **Rathaus** 1 birgt das Ostfriesische Landesmuseum und die berühmte Städtische Rüstkammer. Einblicke in die Geschichte und Architektur Emdens gewähren ein Stadtmodell von 1929 sowie viele alte Stadtansichten und Karten, unter ihnen die Fabricius-Karte von 1589, die bedeutendste frühe Karte von Ostfriesland. Im Dachgeschoss zeigt die Rüstkammer matt schimmernde Spieße, Harnische, Musketen, Hellebarden, Morgensterne und Piken aus dem 15. bis 18. Jh. Der Weg zum Turm des Rathauses führt durch das Museum. Von oben schweift der Blick über die von Grachten durchzogene Stadt und den Hafen.

Emden

Schifffahrtsmuseum Emden **6**

Im Ratsdelft, April–Okt., Eintritt pro Schiff 2 €

Das leuchtend rote **Feuerschiff Deutsche Bucht** (www.amrumbank.de, Mo–Fr 11–16, Sa, So 11–13 Uhr) wurde 1914–18 auf der Meyer-Werft in Papenburg gebaut und versah 65 Jahre lang in der Deutschen Bucht seinen Dienst. Seit 1984 liegt es im Delft vor Anker, es beherbergt ein schifffahrtsgeschichtliches Museum.

Nebenan liegt der **Seenotrettungskreuzer Georg Breusing** (www.georg-breusing.de, Ende Juni–Ende Aug. tgl. 10.30–17 Uhr, Vor- und Nachsaison tgl. 10.30–13, 15–16.30 Uhr, im Winter geschl.). In 25 Dienstjahren (1963–88) wurden von der Station Borkum in der Emsmündung aus 1672 Menschen gerettet.

Ein paar Schritte weiter ist der **Herings-Segellogger** (www.heringslogger.de, April–Okt. Mo–Fr 10–13, 15–17, Sa, So 11–13 Uhr), AE 7 Stadt Emden, festgemacht. Wechselausstellungen dokumentieren die große Zeit der Heringsfischerei.

Bunkermuseum **7**

Holzsägerstr. 6, Tel. 04921 322 25, www.bunkermuseum.de, Mai–Okt. Di–Fr 10–13, 15–17 Uhr, Sa, So 10–13 Uhr, 2 €

Als im Mai 1944 Emden durch einen Großangriff zu 80 % zerstört wurde, überlebten viele seiner Bewohner in den zahlreichen, mit Hilfe ausländischer Arbeiter, Kriegsgefangener und KZ-Häftlinge gebauten Bunkern, von denen heute immerhin noch 29 das Stadtbild prägen. Das in einem solchen Schutzbau untergebrachte Bunkermuseum dokumentiert eindrücklich die Zeit des Nationalsozialismus sowie die furchtbaren Folgen des Zweiten Weltkriegs. Das Gebäude hat noch heute den Status eines Zivilschutzbunkers.

Kunsthalle **!** **8**

Hinter dem Rahmen 13, Tel. 04921 97 50 50, www.kunsthalle-emden.de, Di–Fr 10–17 Uhr, Sa, So 11–17 Uhr, jeden 1. Di im Monat 10–20 Uhr, 8 €

Das von Friedrich Spengelin entworfene, 1984–86 entstandene Museumsgebäude birgt die hochkarätige Sammlung Henri Nannen und die Schenkung Otto van de Loo, der Schwerpunkt liegt auf Werken der klassischen Moderne und der zeitgenössischen Kunst, viele Sonderausstellungen (s. auch S. 68). Nach dem Kulturgenuss dann Kulinarisches im Café-Restaurant Henri's, im Sommer Terrasse direkt am Wasser.

Wallspaziergang

Die Kunsthalle ist ein günstiger Ausgangspunkt für einen Wallspaziergang, für den man etwa eineinhalb Stunden veranschlagen sollte. Die baumbestandene, parkähnliche Wallanlage, die mit Rasenflächen und einem Netz von Spazier- und Radfahrwegen um die Innenstadt herumführt, wurde 1606–16, kurz vor dem Dreißigjährigen Krieg, vom Festungsbaumeister Geert Evert Piloot als Befestigungsanlage erbaut. Sie musste die ›freie Stadtrepublik‹ Emden gegen Truppen des ostfriesischen Landesherrn schützen. Die ursprünglichen zehn Zwinger der eroberten Anlage wurden im 19. Jh. teilweise mit Windmühlen bebaut. Sehenswert ist die üppig mit Grün bewachsene **Vrouw Johanna Mühle** **9** von 1804 (Besichtigung nur von außen). Von der 1795 entstandenen, zuletzt 1970–73 umgebauten **Roten Mühle** **10** ist nur noch der Rumpf erhalten.

Kesselschleuse **11**

Die Kesselschleuse von 1884 ist Europas einzige in Betrieb befindliche

195

Emden und die Krummhörn

Vierkammer-Schleuse, die jährlich etwa 2800 Schiffe passieren, größtenteils Sportboote. Sie verbindet vier Wasserwege mit unterschiedlichen Wasserständen miteinander: den Ems-Jade-Kanal, den Falderndelft mit Hafen, das Fehntjer Tief und den Stadtgraben. Entlang der Wasserstraßen lässt es sich wunderschön spazieren.

Südlich der Schleuse liegt noch ein weiterer Zwinger mit der 1810 erbauten **Weißen Mühle** 12, »De weite Molen«, die heute als Lagerhaus dient. Von hier kann man – am einfachsten der Mühlenstraße folgend – zum Falderndelft spazieren.

Am Falderndelft

In dem zwischen Wallanlage und dem Ratsdelft gelegenen Viertel, beispielsweise in der Kranstraße und am gepflasterten Rosentief, findet man noch einige Zeugnisse des niederländischen Klassizismus, die einen Eindruck vom alten Emden vermitteln.

In der Friedrich-Ebert-Straße beeindrucken das schön restaurierte **Gödenser Haus** 13 von 1551 (Nr. 1–3, gegenüber der Neuen Kirche) sowie eine alte Likörfabrik (Nr. 5, heute wird es als Geschäftshaus genutzt).

Neue Kirche 14

Besichtigung Ende Mai–Mitte Sept.
Di–Fr 15–17, Sa 11–13 Uhr

Die Neue Kirche gilt als frühestes Beispiel barocken Kirchenbaus in Ostfriesland. Erbaut wurde sie 1643–48 nach dem Vorbild der Amsterdamer Noorderkerk, die Giebelfront nach dem der Westerkerk. Im Jahre 1944 beschädigt, wurde sie 1949/50 in den alten Formen wieder aufgebaut. Das Nordwest-Portal schmückt das Emder Wappen, das »Engelke up de Muer«. Über die Brückstraße gelangt man zurück zum Rathaus. Schöner aber ist der Weg am Falderndelft und Ratsdelft entlang.

Ausflug zur Knock ► F 11

Auf dem Weg von Emden in Richtung Krummhörn führt zunächst linker Hand eine Seitenstraße zur Knock. Hier befindet sich eines der größten Siel- und Schöpfwerke Europas. Zusammen mit dem Schöpfwerk Greetsiel besorgt es die Entwässerung der tief gelegenen Krummhörn. Rechts und links der Straße vor dem Schöpfwerk sieht man die Bronzestatuen zweier preußischer Herrscher, die wesentlich zu Ostfrieslands Entwicklung beigetragen haben: Der »Große Kurfürst« Friedrich Wilhelm (1640–88), der im Zuge des Ausbaus preußischer Seemachtsinteressen den Seehandel Emdens unterstützte, schaut seewärts. Der Blick Friedrichs II.

Emden

Die Reize des platten Landes nahe Emden

von Preußen, Fürst von Ostfriesland (1744–86), der die Binnenkolonisation der unzugänglichen ostfriesischen Moore ermöglichte und den Bau neuer Siele förderte, schweift landein.

Rysumer Nacken ▶ F 11
Nach Norden erstreckt sich das Gebiet des Rysumer Nacken, in dem in den vergangenen Jahrzehnten große Landgewinne erzielt wurden. Nachdem hier im 16. Jh. zwei Dörfer untergegangen waren, machte man sich erst nach dem Zweiten Weltkrieg daran, das verlorene Land zurückzugewinnen. Mit dem Baggergut, das bei der Vertiefung der Ems und des Emder Hafens anfiel, wurde ein etwa 1000 ha großer Polder geschaffen, der ursprünglich mit 40 Bauernhöfen besiedelt werden sollte. Stattdessen wurde das neu gewonnene Land am seeschifftiefen Wasser als neuer Industriestandort ausgewiesen. In den 1970er-Jahren wurde hier von der norwegischen Firma Philipps Petroleum Norsk A/S der Erdgas-Terminal Emden angelegt. Das Erdgas wird über eine 1380 km lange Pipeline von den norwegischen Nordseefeldern angelandet, in der Erdgas-Aufbereitungsanlage gereinigt und an westeuropäische Ferngasgesellschaften weitergeliefert. Eine weitere Pipeline leitet das Gas Richtung Norden in die Krummhörn, wo es in unterirdischen Salzkavernen gespeichert wird.

Emden und die Krummhörn

Meyerwerft Papenburg

▶ M 11

*Papenburg, 65 km südöstlich von
Emden, Besichtigung nur nach
Anmeldung unter Tel. 04961 839 60
oder über www.meyerwerft.com*
Riesige Kreuzfahrtschiffe der Luxus-
klasse entstehen hier, 300 000 Menschen besuchen die Meyerwerft jährlich, um hautnah zu erleben, wie mo-
derner Schiffbau funktioniert. Ein
Besuchermagnet sind die Schiffsüber-
führungen: das Ausdocken der Schiffe
und die Ems-Überführung, dann
herrscht hier Volksfeststimmung. Von
Emden, aber auch anderen Orten, werden Ausflugsfahrten angeboten. Wer
spontan anreist, wird im Besucherzen-
trum nicht selten auf ausverkaufte Führungen verwiesen, vor allem kurz vor
der Fertigstellung der Luxusliner. Bei einer Besichtigung kann man den Pro-
duktionsprozess aus nächster Nähe verfolgen und sich vom Glamour der Oze-
anriesen beeindrucken lassen.

Übernachten

Stilvoll – **Alt Emder Bürgerhaus** **1**:
Friedrich-Ebert-Str. 33, Tel. 04921 97 61
00, www.buergerhaus-emden.eu, DZ
78–89 €, Ferienwohnung, auf Wunsch
mit Hotelservice 41,50–95 €. Schöne
Zimmer in einem familiär geführten,
renovierten Jugendstilhaus am Stadtwall. Im Restaurant gibt es ostfriesische Spezialitäten und viel Fisch –
große Matjesplatte 14,80 €, Störtebe-
kerplatte 16,80 €.
Zentral und ruhig – **Heerens Hotel** **2**:
Friedrich-Ebert-Str. 67, Tel. 04921 237
40, www.heerenshotel.de, DZ 95–
103 €. Komfortables Hotel mit viel
Flair am grünen Stadtwall mit schönen Spaziermöglichkeiten.

Für Radfahrer – **Hotel Gazelle** **3**:
Courbièrestr. 9, Tel. 04921 975 20,
www.hotel-in-emden.de, DZ ab 75 €.
2006 errichtetes Fahrradhotel mit einfachen 2-, 3- und 4-Bett-Zimmern,
Fahrradverleih und -werkstatt. Der
Wellnessbereich im Hotel Faldern-
poort gegenüber kann mitbenutzt
werden.
Günstig – **Navtec-Haus** **4**: Martin-Fa-
ber-Str., Tel. 04921 329 77, DZ ab 50 €.
Nichtraucher-Pension direkt am Falderndelft (Zufahrt über Dr.-Erich-
Brüggemann-Ufer), Zimmer mit Eta-
gendusche, Teeküche und WLAN, für
Allergiker geeignet.
Für Kanufahrer – **Jugendherberge an
der Kesselschleuse** **5**: An der Kesselschleuse 5, Tel. 04921 237 97, Übernachtung ab 18,10 €. Haus mit 85 Betten direkt am Kanal – ideal zum Ka-
nufahren. Zur JuHe gehört auch eine
Trekkinghütte mit 8 Betten, Preis wie
JuHe.
Einfach und preiswert – **Trekkinghüt-
ten:** Wer mit dem Rad oder per Kanu
unterwegs ist, muss kein Vermögen
für eine Übernachtung ausgeben:
Petkumer Hof **6**, Tel. 04921 572 43,
1 Hütte mit 4 Betten, pro Person 16 €
(inkl. Bettwäsche und Frühstück).
WSV Möhlenhörn/Larreiter Mühle **7**:
Tel. 04921 663 45, 1 Hütte mit ca. 4
Schlafplätzen, pro Person 5,50 € (ohne
Frühstück, Schlafsäcke, Isomatte oder
Luftmatratze sind mitzubringen).
Schöne Wohnmobilplätze am Wasser –
Am Eisenbahndock **8**: Am Alten Binnenhafen, mit Entsorgungsstation; weitere Richtung Knock: Parkplatz Ostmole
und beim Anleger Knock der AG Ems
und auf den Campingplätzen.
Außerhalb – **Campingplatz Knock** **9**:
Am Mahlbusen 1, Tel. 0427 567,
www.campingplatz-knock.de. Landschaftlich sehr reizvolle Lage am sich
landeinwärts anschließenden Speichersee Mahlbusen inmitten weiter

Marschlandschaft; tideunabhängige Bademöglichkeit.

Essen & Trinken

Es gibt überraschend viele Straßencafés und Kneipen sowie Restaurants mit internationaler Küche. Mit den ersten Sonnenstrahlen im Frühjahr kommt Boulevardstimmung in den Fußgängerzonen zwischen Ratsdelft und den Märkten auf. Eine der besten Adressen ist das **Alt Emder Bürgerhaus** **1**.

Humane Preise – **Nordseewelle** **1**: Zwischen Beiden Märkten 1, Tel. 04921 290 60, www.emder-fisch-feinkost.de, Mo–Fr 8–18, Sa 8–14 Uhr, die meisten Gerichte kosten unter 7 Euro. Fischgeschäft mit Imbiss, Sitzgelegenheiten drinnen und bei gutem Wetter auch draußen. Freundliches Personal, frische und leckere Speisen.
Gediegen – Restaurant im **Feuerschiff** **6**: Georg-Breusing-Promenade, Tel. 04921 92 92 00, www.amrumbank.de, www.feuerschiff-restaurant.de, warme Küche tgl. 12–14, 18–22 Uhr, im Winter nachmittags geschl., 10–21,50 €. In der Schiffsmesse des knapp hundert Jahre alten Feuerschiffs kommen norddeutsche Gerichte wie Matjes, Grünkohl oder Labskaus auf den Teller; maritimer Frühschoppen.
Zentral – **Grand Café** **2**: Am Stadtgarten 7–13, Tel. 04921 288 11, tgl. Café auf zwei Etagen mit Terrasse und Balkon, ein Magnet, nicht nur an Sonnentagen, serviert werden Pfannkuchen, Burger, Salate und Baguettes.
Am Wasser gebaut – **Hafenhaus** **3**: Promenade Am Alten Binnenhafen, Tel. 04921 689 56 90, www.hafenhaus.com. 2009 eröffnetes Restaurant und Café mit einer festen Steganlage, die attraktive Sitzgelegenheiten auf dem Wasser bietet.

Außerhalb – **Strandlust** **4**: Jannes-Ohling-Str. 39, An der Seebrücke-Knock, Tel. 04927 18 78 30, www.die-strandlust.de, Di–Sa 12–22, So 10–22 Uhr, ab 12,50 €. Das Ambiente ist angenehm, die Küche gehoben, der Service freundlich, interessant ist die Aussicht auf vorbeifahrende Schiffe, kleiner Sandstrand am Wasser.

Einkaufen

Wochenmarkt **1**: auf dem Neuen Markt, Di, Fr und Sa 8–13 Uhr
Souvenirs und besondere Geschenke – **Emder Kunst-Laden:** im **Rathaus/Landesmuseum** **1**, Öffnungszeiten wie Museum. Der Laden im Ostfriesischen Landesmuseum bietet regionales Kunsthandwerk, Filme, Bücher und Ansichtskarten über Ostfriesland.
Für Strümpfestricker – **Handarbeiten Arends** **2**: Falderstr. 9, Tel. 04921 289 31. Kleiner, unscheinbarer Laden, in dem es nur Wolle gibt. Wer die Muster bildenden Strumpfwollen liebt, die überall immer ausverkauft sind, wird hier fündig.

Aktiv & Kreativ

Baden
Bei jedem Wetter – **Friesentherme** **1**: Theaterstr. 2, Tel. 04921 39 60 00, www.friesentherme-emden.de, tgl. 10–21 Uhr, Tageskarte: Baden 5,50 €, Sauna 16 €. Badespaß für die ganze Familie, dazu ein wunderbarer Saunagarten.
Im Sommer – **van Ameren Bad** **2**: www.buergerbad.de, ab Mai Mo–Fr 6–20, Sa, So 8–19 Uhr, 3 €. Freibad an der Kesselschleuse.

Bootsverleih
Kanus und Motorboote – **Activ Fun Sports:** mobiler Verleih ohne Adresse,

Emden und die Krummhörn

Tel. 04921 92 94 94 od. 0171 277 20 74, www.kanuverleih-emden.de.
Kanus und Tretboote – **Bootsverleih am Wasserturm** **3**: Tel. 04923 12 02 od. 0170 442 23 10, www.bootsverleih-emden.de.

Führungen und Besichtigungen

Spannende Geschichte(n) – **Stadtführungen** **4**: ab Info-Pavillon am Stadtgarten, April–Okt. u. Adventszeit Sa 11 Uhr od. nach Vereinbarung, Tel. 04921 974 00. Gang durch das historische Emden (Dauer etwa 1,5 Std.).
Malerisch – **Kanal- und Grachtenfahrten** **5** und **6**: ab Delfttreppe u. ab Kunsthalle. Fahrkarten: Info-Pavillon am Stadtgarten und direkt an Bord. Die Kanalfahrten ab Ratsdelft dauern ca. 1 Std. 45 Min., 10 €, ab Kunsthalle Fahrtdauer ca. 1 Std., 6,90 €. Eine Bootsfahrt durch die zahlreichen Wasserläufe bietet überraschend malerische Aspekte der industriell geprägten Arbeiterstadt.
Informativ – **Hafenrundfahrten** **6**: s. Entdeckungstour S. 192
Interessante Einblicke – **VW-Werksbesichtigung** **7**: Niedersachsenstr., Tel. 04921 86 23 90, Führungen mit Voranmeldung: für Einzelpersonen Di, Do 13.15 Uhr, für Gruppen Mo–Fr 9.45 u. Mo, Mi, Fr 13.15 Uhr. Das Volkswagenwerk im Südwesten der Stadt ist mit etwa 8000 Arbeitsplätzen größter Arbeitgeber der Region.
Grüne Erholungsoase – **Ökowerk Emden** **8**: Kaierweg 40, Tel. 04921 95 40 23, www.oekowerk-emden.de, Mai–Sept. Mo–Do 7–17, Fr 7–12.30, So 14–18 Uhr, sonst Mo–Do 7–15.45, Fr 7–12.30 Uhr. Erlebniszentrum für Natur und Umwelt. Auch für Kinder gibt es viel zu entdecken. Hier lernt man, wie man Brot backt, was im Quark ist und wie Honig entsteht. Auf einer solarbetriebenen Mini-Eisenbahn kann man durch das Gelände tuckern.

Abends & Nachts

Viele nette Kneipen liegen im Bereich Zwischen den Märkten und am Neuen Markt. Beliebt und immer gut besucht sind die Szene-Kneipen **Kulisse** **1** und das gegenüberliegende **Maxx** **2**, www.maxx-emden.de, das jeden Samstag Livemusik bietet.
Fun, food, drinks – **Mojito** **3**: Lilienstr. 18. Cocktailbar mit mexikanischer Küche, nicht die ganz große Party, aber total nett, um hier mit Freunden den Abend zu verbringen, jeden Fr Cocktailtasting.
Sympathisch – **Sam's Café** **4**: Neuer Markt 20, www.cafe-sams.de, ab ca. 9 Uhr bis in die Nacht. American Bar und Bistro mit verschiedenen Bereichen und ein entsprechend bunt gemischtes Publikum. Hier wird stets Rockmusik gespielt, vormittags gibt's Frühstückscafé.
Chillen und Tanzen – **Mozo**: im 1. Stock über Sam's Café **4**: www.mozoclub.de, Mi, Fr, Sa 21–6 Uhr. Ganz unterschiedliche Musikrichtungen, hier kann man zu Black, Rock, Trance und House bis zum Morgengrauen abtanzen.
Filme – **Cinestar Kino** **5**: Abdenastr. 15, Tickethotline: Tel. 04921 58 95 89. Großes Kino in Bahnhofsnähe.

Infos & Termine

Tourismusbüros

Tourist-Information Emden: Bahnhofsplatz 11, 26721 Emden, Tel. 04921 974 00, Fax 04921 974 09, www.emdentouristik.de. Mobilitätszentrale, Touristinfo & Zimmervermittlung im Bahnhof: Mo–Fr 8–18, Sa 10–16, April–Okt. auch So 11–15 Uhr.
Tourist-Info im Pavillon: am Stadtgarten schräg gegenüber vom Rathaus, Tel. 04921 974 00, Mo–Fr 10–18, Sa 10–14 Uhr.

Krummhörn – die Warfendörfer

Feste

Emder Matjestage: drei Tage Ende Mai/Anfang Juni; alles um den ›Jungen Hering‹. Viele Traditionsschiffe liegen im Ratsdelft und im Alten Binnenhafen vor Anker. Shantychöre und Livebands sorgen für musikalische Unterhaltung.

Internationales Filmfest: im Juni; s. S. 30

Emder Delft- und Hafenfest: im Juli; ein buntes Fest rund um den Delft mit einem vielfältigen Kinderprogramm und abwechslungsreichen Bühnendarbietungen.

Emder Engelkemarkt: 23. Nov. bis 23. Dez.; Schwimmender Weihnachtsmarkt im Ratsdelft mit festlich beleuchteten Museumsschiffen und allen Arten von Weihnachtsdüften und -genüssen.

Internationales Emder Nordsee Bluesfestival: im November; s. S. 30

Zur Zeit der ersten Besiedlung, noch lange vor Beginn unserer Zeitrechnung, lagen die Dörfer im Gebiet der Krummhörn auf den Uferwällen der damals noch weit ins Land reichenden Meeresbuchten und Flüsse. Später, als die Fluten immer höher stiegen, boten künstlich aufgeworfene Hügel (Warfen oder auch Wurten genannt) den Menschen Schutz vor dem Wasser. Ihre Häuser und Höfe scharten sich um die auf dem höchsten Punkt der Warf errichtete Kirche, die im Falle einer Sturmflut oder eines feindlichen Angriffs die letzte sichere Zuflucht bot. Neunzehn solcher Warfendörfer liegen in den fruchtbaren Marschen der Krummhörn. Wuchtige, im Mittelalter aus Tuff- und Backstein errichtete Kirchen bilden ihren

Ein besonders intaktes Dorfbild bietet das Warfendorf Rysum

Emden und die Krummhörn

Mittelpunkt. Sie bergen einzigartige Kunstschätze, darunter Orgeln aus sechs Jahrhunderten, wie sie in dieser Zahl in keiner anderen Landschaft Deutschlands zu finden sind.

Rysum ► G 10

Von all den bildhübschen Warfendörfern in den ostfriesischen Marschen ist keines so schön, klassisch rund und gut erhalten wie Rysum am südwestlichen Rand der Krummhörn. Die schmalen Straßen des Ortes ziehen sich in drei Ringen um die Warf, sternförmig gekreuzt von verschiedenen Lohnen, die auf die Dorfmitte zuführen.

Im Zentrum erhebt sich die rechteckige, im 15. Jh. aus Tuff- und Backstein erbaute Kirche, in der sich die einzige noch erhaltene spätgotische Orgel des Landes befindet. In Sichtweite der Kirche erhebt sich ein prächtiger restaurierter Galerieholländer, von dem sich ein malerischer Blick über das Dorf bietet. Hier wird auch Ostfriesentee serviert und Übernachtungsmöglichkeit für kleine Gruppen geboten.

Der Rysumer Fuhrmannshof mitten im Dorf ist ein denkmalgeschützter Gulfhof aus dem Jahre 1768. Ein Geheimtipp sind die klassischen Klavierkonzerte, die einmal im Monat in der rustikalen Scheune gegeben werden (s. S. 207).

Loquard ► G 10

Die nächste Perle in der Reihe der Warfendörfer ist der ehemalige, nur 1 km nördlich von Rysum gelegene Häuptlingssitz Loquard. Dessen Burg wurde um 1400 im Zuge einer Strafexpedition von der Hamburger Hanse zerstört, weil Häuptling Sibrand die zur Plage gewordenen Seeräuber trotz mehrma-

liger Verwarnung aktiv unterstützt hatte. Es heißt, dass bei ihm auch Klaus Störtebeker Unterschlupf gefunden habe. Erhalten blieb die Kirche, eine romanische Saalkirche aus der 2. Hälfte des 13. Jh., deren größte Schätze wohl der Taufstein aus dem 13. Jh. und der spätgotische Passionsaltar aus der Zeit um 1520 sind. Beim Verlassen des Dorfes passiert man die Grundschule, die in einem ehemaligen Gulfhof untergebracht ist.

Campen ► G 10

Wiederum nur einen Kilometer weiter Richtung Norden liegt das kleine, mehr als 1000 Jahre alte Runddorf Campen mit einer sehenswerten, um 1295 errichteten Einraumkirche aus rotem Backstein. Der dreijochige Innenraum wird von einem reich mit Malereien und Zierrippen ausgestatteten Kuppelgewölbe überspannt, das in Ostfriesland nicht seinesgleichen findet. Prächtig verziert ist auch die spätbarocke Schnitzkanzel von 1794.

Ostfriesisches Landwirtschaftsmuseum

Krummhörner Landstraße, Tel. 04927 93 95 23 od. 04923 805 99 50, Mai–Okt. Di–Fr 10–17, Sa, So 14–17 Uhr, www.olmc.de, 2,80 €
Am Nordrand des hübschen Warfendorfes passiert man das direkt an der Hauptstraße gelegene Ostfriesische Landwirtschaftsmuseum. Die nebeneinander liegenden Höfe Heikens und Ohling, die – dem alten Bautyp der ostfriesischen Gulfhöfe entsprechend – Wohn-, Scheunen- und Stallbereich unter einem Dach vereinen, beherbergen u. a. eine riesige Sammlung landwirtschaftlicher Geräte und Maschinen. Die Wohnbereiche der Höfe werden noch von ihren Besitzern genutzt.

Krummhörn – die Warfendörfer

Leuchtturm ▶ F 10

Tel. 04923 91 61 50, www.leuchtturm-campen.de, Hauptsaison Mo–Sa tgl. 14–17, So 11–17 Uhr, letzter Aufstieg 16.30 Uhr, Nebensaison reduziert, Mi geschl., Gruppen auf Anfrage

Das Wahrzeichen von Campen ist der 65 m hohe Leuchtturm. Die 1892 fertiggestellte, zu Beginn der 1990er-Jahre renovierte Dreibein-Stahlkonstruktion steht unmittelbar am Deich. Im Innern führen 308 Stufen nach oben zur Aussichtsplattform, die eine fantastische Aussicht über die grüne Weite der Krummhörn und das Meer gewährt. Kinder können eine Prüfung zum »Leuchtturmhilfswärter Leuchtturm Campen« ablegen.

Upleward ▶ G 9

Von Campen sind es 2 km nach Upleward. Ein feuriger Drache schmückt das Wappen des kleinen, fast 900 Jahre alten Warfendorfes, das zu Beginn des 15. Jh. erstmals als Sitz der Häuptlingsfamilie Beninga erwähnt wird. Deren Wasserburg wurde vor etwa 200 Jahren abgerissen, erhalten ist die aus dem 15. Jh. stammende, in gotischem Stil errichtete Backsteinkirche.

Unübersehbar ist die Anlage der Ruhrgas AG kaum zwei Kilometer landein. Sie ist ein Bestandteil des Ruhrgas-Transportsystems. Das Erdgas aus der norwegischen Nordsee wird vom Erdgas-Terminal Emden in die Krummhörn transportiert, wo es in unterirdischen Kavernen im Salzstock Groothusen gespeichert und bei Bedarf entnommen wird.

Groothusen ▶ G 9

Nächster Stopp ist Groothusen, ein im frühen Mittelalter an der mittlerweile verlandeten Bucht von Sielmönken gegründeter Handelsplatz. Im Nordwesten der Langwarf erhebt sich die zu Beginn des 15. Jh. aus Back- und Tuffstein erbaute lang gestreckte Kirche inmitten eines gepflegten, blumenreichen Friedhofs. Der wuchtige Glockenturm stammt aus dem Jahr 1225. Wunderschön ist die von Friedrich Wenthin geschaffene, in vornehmem Perlweiß und Gold gehaltene Orgel von 1801. Das Bronzetaufbecken wurde von Gert Klinghe um 1450 angefertigt.

Osterburg

Besichtigung nur nach Vereinbarung für Gruppen, Tel. 04923 12 70, www.osterburg-groothusen.de

Von den ehemals drei Burgen des Ortes ist nur noch die Osterburg als Zeugnis längst vergangener ostfriesischer Häuptlingsherrlichkeit erhalten geblieben. Das Mittelstück des dreiflügeligen, hufeisenförmig angelegten Bauwerks stammt noch aus der zweiten Hälfte des 15. Jh., der flankierende Ostflügel aus dem 16. Jh., der Scheunenflügel aus dem ersten Jahrzehnt des 18. Jh. Der umliegende Park gehört zur Gartenroute Ostfriesland und ist frei zugänglich.

Pewsum ▶ G/H 9

Zu empfehlen ist ein Abstecher in das 2 km östlich von Groothusen gelegene Marktstädtchen Pewsum, Verwaltungszentrum der Gemeinde Krummhörn. Der Ort wurde bereits 945 als Pewesheim urkundlich erwähnt (die Endung um bedeutet »heim«), ab Beginn des 15. Jh. war er Sitz des Häuptlingsgeschlechts der Manninga.

Burg- und Mühlenmuseum

Beide Museen gehören zum Ostfriesischen Freilichtmuseum, Mitte Mai–

Emden und die Krummhörn

Mitte Okt. Di, Do 10–12.30, 15–17, Sa und So 15–17 Uhr, Führungen nach tel. Vereinbarung, Tel. 04923 74 32, wwww.heimatverein-krummhoern.de, pro Museum 1,50 €

Die im Goldgelb überreifer Quitten gestrichene Burg stammt aus dem Jahr 1458. Die Vorburg der von einem Burggraben und hohen Laubbäumen umgebenen **Manningaburg** birgt heute eine sehenswerte Sammlung zur ostfriesischen Häuptlings- und Burgengeschichte. In dem mit alten Möbeln eingerichteten Trauzimmer kann man stilvoll heiraten.

Das am Ortsausgang an der Hauptstraße Richtung Woquard gelegene **Mühlenmuseum** ist in einem Galeriehölländer aus dem Jahr 1843 und dem angrenzenden Gulfhaus untergebracht. Umfassend und kenntnisreich ist hier die Geschichte von Landwirtschaft, Handwerk, Deichbau und Entwässerung Ostfrieslands dokumentiert.

Manslagt ► G 9

An der Störtebekerstraße, 3 km nördlich von Groothusen und 2 km vom Deich entfernt, liegt die kleine Warfensiedlung Manslagt. Ursprünglich Sitz der Familie Beninga, kam sie im 15. Jh. unter die Herrschaft der Cirksena. Die Kirche entstand um 1400 in spätgotischem Stil. Sehenswert sind die 1714 in Amsterdam angefertigte Kanzel, die Orgel von 1777 sowie der aus dem 13. Jh. stammende Taufstein der Kirche.

Pilsum ► G 8

Weiter geht's Richtung Norden. Weithin sichtbar überragt die im 13. Jh. in drei Bauphasen erbaute **Kreuzkirche**

das beschauliche Warfendorf. Sie gilt als eine der schönsten Kirchen des Landes. Majestätisch erhebt sich das dem hl. Stephanus geweihte Gotteshaus über die stillen Lohnen, in denen sich rote Backsteinhäuser mit hübschen Gärten dicht aneinanderdrängen. Der mächtige, an den Seiten mit Blendarkaden, oben mit weißen Zinnen verzierte Vierungsturm diente jahrhundertelang als Seezeichen für die Schifffahrt. Im Innern der weiß getünchten Kirche sind zahlreiche Fragmente gotischer Wandmalereien erhalten. Erwähnenswert sind das von Hinrik Klinghe gearbeitete Bronzetaufbecken von 1463, die barocke Kanzel von 1704 sowie die gerade restaurierte Orgel des Orgelbauers Valentin Grotian von 1694.

Dieksiel ► G 8

etwa 2 km westlich vom Ort

Der in Pilsum nach Westen abzweigende Diekstickerweg (Dieksticker ›bestickten‹ die Grasnarbe zur Festigung des Deiches mit Roggenlangstroh) führt am Windenergiepark Krummhörn vorbei und dann weiter zum Deicharbeiterdenkmal Dieksiel. Es ist den vielen Generationen von Deicharbeitern gewidmet, denen es zu verdanken ist, dass es in Ostfriesland nicht Land-unter heißt. Deichrichter Brahms fasste nach der verheerenden Weihnachtsflut im Jahre 1717 die Situation der ostfriesischen Marschen treffend zusammen: »Kein Deich, kein Land, kein Leben«. Vom Denkmal am Deich aus werden im Sommer regelmäßig Wattwanderungen angeboten.

Leuchtturm ► G 8

Öffnungstermine inkl. Führungen im Internet unter www.greetsiel.de

Nördlich des Ortes ragt in weiter Ferne auf dem Deich der gelb-rot gestreifte Leuchtturm von Pilsum empor. Er

Krummhörn – die Warfendörfer und NSG Leyhörn

macht sich nicht nur in der Werbung gut, sondern schmückt auch die Titelseite so mancher Veröffentlichung über Ostfriesland. Ruhm erwarb er auch als Film-Zuhause des berühmten Ostfriesen Otto Waalkes. Der Turm ist nur zu Fuß oder mit dem Rad zu erreichen.

Naturschutzgebiet Leyhörn ▶ G 7

Wer mit dem Auto unterwegs ist, parkt am besten auf dem Parkplatz am Rande des nordwestlich von Greetsiel gelegenen Naturschutzgebietes Leyhörn, das im Zuge der Küstenschutzmaßnahmen in der Leybucht entstand. Statt der noch bis Anfang der 1970er-Jahre geplanten Volleindeichung, also der vollständigen Abriegelung der Leybucht, baute man eine eingedeichte ›Nase‹, das Leyhörn, nach Nordwesten ins Meer hinein, an deren Ende ein Sperrwerk mit Entwässerungssiel und Schleuse liegt. Binnendeichs erstrecken sich ein 200 ha großer Speichersee und ein tideunabhängiges Fahrwasser zum Greetsieler Hafen. Der asphaltierte Weg zum Sperrwerk führt auf der Westseite des Speicherbeckens entlang, auf gleichem Weg geht es zurück. Die Feuchtwiesen im südlichen Bereich des Leyhörn bieten Bodenbrütern wie Uferschnepfen, Rotschenkel und Kiebitzen geeignete Brutplätze, in den Schilfzonen am Rande des Speicherbeckens sind Entenvögel, Rohrsänger und andere Wasservögel zu finden. Zwei Wanderwege erschließen Spaziergängern und Radfahrern dieses faszinierende junge Naturschutzgebiet.

Übernachten

Ostfriesisch – **Landhaus HC Rysumer Plaats:** Rysum, s. Essen & Trinken

Familiär – **Camping Dyksterhus:** Campen, Tel. 04927 489. Kleiner, privater Campingplatz direkt am Deich.

Urlaub auf dem Bauernhof – **Heuhotel Deichhof Leeshaus:** Krummhörn-Hanswehrum, 1 km nordöstlich von Upleward, Leeshauser Str. 14, Tel. 04923 71 11, www.leeshaus.de. Schlafen im Heu, Schlafsäcke müssen mitgebracht werden, Küchenbenutzung, Aufenthaltsraum mit TV. Heuallergische Familienmitglieder können sich ein Zimmer nehmen (ab 40 €). Auf dem voll bewirtschafteten Bauernhof gibt es auch Ferienwohnungen für 3–6 Pers., Kneippanlage und Sauna.

Kinderfreundlich – **Campingplatz am Deich:** Upleward, Tel. 04923 525, www.camping-am-deich.de. Mit Laden, Restaurant und Krabbelhaus für die Kleinsten.

Ideal für tierliebe Familien – **Helenenhof:** Pewsum, Langer Weg 3, Tel. 04923 71 83, www.helenenhof nordsee.de, Wohnungen für 4 Pers. 65 bzw. 75 €. Großzügige Ferienwohnungen in einem familienfreundlichen Bauernhof mit großem Garten, Ponys und Streicheltieren, Spiel-, Angel- und Paddelmöglichkeiten.

Dörflich – **Manslagter Bauernstuben:** Manslagt, Manslagter Dörpstraat 4, www.manslagter-bauernstuben.de, EZ 42, DZ ab 52 €. Schlichte, saubere Zimmer und ein gemütliches, rustikales Restaurant, 10–17 €, Mi alle Schnitzel für 9 €, Do Fischfilet für 10 €.

Essen & Trinken

Ostfriesisch – **Landhaus HC Rysumer Plaats:** Rysum, Am Judendobbe 4, Tel. 04927 18 79 44, www.landhaus-hc-rysumer-plaats.de, außerhalb der Saion Mi Ruhetag, 10–20 €. In einem Glashaus in einer alten Gulfscheune integriertes Café-Restaurant mitten im

205

Emden und die Krummhörn

Dorf. Bekannt für leckere Pannekoeken – mit Ahornsirup, Ingwerhonig, Roter Grütze, Granat oder Lachs. Im Haus befinden sich auch zwei schöne, in ostfriesischem Stil eingerichtete Appartements (zwei Pers. 55 €).

Hausmannskost – **Lüttje Hörn**: Campen, Ter-Beeks-Lohne 2, Tel. 04927 18 74 35, Hauptgerichte ab 11 €. Gasthaus in einem alten Gulfhof neben dem Landwirtschaftsmuseum. Große Auswahl an Fisch- und Fleischgerichten, aber auch viele kleinere Gerichte, mit Biergarten.

Stilvoll – **Alte Brauerei**: Pilsum, An der alten Brauerei 2, Tel. 04926 91 29 15, www.alte-brauerei-pilsum.de, tgl. außer Di ab 11 Uhr, Mittagstisch, abends à la carte, Fisch und Fleisch ab 14,50 €. Vorzügliche, frisch zubereitete Küche in einem historischen Gebäude aus dem Jahr 1673, kleines Mittagsmenü für rund 13 €. Draußen sitzt man ruhig und behaglich mit Blick auf die Kirche, gegenüber liegt ein Tante-Emma-Laden.

Dörflich – **Manslagter Bauernstuben**: Manslagt, s. Übernachten

Balsam für die Sinne – ein Spaziergang durch den malerischen Künstler- und Fischerort Greetsiel

Greetsiel

Einkaufen

Schmackhaftes aus Ostfriesland – **Käsehof Rozenburg:** 4 km südlich von Pilsum gelegen, www.kaesehofladen.de, April–Okt. Mo–Fr 10–12, 14.30–18, Sa 9–12, 14.30–17, So 15–17 Uhr, im Winter nur Mo, Do, Fr, Sa, Führungen durch den Betrieb in der Saison Di, Do 15 Uhr. Im Käseladen gibt es außer köstlichem Rohmilchkäse auch Butter, Milch, Quark, Wurst, Honig, Konfitüren und Süßigkeiten zu kaufen.

Aktiv & Kreativ

Bemerkenswert – **Badestelle:** In Upleward befindet sich die beste Bademöglichkeit der Krummhörn. Hier wurde ab Mitte der 1980er-Jahre ein Trockenstrand hinterm Deich aufgespült, ein Kiosk und sanitäre Anlagen wurden eingerichtet.
Nicht nur zum Zugucken – **Boßeln:** Mai–Aug., So 9 Uhr ab Dieksiel am Pilsumer Deich, s. auch S. 30.

Infos & Termine

Tourismusbüro
Zweigstelle der Touristinfo Greetsiel im Reisebüro I-Tours: Pewsum, Cirksenastr. 12, Mo–Fr 9–18, Sa 10–12.30 Uhr

Feste und Veranstaltungen
Konzerte im Rysumer Fuhrmannshof: an jedem letzten Sonnabend im Monat; in der alten Scheune finden Klavierkonzerte mit hervorragenden Pianisten statt, www.greetsiel-krummhoern.de/fuhrmannshof.
Schlickschlittenrennen: im Juli/Aug. in Pilsum, s. S. 30
Drachenfest: im Sept. od. Okt.; ein Fest für die ganze Familie am Trockenstrand Upleward

Greetsiel! ▶ G 7/8

Der im 14. Jh. von der Häuptlingsfamilie Cirksena als Handelsort angelegte, ausgesprochen malerische Fischer- und Künstlerort mit seinen sorgfältig restaurierten Giebelhäusern aus dem 17. und 18. Jh., den baumbestandenen Klinkerstraßen entlang dem Alten Siel und den stilvollen Restaurants gilt mit einigem Recht als der schönste Sielhafenort an der deutschen Nordseeküste. Viele Maler, Kunsthandwerker und Fo-

Greetsiel

Sehenswert
1. Poppinga's Alte Bäckerei
2. Von Halemschs Haus
3. Kirche
4. Greetsieler Museumshaus
5. Nationalparkhaus
6. Zwillingsmühlen

Übernachten
1. Landhaus Steinfeld
2. Hohes Haus
3. Witthus
4. Wohnmobile

Essen & Trinken
1. Sielgatt
2. Zum Alten Siel
3. Fischerhus
4. Café am Hafen
5. Is Teetied
6. Fischrestaurant de Beer
7. Rettungsschuppen

Einkaufen
1. Kunst & Antiquitäten
2. Galerie Töönbank
3. Elf Deko
4. Galerie Cicero

Aktiv & Kreativ
1. Gesundheits-Oase/Kinderhaus/Info
2. Bootstouren zur Seeschleuse(
3. Kanalfahrten

Abends & Nachts
1. Hafenkieker

---

tografen arbeiten hier und bieten in urigen Werkstätten und kleinen Galerien ihre Arbeiten zum Verkauf. Schön ist der Geburtsort des berühmten Historikers Ubbo Emmius (1547–1625) ohne Zweifel, in der Saison aber sehr überlaufen. Die Preise sind üppig, und es scheint, als könnten es sich viele Einheimische kaum noch leisten, in Greetsiel zu wohnen. Im Winterhalbjahr, wenn viele Boutiquen und Cafés schließen und sich die Zahl der Gäste reduziert hat, erinnert der Ort an ein Märchen aus vergangener Zeit.

Sehenswert

Seine erste urkundliche Erwähnung fand der erst nach dem Einbruch der Leybucht gegründete Hafenort im Jahre 1388 in zwei Briefen des Ritters Ocko tom Brook. Zur gleichen Zeit errichtete die ostfriesische Häuptlingsfamilie Cirksena hier ihren Stammsitz. Ihre im Verlauf der Jahrhunderte immer wieder heftig umkämpfte Burg, die mehrere Male den Besitzer wechselte, wurde 1777 von Friedrich dem Großen endgültig geschleift. Die Preußen, die 1744 die Herrschaft in Ostfriesland

übernommen hatten, bauten gegen Ende des 18. Jh. den Hafen aus. Aus dieser Zeit stammt auch das Alte Siel, welches das innere Sieltief vom Hafen trennt.

Ein Großteil der malerischen schmalen Giebelhäuser, die das Hafenbecken und den Alten Siel säumen, stammt noch aus dem 17. und 18. Jh. Kleinode sind beispielsweise **Poppinga's Alte Bäckerei** 1 (s. auch Mein Tipp S. 211) in der Sielstraße und das 1794 erbaute **von Halemsche Haus** 2 in der Mühlenstraße, eines der schönsten Wohngebäude des Klassizismus in Ostfriesland.

Der Hafen

Hauptattraktion des Hafens sind die Krabbenkutter. Neben dem Hauptfang, dem »Granat«, werden in kleineren Mengen auch Plattfische wie Schollen, Scharben und Seezungen angelandet. In Greetsiel liegt die mit etwa 25 Fahrzeugen größte Krabbenkutterflotte zwischen Weser und Ems. Der Hafen ist seit 1991 tideunabhängig: 1988–91 entstand die Schleuse vor Greetsiel, die den Fischerhafen von der offenen Nordsee trennt. Ebbe und Flut bleiben seither vor den Sieltoren. Auf dem mit vollständigem historischem Fanggeschirr

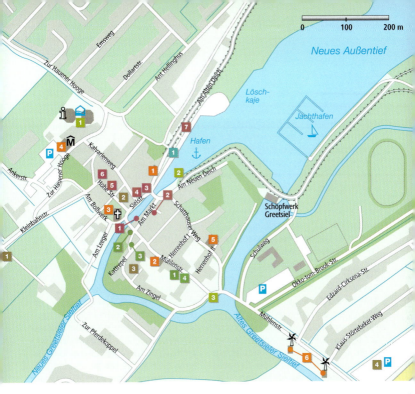

ausgestatteten Museumskutter EMS werden die alten Traditionen des Fischerhandwerks lebendig, als man die Netze noch von Hand einzog.

Kirche [3]
I. d. R. tagsüber geöffnet
An der Ecke Hohe Str./Sielstr. steht die trutzige, in zwei Etappen zwischen 1380 und 1410 erbaute Kirche mit frei stehendem Glockenturm. Die Einrichtung des kleinen Gotteshauses mit Kastengestühl, Emporen und einer flach gewölbten Decke wirkt angenehm schlicht, bemerkenswert ist die Schiffswetterfahne aus vergoldetem Kupfer. Die Kirche hat eine schöne Akustik, im Herbst 2009 war sie Austragungsort für das dreitägige Festival Weltklassik am Klavier.

Greetsieler Museumshaus [4]
Gegenüber dem Haus der Begegnung/Touristinfo, tgl. 10–18 Uhr, 3,50 €
Eine der größten Buddelschiffsammlungen Europas mit Schiffsmuseum und Kajütenkino mit wechselnden Filmen zu maritimen Themen.

Nationalparkhaus [5]
Schatthauser Weg 6, Tel. 04926 20 41, www.nationalparkhaus-greetsiel.info, April–Okt. Mo–Fr 10–18 Uhr, Sa, So 11–17 Uhr
Am östlichen Rand des von Wasserläufen umgebenen Zentrums von Greetsiel steht das im Jahr 1989 in einem alten Gulfhaus eingerichtete Nationalpark-Haus mit einer Fülle von Informationen über den Lebensraum Wattenmeer. Familienfreundliche Füh-

Emden und die Krummhörn

Mein Tipp

Urlaub in denkmalgeschützten Häusern
Alte Fischerkaten, wunderschöne Bauernhäuser, kleine Landarbeiterhäuser – mit Liebe zum Detail restauriert und zum Teil erstaunlich günstig. Es gibt viele Wohneinheiten für 4 Pers. zwischen 40 und 60 €. Den denkmalgeschützten Häusern ist eine Extraseite im Gastgeberverzeichnis der Region Krummhörn-Greetsiel gewidmet, erhältlich über die Touristik-GmbH Krummhörn-Greetsiel (s. S. 214).

rungen durch die Ausstellung, außerdem Mikroskopier-Nachmittage und Freiland-Exkursionen.

Zwillingsmühlen 6

Das Wahrzeichen Greetsiels sind die ca. 21 m hohen Zwillingsmühlen am südlichen Ortsausgang. Die erste Windmühle (vom Ort aus gesehen) stammt in der heutigen Form aus der Mitte des 19. Jh. Sie beherbergt eine Teestube mit Kunstgalerie. Die ältere, am Ortsausgang emporragende Mühle von 1706 brannte zweimal aus, zuletzt 1920. Die damalige Besitzerin kaufte daraufhin eine bei Aurich stehende, 1710 errichtete Mühle, ließ sie abbrechen und in Greetsiel wieder aufbauen. Sie ist auch heute noch in Betrieb und kann tagsüber besichtigt werden (Verkauf von Andenken, Büchern und Vollkornerzeugnissen wie Mühlenbrote, Mehl, Schrot und Müsli). Nebenan in **Schoof's Mühlencafé** lässt es sich – im Sommer auf einer lauschigen, windgeschützten Terrasse direkt am Wasser – hervorragend Tee trinken.

Fahrradtour durch die Krummhörn

Greetsiel ist ein idealer Ausgangspunkt für eine Radtour durch eine der schönsten Landschaften Ostfrieslands. Die bestens ausgeschilderte Fahrradroute Rad up Pad führt über kleine Nebenstraßen und Wirtschaftswege zu Leuchttürmen, Burgen und uralten Kirchen. Vom Parkplatz in der Nähe der Kurverwaltung geht es zunächst westwärts Richtung Pilsum. Der etwa 4 km entfernte rot-gelb gestreifte Pilsumer Leuchtturm begeistert nicht nur Kinder. Kurz vor dem Leuchtturm bietet sich ein Abstecher zum Sperrwerk Leysiel an (s. S. 213). Vom Pilsumer Leuchtturm geht es weiter gen Süden auf dem Außendeich bis zum Leuchtturm in Campen. Über das Dorf Campen schlängelt sich der Radweg ins Landesinnere durch die Dörfer Upleward, Groothusen und Pewsum, Visquard nordwärts zurück nach Greetsiel. Die gesamte Strecke beträgt etwa 40 km, man kann sie beliebig abkürzen, Einkehrmöglichkeiten gibt es in fast allen Dörfern, einige sind im Reiseteil über die Krummhörn beschrieben.

Übernachten

Komfortabel – **Landhaus Steinfeld** 1: Kleinbahnstr. 16, Tel. 04926 918 10, www.landhaus-steinfeld.de, DZ ab 134 €. Gepflegtes, stilvolles Hotel außerhalb des Ortskerns in einem alten Gutshof inmitten einer 14 000 m² großen Parkanlage, Restaurant, Wellness-

Greetsiel

bereich und Schwimmbad, hoteleigener Bootsanleger am Sieltief.

Traditionsreich – **Zum Alten Siel:** s. Essen & Trinken 4

Historisch – **Hotel Hohes Haus** 2: Hohe Str. 1, Tel. 04926 18 10, www.hoheshaus.de, DZ 100–115 €. Liebevoll restauriertes Gebäude am Siel, geschmackvoll eingerichtete Zimmer. Auch ein Tipp zum Essen: Im Kaminrestaurant Upkammer wird gehobene Hausmannskost serviert, mit Außenterrasse zur Kirche hin; abends: Kneipe Unterhaus.

Stilvoll und behaglich – **Hotel Witthus** 3: Kattrepel 5–9, Tel. 04926 920 00, www.witthus.de, DZ 92–125 €. Ein kleines, aber feines 3-Sterne-Hotel in ruhiger, zentraler Lage mit 17 Zimmern und zwei Suiten, mit Sauna und Solarium. Das Restaurant mit Teestube, Gartencafé und Kunstgalerie gehört zu den besten Ostfrieslands, Vegetarisches ab 10 €, Fisch und Fleisch ab 13 €.

Bei den Zwillingsmühlen – **Wohnmobilstellplatz** 4: am Parkplatz, Ver- und Entsorgung, Stromanschlüsse, wenige Gehminuten ins historische Zentrum.

Essen & Trinken

In Greetsiel herrscht an gemütlichen Restaurants kein Mangel, die meisten von ihnen bieten durchgehend warme Küche an; sehr gut gekocht wird auch im **Witthus** 3.

Gediegen und gepflegt – **Sielgatt** 1: Am Markt 4–6, Tel. 04926 369, Do–Mo 10–22 Uhr, Hauptgerichte auf der Tageskarte um 11 €, sonst ab 13 €. Durchgehend geöffnetes Café-Restaurant in zwei Ende des 17. Jh. erbauten Häusern mitten im Ortskern, große Außenterrasse. Umfangreiche Speisekarte mit Salzwiesenlamm, Fischspezialitäten und Matjesvariationen.

Köstlich und kreativ – **Fischerhus** 2: Sielstr. 5, Tel. 04926 319, www.fischerhus-greetsiel.de, Mi–Mo ab 10 Uhr, durchgehend warme Küche 11–21 Uhr, Hauptgerichte 15–18 €. Persönlich geführtes, gemütliches Restaurant mit Kamin, Tische vor dem Haus mit feinstem Hafenblick, direkt oberhalb des Kutterhafens.

Gemütlich – **Is Teetied** 3: Hohe Str., gegenüber der Greetsieler Kirche, Tel. 04926 17 32, www.isteetid-greetsiel.de, tgl. 12–21 Uhr. Restaurant und Teestube wie aus Großmutters Zeit. Bodenständige, regionale Küche, 11–20 €.

Traditionsreich – **Zum Alten Siel** 4: Am Markt 1, Tel. 04926 339, www.zumalten-siel.de, 10,50–20 €. Zentral am Markt und Hafen gelegen, reichhaltiges Angebot an Fisch-, Krabben- und Fleischgerichten, kleinere Seniorenportionen. Vermietung von 8 einfachen Zimmern, EZ 40, DZ 60 €.

Mein Tipp

Zeit für eine Tasse Tee
Urgemütlich ist die traditionsreiche Teestube Poppinga. Nur 38 Plätze gibt es auf zwei liebevoll eingerichteten Etagen. Wer hier in der Saison einen Platz findet, hat Glück. Das im 17. Jh. errichtete Gebäude beherbergt ein kleines Bäckereimuseum, das Besuchern der Teestube und den Käufern ostfriesischer Spezialitäten zugänglich ist. Der Kuchen ist selbstgebacken, Tee wird in ›Ostfriesischer Rose‹ auf dem Stövchen serviert, wechselnde Kunstausstellungen (**Poppinga's Alte Bäckerei** 1, Sielstr. 21, Tel. 04926 13 93, tgl. 11–19 Uhr, im Winter s. Aushang).

Fangfrisch – **Fischrestaurant de Beer** **5**: Kalvarienweg 3, Tel. 04926 13 14, www. krabbenhandel.de, tgl. 9–18 Uhr, 8–12 €. Im alten Fischerei-Genossenschaftsgebäude gelegenes SB-Fischrestaurant mit allen Variationen von fangfrischem Fisch, alle Gerichte auch zum Mitnehmen.

Kuchen und Eis – **Café am Hafen** **6**: Sielstr. 17, Tel. 04926 16 81, tgl. 10–18 Uhr. Eisspezialitäten, auch Kuchen zum Mitnehmen. Im hinteren Raum gemütliche friesische Teestube.

Entspannt – **Rettungsschuppen** **7**: Am alten Deich 31, www.der-rettungsschuppen.de. Oberhalb vom Kutterhafen, Café, Bistro, Cocktails. Hier gibt es Frühstück ab 10 Uhr, tagsüber Kleinigkeiten wie Baguettes, Milchreis und Nachos und abends leckere Cocktails.

Einkaufen

Mal gucken kostet nichts – **Kunst & Antiquitäten** **1**: Mühlenstr. 14, Tel. 04926 744, www.greetsiel-antiquitaeten.de, Hauptsaison Mi–Fr 14.30–17.30, Sa 11–13, 14–17, So 14–17 Uhr, im Winter nur Sa 11–13 Uhr. Das Angebot reicht von Uhren, Silber, Porzellan und Gläsern bis hin zu Möbeln und Gemälden.

Kunst und Geschenke – **Galerie Töönbank** **2**: Katrepel 32, Tel. 04926 744, www.greetsiel-geschenke.de, Hauptsaison Mo–Fr 10–18, Sa, So 11–17 Uhr, im Winter nur Fr 14.30–17, Sa, So 11–17 Uhr. Dekorationen mit maritimem Ambiente oder auch im Landhausstil, Kunstdrucke, Aquarelle, Lampen und Schiffsmodelle, schöner Tüdelkram …

Home & Garden – **Elf Deko** **3**: Kattrepel 11, Tel. 04925 92 79 14. Schöne und nützliche Dinge für den Garten, Vogelkästen, Lampen, Gummistiefel …

Die Zwillingsmühlen von Greetsiel

Eine feine, kleine Auswahl – **Galerie Cicero** **4**: Mühlenstr. 12, Tel. 04926 16 12, Di–Sa 11–18, So 14–18 Uhr. Galerie mit vergleichsweise preiswerten Bildern und Postkarten.

Aktiv & Kreativ

Baden

Erlebnisbad – **Gesundheits-Oase** **1**: Zur Hauener Hooge, Tel. 04926 91 88 30, Mo, Di, Do, Fr 15–22, Mi 9–19.30, Sa 14–20, So 10–18 Uhr, in den Ferien erweiterte Öffnungszeiten. Schwimmbad inkl. Dampfbad, bis 2 Std. 4,50 € (mit Kur-/Gästekarte 3,40 €), inkl. Sauna 4 Std. 9 € (7,90 €).

Führungen und Touren

Zu Fuß – **Ortsführungen:** Ostern bis Ende der Herbstferien Sa 10.30 Uhr ab **Poppinga's Alte Bäckerei** **1**, Info und Karten in der Touristinfo

Zur Schleuse – **Bootstouren zur Seeschleuse Leysiel** **2**: inkl. Schleusung, Abfahrt am Hafen

Auf dem Wasser – **Kanalfahrten** **3**: mit der MS Hein Luc oder dem Kanalboot Uschi, Tel. 04923 409 od. 0173 217 16 50. Abfahrt an der Anlegestelle Greetsiel Pilsumer Weg/Mühlenstr., Ostern–Okt. etwa 9 x tgl. Hier auch Verleih von Ruder- und Tretbooten, Kajaks und Kanus.

Kinder

Kindervergnügen – **Kinderhaus Lükko Leuchtturm:** im Gebäude der **Gesundheits-Oase** **1**, Tel. 04926 91 88 17. Hier können Kids spielen und am Kinderspielvormittag mitmachen, die Eltern müssen allerdings dabei sein; in der Spielgruppe Lükko gibt es eine Kinderbetreuung, Do 14.30–17 Uhr, rechtzeitige Anmeldung erforderlich. Büchertipp: Der Autor Bernd Flessner hat insgesamt vier Bücher über die

213

Emden und die Krummhörn

Abenteuer von Lükko Leuchtturm geschrieben. Seine Bücher sind im Buchhandel und in der Tourist-Info Greetsiel erhältlich.

Neben dem Kinderhaus lockt ein großer **Abenteuerspielplatz**.

Abends & Nachts

Urig – **Hafenkieker** 1 : Am Hafen 1, Tel. 04926 16 49, www.hafenkieker-greetsiel.de. Gemütliches Bierlokal, in dem es auch leckeren Cappuccino und Kuchen gibt sowie kleinere Speisen.

Infos & Termine

Tourismusbüro

Touristik GmbH Krummhörn-Greetsiel: Zur Hauener Hooge 11, im Gebäude der Gesundheitsoase, 26736 Krummhörn-Greetsiel, Tel. 04926 918 80, Fax 04926 20 29, www.greetsiel.de, Mo–Fr 9–20, Sa 10–18, So 10–17 Uhr.

Verkehr in Greetsiel

Der Ortskern von Greetsiel ist in der Saison für Autos gesperrt. Urlauber, die ein Quartier gebucht haben, dürfen dieses zum Entladen anfahren.

Feste

Krummhörner Orgelfrühling: im Mai; s. S. 30

Greetsieler Woche: im Juli/Aug.; großes Veranstaltungsprogramm, viele ostfriesische Künstler und Kunsthandwerker stellen ihre Werke vor.

Kutter-Korso: im Juli; Greetsieler Fischer nehmen alljährlich mit über 20 Kuttern teil, viele nehmen Gäste mit an Bord. Rahmenprogramm, u. a. Krabbenpulwettbewerb.

Lüttje Greetmer Wiehnachtsmarkt: am 2. und 3. Advents-Wochenende auf dem Marktplatz.

Abstecher nach Marienhafe ▶ K 7

Nicht nur der »Marienhafer Dom« – bis 1829 der gewaltigste Kirchenbau in ganz Ostfriesland – und die alten Windmühlen locken Besucher in den Flecken Marienhafe (ca. 2100 Einw.) mitten im Brookmerland, etwa 10 km östlich von Greetsiel. Vor allem die Tatsache, dass hier gegen Ende des 14. Jh. der berüchtigte Pirat Störtebeker mit seinen Kumpanen Unterschlupf gefunden haben soll, macht neugierig. Zu jener Zeit hatte die Leybucht ihre größte Ausdehnung, Marienhafe war ein Hafenort mit Anbindung zur Nordsee. Der Sage nach konnten die Seeräuber ihre Schiffe direkt an der die Kirche umgebenden Stadtmauer festzurren.

Marienkirche

I. d. R. nachmittags geöffnet, ansonsten Schlüssel beim Türmer im Turmmuseum erbitten

Die wahrscheinlich zwischen 1230 und 1250 erbaute Marienkirche diente mit ihrem stattlichen, 72 m hohen Turm als Seezeichen und Wehrturm, aber auch als Hauptquartier und Beutespeicher der Piraten, wie man sich erzählt. Im Verlauf der Jahrhunderte büßte die ursprünglich 75 m lange und 23 m breite dreischiffige Gewölbebasilika einiges an Bausubstanz ein. 1829 wurden Teile der Kirche abgerissen, weil sie sich in einem äußerst baufälligen Zustand befanden. Es blieb eine Restkirche mit einem auf eine Höhe von ca. 40 m gestutzten Westturm und dem Mittelschiff. Sehenswert ist die 1710–13 von G. von Holy geschaffene Orgel, der Bentheimer Taufstein aus dem 13. Jh. sowie die Kanzel von 1669.

Im Turm ist heute in der **Störtebekerkammer** (April–Sept. Mo–Sa 10–12, 14–17, So 14–17 Uhr) ein kleines ›Museum‹

Marienhafe

untergebracht, das Auskunft gibt über die interessante Kirchengeschichte.

Störtebekerdenkmal

Am Rand des Kirchplatzes haben die Bewohner von Marienhafe dem ›Robin Hood‹ der Nordsee ein Denkmal gesetzt. Störtebekers Lebensweg ist untrennbar mit der Geschichte der Vitalienbrüder verknüpft, die in der Ostsee ihren Anfang nahm. Im Streit zwischen der Königin Margarethe von Dänemark und dem Herzog Albrecht von Mecklenburg um den schwedischen Königsthron hatten die Hansestädte Rostock und Wismar Kaperbriefe ausgestellt. Erfahrene Kapitäne und Abenteurer setzten sich an die Spitze der Freibeuter, die den in Stockholm belagerten Albrecht mit Lebensmitteln (Viktualien) versorgten und nebenbei dänische und norwegische Schiffe überfielen. Sie wurden auch *Likedeeler* genannt, weil alle Besatzungsmitglieder den gleichen *(like)* Beuteanteil *(deel)* erhielten. Nach Beendigung des Krieges beschlossen viele der Freibeuter, im lukrativen Räubergeschäft zu bleiben, unter ihnen auch Klaus Störtebeker.

Die nach ihm benannte **Störtebekerstraße** durchzieht ganz Ostfriesland, auf einem Großteil der Strecke mehr oder minder parallel zum Störtebekerdeich. Sie führt durch alle Orte, die in Verbindung mit dem berühmten Piratenkapitän gestanden haben könnten. Aus dem Leben des Räubers selber ist wenig bekannt. Eine alte Chronik berichtet, dass er vor Helgoland gefangen genommen und im Herbst des Jahres 1401 in Hamburg auf dem Grasbrook hingerichtet wurde.

Einkaufen

Handgedrehte Keramik – **Töpferei Brookmerland:** Kirchstr. 117, Marienhafe/Osterupgant, Tel. 04934 1637, www.toepferei-brookmerland,de, Mo–Fr 10–13 Uhr, Juni–Ende Sept. zusätzl. Mo–Fr 15–18 Uhr. Vasen, Tassen, Teller, Teekannen und Stövchen, aber auch handgemalte Fliesen.

Eine Kirche mit Piratenvergangenheit: die Gewölbebasilika von Marienhafe

215

Das Beste auf einen Blick

Von Norden bis Hooksiel

Highlight!

Neuharlingersiel: Eine Perle unter den ohnehin hübschen Sielorten: Giebelhäuser säumen das Hafenbecken, in dem 19 Fisch- und Krabbenkutter stationiert sind. Von einer der zahlreichen Bänke entlang der Hafenmauer lässt sich das muntere Treiben rund um den Hafen bestens beobachten. S. 244

Auf Entdeckungstour

Ein Besuch beim Seehund im Nationalpark: Eines der nicht nur für Kinder einprägsamsten Küstenerlebnisse ist eine Fahrt zu den Seehundbänken. Vom Norddeicher Hafen geht es mit dem Schiff mitten hinein in den Nationalpark Wattenmeer. Mit an Bord ist ein Mitarbeiter der Seehundstation Nationalpark-Haus in Norddeich, der viel Wissenswertes über das Symboltier der Nordseeküste zu erzählen weiß. S. 228

Von Carolinensiel nach Harlesiel: Am Ufer der Harle entlang führt ein Spazierweg vom malerischen Museumshafen in Carolinensiel zum Fährhafen und Nordseestrand in Harlesiel. Zurück geht es ganz gemütlich mit dem Raddampfer Concordia. S. 252

Kultur & Sehenswertes

Ludgerikirche in Norden: Ein Prachtbau aus dem 13 Jh. mit frei stehendem Glockenturm und kostbarer Arp Schnitger Orgel. S. 219

Ostfriesisches Teemuseum in Norden: Sehens- und Wissenswertes über Tee und ferne Länder. S. 220

Aktiv & Kreativ

Museumseisenbahn-Küstenbahn-Ostfriesland: Die Bummelfahrt auf der stillgelegten Bahnstrecke von Norden über Hage nach Dornum kann man gut mit einer Radtour kombinieren. S. 226

Paddel und Pedal: Ostfriesland lässt sich auf abgelegenen Radwegen und unzähligen Wasserläufen bestens erkunden. An rund 20 Paddel- und Pedal-Stationen, wie in Neßmersiel, kann man Kanus oder Fahrräder auch für kombinierte Touren mieten. S. 234

Genießen & Atmosphäre

Lütetsburg: Einen Urlaub im Urlaub bietet der wunderbare, im englischen Landschaftsstil gestaltete Schlosspark. S. 224

Aggis Huus: Nettes, persönliches Café in Neßmersiel mit einem bis an die Decke gefüllten Souvenir- und Teeladen zum Stöbern. S. 232

Ostfriesische Teediele Stadt Schkür: Ein Café zum Wohlfühlen in Esens, vollgestopft mit antikem Tüdelkram, das kleine Privatmuseum ist frei zugänglich. S. 242

Abends & Nachts

Mittelhaus: Ein traditionsreicher Treffpunkt von Alt und Jung in Norden. Es ist Gaststätte, Café und Bistro und abends Kneipe. S. 223

Meta's Musikschuppen: Kultdisco in Norddeich direkt hinterm Deich. S. 227

Die nördliche Nordseeküste

Die Störtebekerstraße führt von Norden aus weiter Richtung Osten, immer hinter dem schützenden Deich, durch die Küstenorte Neßmersiel, Dornumersiel, Benserssiel, Neuharlingersiel, Carolinensiel nach Hooksiel, das an das Stadtgebiet von Wilhelmshaven grenzt. Radfahrer können häufig auch auf weniger frequentierte, deichnähere Straßen ausweichen. Als Wanderer auf der Deichkrone erlebt man den Gegensatz von bleigrauem Watt zur saftig grünen Marsch am intensivsten. Abstecher wenige Kilometer landeinwärts nach Nesse, Dornum und Esens lohnen für alle, die mal genug von der ewig steifen Brise haben, sei es, um ein wenig von der Atmosphäre eines alten Häuptlingssitzes zu genießen, sei es, um einfach nur im Schutze der gerade

Infobox

Anreise & Weiterkommen

Bahn: Die küstennahen Bahnhöfe sind Norden und Norddeich, www.bahn.de; Esens erreicht man mit der Nordwestbahn, Tickets im Zug, Service-Tel. 01805 60 01 61 (0,14 €/ Min.), www.nordwest bahn.de. Für die Orte im Wangerland ist Wilhelmshaven der nächste Bahnhof.
Bus: Mit dem Bus (im Sommer mit Radanhänger) erreicht man mehrmals tgl. alle Orte zwischen Norden und Carolinensiel (s. Urlauberbus im Tippkasten S. 22). Mehrmals tgl. verkehrt ein Bus von Norden nach Esens, Fahrplanauskünfte Weser-Ems-Bus, Tel. 04941 933 77, www.weser-ems-bus.de. Ins Wangerland gibt es für jeden ankommenden Zug in Wilhelmshaven eine direkte Busverbindung.

gewachsenen, dichten Laubbäume ein Eis zu essen.

Norden ▶ J 5

Die älteste Stadt Ostfrieslands entstand auf einem von der Marsch fast ganz umschlossenen, bis zu 9 m hohen Geestrücken, auf dem ursprunglich vier kleine Siedlungen lagen. Ausgehend von einer ersten Kirche entwickelte sich entlang der Oster- und der Westerstraße eine Reihensiedlung, in der sich Handwerker und Händler niederließen, die mit Bremen und Westfalen Geschäfte trieben. 1277 wurden Landfriedensrichter in dem umtriebigen Handelsflecken eingesetzt, für dieses Jahr setzt man auch den Zeitpunkt der Stadtgründung fest. Durch verheerende Sturmfluten, die den Einbruch der Leybucht zur Folge hatten, wurde Norden im 14. Jh. Hafenstadt, war Ende des 15. Jh. sogar zeitweise der führende Hafen an der ostfriesischen Küste. Viele der imponierenden Bürgerhäuser entstanden in dieser Blütezeit und dokumentieren noch heute den damaligen Wohlstand der Stadt. Erst mit der zunehmenden Verlandung und Eindeichung der Leybucht verlor Norden schließlich seine Bedeutung als Handelshafen. Durch den Bau des Leybuchtsiels 1929/30 wurde die Stadt endgültig vom offenen Meer abgeschnitten.

Altstadt

Die älteste Stadt Ostfrieslands (ca. 25 000 Einw.) lockt mit einem historischen Kern: Am baumbestandenen Marktplatz stehen die imposante Lud-

Norden

Zwischen Nacht und Tag: Historische Häuser am Marktplatz in Norden

gerikirche, das Alte Rathaus und eine ganze Reihe stattlicher Bürgerhäuser. Auch an den beiden ältesten Handelsstraßen der Stadt, der Oster- und der Westerstraße, gibt es noch einige architektonische Kleinode aus dem 17. und 18. Jh. zu entdecken. In weiten Teilen der südlich und östlich des Marktes gelegenen Norder Altstadt überwiegt ansonsten unspektakuläre Architektur neueren Datums. In der Erneuerungsphase, die im Rahmen eines Bundes-Sanierungsprogramms seit Ende der 1960er-Jahre die Stadtplanung prägte, verschwand bedauerlich viel historische Bausubstanz.

Ludgerikirche 1

Sommerhalbjahr Di–Sa 10–12.30, Di–Sa 15–17, im Winterhalbjahr Mo–Sa 10–12.30, Di–Fr 15–17 Uhr, So 10 Uhr Gottesdienst, Orgelkonzerte Mitte Juni bis Anfang Sept. Mi 20 Uhr

In der Mitte des knapp sieben Hektar großen Marktes erhebt sich die mächtige, teils aus rheinischem Tuffstein, teils aus Backstein gebaute Ludgerikirche mit einem frei stehenden, um 1300 entstandenen Glockenturm. Die Kirche trägt ihren Namen nach jenem friesischen Missionar, der als Bischof von Münster (744–809) versuchte, seine Landsleute zu bekehren. Der heute größte und bedeutendste mittelalterliche Sakralbau Ostfrieslands stammt aus mehreren Epochen. Ältester Teil ist das 1235–50 erbaute romanische Langschiff mit halbrunder Apsis im Osten. Das 1318 in Angriff genommene Querschiff erhielt 1445 seine heutige Gestalt.

Das sehenswerte Innere der Kirche birgt viele Schätze, darunter die kostbare, 1686–92 von Arp Schnitger aus Hamburg erbaute Orgel, die zu Beginn der 1980er-Jahre von Jürgen Arend restauriert wurde. Sie gilt als eine der klangschönsten Barock-Orgeln ganz Nordeuropas.

Altes Rathaus 2

Am Markt 36, Öffnungszeiten s. Teemuseum S. 220

Auf der Westseite des Marktplatzes steht das historische Alte Rathaus. Das

Norden

Sehenswert	Übernachten	Einkaufen
1 Ludgerikirche	**1** Reichshof	**1** Filzatelier Weingart
2 Altes Rathaus mit Teemuseum	**2** Zur Post	**2** Labusch Keramik
3 Mennonitenkirche	**3** Stadthotel Smutje	**3** Das Kontor
4 Dree Süsters		
5 Schöninghsches Haus	**Essen & Trinken**	**Aktiv & Kreativ**
6 Haus Westerstraße 89	**1** Alte Backstube	**1** Museumseisenbahn/ Bahnhof
7 Comic Museum	**2** Minna am Markt	
8 Deichmühle	**3** Mittelhaus	
9 Frisia Mühle	**4** Shafies Speicher	**Abends & Nachts**
10 Westgaster Mühle	**5** Altes Zollhaus/XII Apostel	**1** Der Club

im Jahre 1531 zerstörte, 1539–42 wieder aufgebaute Bauwerk mit dem einzigen in Ostfriesland noch erhaltenen Treppenturm beherbergt seit 1922 das sehenswerte Tee- und Heimatmuseum (s. u.). Im unteren Stockwerk befindet sich von alters her die Theelkammer, der Versammlungsraum der Theelacht. Dies ist eine Genossenschaft von Erbbauern, die seit über 1100 Jahren besteht (Theel bedeutet ›Anteil‹, Acht ›Genossenschaft‹).

Mennonitenkirche **3**

Markt 16–18, Besichtigung Mai–Sept. Sa 10–12 Uhr, Eintritt frei
Besonders schön ist die Südseite des Marktes mit einer geschlossenen Häuserzeile historischer Bauwerke aus Renaissance und Barock. Die hochherrschaftliche Mennonitenkirche ist ein dreiteiliger, palaisartiger Gebäudekomplex mit Freitreppe, geschweiftem Dach und steinernen Fruchtgehängen nach niederländischem Vorbild. Der zweistöckige Mitteltrakt, im Jahre 1662 als Privathaus des gräflichen Amtmanns errichtet, wurde 1795 von der Mennonitengemeinde gekauft. Die linke Hälfte wurde zum Kirchenraum ausgebaut und mit einem zierlichen Turm gekrönt. Die Seitenflügel stammen von 1796 und 1835.

Alte Bürgerhäuser

Linker Hand der Mennonitenkirche schließt sich das 1884 im klassizistischen Stil erbaute Neue Rathaus an. Ein Kleinod sind die in niederländischem Frühbarock anno 1617 entstandenen **Dree Süsters 4** (›Drei Schwestern‹) am Markt 12, 13 und 14. Ein weiteres Schmuckstück ist das **Schöninghsche Haus 5** von 1576 in der Osterstr. 5. Es gilt als das am reichsten verzierte Patrizierhaus der Renaissance in Ostfriesland. Die ganz in Fenster aufgelöste Vorderfront gliedern Bänder von hellem Sandstein und muschelartig verzierte Halbkreisfelder. Die Sandsteinfiguren, die an den Seiten des Giebels angebracht sind, schildern die Heldentaten des Herakles. Etwas schlichter ist dagegen ein in der **Westerstr. 89** erhalten gebliebenes, anno 1656 im Stil der Spätrenaissance errichtetes **Bürgerhaus 6** mit elegant geschwungenem Giebel.

Museen

Ostfriesisches Teemuseum mit Museum für Volkskunde

Eingang Altes Rathaus, Tel. 04931 121 00, www.teemuseum.de, März–April Di–So 11–16, Mai–Okt. Di–So 10–17 Uhr, im Juli und Aug. auch Mo, 3 €

Seit 1989 ist im Nachbarhaus des **Alten Rathauses** das sehenswerte Ostfriesische Teemuseum mit dem Museum für Volkskunde untergebracht, ein Muss für jeden Ostfriesland-Urlauber. Man erfährt u. a. viel Wissenswertes über die Teekultur weltweit und die berühmten ostfriesischen Mischungen. In der gemütlichen, mit Wandfliesen stilgerecht ausgestatteten Teeküche werden regelmäßig Teeseminare abgehalten.

Thiele's Comic Museum
Westerstr. 10, Tel. 04931 97 51 51, www.comicmuseum-ostfriesland.de, Mo, Mi–Fr 11–18, Sa, So 14–18 Uhr, 2,50 €
Auf zwei Etagen gibt's ein Wiedersehen mit alten Bekannten: über 60 000 Figuren, Fahrzeuge und Landschaftselemente aus Comicheften und -filmen von Micky Maus über Asterix bis zu Star Wars füllen die Regale. In der un-

teren Etage findet sich ein Shop mit einer großen Auswahl an Heften, Figuren, Spielen, Büchern, Filmen etc.

Mühlen

Die vom Marktplatz Richtung Süden führenden Straßen enden am alten Hafen von Norden. Noch zu Beginn dieses Jahrhunderts fuhren Norder Schiffe nach Portugal, England, Skandinavien und in die Ostsee. Der Hafen ist heute umgestaltet, die Deiche und alten Siel-tore sind verschwunden, aber das stattliche Pack- und Zollhaus von 1857 ist noch vorhanden. Es beherbergt heute ein Restaurant, das **Alte Zollhaus** **3**.

Deichmühle **8**
Bahnhofstr. 1, Tel. 04931 123 39, Ende Juni–Mitte Sept. Di–Fr 14–17 Uhr, Eintritt: s. Aushang in der Mühle
Südlich des Hafens, nur wenige Minuten vom Zollhaus, erhebt sich dieser eindrucksvolle, voll funktionsfähige vierstöckige Galerieholländer von 1900. Er gehört mit 28,5 m zu den höchsten Mühlen Ostfrieslands. Das Packhaus beherbergt eine Ausstellung von Japan-Motorradklassikern der 1960er- und 70er-Jahre.

Frisia Mühle **9**
In der Gnurre 40, Tel. 04931 61 67, Sommer- bis zu den Herbstferien Mi 15–17 Uhr, Eintritt frei
Schräg gegenüber erhebt sich die Frisia Mühle, in der ein **Muschel- und Schneckenmuseum** (www.muschel-und-schneckenmuseum.de, in der Saison Di–Do 14.30–18 Uhr, 1,50 €) und ein Keramikladen untergebracht sind. Im Jahre 1855 erbaut, brannte die Mühle bereits 1864 durch Blitzschlag fast völlig ab und wurde neu errichtet. Bis 1930 wurde sie mit Windkraft, danach mit Motorkraft betrieben.

Westgaster Mühle **10**
Alleestr. 65, Tel. 04931 145 27, Mo–Fr 10–12.30, 15–18 Uhr, Juni–Sept. Mahl-vorführung, Backen im historischen Backofen Do 15–17 Uhr
Dieser dritte Holländer steht am westlichen Ortsausgang an der Verlängerung der Westerstraße Richtung Wester-marsch. Die Mühle mit einem angeschlossenen, beeindruckend großen Müllerhaus beherbergt ein gemütliches Café sowie einen Naturkostladen, in dem man sich mit Gemüse und Obst versorgen kann.

Ausflüge in die Umgebung

Schloss Lütetsburg ▶ K 5
Landstr. 55 in Hage, 6 km östlich von Norden, www.schloss-luetetsburg.de, nur von außen zu besichtigen
Der im 16. Jh. hier ansässige Häuptling Unico Manninga ließ in der handgeschriebenen und illustrierten ›Lütetsburger Hauschronik‹ die unglaublich prunkvollen Trachten der Friesinnen festhalten. Bis heute bewohnt die in die Dynastie der Manninga im 16. Jh. eingeheiratete Familie zu Inn- und Knyphausen die Lütetsburg. Das 1960 erbaute Schloss ersetzt die durch Feuersbrunst zerstörte vorherige Anlage von 1896. Älteren Datums ist die von der Straße aus sichtbare, 1577 erbaute Renaissance-Vorburg mit dem barocken Torturm von 1740. Wunderschön präsentiert sich der ab ca. 1790 in englischem Stil umgestaltete Schlosspark, s. Lieblingsort S. 224.

Burg Berum ▶ K 5
in Hage-Berum, etwa 7 km östlich von Norden
Verborgen hinter hohen Bäumen liegt die Burg Berum. Um 1310 lebten hier die Häuptlinge Syrtza. Über die Jahr-

Norden

hunderte entwickelte sich die Burg zu einer der prachtvollsten Schlossanlagen des Landes. Als sie 1764 unter Friedrich dem Großen geschleift wurde, blieb nur die mächtige Vorburg mit Turm erhalten. Im Gästehaus der Burg kann man heute stilvoll übernachten (s. S. 19), der schön angelegte Garten kann tagsüber besichtigt werden (s. S. 64).

Übernachten

Komfortabel und behaglich – **Hotel Reichshof** **1**: Neuer Weg 53, Tel. 04931 17 50, www.reichshof-norden.de, DZ 112–142 €. Traditionsreiches Familienhotel, dessen Gebäude einen kleinen Innenhof umgeben, 56 geschmackvolle Zimmer, großer Wellnessbereich. Das dazugehörige Restaurant zählt sich zu den besten der Stadt, Hauptgerichte ab 11 €.

Einfach und charmant – **Hotel Zur Post** **2**: Am Markt 3, Tel. 04931 27 87, www.hotel-zur-post-norden.de. Zentral am Norder Markt gelegenes Hotel, das Radfahrer auch für eine Nacht aufnimmt, DZ ab 56 €; mit Café, Kneipe und Gaststube.

Zum Wohlfühlen – **Stadthotel Smutje** **3**: Neuer Weg 89, Tel. 04539 942 50, www.stadthotelsmutje.de, DZ 74, Familienzimmer 86 €. Geschmackvolles, persönlich geführtes Hotel in der Fußgängerzone. Mit Restaurant und gemütlicher Teestube, Mittagstisch um 7 €, Hauptgerichte à la carte ab 11 €.

Essen & Trinken

Komfortabel und behaglich – **Hotel Reichshof:** s. Übernachten **1**

Gemütlich – **Alte Backstube** **1**: Westerstr. 96, Tel. 04931 143 75, tgl. ab 18 Uhr, Pizza 6–8 €, am Freitag alle Piz-

zen für 5 €. Bistro-Café-Kneipe gegenüber vom Tee- und Heimatmuseum.

Bodenständig und originell – **Minna am Markt** **2**: Am Markt 68, Tel. 04931 32 11, So–Fr 11.30–14, 17.30–22, Sa 17–22 Uhr, 10–17 €. Auf der Speisekarte ostfriesische Spezialitäten wie *Wuddels doerstamt, Ostfriesischer Snirtje Braa, Insett Buskool, Mehlpütt, Grön Hein …* Mittags preiswerter Bürgertisch.

Traditionsreich – **Mittelhaus** **3**: Neuer Weg 11, Tel. 04931 971881, www.mit telhaus.de, tgl. 10–1 Uhr, kleine Speisen ab 3 €. Seit 1877 ist das familien- und kinderfreundliche Mittelhaus ein beliebter Treffpunkt von Alt und Jung. Es ist Gaststätte, Café und Bistro, abends Kneipe mit einem Angebot an Bier begleitenden Speisen.

Unter Denkmalschutz – **Shafies Speicher** **4**: Neuer Weg 77, Tel. 04931 93 22 26, www.shafies-speicher.de, Hauptgerichte 9–21 €. Ehemaliges Packhaus mit viel Flair. Im Bistro werden Kaffee, Gebäck und leichte Speisen serviert, abends fantasievoll gemixte Cocktails. Im Restaurant Speisen à la carte.

Hausmannskost und Mediterranes – **Altes Zollhaus** **5**: Am Hafen 1, Tel. 04931 932 14 44, www.altes-zollhaus-emden. de, Di–So 11.30–14 Uhr, ab 11 €, Di, Mi u. Do Schnitzelparade für 7,80 €. Gastronomie im einstigen Pack- und Zollhaus der Stadt am ehemaligen Norder Hafen, Terrasse am Hafenbecken, sehr breite Auswahl an Speisen von der Pasta bis zur Seezunge. Unten im **XII Apostel** wird Italienisches serviert, Di–So 17–0 Uhr, Pasta und Pizza ab 7 €.

Einkaufen

Kunsthandwerk – Die **Große Neustraße** hat sich zu einem kleinen Künstlerviertel entwickelt. In den Werkstattläden entstehen individuelle, mit Liebe gearbeitete Stücke: so im **Filzatelier**

223

Lieblingsort

Wunderbar windstill
Mächtige alte Baumgruppen inmitten grüner Auen, verschlungene Wasserläufe mit kleinen Brücken, meterhohe, im Frühjahr farbenprächtig blühende Rhododendren, stille Teiche mit verwunschenen Inseln, eine verschwiegene Holzkapelle im Tannendickicht – eine Welt sehr fern von Wind und Watt präsentiert der zauberhafte Schlosspark von Lütetsburg. Die Gartenanlage zählt zu den schönsten privaten Gärten Norddeutschlands, es ist wie ein Urlaub mitten im Urlaub, hier spazieren zu gehen. Im Sommer kann man sich im parkeigenen Café stärken (**Schlossgarten Lütetsburg,** ▶ K 5, ganzjährig zugänglich, Mai–Sept. 8–21, sonst 10–17 Uhr, Eintritt 1 €, Parkplatz auf der anderen Straßenseite ebenfalls 1 €).

Von Norden bis Hooksiel

Weingart [1], Große Neustr. 7, **Labusch Keramik** [2], Große Neustr. 6.
Ausgezeichnet – **Das Kontor** [3]: Große Neustr. 8 u. 9, Tel. 04931 16 87 30, www.das-kontor-norden.de, Mo–Fr 9.30–18, Sa 9.30–14 Uhr. Feinkost, Bistro, Weine und mehr. Im Bistro: leckere Speisen und edle Getränke.

Aktiv & Kreativ

Bummelfahrt – **Museumseisenbahn-Küstenbahn Ostfriesland (MKO)** [1]: auf stillgelegter Bahnstrecke Norden – Hage – Dornum; Ostern, 1. Mai, Himmelfahrt, Pfingsten u. Juni–Mitte Okt. jeden So, Info über Tel. 04931 16 90 30 (ab 18 Uhr), www.mkoev.de, Radmitnahme. Eine Fahrt auf der 1960 stillgelegten Bahntrasse ist ein Vergnügen für die ganze Familie und bestens zu kombinieren mit einer Radtour.

Abends & Nachts

Alteingesessen – **Mittelhaus**: s. Essen & Trinken [5]
Partytreff – **Der Club** [1]: Westerstr. 90, www.der-club-in-norden.de, Fr, Sa und vor Feiertagen ab 22 Uhr. Beliebtes Tanzlokal und Disco für ein gemischtes Publikum, das Lust auf Party hat und sich einig ist, dass es ohne den Club in Norden ganz schön öde wäre.

Infos

Tourismusbüro
Touristinformation Norden (Marktpavillon), Am Markt, Tel. 04931 98 62 01, Mo–Do 9–12.30, 14–17 Uhr, Fr 9–12.30 Uhr.

Verkehr
s. Infobox S. 218

Norddeich ►H 5

Der für seine Seehundaufzucht- und Forschungsstation und die (seit 1998 aufgelöste) Funkstelle Norddeich-Radio berühmte Stadtteil Nordens ist das größte Nordseebad an der ostfriesischen Küste. Die stark befahrene B 72, die von Aurich und Norden herführt, ist auch die Hauptstraße von Norddeich. Seit Ende des 19. Jh. fahren hier die Schiffe der traditionsreichen Reederei Norden-Frisia regelmäßig nach Norderney und Juist ab. Auf der weit ins Hafenbecken hineinragenden Mole enden die Züge der Deutschen Bahn.

Kurzentrum mit Wellenpark

Parallel zur B 72 verläuft der Dörperweg. Hier findet man das Kurzentrum, die Kurverwaltung und die größte Attraktion Norddeichs: den Wellenpark mit dem Erlebnisbad Ocean Wave (s. S. 231). In diesem großzügig angelegten Komplex gibt es neben einem Kinderspielhaus, einem wunderbaren Abenteuerspielplatz, einer Minigolfanlage und einer Rollschuhbahn das Nationalparkhaus und vor allem die **Seehundaufzucht- und Forschungsstation**, deren Besuch sich gut mit einer Fahrt zu den Seehundbänken kombinieren lässt, s. Entdeckungstour S. 228. Im Ortsteil Osterloog liegt das Waloseum.

Waloseum ► J 4/5
Osterlooger Weg 3, Norden-Osterloog, www.waloseum.de, Nov.–März Sa, So 10–17, in den Ferien u. Apr.–Okt. 10–17 Uhr, Erw. 5 €, Familienkarte 14 €, Kombikarte inkl. Seehundstation Erw. 9, Familienkarte 19,90 €
Viele Infos über die Meeressäuger, Ausstellung Vogelwelt der Küste, beeindruckend ist das Skelett eines 2003 an

der Küste zwischen Norden und Norderney gestrandeten Pottwals.

Übernachten

In der ersten Reihe – **Hotel Regina Maris**: Badestr. 7, Tel. 04931 189 30, www.hotelreginamaris.de. Modernes, gastfreundliches Hotel mit 120 Betten direkt an der Kurpromenade, DZ ab 136 €. Zwei Schwimmbäder, Sauna und Solarium sowie eine erstklassige Küche im Café Restaurant machen den Urlaubsgenuss komplett.

Landurlaub – **Ferienhof ›Groot Plaats‹**: Deichstr. 31, Norden-Westermarsch 2 (2,5 km westl. von Norddeich), Tel. 04931 86 39, www.groot-plaats.de, Ferienwohnungen für 2–4 Pers., 35–70 €. Inmitten von Feldern liegt dieser familienfreundliche, bewirtschaftete Bauernhof; Kinderspielplatz mit Kletterhaus, Ponys und Kleintiere zum Streicheln.

Ein Familienparadies – **Ferienhof Upwarf**: Westermarscher Str. 22, Norden-Westermarsch (2,5 km westlich von Norddeich), Tel. 04931 45 74, www.upwarf.de, Ferienwohnungen 46–98 €. Ganz unterschiedlich große Ferienwohnungen mit bis zu 3 Schlafräumen. Der Hof bietet für alle etwas: Es gibt viele Tiere, Fahrräder zum Ausleihen, Spielplätze und eine Spielscheune, bei schlechtem Wetter geht's in die Sauna oder den Whirlpool.

Strandnahe Lage – **Jugendherberge**: Strandstr. 1, Tel. 04931 80 64, www.jugendherberge.de, ab 22,30 €. 146 Betten in 2-, 4- und 6-Bett-Zimmern, 16 Betten in zwei Sommerblockhäusern. Die Lage spricht für sich, die Zimmer bieten keinen Luxus, sind aber okay.

Komfortabel – **Nordsee Camp Norddeich**: Deichstr. 21, Tel. 04931 80 73, www.Nordsee-Camp.de, März–Okt. Platz mit 700 Stellplätzen westlich von Norddeich gleich hinterm Deich mit Spielplatz, Supermarkt und Restaurant.

Zentral und beliebt – **Wohnmobil-Stellplatz**: am Dörperweg, schräg gegenüber vom Wellenpark, Wohnmobil für 2 Pers. inkl. Kurbeitrag 13 €, das Parkticket kann man gegen eine Wohnmobil ServiceCard eintauschen, die 50 % Ermäßigung im Erlebnisbad gewährt.

Essen & Trinken

In der Norddeicher Straße (B 72), die Norden mit Norddeich verbindet, laden zahlreiche Restaurants ein. Im Hotel **Regina Maris** (s. Übernachten) und im **Haus des Gastes** (Am Strand, Badestr., Tel. 04931 98 40 20) wird delikates Essen mit schönem Blick aufs Wattenmeer geboten.

Viele Stammgäste – **Restaurant Seestern**: Deichstr. 8, Tel. 04931 811 17, tgl. 11–21.30 Uhr, ab 9 €. Den frischen Fisch genießen hier auch Einheimische. Im Sommer kann man draußen sitzen, zarte Scholle, reichliche Portionen, man kann auch kleinere Portionen wählen, freundliche Bedienung.

Süß und herzhaft – **Das Pfannkuchenhaus**: Norddeicher Str. 204, Tel. 04931 91 75 50, Mi–Mo, 40 Pfannkuchen- und 30 Crêpevariationen, die man im Lokal essen oder mit nach Hause nehmen kann, 3,50–15 €. Manche Kreationen sind ziemlich ausgefallen, der Pfannkuchen Kopenhagen ist gefüllt mit Edelfischragout in Estragon-Senf. Auch bei den Crêpes kann man zwischen herzhaft und süß wählen.

Abends & Nachts

Kultdisco – **Meta's Musikschuppen**: Deichstr. 10, Fr/Sa ab 22 Uhr, in der Hochsaison auch Mi u. So. »Komm, wir

Auf Entdeckungstour

Ein Besuch beim Seehund im Nationalpark

Eines der nicht nur für Kinder einprägsamsten Küstenerlebnisse ist eine Fahrt zu den Seehundbänken. Vom Norddeicher Hafen, ▶ H 5, geht es mit dem Schiff in den Nationalpark Wattenmeer. Mit an Bord ist ein Mitarbeiter der Seehundstation in Norddeich, der viel Wissenswertes über das Symboltier der Nordseeküste zu erzählen weiß. Ein Besuch in der Seehundstation schließt sich an.

Organisator: Reederei Frisia, im Sommerhalbjahr 1–3 Fahrten pro Woche, Termine im Internet (s. S. 231)

Seehundaufzucht- und Forschungsstation: Dörperweg 22, Tel. 04931 89 19, www.seehundstation-norddeich.de, ganzjährig tgl. 10–17, Fütterung tgl. 11, 15 Uhr, Eintritt s. Waloseum S. 226

Dauer: Schiffsausflug 1,5 Std.

Die meisten Seehunde leben einen Großteil des Jahres auf den dem Wattenmeer vorgelagerten Inseln und jagen in der offenen See, doch im Sommerhalbjahr sind sie zur Geburt und Aufzucht der Jungen sowie zum Haarwechsel und in der Paarungszeit auf die Sandbänke im Wattenmeer angewiesen. Viele der Seehundbänke liegen heute in der Ruhezone des Nationalparks, die nicht betreten werden darf. Eine Bootstour bietet die Möglichkeit, die Seehunde in der freien Natur zu beobachten, ohne sie zu stören. Nach knapp halbstündiger Fahrt vom Fährhafen hat das Ausflugsschiff sein Ziel erreicht. Vorne an Deck herrscht lebhaftes Gedränge um die besten Plätze. Die Hälse werden gereckt, Kinder auf die Schultern genommen, Ferngläser und Fotoapparate gezückt. Da liegen sie, die possierlichen Tiere, beneidenswert ruhig und entspannt, auf dem Sand und sonnen sich. So gut müsste man es haben, denkt man sich. Doch die Idylle täuscht.

SOS im Wattenmeer

In den letzten 150 Jahren geriet der Seehundbestand immer wieder in Gefahr. Die Umweltverschmutzung durch Dünnsäureverklappung und DDT-Einträge hatte maßgeblichen Einfluss auf die Population. Fälschlicherweise wurde die Jagd auf den Seehund als Ursache für den Rückgang genannt. Doch selbst nach Einstellung der Jagd hielten sich die Bestände 10 Jahre lang auf gleich niedrigem Niveau. Erst Jahre nach dem Verbot des Verklappens von Giftstoffen gingen die bedrohlich zusammengeschmolzenen Bestandszahlen in der Nordsee wieder in die Höhe. Neue Gefahren in Form von Seuchen kamen hinzu. 1988 wurde der Seehundbestand innerhalb weniger Wochen durch eine ansteckende Viruskrankheit um zwei Drittel reduziert. Auslöser für die im Sommer 2002 erneut ausbrechende Seuche war das Seehundstaupevirus (Phocine distemper virus = PDV), dem bis zum Spätherbst noch einmal über ein Drittel aller Wattenmeer-Seehunde zum Opfer fiel. Die Seehundpopulation erholte sich 1988 und 2002 überraschend gut. Mit 20 250 Seehunden zählte das Internationale Wattenmeersekretariat zu Beginn des Jahres 2009 die größten Bestandszahlen seit Beginn der gemeinsamen Zählungen im Wattenmeer vor den Küsten der Niederlande, Deutschlands und Dänemarks.

Seehunde brauchen Ruhe

Auch scheinbar harmlose Störungen durch Wattwanderer, Freizeitkapitäne und Surfer bedrohen die Existenz der Seehunde. Anfang Juni bis Mitte Juli bringen die Muttertiere meist ein Junges zur Welt. Für die Geburt und die ersten vier bis sechs Wochen brauchen sie Ruhe, um ungestört säugen zu können. Werden sie beim Säugen öfters gestört und aufgescheucht, können die Jungtiere nicht genug Fett ansetzen und damit nicht genug Widerstandskräfte sammeln. Leicht passiert es auch, dass Seehunde bei einer Störung panikartig ins Wasser flüchten und ein Junges den Anschluss an seine Mutter verliert. Mit heulenden Rufen versucht es dann, die Mutter wieder anzulocken. Wegen dieser Rufe werden sie Heuler genannt. Wenn Touristen einen Heuler entdecken, ihn berühren oder gar streicheln, dann wird die Mutter ihr Junges nicht mehr annehmen und verstoßen.

Daher sollte man immer einen Abstand von mindestens 500 m zu Einzeltieren und insbesondere zu den Seehundbänken einhalten. Wer einen allein liegenden jungen Seehund findet, darf ihn auf keinen Fall anfassen, sollte andere Menschen und Tiere fernhalten und eine Seehundstation oder die Polizei benachrichtigen. Die Mitarbeiter der Stationen entscheiden dann, ob das Tier wirklich Hilfe braucht.

Hilfe für die Seehundbabys?

Seit den 1970er-Jahren gibt es entlang der Nordseeküste Seehund-Aufzuchtstationen, die sich der Jungtiere annehmen, die ihre Mutter durch Verstoßen, Tod, Störungen oder Stürme verloren haben. Über ihren Sinn wird kontrovers diskutiert. Die Gegner argumentieren zum einen, dass Wattwanderer auch so manch gesundes Seehundjunges illegal einsammeln würden, die von der abwesenden Mutter keineswegs verstoßen seien (was in den letzten 10 Jahren aber nicht geschehen ist), zum anderen widerspräche es dem Naturgesetz der natürlichen Auslese, kranke oder verletzte Tiere wieder aufzupäppeln. In Dänemark werden aus diesen Gründen bereits seit 1985 keine Heuler mehr aufgezogen und ausgewildert und in der Seehundstation in Friedrichskoog in Schleswig-Holstein keine kranken und verletzten Tiere mehr aufgenommen.

Kleine Seehunde ganz nah

In der Seehundstation Nationalpark-Haus in Norddeich werden jährlich 30 bis 80 verwaiste Seehunde und Kegelrobben großgezogen. Kritische Stimmen werden mit dem Argument zurückgewiesen, dass man nur versuche, den Schaden, den die Menschen den Seehunden zugefügt haben, wieder auszugleichen.

Wenn die Jungtiere 25 bis 30 kg wiegen und selbstständig fressen können, werden sie auf einer Sandbank wieder ausgesetzt. In der Seehundstation kann man Seehunde bei der Fütterung beobachten und vieles über ihren Lebensraum erfahren. Angeschlossen ist auch eine Vogel-Pflegestation, die für die Öffentlichkeit aber nicht zugänglich ist.

Ein anrührendes Schauspiel: die Fütterung der Seehundjungen

geh'n zu Meta«, heißt es seit 45 Jahren; viele Auftritte namhafter Künstler und Bands direkt hinterm Deich.

Aktiv & Kreativ

Baden

Sommerfreuden – **Freibad:** Mitte Mai–Mitte Sept. 8.30–19 Uhr. Sich mit Blick aufs Meer im Wasser tummeln.

Ganzjährig – **Ocean Wave:** Dörperweg 22, im Wellenpark Norddeich, Tel. 04931 98 63 00, www.ocean-wave.de. Erlebnisbad Mo–Fr 10–21, Sa, So 10–20, Sauna Mo–Fr 10–22, Sa, So 10–21 Uhr. Familien- und Erlebnisbad mit einem grandiosen Wellnessangebot.

Nationalpark-Erlebnisfahrten

Fahrt zu den Seehundbänken – **Reederei Norden-Frisia:** Tel. 04931 98 70, www.reedereifrisia.de, s. Entdeckungstour S. 228. Auch verschiedene andere Ausflugsfahrten.

Infos & Verkehr

Tourismusbüro

Tourist Information Norddeich: Dörper Weg 22, Tel 04931 98 62 00, Mo–Fr 8.30–13, 14–17, Sa 10–16 Uhr. Außerhalb der Öffnungszeiten erhält man Informationen an der Kasse im Erlebnisbad **Ocean Wave,** s. o.

Verkehr

s. Infobox S. 218
Schiff: Ganzjährig Fähren von Norddeich nach Norderney (s. S. 118) und Juist (s. S. 100).

Feste

Norddeicher Drachenfest: um Himmelfahrt reisen ›Drachenflieger‹ aus ganz Deutschland und den Niederlanden an, Info: www.norddeich.de.

Neßmersiel ▶ L 4

Der Küstenbadeort Neßmersiel gehört ebenso wie der Flecken Nesse, das Nordseebad Dornumersiel und der Erholungsort Dornum zur Gemeinde Dornum. Im 1969/70 erbauten Hafen von Neßmersiel legen die Fähren nach Baltrum ab, das Dorf selbst liegt weit hinter dem Deich. Westlich des Hafens erstreckt sich ein Sandstrand mit farbenfrohen Strandkörben und einem Kinderspielplatz. Ohne den obligatorischen Campingplatz und großartige Kureinrichtungen findet man hier mehr Muße und Ruhe als in den anderen Küstenbadeorten, die schlicht-schöne Landschaft zwischen den grünen Polderwiesen und dem grauen Watt zu genießen.

Essen und Trinken

Ausgezeichnet – **Hotel Fährhaus:** Dorfstr. 42, Am alten Sieltor, Tel. 04933 303, www.faehrhaus-nessmersiel.de, tgl. 11.30–21.30 Uhr, ab 11 €. Köstliche Fischgerichte, regionale Fleischspezialitäten wie Salzwiesenkalb und Deichlamm sowie leckere hausgemachte Kuchen im hochgepriesenen Restaurant-Café.

Einfach nett – **Aggis Huus:** s. Lieblingsort S. 232

Aktiv & Kreativ

Jede Menge Spaß für Kinder – **Sturmfrei:** Störtebekerstr. 18, Tel. 04933 87 99 80, www.sturmfrei-dornum.de, Mai–Okt. tgl. 11–19 Uhr, Vorsaison Mo–Fr 14–19, Sa, So 11–19 Uhr, im Winter geschl., 5 (7) € mit (ohne) Tourismus-ServiceCard. Familien- und Freizeitcenter mit Trampolinen, Kletterwand, Kino, Abenteuerspielplatz und Internet-Terminal.

Lieblingsort

Einfach nett

Aggis Huus ist ein Ort zum Wohlfühlen und Entspannen. Das unscheinbare Haus hinterm Deich beherbergt ein Café, dessen Wohnzimmeratmosphäre auch Hauptkommissarin Ann Kathrin Klaasen, die Protagonistin der Ostfriesenkrimis von Klaus-Peter Wolf (s. S. 72) schätzt. Sie kommt hierher, wenn ihr alles zu viel wird – privat und beruflich. Die Krimis kann man hier auch kaufen, die Vorfreude aufs Lesen gepaart mit einem Stück frisch gebackenem Kuchen oder einem deftigen Bratkartoffelgericht mit Sülze, Matjes, Spiegelei – das ist Urlaub. Gleich nebenan lockt das Teekontor – ein uriger, bis an die Decke prall gefüllter Souvenirladen, in dem die ganze Familie nach Herzenslust stöbern kann (**Aggis Huus**, Dorfstr. 49, Tel. 04933 91 40 73, www. aggistee-contor.de).

Von Norden bis Hooksiel

Paddel und Pedal
Mehrere ausgeschilderte Fahrradrouten, z. B. die Friesenroute Rad up Pad, der Friesische Heerweg und die North Sea Cycle Route, führen an einer der zahlreichen Wasserstraßen Ostfrieslands vorbei. In Neßmersiel kann man den Drahtesel gegen ein Kanu eintauschen. In der Saison: Vermietung von Kajaks, Kanadiern und Fahrrädern, auf Wunsch ist der Transfer der eigenen Räder möglich (**Paddel- und Pedalstation in Neßmersiel**, Störtebekerstr. 24, Tel. 04933 20 28, Kartenmaterial und Routenvorschläge erhält man auch in den Tourist-Infos).

Infos & Verkehr

Tourismusbüro
s. Tourist-Info Dornumersiel S. 237

Verkehr
s. Infobox S. 218
Fähre: Von Neßmersiel tgl. nach Baltrum (s. S. 140)

Zwischenstopp in Nesse
▶ L 4

Nur wenige Kilometer landein passiert man auf dem Weg nach Dornum eine kleine, auf einer Langwarft gelegene Handelsniederlassung aus dem 8./9. Jh. Bemerkenswert ist die aus Tuffstein erbaute evangelische Kirche, eine einschiffige Saalkirche aus der Zeit um 1200 mit einem spätgotischen Chor von 1493. Kirchenschiff und Chor werden durch den Lettner, eine steinerne, gegen Ende des 15. Jh. errichtete Schranke getrennt, damit sich im Mittelalter die hohe Geistlichkeit nicht mit dem niederen Volk mischte. Die auf den Lettner gesetzte Orgel stammt aus dem Jahre 1709. Das älteste und wertvollste Inventarstück ist das reich mit Figuren, Arkaden und Rankenfries geschmückte, etwa 1 m hohe Sandstein-Taufbecken von 1250/70. Westlich der Kirche steht das ehemalige Pfarrhaus, ein stattlicher zweigeschossiger Backsteinbau aus der ersten Hälfte des

16. Jh. Das schmale, hohe Backsteingebäude zur Linken dient als Gemeindehaus. Ein riesiger Gulfhof rundet das Ensemble würdiger Bauwerke ab.

Dornum ▶ M 4

Die ehemalige Herrlichkeit Dornum, 5 km von der Küste entfernt, ist ein charmantes Städtchen mit etwa 2000 Einwohnern und einer beeindruckenden Vielfalt an historischen Sehenswürdigkeiten aus der Ära der ostfriesischen Häuptlinge. Der Beiname ›Herrlichkeit‹ bedeutet, dass hier einst Häuptlinge mit eingeschränkter Autonomie herrschten. Ursprünglich standen in Dornum drei Häuptlingsburgen, zwischen 1350 und 1400 erbaut, die alle in der ›Sächsischen Fehde‹ 1514 zerstört wurden. Zwei davon wurden wieder aufgebaut und stehen heute noch: das Schloss und die Beningaburg.

Eine Stadtbesichtigung beginnt man am besten an der Touristeninformation im Süden der Altstadt.

St. Bartholomäuskirche
April–Mitte Okt. tgl. geöffnet
Auf einer Warf erhebt sich die 1992–95 restaurierte St. Bartholomäuskirche. Der schlichte, rechteckige Backsteinbau mit dem frei stehenden Glockenturm stammt aus dem letzten Drittel des 13. Jh. Seit dem späten 17. Jh. besitzt das Innere ein hölzernes Tonnen-

234

gewölbe, auf der Nord- und der Westseite doppelgeschossige Emporen in
dezentem Grau, Taubenblau und See-
grün. Auf der Westempore nimmt die
von Gerhard von Holy aus Aurich geschaffene Orgel von 1710–11 fast die
gesamte Breite ein.

Jüdischer Friedhof und Gedenkstätte Synagoge Dornum

Kirchstr. 6, Tel. 04933 342, www.
synagoge-ostfriesland.de, Fr, Sa, So
15–18 Uhr
Vom Markt geht eine schmale Straße
zum jüdischen Friedhof ab. Der älteste
Grabstein stammt von 1721, der jüngste
aus dem Jahr 1945. Die Synagoge,
heute Informations- und Gedenkstätte
der ehemaligen jüdischen Gemeinde in
Dornum, steht in der Kirchstraße. Die
Reichspogromnacht vom 9./10. November 1938 überstand sie als einzige in
Ostfriesland nur deshalb, weil sie kurz
zuvor an einen nichtjüdischen Tischler
verkauft worden war. Die Ausstellung
dokumentiert mit Bildern und Exponat-
en die Geschichte der jüdischen Gemeinde in Dornum von 1775 bis zu ihrer zwangsweisen Auflösung im Jahre
1940, informiert aber auch allgemein
über jüdische Geschichte und Religion.

Amtshaus

Nur von außen zu besichtigen
Am Ende der Kirchstraße, kurz vor dem
Torhaus des Schlosses, steht linker Hand
das ehemalige Amtshaus, in dem der
1820 in Dornum geborene Dichter Enno
Hektor viele Jahre lebte. Fern der Heimat schrieb er die ›Ostfriesische Nationalhymne‹ mit dem Titel: »Sehnsucht
nach der Heimat«.

Schloss

Führungen außerhalb der Schulzeiten
s. Veranstaltungskalender
Das von einem Wassergraben umgebene Schloss, das Ende des 17. Jh. seine

heutige Form erhielt, ist das Wahrzeichen Dornums. Es ist der Nachfolgebau
der 1514 zerstörten Norderburg und
beherbergt seit 1951 die Kreisreal-
schule. Durch ein Torgebäude mit Turm
von 1707 gelangt man in den Vorhof,
an dessen östlicher Flanke das in Weiß
und zartem Gelb gehaltene Hauptge-
bäude liegt. Die vierflügelige Schloss-
anlage liegt inmitten eines weitläufigen Parks, den eine riesige Kolonie von
Saatkrähen bevölkern.

Beningaburg

Vom Schloss geht es über die von der
Kirchstraße abzweigende Enno-Hek-
tor-Straße zur Beningaburg (auch
Osterburg genannt). Bis 1717 prägte
die Familie Beninga die Geschichte
der Burg. Der Ostflügel mit rundbogi-
ger Durchfahrt datiert ins Jahr 1567,
das Säulenportal des Südflügels ins
späte 17. Jh. Das von einem Graben
umgebene, mit viel Aufwand renovierte Gemäuer beherbergt heute ein
edles Hotel-Restaurant mit schönem
Biergarten.

Oma-Freese-Huus

Beningalohne, Tel. 04933 13 43,
Pfingsten–Sept. Di, Do 11–12, 15–17,
So 15–17 Uhr od. nach Vereinbarung
In unmittelbarer Nähe der Burg ist im
Oma-Freese-Huus ein kleines, schnu-
ckeliges Heimatmuseum unterge-
bracht.

Bockwindmühle

An der Hauptstraße Richtung Aurich,
etwa 5 Minuten zu Fuß vom Zentrum,
erhebt sich die schmale, schwarz ge-
beizte Bockwindmühle, eine Ständermühle. Sie stammt aus dem Jahre 1626
und ist die letzte ihrer Art in Ostfriesland. Vor der Einführung der Galerieholländer war diese Windmühlenart in
ganz Norddeutschland verbreitet. Ist
sie in Betrieb, drehen sich nicht nur Flü-

gel und Haube, sondern das ganze (auf einen Bock montierte) Mühlenhaus in den Wind. Die Mühle gehörte ursprünglich zum Dornumer Schloss, wurde später aber von freien Müllern betrieben.

Übernachten & Essen

Geschmackvoll und edel – **Zum Kronprinzen:** Am Markt, www.hotel-zum kronprinzen.de, EZ 48, DZ 76 €. Gepflegtes, persönlich geführtes Hotel-Restaurant in einem historischen Haus am Markt. Im Restaurant wird deutsche Küche serviert, viel Fisch, eine schöne Terrasse zum Markt: Mo–Mi, Fr, Sa 12–14, ab 17.30 Uhr, Hauptgerichte ab 9,50 €.

Einkaufen

Handgewebtes – **Fiefschaft:** Am Marktplatz, Mo–Fr 14.30–18, Sa 10–14 Uhr, www.fiefschaft.de. Feine gewebte Dekorationsstoffe, Tischdecken, Gardinen, Kissenbezüge sowie Kleidung, die nach eigenen Ideen oder Kundenwünschen gefertigt werden.
Individuelle Kostbarkeiten – **Goldschmiede Matthey:** Kirchstr. 8, Ecke Marktplatz, Tel. 04933 15 00, www. goldschmiede-matthey.de, Mo–Fr 10–13, 14.30–18, Sa 10–13 Uhr. Exklusiver, im Atelier gearbeiteter Schmuck aus Silber, Gold und Platin.

Aktiv & Kreativ

Nicht nur für Kinder – **Fahrt mit der Museumseisenbahn:** In den Sommermonaten immer sonntags, fährt die rote Diesellok von Dornum nach Norden und zurück. Fahrpläne und Tickets in den Tourismusbüros (s. auch S. 226).

Infos & Termine

Tourismusbüro
s. Tourist-Info Dornumersiel S. 239

Feste
Dornumer Kunsttage: drei Wochen im Juli/Aug.; Ausstellung verschiedener Künstler im Dornumer Schloss
Ritterfest zu Dornum: 2 Wochenenden im Juli/Aug.; Mittelalterspektakel rund um das Schloss: Ritter kämpfen hoch zu Ross, Fußkämpfer messen sich im Turnier, Handwerksmeister zeigen ihr Können, angeboten werden Workshops, Kurzweil für die Kleinen, dazu Speis und Trank …

Dornumersiel ▸ N 3

5 km sind es von Dornum nach Dornumersiel. Bis Anfang des 17. Jh. war das Gebiet des heutigen Nordseebades noch Wattenmeer, der Deich verlief ca. 1,5 km weiter landeinwärts. 1610 wurde der Polder Dornumer-Westaccumer Neuland eingedeicht. Zur Ableitung der Binnengewässer war der Bau eines Siels notwendig. Die Sturmflut von 1962 zerstörte große Teile von Dornumersiel. Neue Deiche und ein großes Schöpfwerk wurden gebaut, vor dem Schöpfwerk ein Hafen für die Fischereiflotte angelegt. Westlich des Siels und des lang gestreckten Mahlbusens, einem Entwässerungssee mit Rundwanderweg und Tretbootverleih, wurde ein Campingplatz angelegt und 70 000 m³ weißer Sand aufgespült.

Nordseehaus
Oll Deep, Tel. 04933 15 65, www.nordseehaus-dornumersiel.de, April–Nov. Di–Fr 9–17, Sa, So 13–17 Uhr, freier Eintritt
Bilder, Exponate und Filme informieren über das Wattenmeer. Angeboten

Dornumersiel

werden vogelkundliche Wanderungen durch die Salzwiesen und Nachmittage für kleine Wattforscher. Das **Zwei-Siele-Museum** im Umweltforum des Nordseehauses dokumentiert die wechselvolle Geschichte Dornumersiels und die frühere Bedeutung der Sielorte für die Handelsschifffahrt.

Übernachten

Ideal für Pferdefreunde – **Wilhelminenhof:** Tel. 04975 755 98 96, Mobil 0171 423 71 00, www.wilhelminenhof-nordsee.de. Zwei behagliche Wohnungen für 4–5 Pers. im Ferienhaus Findus am alten Deich mitten im Dorf, (Cassen-Eilts-Pad 8), 65 bzw. 70 €. Zum Mahlbusen spaziert man 1 Min., zum Badestrand sind es 500 m. Reitunterricht und Lehrgänge in der 1 km westlich gelegenen Reithalle (Störtebekerstr. 116, Dornumergrode).
Komfortabel und kinderfreundlich – **Nordsee-Caravan-Camping:** Hafenstr. 3, Tel. 04933 351, www.dornum.de, April–Sept. Familienfreundlicher Platz am Meer, in unmittelbarer Nähe liegt das Kinderspielhaus und das Meerwasserfreibad.

Essen und Trinken

Rustikal und gemütlich – **Alte Schmiede:** Cassen-Eilts-Padd 2, www.alte-schmiede-dornumersiel.de, Tel. 04933 17 44, 11.30–14, 17.30–21.30 Uhr, Hauptgerichte ab 13,50 €. Bis 1970 war hier noch ein Schmiedemeister aktiv, der große Kamin und Schmiedewerkzeuge erinnern an diese Zeit, heute wird hier feinste Gourmetküche serviert mit regionalen Zutaten. Erlesene Fisch- und Lammspezialitäten, feine Vorspeisen und Schafskäse in vielen Variationen.

Günstig – **Fisch Rinjes:** Zwischen Hafen und Yachthafen, Tel. 04933 91 91 30. Exzellente Fischfeinkost; Fischbrötchen, Fisch, Imbisskarte ab 6 €. Schlichte Einrichtung, aber netter Blick auf den Yachthafen und zivile Preise.

Aktiv & Kreativ

Lesen und Spielen

Vielfältig – **Reethaus am Meer:** Hafenstr. 3, Tel. 04933 911 10, in der Saison tgl. 10–18 Uhr. Bücherei und Leseraum, Internet-Terminal, Kaminzimmer, Spielscheune, Knickerbahn (Knicker = Murmeln), Knicker erhält man kostenlos vor Ort, gegenüber Skaterbahn.

Reiten
s. Übernachten, **Wilhelminenhof**

Infos & Termine

Tourismusbüro
Reethaus am Meer: Hafenstr. 3, 26553 Dornum-Dornumersiel, Tel. 04933 911 10, Fax 04933 91 11 15, www.dornum.de, April–Okt. tgl. 10–18 Uhr, im Winterhalbjahr reduziert. Der Veranstaltungskalender **Blinkfuer** mit Gezeitenkalender liegt auch in vielen Läden aus.

Verkehr
s. Infobox S. 218

Feste
Kutterkorso der Fischer: im Aug; geschmückte Krabbenkutter laden zu kleinen Fahrten ins Wattenmeer ein.

Esens ▶ P 4

Die alte, ausgesprochen hübsche Häuptlingsstadt Esens liegt sturmflut-

237

Esens

Sehenswert
1 St. Magnuskirche
2 Holarium
3 Rathaus
4 Bernsteinmuseum
5 Peldemühle
6 August-Gottschalk-Haus

Übernachten
1 Krögers Hotel
2 Wietings Hotel
3 Jugendherberge

Essen & Trinken
1 Ratsgaststätte
2 Stadt Schkür
3 Atelier & Café
4 Sturmfrei

Einkaufen
1 Wochenmarkt
2 Teekontor
3 Café Wulkje

Aktiv & Kreativ
1 Klabautermann

Abends & Nachts
1 Pelle

sicher 4 km landein auf einem von Marsch umgebenen flachen Geestbuckel, immerhin 3 m über dem Meeresspiegel. Im 13. Jh. drang die Nordsee bis Esens vor, ein Hafen entstand, der Handel zu Lande und zu Wasser gedieh. Der Ort, um 1310 dann erstmals urkundlich erwähnt, blühte auf. Die mächtigen Häuptlingsfamilien der tom Brook (Ende des 14. Jh.) und Attena (Ende des 15. Jh.) wurden Herren über Esens und das Harlingerland. Um 1400 entstand die erste Burg, gegen Ende des 15. Jh. die erste Befestigungsanlage. Unter dem Junker Balthasar, der 1522–40 auch die Herrschaft über Wittmund besaß, erhielt Esens das Stadtrecht. Als der Hafen und damit die Seeverbindung zu Beginn des 17. Jh. immer mehr verlandete und Esens von großen Schiffen nicht mehr angefahren werden konnte, wurde 4 km nördlich der Stadt ein neuer Hafen gegründet: Bensersiel. Esens blieb als Marktort das eigentliche Zentrum des Harlingerlandes.

Stadtbummel

Den Mittelpunkt des beschaulichen Landstädtchens (ca. 6900 Einw.) bildet der mittelalterliche Siedlungskern mit schönen Giebelhäusern, der stattlichen St. Magnuskirche am Kirchplatz sowie dem gepflasterten Marktplatz. Der Marktplatz schließt sich unmittelbar an den Kirchplatz an. Eine Bronzeplastik zwischen den beiden Plätzen zeigt – wie übrigens auch das Esenser Wappen – einen Bären mit einem Ziegelstein zwischen den Tatzen. Esens wird gern die Bärenstadt genannt. Bei einer Belagerung der Stadt im 16. Jh. kletterte, so will es die Sage, ein im Turm eingesperrter Bär die Innenwände hinauf. Toll vor Hunger begann er, Steine aus den Zinnen zu reißen und die Belagerer damit zu traktieren. Ein Treffer tötete den feindlichen Kommandanten. Die Belagerer gaben auf, da sie annehmen mussten, dass es den Eingeschlossenen wider Erwarten immer noch so gut ging, dass sie sich den Luxus leisten konnten, einen Tanzbären durchzufüttern.

St. Magnuskirche mit Turmmuseum 1
Kirchplatz, die Kirche ist tagsüber frei zugänglich, Turmmuseum s. u.
Die stattliche St. Magnuskirche überragt den von Bäumen umgebenen Kirchplatz. Die heute größte Kirche Ostfrieslands wurde 1848–54 als Ersatz für den wegen Baufälligkeit abgebrochenen gotischen Vorgängerbau errichtet. Imposant ist der Sandstein-Sar-

kophag des 1473 gestorbenen Ritters Sibet Attena. Auf dem Deckel liegt die vollplastische Figur des gerüsteten Ritters, der von vier Wappen tragenden Löwen bewacht wird.

Der Turm des Gotteshauses beherbergt das **Turmmuseum** (April–Sept. So 11–12, Di und Do 15–17 Uhr), das auf mehreren Etagen die Geschichte der Kirche dokumentiert. Ein Fenster gewährt den Blick ins Innere der Kirchenorgel. Von der obersten zugänglichen Etage des 54 m hohen Turms bietet sich ein Rundblick über die Stadt bis zu den der Küste vorgelagerten Inseln.

3-D-Museum Holarium 2
Kirchplatz 2, Tel. 04971 43 92, www.holarium.de, April–Okt. tgl. 11–18 Uhr, 4 €
Die beeindruckende Dauerausstellung umfasst mehr als 1000 Bilder und Holo-Design-Objekte aus mehr als 45 Jahren Holografie-Geschichte. Dazu gibt es wechselnde Ausstellungen mit aktuellen Werken aus den Labors digital arbeitender Künstler.

Rathaus 3
Marktplatz, April–Okt. Do nachmittags in Verbindung mit Führung durch die St. Magnuskirche

Von Norden bis Hooksiel

Der im Jahr 1756 von der Generalsfrau von Wangelin als Witwenstift errichtete Bau dient seit 1949 als Rathaus. Im besonders prachtvoll ausgestatteten Ahnensaal hängen wertvolle Gemälde und Gobelins aus dem 18. Jh., die waldreiche Parklandschaften mit exotischen Papageien und Bäumen zeigen.

Bernsteinmuseum 4

Herdestr. 10, Tel. 04971 22 78, www.bernstein-huus.de, April–Okt. Mo–Fr 9–18, Sa 9–13 Uhr, 2,50 €
Ein kleines Museum über Entstehungsgeschichte, Vorkommen und Abbaumethoden des Bernsteins. Vorführungen der Bearbeitungsweisen wie Schleifen, Polieren und Schnitzen vor Ort. Wer ein altes Schmuckstück aus Bernstein hat, kann es hier aufarbeiten lassen.

Museum Leben am Meer in der Peldemühle 5

Walpurgisstr., Tel. 04971 52 32 u. 4731, www.leben-am-meer.de, Mitte März–Ende Okt. Di–So 10–17 Uhr, 3,50 €
Die sehenswerte Ausstellung »Leben am Meer – Eine Mühle voller Geschichte(n)« ist in der Peldemühle, einem Ende der 1980er-Jahre kenntnisreich restaurierten Galerieholländer von 1850, untergebracht. Anschaulich und kindgerecht sind hier die Siedlungsgeschichte des Harlingerlandes sowie Dokumente zur Stadtgeschichte präsentiert.

August-Gottschalk-Haus 6

Burgstr., Tel. 04971 52 32, April–Okt. Di, Do, So 15–18 Uhr oder nach Vereinbarung, 1,50 €
In dem 1899 errichteten ehemaligen jüdischen Gemeindehaus dokumentiert eine ergreifende, bislang hauptsächlich aus Bildmaterial bestehende Ausstellung die neuere Geschichte der

ostfriesischen Juden. Von besonderer Bedeutung und einzigartig für den gesamten Nordwesten ist die *Mikwe*, das rituelle Tauchbad, das bei Sanierungsarbeiten unter dem Fußboden wieder entdeckt wurde.

Übernachten

Gepflegt – **Krögers Hotel** 1: Bahnhofstr. 18 (Richtung Aurich), Tel. 04971 30 65, www.kroegers-hotel.de, DZ 130 €. Gastfreundliches Haus an der Hauptverkehrsstraße Richtung Aurich, die meisten der 41 Doppel-

Esens

Landschaft bei Esens

zimmer liegen aber nach hinten. Fitnessraum, Sauna/Solarium, abends: Gaststube In d'Drüppel mit Kamin und Restaurant Windlicht mit gehobener Küche.

Zentral – **Wietings Hotel** 2 : Am Markt 7, Tel. 04971 45 68, www.hotel-esens.de. Zentraler kann man wirklich nicht wohnen, ganz unterschiedlich eingerichtete Zimmer, DZ ab 75 €; die Suite zum Marktplatz hat eine eigene Sauna. In der gemütlichen Kneipe Söpke wird das Bier frisch gezapft; Billard/Snooker.

Nicht nur für Jugendliche – **Jugendherberge Esens-Bensersiel** 3 : Grashauser Flage 2 (an der Bensersieler Str.), Tel. 04971 37 17, www.jugendherberge.de, Übernachtung ab 20 €/Pers. 4 km vom Strand entferntes Haus mit 161 Betten.

Essen & Trinken

Gediegen – **Ratsgaststätte** 1 : Am Markt 1, Tel. 04971 32 27, tgl. ab 11.30 Uhr, ab 9 €. Fischspezialitäten und ein umfangreiches Angebot an Fleischgerichten im alten Stadthaus. Darüber hinaus auch Vegetarisches und eine gute Auswahl an Kindergerichten, aller-

Von Norden bis Hooksiel

Mein Tipp

Teegenuss auf Omas Sofa
Etwas versteckt in einem Hinterhaus am Markt liegt ein 1851 ursprünglich als städtischer Viehstall erbautes Café, gemütlich vollgestopft mit antikem Tüdelkram, außerdem freier Eintritt in ein kleines Privatmuseum (**Ostfriesische Teediele Stadt Schkür** 2, Markt 1a, Tel. 04971 23 14, Hauptsaison tgl. 10–21 Uhr, im Winter Mi–Mo 14–18 Uhr).

dings keine Pommes und nichts aus der Fritteuse.
Kreatives Ambiente – **Atelier & Café** 3: Cyrus Overbeck, Marktstr. 8, Mi–Fr 15–18, Sa 11–13 Uhr, www.atelier-im-norden.de. Mehr Galerie als Café, aber es ist nett, hier einen Kaffee zu trinken.
Freundlich – **Sturmfrei** 4: Steinstraße 38, Di–So 10.30–14.30, 17–23 Uhr. Café, Bar, Restaurant, entspannte Atmosphäre, kleinere und größere Speisen, das Kabeljaufilet für 12,50 €, abends Cocktails.

Einkaufen

Wochenmarkt 1: In der Saison Mi und Sa vormittags auf dem Kirchplatz
Für Teegenießer – **Teekontor Ostfriesland Backenköhler** 2: Steinstr. 16, Tel. 04971 42 40, www.tob-tee.de. Eine große Auswahl verschiedener Tee- und Kaffeesorten, dazu Porzellane und typisches Zubehör, schmackhaftes Teegebäck, handgearbeitete Trüffel und Pralinés und erlesene alkoholische Spezialitäten. Viele der Köstlichkeiten kann man auch im **Teehus-Café Wulkje** 3 am Herdertor 19 probieren

und kaufen, tgl. 10–19 Uhr, www.wulkje.de.

Aktiv & Kreativ

Kinder
Indoor-Spielpark – **Klabautermann** 1: Tel. 04971 92 75 71, www.klabautermann-spielpark.de, in der Saison 10–19 Uhr, Kinder bis 16 J. 7,40, Erwachsene 4,90 €. Riesenrutschen, Trampolinanlage, Klettervulkan, Go-Kartbahn usw., Bistro.

Abends & Nachts

Café und Kneipe – **Pelle** 1: Walpurgisstr. 18a, Tel. 04971 92 50 90, Mo–Sa 19–23.30 bzw. 24 Uhr. Rustikale Kneipe neben der Peldemühle, es gibt eine Kleinigkeit zu essen, ein paar Spiele, Liveveranstaltungen und nette Leute.
Freundlich – **Sturmfrei**: s. Essen & Trinken 3.

Infos

Tourismusbüro
Touristen-Information Esens: Am Markt, Tel. 04971 91 27 00, www.esens. de u. www.bensersiel.de, im Winter Mo–Fr 10–15 Uhr, Sommer Mo–Fr 10–13, 14–18, Sa 10–13 Uhr.

Bensersiel ▶ O 3/4

Das für seine Kinder- und Familienfreundlichkeit preisgekrönte Nordseeheilbad Bensersiel ist seit 1859 Fährhafen für die Insel Langeoog. Nennenswerte Sehenswürdigkeiten gibt es nicht. Den Besucher überraschen jedoch die luftig futuristischen Brücken, die die Deichscharten überspannen.

Benersiel

Spaziergänger können völlig frei vom Autoverkehr die touristischen Ziele in Benersiel auf Deichkronenhöhe erreichen, so auch die großzügigen Kur- und Freizeiteinrichtungen. Über das **Strandportal** mit Touristinfo und überdachter Strandlandschaft gelangt man an den kurabgabepflichtigen Strand.

Naturkundehaus

Seestr., Tel. 04971 58 48, in der Saison Di, Mi, Fr 10–12, 15–17 Uhr, Eintritt frei Kleine Ausstellung mit Seewasseraquarien und Kräutergarten. Kinder dürfen bei der Fütterung der Fische in den Seewasseraquarien helfen, in den Sommermonaten Führungen durch den Kräutergarten, auch Vorträge. Termine werden durch Aushang bekannt gegeben.

Übernachten

Gepflegt – **Villa Kröger:** Am Wattenmeer 6, Tel. 04971 30 18, www.villa-kroeger.de, DZ ab 98 €. 29 Zimmer in einem liebevoll geführten Hotel in Strandnähe.

Komfortabel – **Hörn van Diek:** Lammertshörn 1, Tel. 04971 24 29, www. hoern.van.diek.de. Appartements und Suiten mit Terrasse oder Balkon, ab 45 €/Pers. Wellnessangebote: Schwimmbad, Sauna, Fitnessraum und Solarium, und zur Nordseetherme ist es auch nicht weit.

Familiär – **Heerens Hotel:** Am Hafen 6, Tel. 04971 22 13, DZ 66 €, im Hafenzimmer mit Balkon 72 €. Familiär geführtes, einfaches Hotel in bester Lage, mit Restaurant und Café.

Frühstück in der Teestube – **Hotel-Pension Fischerhus:** Hauptstr. 4, Tel. 04971 12 23, www.nordseehotel-fischerhus. de, DZ ab 60 €. Wohnungen für 2–3 Pers. 51 €. Das aus der Gründerzeit von Benersiel stammende Fischerhus liegt in unmittelbarer Nähe zum Hafen, al-

lerdings auch an der Hauptstraße. Für einen Klönschnack mit anderen Gästen gibt es einen Aufenthaltsraum, kleine Teeküche.

Zentral – **Familien- und Kur-Campingplatz Benersiel:** Am Strand, Tel. 04971 91 71 21, www.camping-benersiel.de. Stellplätze vor dem Deich – halb auf Sand, halb auf Gras, mit Restaurant, Einkaufsmarkt und Bäcker. Inbegriffen sind 2 Std. Nordseetherme Sonneninsel oder ganztags Wellenfreibad.

Essen & Trinken

Vom Feinsten – **Zum Bären:** Am Strand 3, obere Etage, Tel. 04971 24 90, ab 15 €. Delikate Speisen plus Meeresblick – was will man mehr. Unten drunter, nur mit Zugang im abgezäunten kurtaxepflichtigen Bereich, können sich Strandbesucher im SB-Restaurant versorgen.

Rustikal – **Stürhus:** Hauptstr. 11, Tel. 04971 48 68, www.stuerhus.de, ab 10 €. Restaurant und Kneipe auf zwei Etagen direkt auf dem Deich, große Terrasse vor dem Haus. Umfangreiche Karte vom Labskaus (9,70 €) bis zum Captains's Dinner (40,90 €, ab 2 Pers.).

Vergleichsweise günstig – **Fisch und Meer:** Hauptstr. 7, schräg gegenüber vom Naturkundehaus. Von der Straße etwas zurückgesetzt liegendes SB-Restaurant mit großer Gartenterrasse und einem kleinen Kinderspielplatz. Auch Fischverkauf.

Einkaufen

Shoppen bei Wind und Wetter – **Deichpassage:** Gegenüber der Hafeneinfahrt findet man überdacht ein breites Angebot an Läden: von Lebensmitteln über Backwaren bis zu maritimer Kleidung und Geschenkartikeln.

Von Norden bis Hooksiel

Aktiv & Kreativ

Ausflugsfahrten

Schiff ahoi – **zu den Inseln, den See-hundbänken, nach Helgoland,** Info: Strandportal od. Aushang am Anleger.

Baden

Im Sommer – **Meerwasser-Wellenfrei-bad:** je nach Witterung Mai–Sept. am Hauptstrand, Eingang durch das Strandportal.
Ganzjähriger Badespaß – **Nordsee-therme Sonneninsel:** Schulstr. 4, Tel. 04971 91 61 41, www.bensersiel.de, Mo, Di, Fr 10–22, Mi 10–21, Do 11–21, Sa, So 10–20 Uhr, Bad 2 Std. 7 €, 4 Std. 11, 50 €, Sauna 3 Std. 11 €. Subtropi-sches Badeparadies mit Seeräuberinsel, Spieldeck ›Luftikus‹, Solarium, römi-schen Dampfbädern, Dschungelgrotte, umfangreichem Wellnessprogramm.

Kinder

Am Bensersieler Strand gibt es jede Menge Abwechslung für Kinder:
Großes Spielvergnügen – **Kinderspiel-haus Kunterbunt/Kletterschiff Hoppe-tosse:** März–Okt. tgl. 10–18 Uhr, Spiel-geräte für die etwas älteren Kinder.
Mit Animation – **Sport-Themen-Park:** frei zugänglich, Trampolin und Skater-areal sowie Zirkuszelt für viele Veran-staltungen, Mo–Sa Mottotage.
Überdachter Strand – **Taka-Tuka-Land:** im Strandportal, Tel. 04971 91 71 46, tgl. 10–17/19 Uhr, Treffpunkt für kleine Pi-raten bei schlechtem Wetter.

Abends & Nachts

Oldies am Meer – **Captain's**: Am Strand 6, tgl. ab 19 Uhr, Mi und So Oldienacht. Tanzlokal und Kneipe für Junge und Junggebliebene, viele Livebands, ne-ben dem Strandportal direkt am Wat-tenmeer.

Infos & Termine

Tourismusbüro

Kurverwaltung Bensersiel: Am Strand 8, im Strandportal, Tel. 04971 91 70, Fax 91 71 34, www.bensersiel.de, Mo–Do 10–13, 14–17, Fr 10–13 Uhr.

Verkehr

s. Infobox S. 218
Fähre: Tideunabhängige Fährverbin-dung nach Langeoog (s. S. 150)

Feste

Schützenfest: fünf Tage lang ab 2. Wo-chenende im Juli; eines der größten und traditionsreichsten Volksfeste in Nord-deutschland, das bereits seit über 430 Jahren gefeiert wird, www.schuetzen fest-esens.de.

Neuharlingersiel❗

▶ O 3

Der Hafen des kleinen, bereits im Jahr 1693 urkundlich erwähnten Fischer-ortes ist nicht nur einer der ältesten an der Nordseeküste, sondern auch einer der schönsten. Landeinwärts, unmittelbar hinter dem Fähranleger zur Insel Spiekeroog, erstreckt sich das schmale, von hübschen Giebel-häusern gesäumte Hafenbecken, in dem zu jeder Jahreszeit bunte Kutter dümpeln bzw. bei Niedrigwasser tro-cken liegen. Gerade heimgekehrte Fi-scher vertäuen ihre Schiffe, stapeln Krabbenkisten, spülen das Deck. Mö-wen warten auf einen Leckerbissen, Touristen flanieren mit Kind und Ke-gel und gezückten Kameras. Von ei-ner der zahlreichen Bänke entlang der Hafenmauer lässt sich das mun-tere Treiben bestens betrachten. Der romantische Kutterhafen ist auch die Kulisse der ZDF-Arztserie »Dr. Mar-

Neuharlingersiel

tin« mit Axel Milberg als Hauptdarsteller.

Buddelschiffmuseum

Am Hafen West 7, Tel. 0497 42 24, www.buddelschiffmuseum.de, Mitte März–Okt. tgl. 10–13, 13.30–17 Uhr, 2 €

Die liebevoll zusammengetragene Sammlung stellt die Entwicklung des Schiffbaus und der Seefahrt dar, beginnend beim Urmenschen, der auf zwei unbearbeiteten Baumstämmen ein Gewässer überquert, über die ägyptischen, phönizischen, römischen und griechischen Schiffe, die Koggen und Fregatten des Mittelalters, die berühmten Segler und Passagierdampfer des 19. Jh. bis hin zum U-Boot, Seenotrettungskreuzer und Krabbenkutter der Neuzeit.

Sielhof

Vom Innern des Kutterhafens führt der Weg am Anfang der 1960er-Jahre neu erbauten Siel- und Schöpfwerk (das erste Siel war 1785 von Friedrich dem Großen in Auftrag gegeben worden) entlang zum schlossartigen Sielhof. Der älteste Teil des Baus wurde 1755 errichtet und um 1900 zum barock nachempfundenen Herrensitz umgebaut. Der von einem Park umgebene Sielhof beherbergt heute neben der Verwaltung des Kurvereins ein geschmackvoll eingerichtetes Café mit gläsernem Pavillon und großer Sonnenterrasse.

Seriemer Mühle

2 km südl. von Neuharlingersiel, www.seriemer-muehle.de, in der Saison tgl. ca. 11–18 Uhr

Einen Abstecher lohnt die inmitten saftiger Weiden und fruchtbarer Getreidefelder direkt am Neuharlinger Sieltief gelegene Seriemer Mühle. Der 17 m hohe, 1804 erbaute Galerieholländer mit dem optimistischen Namen De goede Verwachting (In guter Erwartung) ist voll funktionsfähig. Von

»Jung- und Altfischer« am Hafen in Neuharlingersiel

Von Norden bis Hooksiel

der Galerie bietet sich rundum ein weiter Blick bis zu den Windrädern am Horizont. Die Teestube im angrenzenden Müllerhaus (in der Saison Mo–Fr 13–18.30, Sa, So 10.30–18.30 Uhr) lädt ein zum Klönschnacken und Teetrinken.

Übernachten

Alteingesessen – **Jannssen's Hotel:** Am Hafen West 7, Tel. 04974 224 od. 919 50, www.hotel-janssen.de, DZ ab 98 €. 24 Doppelzimmer, einige mit direktem Hafenblick, Gästehaus direkt hinterm Deich. Das Restaurant und die Teestube sind maritim ausgestattet und mit alten Delfter Kacheln geschmückt.

Hochgelobte Küche – **Hotel-Restaurant Poggenstool:** Addenhausen 1, Tel. 04974 919 10, www.poggenstool.com. Gepflegtes Hotel-Restaurant mit vier komfortablen Doppelzimmern und einem Einzelzimmer, DZ ab 90 €. Viel Lob erntet die gute, frische Küche.

Exzellente Lage – **Hafen-Studios:** Am Hafen Ost 10, Tel. 04974 888, Info: Bergmann, Mobil 0172 279 08 08, www.nordseekutterhafen.de. Ferienappartements für 2 Pers. 45, 69 od. 85 €. Kleine Studios mit Hafenblick und allem, was man braucht.

Geschmackvoll – **Alte Räucherei am Hafen:** Am Hafen West 15, Info: Fam. Gerstmeier in Aurich, Tel. 04941 99 46 02, www.ferienhaus–gerstmeier.de, 149 €. Ferienhaus für vier Personen in einem historischen Fischerhaus mit Blick auf das Wattenmeer und den Kutterhafen. Zwei Schlafräume mit Butzenbetten, altostfriesisches Wohnzimmer, eine Leseecke mit Büchern und ein modernes Bad.

Ausgezeichnet für Familien – **Ganzjahres-Camping Neuharlingersiel:** Alt Addenhausen 4, Tel. 04974 712, www.neuharlingersiel.de. Lage hinter dem Deich, komfortable Sanitäranlagen,

Kinder-Badelandschaften, WLAN-Zugang.

Essen & Trinken

Stilvoll – **Sielhof:** Am Kurpark, Tel. 04974 605, Di–So 11–21 Uhr, Hauptgerichte ab 15 €. Im 19. Jh. wurde der in einem hübschen Park gelegene Sielhof zu einem Herrensitz ausgebaut. Und heute speist man hier stilvoll: Die Gaststuben sind in zartem Taubenblau gehalten, mit schöner Deckenmalerei, Kamin und verglastem Wintergarten.

Auf der Deichkrone – **Café Störmhus:** Am Hafen, Tel. 04974 707 u. 225, www.rodenbaeck.de. Wunderbare Lage auf dem Deich. Im Sommer kann man bei schönem Wetter leckere Torten und Eisbecher auf der Dachterrasse mit Blick auf den Hafen und das Meer genießen. Vermietet werden auch 18 Appartements für 2 bzw. 5 Pers.

Frisch vom Kutter – **Fischerei-Genossenschaft:** Cliener Straat 14, Tel. 04974 511, tgl. 9–16 Uhr, www.fischereigenossenschaft.de, Tagesgerichte ab 5 €. Fischimbiss und Frischfischverkauf am Ortsrand Richtung Carolinensiel (gegenüber der Zufahrt zum Tagesparkplatz).

Watt'n Bier – **Küstenbrauerei zu Werdum:** Edenserlooger Str. 4, Werdum (7 km südl. von Neuharlingersiel), tgl. 11–24 Uhr, Tel. 04974 546, www.werdumerhof.de. Kernige Privatbrauerei im historischen Schoosterhuus von 1893, in der es tgl. ein Stammessen gibt (5 €) sowie typische kalte und warme Brauhausspeisen. Gemütlicher, rustikaler Gastraum, in dem man die Herstellung des Bieres live verfolgen kann.

Einkaufen

Wochenmarkt: Am Westanleger, April–Okt. Fr 8–13 Uhr.

Aktiv & Kreativ

Baden
Im Sommer und Winter – **Meerwasser-Hallenbad:** Hafenzufahrt West, Tel. 04974 18 80, Kernzeit Mo–Sa 10–19.30, So 10–18 Uhr.

Kutterfahrten
In der Saison (April–Okt.) geht es fast tgl. hinaus aufs Meer, Makrelen und Dorsche angeln, zu den Seehundbänken, zum Schaufischen, tgl. Sonderfahrten nach Spiekeroog und zu den anderen Inseln. Die tideabhängigen Abfahrtszeiten sind am Liegeplatz des Kutters angeschlagen.

Abends & Nachts

Kultkneipe und Café – **Dattein:** Am Hafen West 13, Tel. 04974 91 24 44, www.dattein.de. Ein bisschen versteckt hinter der Hafenmauer, eine mit viel Holz und allerlei maritimem Schnickschnack ausgestattete sympathische Kneipe, regelmäßig Livemusik im Sommerhalbjahr. Tagsüber gibt's Kaffee und Kuchen, aber auch deftige Kleinigkeiten.

Infos & Termine

Tourismusbüro
Touristeninformation Neuharlingersiel: Edo-Edzards-Str. 1, 26427 Neuharlingersiel, Tel. 04974 18 80, Fax 04974 788, www.neuharlingersiel.de, Mitte März–Ende Okt. Mo–Fr 8–18, Sa, So 10–15, sonst Mo–Fr 9–17 Uhr.

Verkehr
s. Infobox S. 218

Feste
Krabbenkutter-Regatta: ein Höhepunkt

im Juli; die Kutterkapitäne nehmen Gäste an Bord. Dazu gibt es im Hafen maritime Musikdarbietungen und Informationen rund um die Themen Fischerei, Wattenmeer und Tourismus.

Carolinensiel und Harlesiel ► R 3

Der Hafen von Carolinensiel, von dem aus einst die Windjammer in die weite Welt aufbrachen, ist heute Museumshafen. Hübsche, von hohen Laubbäumen geschützte Giebelhäuser und alte Speicher erinnern an die große Zeit der Frachtensegler Mitte des 19. Jh. Durch Landgewinnung rückte der blühende Hafenort ins Hinterland und verlor seine Bedeutung. An der Harle entlang kann man nach Harlesiel wandern, einem in den 1950er-Jahren neu angelegten Hafen, von dem heute die Schiffe nach Wangerooge ablegen (s. Entdeckungstour S. 252).

Sielhafenmuseum
Am Hafen Ost 8, www.dshm.de, Mitte März–Mitte Nov. u. in den Weihnachtsferien, tgl. 10–18 Uhr, 5 €, Familienkarte 10 €
Das Sielhafenmuseum ist in verschiedenen Häusern untergebracht. Die über mehrere Etagen verteilte Hauptausstellung im 1840 erbauten **Mammens Groot Huus** **1** dokumentiert die Geschichte der Siele, Häfen und Deiche, der Schiffskultur an der niedersächsischen Nordseeküste, die ihre Blütezeit im 19. Jh. hatte. Zu besichtigen gibt es u. a. einen Kaufmannsladen von 1892, eine Hafenapotheke, mehrere Werkstätten wie eine Schuhmacherei und eine Seilerei. Im nahen **Kapitänshaus** **2** mit guter Stube, Küche und historischer Seemannskneipe werden Aspekte des Lebens an Land dargestellt.

Carolinensiel/Harlesiel

Sehenswert

1 Sielhafenmuseum/
Mammens Groot Huus

2 Kapitänshaus

3 Nationalparkhaus/
Alte Pastorei

Übernachten

1 Hotel-Restaurant
Harlesiel

2 Ferien-Domizil

3 Hotel-Gasthof Erholung

4 Hörn van Diek

5 Campingplatz Harlesiel

6 Wohnmobile

Essen & Trinken

1 Hafenblick

2 Puppen-Café

3 Sielkrug

4 Piccolo

5 Tüdelpott

6 Küsten-Räucherei

Einkaufen

1 Wochenmarkt

Aktiv & Kreativ

1 Phänomania

2 Freibad

3 Cliner Quelle/Info

4 Anleger für Raddampfer

5 Segelschule

Abends & Nachts

1 Zur Stechuhr der Könige

2 Postbüdel

Nationalparkhaus Carolinensiel 3
Pumphusen 3, Tel. 04464 84 03,
www.wattwelt.de, Eintritt frei
Die zu Beginn des 19. Jh. ursprünglich
als Wohn- und Lagerhaus erbaute **Alte
Pastorei** auf der Westseite des Hafens
gehört ebenfalls zum Sielhafenmuseum und beherbergt das Nationalparkhaus, das mit Ausstellungen, Dia-
vorträgen und naturkundlichen Führungen über den Nationalpark
Wattenmeer informiert.

Erlebnismuseum Phänomania 1
*Bahnhof Carolinensiel 3, Tel. 04464 94
24 94, www.phaenomania.de/caroli
nensiel, in der Saison tgl. 10–18 Uhr*
›Anfassen verboten‹ gilt hier nicht,
über 80 verschiedene wissenschaftli-
che Experimente zum Selber-Auspro-
bieren im alten Bahnhof. Spannend ist
beispielsweise der Astronautentrainer,
in dem man seine Tauglichkeit für die
Weltraumfahrt testen kann. Vertikale
und horizontale Drehbewegungen
sorgen für einen »3-D-Flugspaß«.

Freizeitpark Lütge Land ▶ XX
*Altfunnixsiel (5 km südlich von Caroli-
nensiel), Friesenkamp, Tel. 04464 17
44, Mai–Okt. 9–19 Uhr, 9 €*
Viel Spaß macht Kindern ein Abstecher
nach Altfunnixsiel. In dem 25 000 m²

großen Freizeitpark sind originalge-
treue Modelle bekannter Burgen,
Schlösser und historischer Bauwerke
im Maßstab 1:25 zu besichtigen. Elek-
tro-Motorboote und -Motorräder, Ufo-
Skooter, Nautic-Jet und Sky-Dive sind
im Eintrittspreis enthalten.

Übernachten

Schöne Lage – **Hotel-Restaurant Harlesiel** 1: Am Yachthafen 30, Tel. 04464
948 00, www.hotel-harlesiel.de, DZ
84–110 €, Appartements mit 3 bzw. 4
Betten 112–123 €. Komfortable, gepflegte Zimmer etwa 250 m vom Nordseestrand, Hallenbad, Sauna und Restaurant im Haus.
Großzügig und modern – **Ferien-Domizil** 2: Am Yachthafen, Info u. a.
www.harlesiel-am-yachthafen.de,
www.ferienhaus-harlesiel-aktiv.de,
www.carolinensiel-familienurlaub.de,
81–99 €. 2006 erstellter Wohnpark an
der Harle, ganz unterschiedlich eingerichtete Doppelhaushälften für 1–6
Pers., teilweise mit Kamin und Sauna,
kinderfreundliche 150 m sind es zum
Strand, Hafen und Freibad.
Persönlich – **Hotel-Gasthof Erholung**
3: Am Hafen Ost 5, Tel. 04464 310,
www.erholung-carolinensiel.de, ganz-

jährig, DZ 50–70 €. Traditionsreiches, familiär geführtes Haus auf der Ostseite des alten Hafens mit gemütlicher Gaststätte, im Sommer sitzt man auf der Terrasse direkt am Museumshafen.

Ideal für Familien mit Kindern – **Bauernhof Hörn van Diek** 4: Friedrichsgroden 21, Tel. 04464 244, www.janssen-hoern-van-diek.de, 45 bzw. 64 €. Ferien auf einem vollbewirtschafteten Bauernhof direkt am Deich, 10. Min. Fußweg zur Nordsee, 3 km zum Strand (mit Rädern auf einer autofreien Deichstraße möglich). Familienfreundliche Ferienwohnungen für 4–6 Pers., Freizeitraum mit Billard, Tischtennis, es gibt Streicheltiere und einen Spielplatz für die Kleinsten.

Am Badestrand – **Campingplatz Harlesiel** 5: Info über Kurverwaltung Ca-

249

Von Norden bis Hooksiel

rolinensiel-Harlesiel, Tel. 04464 94 93 98, www.campingplatz-harlesiel.de, Ostern bis Mitte Sept. Übernachtungspreis inkl. freiem Eintritt im beheizten Meerwasser-Freibad nebenan, Restaurant, großer Spielplatz.

In der ersten Reihe – **Wohnmobilstellplatz Harlesiel** [6]: direkt am Meer, zwischen Strand und Hafeneinfahrt, in der Hauptsaison 12 € pro Nacht plus Kurtaxe, inkl. ist die Benutzung des Meerwasserfreibads nebenan.

Essen & Trinken

Am Hafen und an der Harle verlocken zahlreiche gemütliche Cafés und Restaurants zur Einkehr.

Freundlich und schmackhaft – **Hafenblick** [1]: Am Hafen West 11, www.carolinensiel-hafenblick.de, ab 10 €. Gemütliches, gastfreundliches Café-Restaurant mit Terrasse und Biergarten am Museumshafen. Sorgfältig zubereitetes Essen mit frischen Zutaten.
Niedlich – **Puppen-Café** [2]: Am Hafen West 12, Tel. 04464 429, tgl. geöffnet. Drinnen ein gemütlicher Gastraum, den wertvolle alte Puppen dekorieren, draußen ein kleiner abgegrenzter Garten zur Harle, klasse für Eltern mit kleinen Kindern.
Bodenständig – **Sielkrug** [3]: Pumphusen 4–6, Tel. 04464 94 88 00, 11.30–13.45 und ab 17 Uhr. Etwas altmodische, saalartige Speisegaststätte, in der viele Reisegruppen Station machen, aber auch Einheimische einkehren. Große Auswahl deftiger ostfriesischer Küche, Fisch und Fleisch, Stammessen ab 9 €.
Kinderfavorit – **Café/Pizzeria Piccolo** [4]: Pumphusen 7, Tel. 04464 82 79, www.pizzeriapiccolo.de, tgl. 11–14.30, 17–22 Uhr, in der Hauptsaison 11–23 Uhr, Pizzen und Nudeliges 6–9 €, Fisch 8–18 €. Kinderfreundliche Pizzeria mit

einem vielfältigen Speisenangebot, es gibt allerdings keine Abgrenzung zum Wasser, das kann mit erkundungslustigen Kleinkindern stressig werden.
Behaglich – **Tüdelpott** [5]: Pumphusen 10, Tel. 04464 83 49, www.tuedelpott.de, tgl. ab 14, in der Hochsaison ab 11 Uhr. Im alten Kapitänshaus an der Uferpromenade werden leckere Torten serviert. Über 30 Teesorten, die auch im Online-Shop bestellt werden können. Vermietung von Tret- und Ruderbooten, Minigolf.
Beliebt – **Küsten-Räucherei Joh. Albrecht GmbH** [6]: Friedrichsschleuse 7, Tel. 04464 384, Mo–Sa 9–20, So 10–20 Uhr, Fischverkauf nur bis 18.30 Uhr. Fisch-Feinkost und Imbiss zwischen Harlesiel und Carolinensiel an der Harle gelegen – hier stimmt das Preis-Leistungs-Verhältnis, Fischmahlzeiten ab 5 €.

Einkaufen

Wochenmarkt [1]: am Museumshafen Di März–Okt. Außerdem auf dem Marktplatz in Wittmund Mo, Do vormittags.

Aktiv & Kreativ

Baden

Draußen – **Meerwasserfreibad Harlesiel** [2]: Am Badestrand, Tel. 04464 12 10, Mitte Mai–Mitte Sept. tgl. 7–19 Uhr. Beheizt, direkt am Strand.
Drinnen – **Cliner Quelle** [3]: Nordseestr., Mo–Fr 10–21, Sa, So 10–20 Uhr. Preis fürs Schwimmbad mit/ohne Nordsee-ServiceCard: 3 Std. 5,50 bzw. 6 €, mit Sauna 12 bzw. 13 €. Freizeit- und Badespaß im Kurzentrum. Großzügige Sauna- und Wellnesslandschaft, Café, Leseecke, Spielplatz. Die zahlreichen Wellnessangebote inkl. Preisangaben sind im Internet präsentiert. Während der Anwendungen Kinderbetreuung im Kinderspielhaus möglich.

Schiffsfahrten **4**

Per Raddampfer – **Seiten-Raddampfer Concordia II:** Er verkehrt in der Saison alle 90 Min. zwischen Carolinensiel und Harlesiel (s. Entdeckungstour S. 252).

Per Museumsschiff – **Marie van't Siel:** Landeinwärts geht es 2 x tgl. auf dem 100-jährigen Schiff auf der Harle nach Altfunnixsiel, Dauer etwa 1 Std.

Segeln

Vielseitig – **Segelschule Harle 5:** Friedrichsschleuse 27, Segel- und Motorbootschule, Tel. 04464 94 58 64, www. harlesail.de. Tideunabhängig am Binnentief, über eine Schleuse geht es ins Wattenmeer und zu den Ostfriesischen Inseln; Motor- und Sportbootführerscheine, Segelscheine.

Abends & Nachts

Faire Preise – **Zur Stechuhr der Könige 1:** Am Hafen Ost 2, www.zurstech uhr.de, tgl. ab 11 Uhr. Imbiss und Kneipe am Hafen, in der es deftiges Essen auch zu später Stunde gibt, ein Jägerschnitzel gibt's für 5 €.

Mit Hafenblick – **Postbüdel 2:** Am Hafen Ost 9, Tel. 04464 94 22 32. Tagsüber Café/Bistro und Kneipe im ehemaligen Postgebäude, Frühstück ab 8.30 Uhr, Kleinigkeiten zu essen wie Baguettes und Ofenkartoffeln, Tische draußen oberhalb des Museumshafens, abends gelegentlich Livemusik.

Infos & Termine

Tourismusbüros

Tourist-Info im Kurzentrum Cliner Quelle 3: Mo–Fr 8–21, Sa, So 10–20 Uhr **Nordseebad Carolinensiel-Wittmund GmbH:** Bahnhofstr. 40, 26409 Carolinensiel, www.carolinensiel.de, Zim-

mervermittlung Tel. 04464 94 93 93, Fax 04464 94 93 23.

Verkehr

s. Infobox S. 218

Fähre: Tgl. Schiffsverbindung Harlesiel-Anleger zur Insel Wangerooge. Während der Saison Sonderfahrten nach Helgoland, Info und Fahrkarten Bahnhof in Harlesiel, Tel. 04464 94 94 11.

Flugplatz: Luftverkehr Friesland-Harle, Tel. 04464 948 10. Flüge u. a. nach Wangerooge.

Feste

Straßenfest: 1. Wochenende im Aug.; viel Trubel und Spaß rund um den Museumshafen, Sa gibt es ein großes Feuerwerk – Hafen in Flammen.

Hafenfest: am 2. Aug.-Wochenende; Treffen alter Segelschiffe aus nah und fern, ein Teil der Kapitäne und Besatzungen trägt historische Trachten und Kostüme. Gäste an Bord sind willkommen.

Wangerland

Die familienfreundliche Ferienlandschaft Wangerland (ursprünglich nur die Region nördlich von Jever) ist vielen unbekannt. Erst 1972/73 wurden die fünf Gemeinden mit den Orten Horumersiel, Schillig, Hooksiel, Minsen und Hohenkirchen zu einer Großgemeinde zusammengefasst.

Horumersiel-Schillig ▶ U 3

Der Doppelort Horumersiel-Schillig, das touristische Zentrum des Wangerlandes, liegt am ›Kap der guten Erholung‹, wo der Jadebusen ins offene Meer mündet. Hier laden Watt, Deich- und Strandwege zu langen Spaziergängen ein. Strand gibt es fast ohne

Auf Entdeckungstour

Per Pedes und Raddampfer – von Carolinensiel nach Harlesiel

Wo heute Carolinsiel liegt, befand sich einst die Nordsee. Im Zuge von Deichbau und Landgewinnung wanderte der Sielort nach und nach ins Landesinnere. Eine Spaziertour führt von Carolinensiel am westlichen Ufer der Harle über die Friedrichsschleuse bis zum Nordseestrand in Harlesiel. Zurück geht es mit dem Raddampfer Concordia.

Start: ab **Anleger** 4

Zu Fuß: entlang der Harle, 30 Min., www.museumsweg.de.

Raddampfer Concordia: Tel. 04464 942 97 41, www.reederei-albrecht.de, in der Saison 10, 11.30, 13, 14.30, 16, 17.30 Uhr; einf. Fahrt 45 Min. 3 €, Rundfahrt 90 Min. 5 €

Die Tour lässt sich gut mit einem Besuch des **Sielhafenmuseums** kombinieren, s. S. 249

Wie Perlen einer Kette reihen sich die Sielorte entlang der Nordseeküste. Zu den schönsten zählen Greetsiel, Neuharlingersiel, Carolinensiel und Hooksiel. Anders als die zum Schutz vor der Nordsee auf künstlichen Hügeln erbauten Warfensiedlungen, die schon von römischen Geschichtsschreibern erwähnt werden, gab es Sielorte erst seit dem Mittelalter. Aber auch ihre Geschichte spiegelt das dramatische und zähe Ringen der Menschen mit dem Meer wider.

Entlang der Harle

Zwischen Carolinensiel und Harlesiel lassen sich die Etappen von Deichbau und Landgewinnung noch gut erkennen: Der 1729 in Carolinensiel erbaute Deich ist heute innerhalb der Ortschaft durchgängig bebaut (Mühlen-, Bahnhof- und Kirchstraße). In der Deichkirche, einem grün berankten Gotteshaus von 1776, erinnern drei große Segelschiffmodelle an vergangene Zeiten. Mit der Gewinnung neuen Landes vor dem Deich versank der alte Hafen von Carolinensiel nach und nach in Bedeutungslosigkeit. Er wurde 1962 sogar zugeschüttet und erst 1987 als Bestandteil des Sielhafenmuseums wieder ausgebaggert und rekonstruiert. Hier am Museumshafen beginnt die Tour. Der mit informativen Schildern ausgestattete Museumsweg führt immer am Ufer der Harle entlang und versetzt den Spaziergänger weit zurück in die Geschichte.

Löcher im Deich

Mit dem Beginn des Deichbaus um das Jahr 1000, der das Land vor den salzigen Fluten des Meeres schützen sollte, standen die Küstenbewohner vor einem neuen Problem: Keineswegs nur nach ergiebigen Regenfällen versanken die tief gelegenen, nun eingedeichten Felder und Wiesen der Marsch unter Wasser. Wohin mit dem Nass? Die einzige Lösung bestand darin, den Deich wieder zu öffnen und Siele einzubauen. Ein Siel ist mit Toren oder Klappen versehen, die sich bei Flut durch den Druck des auflaufenden Wassers schließen und sich selbsttätig wieder öffnen, wenn der Außenwasserstand unter den Binnenwasserstand fällt, damit das Wasser aus dem Binnenland hinausströmen kann.

Sielhäfen

An den Sielen entstanden Anlegeplätze und kleine Häfen. Von hier aus brachen die Fischer zum Fang auf, unternahmen Schiffer Frachtfahrten entlang der Küste ebenso wie ins Landesinnere. Über die schiffbaren Kanäle und Flüsse, die das Land durchzogen, als es noch nicht über ein nennenswertes Straßennetz verfügte, versorgten sie das Binnenland. Mit der Eindeichung von Buchten und der fortschreitenden Landgewinnung im Verlauf der Jahrhunderte mussten die Siele immer wieder nach außen verlegt werden. Die Häfen wanderten mit, die ehemaligen Küstenorte wurden zu Binnendörfern.

Besonders deutlich ist diese Entwicklung im Harlingerland zu verfolgen. Die von Sturmfluten ins Land gerissene Harlebucht reichte zur Zeit ihrer größten Ausdehnung bis nach Wittmund und Jever. In einem Jahrhunderte währenden Kampf gewannen die Küstenbewohner das verlorene Land wieder zurück. Die neu angelegten Orte an den Deichöffnungen erhielten in der Regel die Endung -siel. So wanderte etwa der Sielhafen von Altfunnixsiel (1599 erbaut) über Neufunnixsiel (1658) bis Carolinensiel (1729), Friedrichsschleuse (1765) und Harlesiel (1957).

253

Friedrichsschleuse

Die erfolgreich voranschreitende Landgewinnung in der Harlebucht ermöglichte im Jahre 1965 den Bau eines neuen Deiches mit einer Schleusenöffnung für den Bootsverkehr auf der Harle. Die nach dem Preußenkönig Friedrich II. benannte Schleuse war ein offenes Siel mit einer Klappbrücke, sodass es weiterhin auch größeren Seeschiffen möglich war, die Harle bis nach Carolinensiel zu befahren.

An der Friedrichsschleuse entwickelte sich eine kleine Fischersiedlung, in der es seit 1802 auch eine Werft gab. Die alte Klappbrücke wurde nach der Sturmflut von 1953 abgebrochen und durch eine neue, fest installierte Brücke ca. 100 m weiter nördlich ersetzt. Erst nach der Restaurierung des Museumshafens in Carolinensiel erhielt die Friedrichsschleuse 1990 wieder eine Zugbrücke, die von hochmastigen Segelschiffen passiert werden kann. Der ehemalige Seedeich steht heute als sogenannter Schlafdeich in der zweiten Reihe und wird weiterhin funktionsfähig gehalten – für den Fall, dass die erste Linie des Küstenschutzes bricht.

Das Ende einer großen Ära

Mit dem Aufkommen immer größerer und schnellerer Dampfer sah die Segelschiffära und damit auch die große Zeit der Sielhäfen im letzten Drittel des 19. Jh. ihrem Ende entgegen. Hafenbecken und Durchfahrten reichten für die Dampfer nicht aus. Die Segelschiffe, die einst von der Krabbenküste aus die Weltmeere befahren hatten, waren nicht konkurrenzfähig. Die jüngste Reihe von Sielhäfen ist heute für die Fischerei, den Fährverkehr zu den Inseln und nicht zuletzt für den Tourismus von großer Bedeutung.

Gemächliche Fahrt auf der Harle

Die Tour endet am Siel- und Fährhafen in Harlesiel. Hier liegen Fischkutter, Ausflugs- und Fährschiffe vor Anker, den Sandstrand betreten darf nur, wer seinen Kurbeitrag bezahlt hat. Für die Hin- oder Rücktour nach Carolinensiel sollte man sich eine Lustfahrt mit dem Raddampfer gönnen, an Bord gibt es frisch gezapftes Bier, angenehm ruhig vergeht die Zeit, die Fußgänger sind schneller.

Ein neuer Tag – Morgenstimmung an der Harle in Carolinensiel

Ende, am schönsten ist er im Norden von Schillig.

Minsen-Förrien ► U 3

Die kleine Ortschaft Minsen-Förrien lohnt mit kleiner, altehrwürdiger Kirche und dem Nordseehaus Wangerland einen Fahrradausflug. Das **Nordseehaus** (Kirchenstr. 9, Minsen, www.nordseehaus-wangerland.de, April–Okt. Mo–Fr 10–17, Sa, So 14–17 Uhr, freier Eintritt) ist im Gästehaus Minsen untergebracht und überzeugt mit einer Wattenmeer-, einer Windenergie-Ausstellung und diversen Nordseeaquarien.

Hooksiel ► U 4/5

Eine Idylle ist Hooksiel, der kleine Nordseeküstenbadeort am Rande des Wilhelmshavener Gewerbegebietes. Der Ort entstand 1546 mit dem Bau des ersten Siels auf Initiative der Regentin des Jeverlandes, Maria von Jever. Jever selbst war durch die zunehmende Verlandung des Hooksieler Tiefs immer mehr vom Meer abgeschnitten worden. Die Bewohner des neuen Hafens in Hooksiel lebten vom Handel, vom Fisch- und Muschelfang, bis sich der Tourismus zum wichtigsten Wirtschaftszweig entwickelte. Heute steht der Hafen unter Denkmalschutz. Für einen Dorfbummel sollte man das Auto vor dem Ort parken, da es in den Straßen kaum Parkplätze gibt.

Sehenswert ist das **Internationale Muschelmuseum** (Lange Str. 17, April–Okt. tgl. 10–17 Uhr, 1,50 €) mit einer Sammlung winziger bis riesiger Exemplare von Muscheln, aber auch Schnecken. Weltweit gibt es fast eine Million Schnecken-, aber nur etwa 20 000 Muschelarten.

Übernachten

… in Horumersiel-Schillig

Panoramablick – **Upstalsboom-Hotel Am Strand:** Mellumweg 6, Schillig, Tel. 04426 880, Fax 04426 881 01, www.upstalsboom.de, DZ ab 127–149 €. Luxuriöser Hotelkomplex in grandioser Lage, Sauna, Fitnessraum, Kinderspielzimmer.

Natürlich erholsam – **Nakuk – das friesische Landhotel:** Wiardergroden 22, Tel. 04426 90 44 00, www.nakuk.de, DZ 130–140 €. Alter Gulfhof, kenntnisreich renoviert mit lehmverputzten Wänden, schlichte, moderne Einrichtung, delikate, frische Küche, Obst-, Gemüse- und Kräutergarten, alter Baumbestand.

First Class – **Ringhotel Altes Zollhaus:** Zum Hafen 1, Tel. 04426 990 90, www.zollhaus.de, DZ 85–120 €. Schöne Einzel- und Doppelzimmer, teils mit Balkon oder Terrasse, einige mit Meerblick, Wellnessbereich mit verschiedenen Saunen, im Preis inklusive freier Eintritt in die Frieslandtherme Horumersiel und im Meerwasserwellenbad Hooksiel.

Kinderfreundlich und farbenfroh – **Hotel-Pension Arche Noah:** Strandweg 15, Tel. 04426 354, www.hotel-arche-noah.de, Übernachtung 28–80 €/Pers. Am Deich von Horumersiel in der Nähe der Therme gelegenes Haus mit ganz unterschiedlich gestalteten Zimmern und Appartements.

Sehr ruhig – **Jugendherberge Schillighörn:** Inselstr. 6, Tel. 04426 371, www.jugendherberge.de, Übernachtung ab 18,50 €/Pers. Das Haus mit 124 Betten in 24 Schlafräumen (2- bis 4- und 8-Bett-Zimmer) liegt am Ortsende gleich hinterm Deich, 5 Min. sind es zum Strand, 900 m in den Ort.

Familienfreundlich – **Nordsee-Camping Schillig:** Tel. 04426 98 71 70, www.wangerland.de, April–Okt. Nur

Von Norden bis Hooksiel

einen Steinwurf vom Strand entfernt liegt der moderne, behindertengerechte Platz mit 3000 Stellplätzen. Pluspunkte: Kinderspielhaus, kostenlose Kinderbetreuung und gratis Nutzung der Friesland-Therme.

... in Hooksiel

Friesisch modern – **Friesenhof**: Tegeler Plate 40, Tel. 04425 958 90, www.friesenhof-hooksiel.de, DZ 90 €. Neu erbautes Reetdachhaus in ruhiger Lage am Deich. Ganz unterschiedliche Zimmer, einige unterm Dach mit Gaube und leichter Dachschräge, andere mit Terrasse, Restaurant im Haus.

Toll für Kinder – **Katrins Ferienhof**: Bei Wüppels 1, 26434 Wangerland, Tel. 04425 81364, www.katrins-ferienhof.de, ab 70 €. Vier gut ausgestattete Ferienwohnungen, etwa 500 m vom Wurtendorf Wüppels entfernt, zur Nordsee sind es 4 km. Es gibt einen Spielplatz, einen Heuboden und eine 170 m² große Spielhalle. Ponyreiten, Kutschfahrten und Streicheltiere runden das Programm ab.

Ein Paradies für Tierfreunde – **Traberhof**: Wüppelser Alter Deich, Tel. 04425 443, www.traberhof.net, ab 55 €/Tag. Ferienwohnungen mit Küchenzeilen, Wohnteil und ein bis zwei Schlafzimmern im ehemaligen Stallgebäude. Für einen entspannten Familienurlaub ist alles da: Hunde, Katzen, Pferde, Hühner, ein großer Garten und Fahrräder.

Schöne Lage – **Hafen-Appartements**: Info: Jacobs, Gödeke-Michel-Str. 8, Hooksiel, Tel. 04425 793, www.jacobs-hooksiel.de, ab 41 €. Appartements für 2–4 Pers. mit Blick auf den Hafen, Schiffe und Marsch, die Einrichtung ist nicht wirklich schön, man kann sie auf der Website angucken.

Alles erreichbar – **Nordsee-Camping Hooksiel**: Tel. 04425 95 80 80, www.wangerlande.de, April–Okt. Gute Ausstattung, wenig Schatten, großer FKK-

Campingbereich. In Gehentfernung: das Wassersportparadies ›Hooksmeer‹, das Meerwasser-Hallenwellenbad **Oktogon**, das Gästehaus mit **Kinderspielbereich**, s. S. 257.

Essen & Trinken

... in Horumersiel-Schillig

Beliebt – **Altes Zollhaus**: Hafenstr. 1, Horumersiel, Tel. 04426 99 09 09, tgl. ab 8 Uhr, Mittagsgerichte um 8 Uhr, abends 12–30 €. Gut besuchtes Restaurant mit gemütlichem Kaminzimmer, friesischer Teestube und Wintergarten. Regionale, aber auch mediterrane Küche.

Bildreich – **Portrait Galerie**: Deichstr. 5, Horumersiel, Tel. 04426 904693, www.portrait-galerie-bistro.de, ab 9 €. Gemütliches Bistro in der Ortsmitte von Horumersiel, viele historische Fotos an den Wänden, auch Galerie mit wechselnden Ausstellungen, kleine Terrasse vor dem Haus.

Nicht nur für Radler – **Hanny's Radlercafé**: Störtebeker Str. 15, Horum (gut 1 km westlich von Schillig, Richtung Minsen), Tel. 04426 1858. Selbstgebackene Kuchen und friesische Hausmannskost werden bei schönem Wetter im schönen Bauerngarten mit altem Baumbestand genossen. Hanny bietet auch Unterkunft in nett eingerichteten Zimmern, DZ 55 €, üppiges Frühstück inklusive.

... in Hooksiel

Traditionsreich – **Zum Schwarzen Bären**: Lange Straße 15, Hooksiel, Tel. 04425 958 10, Mi Ruhetag, ab 11.30 Uhr, Hauptgerichte ab 11 €. Gemütlich und liebevoll eingerichteter alter Gasthof, sehr gute Küche, die auch Einheimische und Gäste aus dem nahen Wilhelmshaven schätzen.

Nettes Ambiente – **Hotel-Restaurant-Café Packhaus**: Am Alten Hafen, Hooksiel, Tel. 04425 12 33, www.hooksiel-hotel.de, ab 10 €. Im maritim eingerichteten Restaurant werden delikate Fischspezialitäten serviert, die Café-Terrasse liegt direkt am Wasser. Außerdem sechs gepflegte Doppelzimmer.

Einkaufen

Wochenmarkt – **Horumersiel:** Mi 8–12, auf dem Parkplatz Ortsmitte; **Hohenkirchen:** 3 km von Horumersiel, Do 14–17 Uhr vor der Gaukirche; **Hooksiel:** Fr 14–17 Uhr auf dem Parkplatz/Friesenstr.
Klein und fein – **Künstlerhaus:** Hooksiel, Lange Str. 16, Tel. 04461 814 08, www.kuenstlerhaus-hooksiel.de, März–Mai Sa, So 14–17, Juni–Aug. Di–So 14–18, Sept.–Dez. Sa, So 14–17 Uhr. Wechselnde Ausstellungen.

Aktiv & Kreativ

Baden
Bei jedem Wind und Wetter – **Friesland-Therme:** Horumersiel, Zum Hafen 3, Tel. 04426 98 71 10, Kernzeit Mo–Fr 10–22, Sa, So 10–19 Uhr, Schwimmbad 2 Std. 5,50 (mit ServiceCard 4,10) €, Familientageskarte 30 (22,50) €. Kombiniertes Frei- und Hallenbad, mit Saunabereich.
Ganzjährig – **Oktogon:** Hooksiel, Zum Hallenbad, Tel. 04425 95 80 30, Mo, Mi 8–22, Di 9–22, Do–So 10–19 Uhr, Preise wie Frieslandtherme in Horumersiel. Meerwasser-Hallenwellenbad in Verbindung mit Freibad, Saunalandschaft, Café-Restaurant.

Kinder
Kostenfrei – **Kinderspielhaus Seesternchen:** Am Strand von Horumersiel-Schillig, Osterferien bis Ende Herbstferien Mo–Sa 9–12, 14–17 Uhr. Spielräume, auch Spielplatz und viele

Betreuungs- und Beschäftigungsangebote für alle Altersgruppen vom Kleinkind bis zum Jugendlichen.
Bei Regen – **Seepferdchen:** im Gästehaus Hooksiel, Tel. 04425 95 80 13. Spielbereich für Kinder.
Fun for kids – **Spielscheune Bullermeck:** Hooksiel, An der Schleuse 3, am Außenhafen, Tel. 04425 99 03 00, www.bullermeck.de, in der Saison tgl. 10–18 Uhr, Kinder 1–3 J. 3,50 €, 4–18 J. 6,90 €, Erw. 4,60 € (inklusive Heißgetränk). Mit Bungee-Trampolin, 10 m Kletterwand, Autoscooterbahn, Fischkutter mit Sandstrand, Panoramarestaurant.

Wasserski, Surfen, Segeln
Wassersportparadies – **Hooksmeer:** Ein ca. 60 ha großer Binnensee erstreckt sich östlich von Hooksiel bis zum Jadebusen; Wasserskiliftanlage (Imbiss-Restaurant direkt am Wasser), Surfbucht und -schule, Marina mit Segelschule.

Infos & Termine

Tourismusbüros
Wangerland Touristik GmbH: Zum Hafen 3, 26434 Horumersiel, Tel. 04426 98 71 10, www.wangerland.de, Mo–Fr 8.30–16.30, in der Saison auch Sa 10–15, So 10–12 Uhr
Wangerland Touristik GmbH: Nebenstelle Hooksiel, Hoher Weg 1, 26434 Hooksiel, Tel. 04425 958 00, Fax 04425 958017, www.wangerland.de, Mo–Fr 8.30–16.30, Sa 9–12, So 10–12 Uhr

Verkehr
s. Infobox S. 218

Feste
Jaderennen: im Juli und Aug., Infos unter www.hooksieler-rennverein.de. Hier kann man auf Galopper und Traber setzen.

Das Beste auf einen Blick

Wilhelmshaven und Umgebung

Highlights!

Wilhelmhavener Südstrand: Die Flaniermeile von Wilhelmshaven bietet Entspannung, Genuss und Kultur. Nur wenige Spazierminuten sind es zum Aquarium, zum Marinemuseum und zum Nationalparkhaus Das Wattenmeer – allesamt familientauglich. S. 260

Dangast: Das älteste Seebad an der deutschen Nordseeküste hat einen natürlichen Sandstrand und ein besonderes Flair. Der Maler Franz Radziwill lebte hier, viele Künstler der Brücke verbrachten hier regelmäßig den Sommer. S. 274

Auf Entdeckungstour

Tagesausflug nach Helgoland: Die größten Attraktionen sind keineswegs die Fahrt mit dem Bäderschiff über das offene Meer und der zollfreie Einkauf. Das weiß man spätestens nach einer Erkundung der Felseninsel. Auf dem Oberland führt der Klippenrandweg zum Lummenfelsen, dem einzigen Vogelfelsen Deutschlands. In den steilen Wänden brüten im Frühjahr etwa 7000 Vogelpaare. Sie bieten ebenso wie die Lange Anna, das Wahrzeichen Helgolands, traumhafte Fotomotive. S. 270

Kultur & Sehenswertes

Küstenmuseum mit Walwelten: Eine vielseitige und themenreiche Ausstellung am Bontekai in Wilhelmshaven. S. 263

Blaudruckerei: In einem alten Speicher in Jever wird die alte Tradition des Blaufärbens ausgeübt. S. 273

Aktiv & Kreativ

Jade-Rundtour: Eine kleine Fähre befördert Menschen und Räder zwischen Wilhelmshaven und Eckwarderhörne über den Jadebusen, den man dann locker mit dem Rad umrunden kann. S. 268

Zum Arngaster Leuchtturm: Die gelegentlich von Dangast angebotenen Wattwanderungen zählen zu den anspruchsvollsten an der Nordseeküste. Komfortabler sind Ausflugsfahrten mit dem charmanten Oldtimer MS Etta von Dangast. S. 278

Genießen & Atmosphäre

Seglerheim am Nassauer Hafen: Nach dem Essen kann man einfach sitzen bleiben und den Tag mit Blick auf den Yachthafen von Wilhelmshaven ausklingen lassen. S. 267

Schloßkäserei: Der Schafhof Herten unterhält in Jever ein kleines, aber feines Geschäft mit Spezialitäten vom Schaf plus Café. S. 276

Altes Kurhaus: Selbstgebackenes genießt man im Biergarten oberhalb des Strandes von Dangast oder im Saal mit wunderbar altmodischer Atmosphäre. S. 278

Abends & Nachts

Pumpwerk: Überregional bekanntes Kulturzentrum in Wilhelmshaven, einfach klasse sind die kostenlosen Open-Air-Veranstaltungen im Sommerhalbjahr. S. 269

Kulturschätze am Jadebusen

Zwischen Wesermündung und Ostfriesland erstreckt sich der Jadebusen – entstanden im Verlauf der mittelalterlichen Sturmfluten, die tief ins Landesinnere vordrangen. Durch Eindeichungs- und Landgewinnungsmaßnahmen nahm der Jadebusen seit dem 16. Jh. allmählich seine heutige Form an. An seinem südlichen Ende liegt Varel mit dem bezaubernden Seebad Dangast. Das beschauliche friesische Residenzstädtchen Jever liegt heute ein gutes Stück vom Jadebusen entfernt, etwa 15 km westlich von Wilhelmshaven.

Die ›grüne Stadt am Meer‹ hat eine junge Geschichte: 1853 kauften die Preußen dem Großherzog von Oldenburg für 500 000 Taler Land ab, um an der Jademündung einen Kriegshafen zu bauen. Die wirtschaftlichen Folgen des Zweiten Weltkriegs, in dem die Stadt zu 75 % zerstört wurde, überwand man durch den Bau von Gewerbe- und Industrieanlagen und den großzügigen Hafenausbau relativ schnell. Als einziger Tiefwasserhafen Deutschlands zählt Wilhelmshaven zu den wichtigsten europäischen Umschlagplätzen für Rohöl. Die Stadt ist heute der größte Stützpunkt der Bundesmarine, die im Sommer regelmäßig zum Tag der offenen Tür einlädt.

Infobox

Infos zu Wilhelmshaven
Tourist-Information & Friesland Touristik Gemeinschaft: NordseePassage, Obergeschoss, Bahnhofsplatz 1, 26382 Wilhelmshaven, Tel. 04421 91 30 00, Fax 04421 913 00 10, Mo–Fr 10–20, Sa 10–18 Uhr
www.wilhelmshaven-touristik.de, www.friesland-touristik.de

Infos zu Jever, Dangast, Varel
Tourismusbüros: Jever, s. S. 274, Dangast (u. Varel), s. S. 279

Anreise & Weiterkommen
Bahn: Nächster InterCity-Bahnhof ist Oldenburg, dort Anschluss an die Nordwest-Bahn über Varel nach Wilhelmshaven. Direktverbindung der Nordwest-Bahn auch ab Esens, Bremen und Osnabrück. Info: Nordwest-Bahn, Tel. 01805 60 01 61 (0,14 €/Min.), www.nordwestbahn.de
Bus: Regelmäßige Busverbindungen u. a. nach Sande–Jever, Hooksiel, Horumersiel-Schilling, Zetel–Bockhorn–Varel, Wittmund–Aurich–Emden. Info: Verkehrsregion Ems-Jade, Tel. 04941 933 77, www.weser-ems-bus.de

Wilhelmshaven ▶ V/W 7

Der Südstrand !

Der schönste Teil der Stadt ist der Südstrand, eine Promenade mit Cafés, Restaurants und viel Flair. Wo sonst gibt es an der Nordseeküste einen Südstrand? An anderen Stränden muss man der Sonne den Rücken zudrehen, wenn man übers Meer schauen möchte … Hier kann man den Strandkorb gen Süden der Sonne zudrehen, sich sonnen und dabei übers Meer gucken, den Blick schweifen lassen über den Jadebusen zum Arngaster Leuchtturm. Weitere Pluspunkte: Genügend Parkplätze gibt's beim Helgolandkai. Und wem es zu langweilig ist, stundenlang im Strandkorb zu liegen, der

260

Wilhelmshaven

gelangt in zwei, drei Spazierminuten zum Aquarium, zum Marinemuseum und zum Nationalparkhaus Das Wattenmeer.

Aquarium 1

Südstrand 123, Tel. 04421 506 64 44, www.aquarium-wilhelmshaven.de. tgl. 10–18 Uhr, Erw. 8 €, Familienkarte 24 €

Moderne Großaquarien mit Seehunden, Pinguinen Haien. Tropenhalle, Wissenswertes zu Biologie, Ökologie, Umwelt, Natur- und Tierschutz, Café mit Meeresblick. **Kinder-Spielpalast** im Aquariumgebäude (separater Eingang, Kids bis 15 J. 3,50 €, Erw. 2,50 €).

Deutsches Marinemuseum 2

Südstrand 125, Tel. 04421 410 61, www.marinemuseum.de, April–Okt. tgl. 10–18, sonst 10–17 Uhr, 8,50 €, Familienkarte 20 €

Ein 1888 erbautes Werkstattgebäude der Kaiserlichen Werft beherbergt das Marinemuseum. Auf dem Freigelände ist u. a. das 1993 ausgemusterte U-Boot U10 zu besichtigen – hinterher weiß man genau, wie ungemütlich eng das Leben an Bord war.

Wattenmeerhaus 3

Südstrand 110 b, Tel. 04421 910 70, www.wattenmeerhaus.de, April–Okt. tgl. 10–18 Uhr, sonst Di–So 10–17 Uhr, 6 €, Familienkarte 13,50 € (zusätzlich gibt es Kombikarten für das Marinemuseum sowie das Küstenmuseum)

Eine Ausstellung zum Anfassen, Mitmachen, Stöbern und Staunen. Der Besucher erfährt alles Wissenswerte über den Nationalpark Niedersächsisches Wattenmeer in einer großen Aquarienlandschaft und einem begehbaren Krabbenkutter. Im sogenannten Multi-Media-Sturmerlebnisraum kann man originalgetreu erleben, wie sich ein Orkan anfühlt.

Mein Tipp

Maritime Meile

Rund um den Großen Hafen führt eine hochkarätige Erlebnismeile die Besucher zu sechs ganz unterschiedlichen Einrichtungen, die jedoch eines gemein haben: Alles dreht sich um das Meer. Dazu gehören das Küstenmuseum mit den Walwelten, das Oceanis, das Wattenmeerhaus, das Deutsche Marinemuseum und das Aquarium. Auf dem Weg spaziert man über das Wahrzeichen von Wilhelmshaven, die Kaiser-Wilhelm-Brücke. Informationen über aktuelle Ausstellungen gibt es im Touristenbüro, Tel. 04421 91 30 00 oder im Internet unter www.maritime meile. de.

Kaiser-Wilhelm-Drehbrücke 4

Die mit einer Spannweite von 159 m bei ihrem Bau (1905–07) größte Drehbrücke Europas verbindet den Südstrand mit dem Stadtgebiet. Wenn Schiffe mit hohen Masten in den Hafen einlaufen, dreht sich die Brücke auseinander, um auf diese Art den großen Schiffen die Durchfahrt zu ermöglichen.

Bontekai

Am Bontekai zwischen Südstrand und Innenstadt haben die **Museumsschiffe** 5 festgemacht. Vom Südstrand kommend, passiert man zuerst das 1981 ausgemusterte **Feuerschiff Weser**, das ein Restaurant beherbergt. Direkt daneben liegt der dampfbetriebene **Seetonnenleger Kapitän Meyer**, auf dem man sich trauen lassen kann (Über-

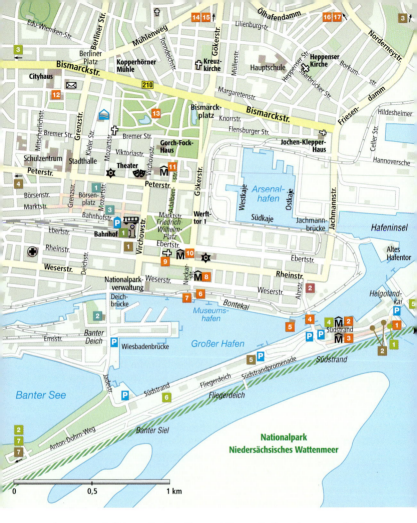

nachtungen möglich – zu buchen über die Tourist-Information, Tel. 04421 91 30 00), ein Stück weiter das **Dampflok-Denkmal** 6 : die historische Güterzuglokomotive 44 606.

Oceanis 7
Bontekai 63, Tel. 04421 75 50 55, www.oceanis.de, tgl. 10–18 Uhr, 8,90 €, 3-Themen-Tickets für 3 Tage 13,90 €

Wissenschaft und spannende Unterhaltung bietet die virtuelle Unterwasserstation. Die Reise in die Tiefe beginnt mit dem Fahrstuhl. Die Wellen des Ozeans schlagen über den Köpfen der Besucher zusammen, während die Kabine in die Tiefe rauscht. Im Archiv des Meeres, in der Forschungszentrale und im Maschinenraum kann man die Geheimnisse des Meeres erforschen.

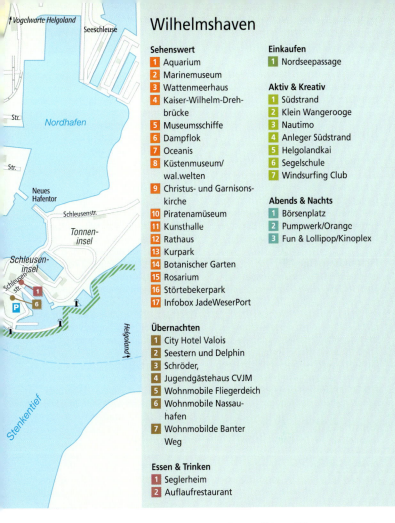

Wilhelmshaven

Sehenswert
1. Aquarium
2. Marinemuseum
3. Wattenmeerhaus
4. Kaiser-Wilhelm-Drehbrücke
5. Museumsschiffe
6. Dampflok
7. Oceanis
8. Küstenmuseum/wal.welten
9. Christus- und Garnisonskirche
10. Piratenamüseum
11. Kunsthalle
12. Rathaus
13. Kurpark
14. Botanischer Garten
15. Rosarium
16. Störtebekerpark
17. Infobox JadeWeserPort

Übernachten
1. City Hotel Valois
2. Seestern und Delphin
3. Schröder,
4. Jugendgästehaus CVJM
5. Wohnmobile Fliegerdeich
6. Wohnmobile Nassauhafen
7. Wohnmobilde Banter Weg

Essen & Trinken
1. Seglerheim
2. Auflaufrestaurant

Einkaufen
1. Nordseepassage

Aktiv & Kreativ
1. Südstrand
2. Klein Wangerooge
3. Nautimo
4. Anleger Südstrand
5. Helgolandkai
6. Segelschule
7. Windsurfing Club

Abends & Nachts
1. Börsenplatz
2. Pumpwerk/Orange
3. Fun & Lollipop/Kinoplex

Für Nervenkitzel sorgen 3-D-Animationen, die Haie und Kraken zum Greifen nah erscheinen lassen.

Küstenmuseum/wal.welten 8
Weserstraße 58/Bontekai, Tel. 04421 40 09 40, www.kuestenmuseum.de, April–Okt. tgl. 10–18 Uhr, sonst Di–So 10–17 Uhr, 4,70 €, Familienkarte 12,40 € (zusätzlich gibt es Kombikarten mit Hafenrundfahrten/Wattenmeerhaus/Oceanis)

Vielseitige, themenreiche Ausstellung zu Vergangenheit, Gegenwart und Zukunft der Küste. Mittelpunkt der Ausstellung wal.welten im Obergeschoss ist das Skelett eines Pottwals, der 1994 vor der Insel Baltrum strandete. Seine riesigen Organe wurden in derselben Weise konserviert wie die menschli-

263

Wilhelmshaven und Umgebung

chen Organe in der Aufsehen erregenden Ausstellung Körperwelten. Der Ausstellungsbereich JadeWeserPort informiert über die Arbeitsabläufe in einem Containerhafen.

Innenstadt

Am Weg zum Rathaus, dem Wahrzeichen der Stadt, passiert man die mit zahlreichen Erinnerungsstücken und Gedenktafeln der Kaiserlichen Marine ausgestattete **Christus- und Garnisonskirche** (**9** , tgl. 9–17/18 Uhr). Direkt neben der Kirche das Piratenamüseum.

Piratenamüseum **10**
im Jugend-Gästehaus Piratennest, Ebertstr. 88a, www.piratenmuseum. de, April–Okt. tgl. 11–17, Nov.–März nur Sa und So 11–17 Uhr, 3,30 €
Klein, aber ›ahoi‹ ist die amüsante Ausstellung über Piraten. Exponate und Erlebnisräume sind so installiert, »dass die Kurzen keinen langen Hals machen müssen«. Ein Institut für Gegenwartsarchäologie öffnet den Blick für spannende Aspekte des Alltags.

Kunsthalle **11**
Adalbertstr. 28, Tel. 04421 414 48, www.kunsthalle-wilhelmshaven.de, Di 14–20, Mi–So 11–17 Uhr, 3 €
Die älteste kulturelle Institution der Stadt präsentiert jedes Jahr fünf bis sechs hochwertige Ausstellungen regional, aber auch überregional bekannter und unbekannter Künstler der Gegenwart sowie Themenausstellungen in den Bereichen Malerei, Plastik und Fotografie.

Rathaus **12**
Der eigenwillige Klinkerbau mit den Löwenplastiken am Portal wird auch Burg am Meer genannt. Das 1928/29 von Fritz Höger aus Bockhorner Klin-

kerstein errichtete Rathaus besitzt einen 49 m hohen Turm, von dem sich ein schöner Rundblick bietet. Der Rathausturm kann Mo–Fr 8.30–15.30 vom Kellergeschoss (Eingang neben der Treppe zum Restaurant) nach einer Fahrt mit dem Fahrstuhl in die oberste Etage besichtigt werden, keine Turmfahrten am Wochenende.

Parkanlagen

Mehrere ganztägig geöffnete Grünanlagen unterstreichen Wihelmshavens Ruf als ›Grüne Stadt am Meer‹. Der frei zugängliche, in der Innenstadt gelegene, etwa 17 Hektar große **Kurpark 13** ist die älteste Grünanlage Wilhelmshavens. Im Zweiten Weltkrieg wurde der Park stark zerstört, weil er dicht an der Werft lag. 1968 errichtete die Stadt den Musikpavillon, hier finden von Mai bis September Kurkonzerte statt.

Botanischer Garten **14**
Gökerstr. 125, Bus: Linie 1, Haltestelle Hegelstraße, od. Linie 2, Haltestelle Pestalozzistraße, Mai–Sept. Mo–Fr 8–19, Sa, So 11–17, sonst Mo–Fr 8–15, Sa, So 11–17, Tropenhaus tgl. 11–17 Uhr, Eintritt frei
Im hinteren Gartenbereich werden für Norddeutschland typische Pflanzengesellschaften, z.B. in den Dünen oder jenseits des Deiches, vorgestellt. Im Gewächshaus werden Pflanzen aus dem Mittelmeerraum, den Tropen und Subtropen präsentiert.

Rosarium **15**
Neuengrodener Weg 22, Bus: Linie 1, Haltestelle Hauffstraße, od. Linie 6, Haltestelle Neugrodener Weg Tel. 04421 77 22 47, www.rosarium-

Wilhelmshavens Kaiser-Wilhelm-Brücke

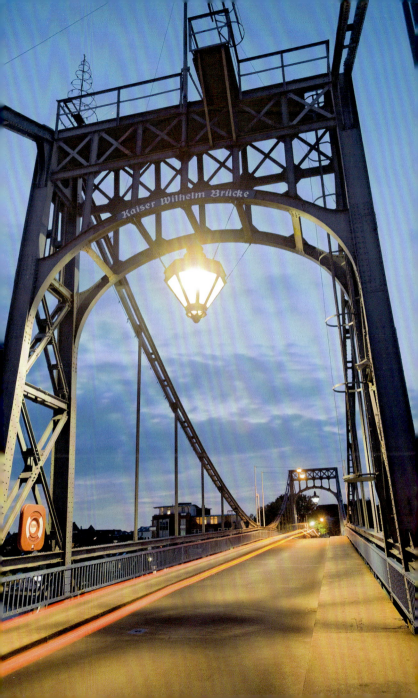

Wilhelmshaven und Umgebung

wilhelmshaven.de, Mo–Do 8–15, Fr 8–11, Mitte Mai–Okt. auch So 10–18 Uhr, 3 €

Ursprünglich als Lehr- und Schaugarten der Stadtgärtner auf brachliegendem Gartenland angelegt, entwickelte sich das Rosarium schnell zum Geheimtipp für Rosenliebhaber. 500 verschiedene Rosensorten sind hier zu sehen.

Störtebekerpark 16

Freiligrathstr. 426, Bus: Linie 1 (am Wochenende Linie A), Haltestelle Maadebrücke, Tel. 04421 649 54, Mitte April–Ende Okt. Mo–Fr 9–18.30, Sa, So 11–18.30 Uhr, 2,50 €

Freizeit- und Umweltpark im Norden der Stadt. Für Kinder gibt es viele Spielbereiche, die den Umgang mit Natur und Umweltschutz zum Thema haben. Kleine Nachbauten historischer Gebäude, Garten- und Spielanlagen bieten viele Entdeckungsmöglichkeiten.

Infobox JadeWeserPort 17

Posener Str. Kreuzung Am Tiefen Fahrwasser, Tel. 04421 91 30 00, www.jadeweserport-infobox.de, tgl. April–Okt. 10–18 Uhr, Nov.–März nur Fr–So, 4 €

Die Info-Box JadeWeserPort ist ein Informationszentrum für den Bau und Betrieb des JadeWeserPorts. Er ist der einzige deutsche Tiefwasserhafen mit einer Wassertiefe von 18 m. Ab 2010 können hier die größten Containerschiffe der Welt abgefertigt werden. Auch das Küstenmuseum informiert über den JadeWeserPort und bietet Führungen an.

Übernachten

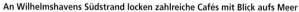

Bahnhofsnähe – **City Hotel Valois** 1: Valoisplatz, Tel. 04421 48 50, www.city-hotel-valois.de, DZ 95–145 €. Luxuriöse Zimmer und Suiten sowie Woh-

An Wilhelmshavens Südstrand locken zahlreiche Cafés mit Blick aufs Meer

Wilhelmshaven: Adressen

nungen direkt im Stadtzentrum in Bahnhofsnähe am Valoisplatz, Fitness und Sauna.

Beste Lage – **Hotel Seestern und Hotel Delphin** **2**: Südstrand 116/118, Tel. 04421 941 00, www.hotelseestern.de; www.hoteldelphin.de, DZ ab 90 €. Die Adresse sagt eigentlich schon alles; direkt an der Grünstrandpromenade, alle Zimmer mit Blick über den Jadebusen zum Arngaster Leuchtturm.

Traditionsreiche Idylle – **Hotel Schröder** **3**: Rüstersieler Str. 85, Tel. 04421 80 64 80, www.schroeders-schoene-aussicht.de, DZ ab 90 €. Ein beliebtes Ausflugsziel am Rüstersieler Hafen im Norden von Wilhelmshaven. Ordentliche Zimmer in einem historischen Haus mit großen Glasfenstern. Restaurant mit Gartenterrasse unter alten Linden, mit Blick auf den Hafen.

Preiswert – **Internationales Jugendgästehaus CVJM** **4**: Marktstr. 211–215, Tel. 04421 151 50, www.cvjm-whv.net, Übernachtung ab 20 €/Pers. (Bettwäsche mitbringen od. leihen gegen Gebühr von 5 €). Einfache, freundliche Zimmer, die nach Ländern, Flure, die nach Kontinenten benannt sind; kostenloser Internetanschluss im Zimmer.

Wohmobile – **Parkplatz Fliegerdeich** **5**: Einen wunderbaren Blick über den Jadebusen hat man von diesem öffentlichen Platz, allerdings darf man hier längstens 24 Std. stehen. **Nassauhafen** **6**: Schleuseninsel, Schleusenstr. 45, Tel. 04421 431 43, www.seglerheim-wilhelmshaven.de, gebührenpflichtige, gut ausgestattete Stellplätze. **Stellplatz am Banter Weg 12 a** **7**: Tel. 04421 20 20 40, www.reisemobilstellplatz-wilhelmshaven.de, gut ausgestattet.

Essen & Trinken

Entlang der Südstrandpromenade finden sich jede Menge Café-Restaurants

mit Blick auf die Jade – und Sonne den lieben langen Tag, wenn sie denn scheint … Auch in der **Nordseepassage** **1** findet man einige gute Restaurants.

Einfach klasse – **Seglerheim am Nassauer Hafen** **1**: Schleusenstr. 23, Tel. 04421 431 43, ab 10 Uhr, 10–17 €. Auf der Terrasse kann man wunderbar einen Sommerabend mit Blick auf den Yachthafen verbringen. Viele Fischgerichte, gutes Preis-Leistungs-Verhältnis.

Selbstgemacht – **Auflaufrestaurant im Pumpwerk 1** **2**: Ahrstr. 24, Tel. 04421 445 90, tgl. ab 18 Uhr, jeder Auflauf 8,50 €. Aufläufe und ein gutes Konzept: Die Zutaten ›seines‹ Auflaufs kann man sich selbst zusammenstellen, kleiner Biergarten.

Mit großem Biergarten – **Restaurant Orange**: im Kulturzentrum Pumpwerk **2**, Tel. 04421 80 72 00, www.pumpwerk-orange.de, Di–Do ab 17 Uhr, Küche bis 22 Uhr, bei Veranstaltungen am Wochenende öffnet das Orange eine Stunde vor Veranstaltungsbeginn, nettes 70er-Jahre-Ambiente, Kinderspielplatz, Di Pizzatag (jede Pizza für 3 €), Mi Snacktag, Do Schnitzeltag (jedes Schnitzel für 5 €).

Gutbürgerlich und maritim – **Feuerschiff** **5**: Tel. 04421 77 21 65, www.feuerschiff-weser.de, Mi–Mo ab 11.30 Uhr, 9–15 €. Das hat schon was, an Deck zu sitzen und sich eine Scholle servieren zu lassen.

Einkaufen

Wetterunabhängiges Bummeln – **Nordseepassage** **1**: www.nordseepassage.de, Mo–Fr 10–20, Sa 10–18 Uhr. Die Passage schließt auch den Wilhelmshavener Hbf mit ein. Gleich dahinter erstreckt sich die **Marktstraße**, die längste autofreie Einkaufsmeile der Stadt – 2100 m Laden an Laden.

267

Wilhelmshaven und Umgebung

Aktiv & Kreativ

Baden & Strände

Tideabhängig – **Südstrand** **1**: Grüner Strand mit Strandkörben unterhalb der Promenade.

Tideunabhängig – **Klein Wangerooge** **2**: Schön ist der Sandstrand am Banter See, wunderbares Terrain zum Grillen, bei Flut kann man auch über den Deich spazieren und im Jadebusen baden.

Bei jedem Wind und Wetter – **Nautimo** **3**: Sport- und Familienbad am Sportforum, Friedenstr. 99, Tel. 04421 77 35 50, www.nautimo.de, Mo–Fr 10–22, Sa, So 9–22 Uhr, Normaltarif Erw. 4 € (1,5 Std.), 9,50 € (Tageskarte). Badespaß für die ganze Familie, mit großem Außenbecken, der Rutsche Black Hole sowie einer großzügigen Saunalandschaft mit Blockhaus-Außensauna.

Schiffsfahrten

Zu den Seeschleusen – **Hafenrundfahrt ab Anleger Südstrand** **4**: Info Tel. 0174 729 46 65, www.oldtimer-wilhelmshaven.de, Anfang Mai–Mitte Okt. Mo–Fr 12.15, Sa, So 12.15, 14, 15.45 Uhr, 6 €. Die einstündige Fahrt mit dem Oldtimer Große Freiheit, einer restaurierten Hamburger Hafenbarkasse aus den 1940er-Jahren, führt an der Kaiser-Wilhelm-Brücke und am Bontekai vorbei zu einer der mächtigsten Seeschleusen Europas.

Zu diversen Zielen – **Hafenrundfahrten ab Helgolandkai** **5**: Info: Reederei Warrings, Tel. 04464 949 50, www.reederei-warrings.de, April–Okt. tgl., 9 €, inkl. Jade-WeserPort 10,50 €. Es geht in den Marinehafen, zu den Tankerlöschbrücken und zum Leuchtturm Arngast.

Ausflugs-Bäderschiffe nach **Helgoland** verkehren im Sommerhalbjahr von vielen Häfen entlang der niedersächsischen und schleswig-holsteinischen Nordseeküste. Von Wilhelmshaven aus s. Entdeckungstour S. 270.

Jade-Rundtour mit Fähre und Rad

Eine Personen- und Fahrradfähre befördert Menschen und Räder zwischen Wilhelmshaven und Eckwarderhörne über den Jadebusen, den man dann locker mit dem Rad umrunden kann. Auch Windmühlenfans kommen auf ihre Kosten: Ein Teil der Strecke verläuft entlang der friesischen Mühlenstraße, Info: www.friesischemuehlenstrasse.de. Info: **Reederei Warrings,** Tel. 04421 36 78 08 u. 04464 949 50, www.reederei-warrings.de, einfache Fahrt 7 € (Fahrrad 5 €), Hin- und Rückfahrt 9 (7) €. Abfahrten Juni–Aug. ab Helgolandkai **5** tgl. 9 u. 17 Uhr; ab Eckwarderhörne tgl. 9.45 u. 17.45 Uhr, im Mai nur Sa u. So, im Sept. nur Fr, Sa und So.

Wassersport

Segeln – **Wilhelmshaven Maritim** **6**: Südstrand 38 (Büro und Schulungsgebäude über dem Wikinger Bootsshop), Tel. 04421 98 71 94, www.wilhelmshaven-maritim.de. Segeltörns auf der Nord- und Ostsee sowie zu den dänischen Inseln für Gruppen bis zu 8 Pers. In regelmäßigen Abständen werden Fahrten auf der Yacht Sleipnir angeboten, Segelausbildung für alle amtlichen und empfohlenen Führerscheine.

Surfen – **Windsurfing Club Jade** **7**: Tel. 04421 77 20 10, www.wcj-whv.de. Bei Surfern und Kanuten beliebt ist der Banter See (tideunabhängig). Tideabhängiges Surfen auf der Jade: Parkplatz am Fliegerdeich/Südstrand.

Abends & Nachts

Szenetreff in der Innenstadt – **Börsenplatz** **1**: Viele Restaurants, Bars, Kneipen und Cafes – an lauen Sommerabenden herrscht südländische Stimmung unter freiem Himmel.

Immer wieder mittwochs – **Pumpwerk** **2**: An der Deichbrücke (5 Min. vom Bahnhof), Tel. 04421 91 36 90, www. pumpwerk.de. Bekanntes Kulturzentrum im Industriegebäude (Abwasserpumpwerk) von 1903. Abwechslungsreiche Veranstaltungen, darunter das Festival der Kleinkunst und das A-Capella-Festival, auch Restaurant und Biergarten. Einfach klasse: Von Mai bis August gibt es jeden Mi ab 19 Uhr **Open-Air-Veranstaltungen;** Rock & Pop, Irish Folk, Reggae u. a., Eintritt frei.

Zweierlei – **Fun & Lollipop** **3**: Bahnhofstr. 22, Tel. 04421 98 25 20, www. discofun.de, Mi 21–3, Fr, Sa 21–5 Uhr. Zwei Tanzpisten unter einem Dach.

Movies – **Kinoplex:** im selben Gebäude wie **Fun & Lollipop** **3**, Tel. 04421 75 56 55, www.kinoplex.de. Modernes Kino mit neun Sälen.

Infos & Termine

Tourismusbüro
s. Infobox S. 262

Verkehr
s. Infobox S. 262

Feste
Wochenende an der Jade: am 1. Wochenende im Juli; Stadt- und Hafenfest, www.wochenendeanderJade.de. Geboten wird jede Menge Musik auf mehreren Open-Air-Bühnen, Open-Ship auf Schiffen der Marine und großen Windjammern. Mittelaltermarkt, Trödelmarkt, Kirmes und viele Kinderattraktionen.

Südstrandfest: an einem Wochenende im Juni; ein buntes Programm mit Livemusik, Sport und Fun.

JadeWeserPort-Cup: im Okt.; Info Tel. 04421 755 05 73, www.jadeweserportcup.de. Regatta von Traditionsseglern

auf der Jade. Ein Highlight ist die große Einlaufparade der Segler durch die Kaiser-Wilhelm-Brücke und das ganztägige Open-Ship am darauffolgenden Tag mit kostenloser Besichtigung vieler Schiffe.

Jever ►T 6

Das hübsche kleine Städtchen im Westen von Wilhelmshaven lohnt einen Besuch, es bietet jede Menge nichtmaritime Sehenswürdigkeiten, beschauliche Gassen und gemütliche Cafés. Sein Name wird übrigens nicht »Jewer«, sondern »Jefa« ausgesprochen – schließlich, so argumentieren die Friesen, heißt es ja auch »Vogel« und nicht »Wogel«!

Die ehemalige Häuptlingsstadt erhielt unter der Herrschaft der Regentin Fräulein Maria (1500–75) im Jahre 1536 die Stadtrechte. Das gnädige Fräulein Maria war die letzte Regentin von Jever, die in Sagen und Geschichten fortlebt. Zu ihrem 400. Geburtstag setzten die Jeveraner ihr ein Bronzedenkmal. Verewigt ist sie auch im Sagenbrunnen am Alten Markt, der Figuren aus fünf regionalen Sagen zeigt.

Schloss **1**

Schlossmuseum Jever, Tel. 04461 96 93 50, www.schlossmuseum.de, Di–So 10–18 Uhr, im Juli/Aug. auch Mo, Turmaufstieg Mai–Sept. 11–17 Uhr, Café, 3,50 €
Das markanteste Bauwerk Jevers geht auf eine Wehranlage des 14. Jh. zurück, um dessen massiven Bergfried im Laufe des 15. und 16. Jh. das Schloss entstand. Das überaus facettenreiche Museum bietet regionale Kulturgeschichte, dazu gehören voll eingerichtete Wohnräume und Werkstätten, Haus- und Küchengerätschaf-

269

Auf Entdeckungstour

Ein Tagesausflug nach Helgoland

Nirgendwo in Deutschland ist die Luft so prickelnd rein wie hier. Von den kräftigen Armen der Börtemänner sicher in Empfang genommen, tut man gut daran, die Geschäftsstraßen des Unterlandes hinter sich zu lassen. Auf dem Oberland führt der Klippenrandweg am Lummenfelsen vorbei zur Langen Anna, dem Wahrzeichen Helgolands.

Reisekarte: ▶ F 1

Planung: Mitte Juni–Mitte Sept. tgl. ca. 9 Uhr ab **Helgolandkai** 5, Tel. 01805 22 86 61, www.helgolandlinie.de, Tages-Rückfahrkarte 36,50 €

Fahrtdauer: ca. 3 Std., Aufenthalt auf Helgoland 3–4 Std.

Auf Helgoland: Inselbahnfahrt ab Landungsbrücken, 6 €; Bunker- und Inselführungen: Info und Karten an Bord, jeweils 5 €

Fast 60 m ragt die rote Sandsteininsel aus dem Meer empor – rund 70 km von der nordfriesischen Küste entfernt. Verwaltungsmäßig gehört Deutschlands einzige Hochseeinsel, bestehend aus Felseninsel (0,95 km²), Düne (0,7 km²) und Felswatt, zum Kreis Pinneberg in Schleswig-Holstein. Rund 1300 Menschen leben hier, eine halbe Million Urlauber kommen pro Jahr – die meisten davon sind Tagesgäste, die einen Ausflug auf die Insel mit einem zollfreien Einkauf verbinden.

Die Felseninsel besteht aus drei Teilen, dem Unterland mit Kur- und Verwaltungseinrichtungen, dem Oberland mit Schule und Kirche sowie dem kleinen Mittelland mit einem Krankenhaus. Informationstafeln verweisen auf Besonderheiten der Natur und Geschichte Helgolands.

Der Big Bang

Wegen ihrer exponierten Lage war die Insel, die im Verlauf ihrer Geschichte mehrmals unter dänischer und englischer Herrschaft stand, immer wieder ein Schlupfwinkel für Schmuggler und Seeräuber. Die berüchtigten *Likedeeler* unter Klaus Störtebeker und Gödeke Michel wurden um 1401 von der hanseatischen Flotte vor Helgoland überwältigt. 1890 tauschte Kaiser Wilhelm II. die zu England gehörende Hochseeinsel gegen die deutschen Kolonialrechte in den ostafrikanischen Ländern Somaliland und Wituland sowie in Sansibar ein. Ab 1908 wurde Helgoland zur Seefestung ausgebaut. Ein Kriegshafen samt U-Boot-Bunker entstand. Im Fels wurden Luftschutzbunker, Munitionslager und ein Lazarett angelegt. Im Zweiten Weltkrieg wurde das waffenstarrende Helgoland bombardiert, die Bebauung völlig zerstört und die rund 3000 Bewohner evakuiert. Nach Kriegsende nutzten die Engländer Helgoland

als Übungsplatz für weitere Bombenabwürfe. 1947 schließlich deponierten sie 6700 t Sprengstoff in Bunkern und unterirdischen Gängen und versuchten die Insel zu sprengen. Der ›Big Bang‹ misslang. Statt wie geplant zu verschwinden, veränderte die Insel lediglich ihre Form. 1950 hissten zwei Heidelberger Studenten die Europaflagge auf dem geschundenen Felseneiland und forderten ein Ende der Bombardierungen. Ihr Appell fand weltweit Beachtung, 1952 wurde die Insel endgültig freigegeben, ihre Bewohner konnten zurückkehren.

Nach dem Wiederaufbau boomte das Fremdenverkehrsgeschäft, im Jahre 1973 zählte man 820 000 Tagesgäste. Doch anstatt zu investieren, wurde abkassiert.

Erst als die Gästezahlen dramatisch sanken, begannen sich die Helgoländer gegen das schlechte Image ihrer Insel als Fuselfelsen zu wehren und deren natürliche Vorzüge zu preisen: die reine, gesundheitsfördernde Hochseeluft, die einmalige Natur mit Felswatt und Vogelfelsen, die bewegte Historie und die liebevoll gepflegten, friesischen Traditionen.

Welkoam iip Luun!

Helgoländerinnen in hübschen Trachten empfangen die Gäste im Sommer an der Landungsbrücke und verteilen eine Informationsbroschüre mit Inselplan. Am Hafen steht eine Büste des Dichters Heinrich Hoffmann von Fallersleben, der im Jahre 1841 auf Helgoland, d. h. im englischen Exil, das ›Lied der Deutschen‹ dichtete – die heutige Nationalhymne.

Helgolands Hauptstraße Lung Wai führt am Rathaus und an unzähligen Geschäften vorbei direkt auf den Fahrstuhl ins Oberland zu. Wer mag, geht zu Fuß.

Zum Himmel sehen – ein Begrüßungsritual der Basstölpel

Auf dem Oberland

Auch oben, Am Falm, gibt es viele Geschäfte und Restaurants. Von hier bietet sich eine fantastische Aussicht über den Hafen und die Bäderschiffe bis hinüber zur Düne. Am Falm beginnt der Weg, der im Uhrzeigersinn um das Oberland herumführt (3 km). Am nordwestlichen Felsrand Helgolands liegt der Lummenfelsen, Deutschlands einziger Vogelfelsen und Brutkolonie für etwa 7000 Vogelpaare. In den steilen Wänden brüten im Frühjahr überwiegend Dreizehenmöwen, aber auch Basstölpel und die pinguinähnlichen Trottellumen. Dicht aneinandergedrängt, den Kopf zum Felsen gewandt, scheinen sie am Klippenrand zu kleben. Ein spektakuläres Schauspiel bietet sich im Juni: Die junge, noch flugunfähige Lumme stürzt sich vom Felsen, flattert dabei so kräftig es geht mit den Flügeln, bis sie unsanft im Wasser aufplatscht. Dort wartet schon die Altlumme, die gemeinsam mit ihrem Jungen auf die offene See hinausschwimmt.

Ziel aller Wanderer ist die Lange Anna an der Nordspitze der Insel. Noch bis 1860 war der 48 m hohe, frei stehende Felsen durch einen natürlichen Felsbogen mit der Insel verbunden. Doch unermüdlich nagte die Brandung an dem weichen Gestein. Um dem weiteren Abbruch der Insel vorzubeugen, baute man eine 1300 m lange Uferschutzmauer, außerdem erhielt die Lange Anna eine Füllung aus Stahl und Beton.

Kunst und Kultur

Wer auf intensives Shoppen verzichten kann, hat noch genügend Zeit für einen Besuch des Aquariums der Biologischen Anstalt Helgolands oder einen Bummel zum Südhafen. Hier legt der Katamaran an, im Winterhalbjahr auch die Bäderschiffe, dann wird auf das Ausbooten verzichtet. Auf dem Weg dorthin passiert man die Hummerbuden, ehemalige Geräteschuppen der Fischer. Diese vermitteln noch das Flair vom historischen Helgoland, obwohl auch sie erst nach der Freigabe Helgolands 1952 entstanden sind. Die Hummerbuden sind der Rahmen für eine maritime Meile, auf der Kunst, Kultur und Kulinarisches geboten werden.

Wilhelmshaven

ten, jeversches Porzellan und archäologische Funde.

Friesisches Brauhaus zu Jever **2**
Elisabethufer 18, Tel. 04461 137 11,
www.jever.de, Führungen mit Verköstigung Mo–Sa nach telefonischer Vereinbarung, 7 €
Die 32 m hohen Türme des Brauhauses sind nicht zu übersehen, mit futuristischem Glanz aus verspiegeltem Glas prägen sie das Stadtbild und sind zu einem Wahrzeichen der Marienstadt geworden. 1848 wurde sie als kleine Privatbrauerei in Jever gegründet, heute ist sie eine der modernsten Brauereien Deutschlands.

Blaudruckerei **3**
Kattrepel 3 (hinter der Fußgängerzone Neue Straße), Tel. 04461 713 88,
Mo–Fr 10–13, 14–18, Sa 10–14 Uhr,
www.blaudruckerei.de
In einem Speicher von 1822 wird die alte Tradition des Blaufärbens ausgeübt. In Handarbeit entstehen überwiegend historisch überlieferte, aber auch moderne weiße Muster auf blauem Grund – auf Halstüchern, Servietten, Tischdecken und sogar auf Kleidern. Besucher können dem Meister bei der Arbeit zusehen.

Schlachtmühle Jever **4**
Außenstelle des Schlossmuseums, Hooksweg 6, in der Nähe der Innenstadt/B210, Tel. 04461 96 93 50, www.schlossmuseum.de od. www.friesische-muehlenstrasse.de
Die Mühle ist ein 1847 erbauter zweistöckiger Galeriehollänger mit Windrose. Zum Mühlenkomplex gehören noch das privat genutzte Müllerhaus sowie ein Scheunengebäude, in dem Sonderausstellungen zur regionalen Landwirtschafts- und Kulturgeschichte gezeigt werden (zurzeit keine Besichtigung).

Übernachten

Zentral – **Schwarzer Adler 1**: Alter Markt 2–3, www.schwarzeradler–jever.de, DZ 76 €. Kleine, nette Pension in der Nähe des Brauhauses, üppiges Frühstücksbuffet, unten im Haus Chill out-Lounge.
Ruhig und angenehm – **Pellmühle 2**: Mühlenstr. 55, Tel 04461 930 00, www.jever-hotel.de, DZ ab 74 €. Persönlich geführtes Hotel in einer alten Villa, nur Nichtraucherzimmer, fünf Gehminuten vom Zentrum.
Moderne Architektur – **Jugendherberge Jever 3**: Dr.-Fritz-Blume-Weg 4, Tel. 04461 90 92 02, www.jugendher berge.de, Übernachtung ab 22 €/Pers. Großzügiges Außengelände, in unmittelbarer Umgebung befindet sich der Sportpark Jever mit Freibad, die Altstadt ist zu Fuß erreichbar.

Essen und Trinken

Nett und ruhig – **Café im Eulenturm 1**: im hinteren Teil des Jeveraner Schlosses, Tel. 04461 96 93 50, tgl. 13–17.30 Uhr. Angenehmer Gastraum mit alten Holzbohlen und schönem Blick auf den Park, auch Tische draußen im Park, Zugang ohne Museumsbesuch durch den Schlossgarten möglich.
Spezialitäten vom Schaf – **Schloßkäserei 2**: s. Lieblingsort S. 276
Preiswert und freundlich – **Janssen's Bistro Neue 17 3**: Neue Str. 17, Tel. 04461 75 81 56, tgl. ab 8 Uhr, Frühstück, viele kleinere und größere Gerichte ab 5 €, Hauptgerichte ab 9 €. In warmen Gelbtönen gehaltenes Bistro in der Fußgängerzone. In der Woche gibt es mittags ein täglich wechselndes Stammessen.
Historisch und stilvoll – **Haus der Getreuen 4**: Schlachtstr. 1, Tel. 04461 30 10, tgl. www.haus-der-getreuen-jever. de, tgl. ab 9 Uhr, Hauptgerichte ab 14 €.

273

Jever

Sehenswert
1 Schloss
2 Friesisches Brauhaus
3 Blaudruckerei
4 Schlachtmühle

Essen & Trinken
1 Cafe im Eulenturm
2 Schloßkäserei
3 Janssens Bistro Neue 17
4 Haus der Getreuen

Einkaufen
1 Töpferei Baumfalk

Abends & Nachts
1 Pütt

Übernachten
1 Schwarzer Adler
2 Pellmühle
3 Jugendherberge

Traditionsreiche Gaststätte mit Jever-Brauereiausschank und geschmackvollen, schön angerichteten Speisen. In den ehrwürdigen Räumlichkeiten tagte einst die berühmte Stammtischrunde, die dem Reichskanzler Bismarck ab 1871 jedes Jahr zu seinem Geburtstag am 1. April 101 Kibitzeier schenkte. Biergarten, im Sommer Grillabende mit Livemusik.

Einkaufen

Kunstwerke in Ton – **Töpferei Baumfalk 1**: Am Kirchplatz 17, Tel. 04461 38 53, www.toepfereibaumfalk.de, Mo geschl. Werkstatt und Verkaufsräume für form- und farbschöne Gebrauchskeramik, Montagen, Reliefs und Skulpturen.

Abends & Nachts

Stimmungsvoll – **Audienzsaal des Schlosses 1**: Hier finden im Sommer etwa alle 14 Tage Kammerkonzerte statt. Auch Lesungen und Vorträge werden hier abgehalten, Info: www.schlossmuseum.de.
Urgestein zum Wohlfühlen – **Pütt 2**: Alter Markt 6, Tel. 04461 731 94. Beliebte, immer gut besuchte Kneipe, die am Wochenende bis 5 Uhr geöffnet hat.

Infos

Tourismusbüro
Jever Marketing und Tourismus GmbH: Alter Markt 18, 26441 Jever, Tel. 04461 710 10, Fax 04461 892 99 27, www.stadt-jever.de, Mitte April–Mitte Okt. Mo–Fr 9–18, Sa 9–13, sonst Mo–Do 9–17, Fr 9–16 Uhr.

Verkehr
s. Infobox S. 262

Dangast! ▶ W 9

Das traditionsreiche Nordseebad Dangast ist das älteste Seebad an der deutschen Nordseeküste (1797). Dank seiner Lage auf einem 9 m hohen Geestrücken braucht es keinen Deich, verfügt über einen natürlichen Sandstrand und bietet damit ein besonderes Flair, das an der Wattenmeerküste seinesgleichen sucht. Der Ort hat immer wieder Künstler angezogen. Der Maler Franz Radziwill lebte hier bis zu seinem Tod im Jahre 1983, ab 1907 wohnten hier Künstler der Brücke, darunter Heckel, Pechstein und Schmidt-Rottluff. Es entstanden weltbekannte Werke des Expressionismus, die im Rahmen eines **Kunstpfades** erläutert werden. Die Stationen sind im Ort verteilt, eine Broschüre ist in der Tourist-Info erhältlich.

Nationalpark-Haus Dangast in der alten Schule
Zum Jadebusen 179, Tel. 04451 70 58, www.nlph.de, April–Okt. Di–Fr 10–12, 14–18 Uhr, Sa, So 14–18 Uhr
Infos über den Nationalpark Niedersächsisches Wattenmeer und den Küstenschutz am Jadebusen. Seewasseraquarium mit Strandkrabben, Seesternen, Aalmuttern und Granat, Garten der Sinne, Spielmöglichkeit für Kinder.

Franz-Radziwill-Haus
Sielstr. 3, Tel. 04451 27 77, www.radziwill.de, Do–Sa 15–18, So 11–18 Uhr, Mitte Jan.–Mitte März geschl., 2,50 €
Von 1923 bis zu seinem Tod im Jahre 1983 lebte und arbeitete hier Franz Radziwill, einer der bekanntesten Künstler der klassischen Moderne. Der behagliche Wohnbereich zeigt die originale Einrichtung ohne nachträgliche Veränderungen, eine knarrende Stufe führt nach oben in die ehemaligen Atelierräume, in denen jährlich wechselnde Themen-Ausstellungen sein viel beachtetes Werk zeigen. Radziwills umstrittene NS-Vergangenheit wird nicht thematisiert.

275

Lieblingsort

Gaumenschmaus

Die Schloßkäserei im Herzen von Jever ist ein Platz zum Verweilen und Genießen. Das barocke Bürgerhaus aus dem Jahr 1754 beherbergt ein hübsches Café-Bistro, in dem mediterrane Leichtigkeit und friesische Bodenständigkeit sympathisch kombiniert werden. Hier kann man lecker frühstücken, eine Schäfervesper oder einen Hirtenteller mit einem italienischen Wein genießen. Wer mag, kann sich auch im Hofladen nebenan mit verschiedenen, auf dem nahen Schafhof Herten hergestellten Köstlichkeiten versorgen: Schafskäse, Lammsalami, selbstgebackenes Ciabatta, dazu einen Wein aus den Abruzzen (**Schloßkäserei** 3, Schloßstr. 4, Tel. 04461 91 69 99, www.hofherten.de, Mo–Do 10–18, Di 9–22, Fr 9–22, Sa 10–22 Uhr, eine Führung auf dem nahe gelegenen, biologisch bewirtschafteten Schafhof Herten in Sandel ist gegen Voranmeldung möglich, Tel. wie oben).

Wilhelmshaven und Umgebung

Skulpturenpfad rund um den Jadebusen

www.kunstamdeich.de, s. auch S. 69
»Kultur zu bewahren und Natur zu gestalten«, das ist das Anliegen der Künstler, die den Skulpturenweg entlang des Seedeiches am Jadebusen schufen. Die ›Seh-Zeichen‹ stehen am internationalen Radwanderweg – der North Sea Cycle-Route.

Statuen und Kunstobjekte auch am Dangaster Strand: Einige der Objekte werden regelmäßig bei Flut überspült.

Arngaster Leuchtturm ▶ W 8

Keine Innenbesichtigung, s. auch S. 279 unter Schiffsfahrten u. Wattwanderungen
Der rot-weiß gestreifte, 37 m hohe Turm weist seit 1909 den Schifffahrtsweg zu den Häfen von Varel, Dangast und Wilhelmshaven. Er ist nach einer Insel benannt, die sich einst an ebendieser Stelle befand.

Übernachten

Sauber und freundlich – **Hotel Garni Up'n Diek:** Edo-Wiemken-Str. 58, Tel. 04451 95 94 94, www.hotel-upn-diek. de, DZ 65–72,50 €. Komfortable Zimmer in zentraler Lage in der Nähe des Badestrandes, reichhaltiges Frühstück mit Blick auf den Jadebusen, Bierkeller für einen Absacker am Abend.

Charmant – **Pension Altes Posthaus:** An der Rennweide 38, Tel. 04451 833 53, www.altes-posthaus.de, DZ 58–62 €. Liebevoll renoviertes, bewachsenes Haus auf einem Waldgrundstück mit altem Baumbestand, geschmackvoll eingerichtete Zimmer mit Holzfußboden, idyllischer Garten, zwei Gehminuten zum Strand.

Sympathisch – **Dangaster Reethaus:** Edo-Wiemken-Str. 4 (Ortsrand, an der Zufahrtsstr.), Tel. 04451 30 82, www. dangaster-reethaus.de, DZ 62–66 €. Stilvolle, kleine Frühstückspension, ein nettes Café befindet sich im Haus.

Zentral – **Städtischer Camping Dangast:** Auf der Gast, Tel. 04451 91 14 22, www.dangast.de, Mitte April–Mitte Okt. Direkt am Jadebusen in der Nähe des Freizeitbades und des DanGast-Hauses.

Am Wasser – **Campingplatz Rennweide:** Tel. 04451 31 61, www.renn weide.de, April–Sept. 200 Stellplätze bietet der privat geführte Campingplatz, ebenfalls direkt am Strand im Ortszentrum.

Auf dem Bauernhof – **Camping Dangaster Weide:** Zum Jadebusen 177, Tel. 04451 65 20, ganzjährig. Kurz vor dem Ortseingang nach Dangast, die Entfernung zum Wasser beträgt etwa 1,5 km.

Essen & Trinken

Einfach nett – **Kurhaus-Klause:** An der Rennweide, beim Alten Kurhaus, Tel. 044 51 59 25, Mi, Do, Sa, So ab 14, Fr ab 18 Uhr bis Sonnenuntergang. Man sitzt direkt oberhalb des Badestrandes – klein, aber nicht zu fein, drinnen wie draußen. Es gibt heiße Getränke, Kaffee und Kuchen.

Legendär – **Altes Kurhaus:** An der Rennweide 46, Tel. 04451 44 09, www.kur hausdangast.de, Fr, Sa und So 9–19 Uhr. Das alte Kurhaus oberhalb des Badestrandes hat Kultstatus, im Saal sitzt es sich in wunderbar altmodisch-charmanter Atmosphäre. Bei schönem Wetter genießt man Kaffee und Selbstgebackenes auf der großen Außenterrasse, einen legendären Ruf hat insbesondere der Rhabarberkuchen …

Deftiges im Grünen – **Restaurant Gröningshof:** Oldeoogstr. 12, Dangast, Tel. 04451 35 32, www.groeningshof.de, Mi–Mo 11.30–14, 18–23 Uhr.

Der Gröningshof ist in einem alten Marschenhof am Ortseingang zu finden. Liebevoll eingerichtete Gaststube, freundliche Bedienung, Hauptgerichte ab 14 €.

Aktiv & Kreativ

Baden
Ganzjähriger Badespaß – **DanGast-Quellbad**: Edo-Wiemken-Str. 61, Tel. 04451 91 14 41, www.dangast.de, April–Okt. tgl. 9–21, Nov.–März eingeschränkte Öffnungszeiten, Grundtarif Erw. 3,5 Std. 4 €. Jod-Sole-Freizeitbad mit Großwasserrutsche, Erlebnisbecken und Dampfsauna.

Kinder
Für Regentage – **Kinderspielräume im DanGastHaus:** Am Alten Deich, Tel. 04451 91 14 13, Mo–Fr 9.30–12, 14.30–17.30, Sa, So 9.30–12 Uhr.

Malen und Zeichnen
Auf den Spuren der Brücke-Künstler – **Akademie Dangast**: Mal- und Zeichenkurse von Künstlern für kreative Menschen ab 18. J. Es gibt ein vielfältiges Programm von Wochenend- und Wochenkursen mit unterschiedlichen Themen. Info und Anmeldung in der Kurverwaltung Dangast, Tel. 04451 911 40, www.dangast.de.

Schiffsfahrten
Mit dem Bäderschiff – **Tagesfahrten** von Dangast mit dem Oldtimer MS Etta von Dangast, s. Aushang am Hafen od. Tel. 04451 79 63, www.ettavondan gast.de. Ziele: Jadebusen, Wilhelmshaven, Seehundbänke und Arngaster Leuchtturm.

Wattwanderungen
Zum Leuchtturm – Infos u. Termine über die **Kurverwaltung Dangast**: Tel.

04465 570, www.dangast.de, www.wattlopen.de. Start der Wanderungen am Eingang des städtischen Campingplatzes in Dangast, Dauer ca. 7 Std., geeignet für Kinder ab 10 J., Erw. 15 €, Kinder 10 €. Die Wanderung ist anspruchsvoll und spannend.

Infos & Verkehr

Kurverwaltung Nordseebad Dangast: DanGastHaus, Am Alten Deich 4–10, 26316 Dangast, Tel. 04451 91 14 13, Fax 04451 91 14 35, Zimmervermittlung: Tel. 04451 91 14 13, www.dangast.info, Kernzeit Mo–Fr 9–12.30, 14–17, So 9–12 Uhr, nur im Sommer auch Sa 14–17 Uhr. Im DanGastHaus befinden sich auch ein Leseraum, Internetplatz, Kinderspielräume und Bücherei.

Verkehr
s. Infobox S. 260

Varel ► W 10

Wenige Kilometer südlich von Dangast liegt Varel. Im 16. Jh. erkoren die Oldenburger Grafen den Ort zu ihrem Sommersitz. Das Schloss wurde 1871 dem Boden gleichgemacht, nur der Name Schlossplatz erinnert noch an die längst vergangene Pracht. Eine gute Aussicht über die Stadt zwischen Wald und Meer bietet sich vom **alten Wasserturm** (Oldenburger Str. 62, ganzjährig tgl. 8–16 Uhr) am südlichen Stadtrand.

Schlosskirche
Am Schlossplatz, Mai–Aug.11–16 Uhr Die alte friesische Wehrkirche entstand ab Mitte des 12. Jh. in mehreren Bauabschnitten. Die prächtige Ausstattung – Altar, Kanzel (1613–14) und Taufstein (1618) – sind Werke des be-

279

Wilhelmshaven und Umgebung

rühmten Hamburger Bildhauers Ludwig Münstermann.

Heimatmuseum im Schienfatt
Neumarktplatz 3, Mai–Okt. Mi, So 10–12 Uhr
Sammlung zur Geschichte des Ortes und der Edlen Herrschaft Varel ab 1667. Das älteste Stück ist eine Chaukenurne aus der Zeit um 200–400 n. Chr.

Windmühle
Mühlenstr. 52 a, ganzjährig Sa 10–12, Mai–Okt. zusätzl. Mi 10–12 Uhr
Die fünfgeschossige, noch funktionsfähige Holländer-Mühle aus dem Jahr 1847 ist eine der größten Windmühlen Norddeutschlands. Sie beherbergt eine heimatkundliche Sammlung. Bis 1965 war die Mühle in Betrieb. Von der mehr als 15 m hohen Galerie schweift der Blick weit über das umliegende Land.

Hafen
Einige Kilometer nördlich des Ortes liegt der schönste Teil Varels. Durch die 1977 angelegte Seeschleuse wurde der Hafen zwar vom Meer abgetrennt, doch Fischkutter und Sportboote legen hier weiterhin an. Am Hafen liegt das **Kuriositätenmuseum Spijöök** (www.menschenmuell.de, Mitte Mai–Mitte Sept. Sa, So 15–17 Uhr). Eine skurrile Mischung von Seemannslegenden, Kuriositäten und regionalen Wahrheiten.

Tier- & Freizeitpark Jaderberg
Tiergartenstr. 69, Jaderberg (9 km südöstlich von Varel), Tel. 04454 911 30, www.jaderpark.de, April–Okt. tgl. 9–18 Uhr, im Winter kürzere Öffnungszeiten, 3–12 J. 10 €, ab 13 J. 12 €
»Affenstarken Spaß«, das verspricht Deutschlands zweitgrößter Privatzoo mit über 600 Tieren, darunter Löwen, Kängurus und Pinguine; Wildwasserbahn, Kinderkarussell und Spielscheune mit Klettermöglichkeit.

Übernachten

Gediegenes Ambiente – **Hotel Friesenhof:** Neumarktplatz 4–6, Tel. 04451 92 50, www.hotel-friesenhof.de, DZ ab 75 €. Traditionsreiches Hotel mit benachbartem Gästehaus im Herzen der Stadt. Gepflegte Zimmer, Sauna, Solarium und Fitnessraum. Im hauseigenen Restaurant werden internationale Spezialitäten serviert.

Essen & Trinken

Hell, freundlich, touristisch – **Fischrestaurant Aal und Krabbe:** Vareler Ha-

Varel

Landschaft nahe Varel: Hier möchte man – für eine Weile zumindest – Kuh sein ...

fen, Tel. 04451 30 91, in der Saison tgl. 11.30–14 und ab 17.30 Uhr, ab 9,50 €. Der Fisch ist frisch vom Kutter und man sitzt direkt am Wasser.
Alteingesessen – **Gaststätte Vareler Hafen**: Tel. 04451 21 61, Mo Ruhetag, Fleisch ab 10 €, Fisch ab 12,50 €. Schräg gegenüber vom Fischrestaurant Aal und Krabbe liegt diese Gaststätte, die etwas rustikaler und bei schlechtem Wetter gemütlicher ist.

Einkaufen

Wochenmarkt: auf dem Neumarktplatz, Mi, Sa 7.30–12.30 Uhr

Abends & Nachts

Nah am Wasser gebaut – **Vareler Brauhaus:** Am Hafen 2 a, www.vareler-brauhaus.de, Mo–Fr ab 18, Sa, So 9.30 sowie ab 18 Uhr. Man kann dem Biermeister beim Brauen zugucken. Im Sommer schöne Sitzplätze auf der Terrasse.

Infos

Tourismusbüro
s. Kurverwaltung Dangast S. 279

Verkehr
s. Infobox S. 260

Glossar Küste und Watt

Bake
Weithin sichtbares, gerüstartiges Schifffahrtszeichen als Markierung eines festen Standorts. Zur eindeutigen Identifizierung weichen alle Baken in der Form voneinander ab

Balje (Balge)
Tiefe Wasserrinne im Watt, die auch bei Ebbe nicht trockenfällt. Fahrrinne für die Schifffahrt

Bockmühle
Älteste Windmühlenform, bei der das ganze Mühlenhaus in den Wind gedreht wird

Brackwasser
Mischung von Salz- und Süßwasser

Buhne
Von der Uferlinie ins Meer hinausragender Damm aus Stein, Mörtel, Beton oder auch mit Buschwerk ausgefüllte doppelte Pfahlreihe zur Abdrängung der küstenparallelen Tideströmung

Delft
Graben, Kanal

Gat (Gatt)
Durchgang, Öffnung. Durch ein Seegat zwischen zwei Inseln, das Watt und offenes Meer verbindet, fließen die Gezeitenströme

Geest
Abgeleitet von niederdeutsch *güst,* trocken. Sand- und Kiesböden, die während der Eiszeit abgelagert wurden

Gezeiten
Niederdeutsch Tide, ungefähr halbtägige Schwankung des Meeresspiegels,

im Bereich der Ostfriesischen Inseln 2–3 m

Giftbude
Essbude; die Bezeichnung ›Gift‹ stammt von dem plattdeutschen Ausdruck ›*Dor giff't wat‹,* dort gibt es etwas (zu essen und zu trinken)

Groden
Grünland, deichreife oder eingedeichte Marsch. Eingedeicht: Binnengroden, nicht eingedeicht: Außengroden oder Heller

Grüppen
Zumeist parallel angeordnete Entwässerungsgräben in der küstennahen Verlandungszone des Watts

Gulfhof
Bauernhaus, bei dem Wirtschafts- und Wohnbereich unter einem Dach liegen; Mittelpunkt ist ein von vier Ständern gebildetes Rechteck, der ›Gulf‹, in dem Getreide und Heu gestapelt wird

Heller
s. Groden

Herrlichkeit
Halbautonomes Herrschafts- und Verwaltungsgebiet eines Grundherrn mit eigener Gerichtsbarkeit (z. B. Dornum, Emden)

Holländer
Windmühle, bei der nur die Kappe mit den Flügeln in den Wind gedreht wird

Hörn
Winkel, Ecke, Spitze; in die See ragende Landspitze, Sandbank oder kleine Insel

Kaap
Landmarke als Richtzeichen für Seeleute

Klei
Tonreicher Lehmboden, im Küstengebiet aus Meeressedimenten entstandene Marschböden (das Wort ›Klei‹ ist abgeleitet von ›kleben‹)

Lahnung
Buhnenartige, häufig in rechteckige Felder abgeteilte Dämme aus zwei Pfahlreihen und Buschwerk im Deichvorland, die der Wasserberuhigung und der Sedimentablagerung dienen

Lohne
Schmale Straße, Gasse

Loog
Dorf

Marsch
Küstennaher, vom Meer abgelagerter, fruchtbarer Boden

Nacken
Höhere Wattfläche, oft an die Marsch anschließend (z. B. Rysumer Nacken)

Peldemühle
Holländerwindmühle, die zum Pelden (= Schälen) der Gerste genutzt wurde (bis zur Einführung der Kartoffel vor rund 200 Jahren war Gerstengrütze das Grundnahrungsmittel an der Küste)

Pensionsvieh
Vieh (meist Kühe), das im Sommer zum Weiden auf die Inseln oder an die Küste gebracht wird

Plaats
Großer Bauernhof in der Marsch

Polder (auch Groden, Koog)
Eingedeichtes Marschland

Priel
Flache, oft verästelte Wasserrinne im Watt, die bei Ebbe noch Wasser führt

Riff
Lang gestreckte Sandbank

Schill
Angespülte Schalen von Muscheln und Schnecken, häufig in Form von ausgedehnten Muschelbänken

Schloot
Künstlich angelegter Graben zur Entwässerung

Siel
Verschließbarer Durchlass im Deich, durch den bei Ebbe eingedeichtes Land entwässert wird

Sielhafen
Siedlung, die um das Hafenbecken vor dem Siel entstand, hier ließen sich Schiffer, Händler und Handwerker nieder

Sloop (Schlopp)
Bei einer Sturmflut entstandener Dünendurchbruch

Tide/Tidenhub
s. Gezeiten/mittlerer Unterschied zwischen Hoch- und Niedrigwasser

Tief
Größerer Wasserlauf in der Marsch und im Watt

Warf (Warft, Wurt)
Künstlich aufgeworfener Erdhügel, der vor Beginn des Deichbaus Schutz vor den Sturmfluten bot

Register

Altfunnixsiel 248
Angeln 27
Anreise 20
Architektur 63
Arngaster Leuchtturm 278
Ärzte 32
Ausrüstung 17

Baden 27, 90, 107, 131, 146, 154, 170, 182, 199, 207, 213, 231, 247, 250, 257, 268, 279
Baltrum 138
– SindBad 146
– Alte Kirche 144
– Feste 147
– Gepäckbeförderung 147
– Gezeitenhaus Baltrum 141
– Gezeitenpfad 142
– Großes Dünental 147
– Katholische Kirche 144
– Museum Altes Zollhaus im Bummert 141
– ONNOs Kinderspöölhus 146
– Ostdorf 141
– Osterhook 147
– Restaurants 145
– Spielteich 146
– Übernachten 144
– Westdorf 141
Behinderte 34
Bensersiel 242
Borkum 78
– Alter Leuchtturm 84
– Franzosenschanze 84
– Führungen 90
– Greune Stee 94
– Großes Kaap 84
– Hafen 95
– Heimatmuseum im Dykhus 84, **86**
– Hoge Hörn 97
– Kleines Kaap 82
– Kurhalle am Meer 82
– Musikpavillon 82
– Neuer Leuchtturm 82
– Nordsee-Aquarium 84
– Restaurants 97, 89, 95
– Spielinsel 90
– Strandpromenade 81
– Tüskendör 96

– Übernachten 85
– Upholm-Deich 85
– Veranstaltungen 94
– Waterdelle 96
– Woldedünen 94
Boßeln 207
Burg Berum 222
Burgen 19

Campen 202
Camping 24, 89, 97, 129, 135, 145, 159, 172, 198, 205, 243, 255, 256
Carolinensiel 247

Dangast 274
Dieksiel 204
Dornum 234
Dornumersiel 236
Drachen 90

Emden 186
– Bunkermuseum 195
– Dat Otto Huus 194
– Emder Hafentor 194
– Falderndelft 196
– Feste 201
– Friesentherme 199
– Führungen 200
– Hafenrundfahrt 192
– Johannes a Lasco Bibliothek 194
– Kanuverleih 200
– Kesselschleuse 195
– Knock 196
– Kunsthalle 195
– Neue Kirche 196
– Ökowerk Emden 200
– Ostfriesisches Landesmuseum und Emder Rüstkammer 194
– Pelzerstraße 194
– Rathaus 191
– Restaurants 199
– Rote Mühle 195
– Rysumer Nacken 197
– Schifffahrtsmuseum Emden 195
– van Ameren Bad 199
– Vrouw Johanna Mühle 195
– Wallanlage 195
– Weiße Mühle 196

– Wohnmobilplatz 198
Esens 237
– 3-D-Museum Holarium 239
– August-Gottschalk-Haus 240
– Bernsteinmuseum 240
– Klabautermann Indoor-Spielpark 242
– Peldemühle 240
– Rathaus 239
– Restaurants 241
– St. Magnuskirche 238
– Turmmuseum 238
– Übernachten 240
Essen 25

Fähren 21
Feiertage 32
Ferien auf dem Bauernhof 24
Ferienwohnungen 24
Feste 30
Fisch 25, 57
Flughafen 21
Freizeitpark Lütge Land 248
Friesische Mühlenstraße 65

Gärten 64, 223, 225
Geschichte 40
Gesundheit 32
Golf 27, 131, 155, 182
Greetsiel 207
– Feste 214
– Führungen 213
– Gesundheits-Oase 213
– Greetsieler Museumshaus 209
– Hafen 208
– Kinderhaus Lükko Leuchtturm 213
– Kirche 209
– Nationalparkhaus 209
– Restaurants 211
– Übernachten 210
– Zwillingsmühlen 210
Groothusen 203
Gulfhöfe 65

Hage 222
Handicap 34
Harlesiel 247

Register

Heilbäder 59
Helgoland 270
Heuhotels 24
Hooksiel 255
Horumersiel-Schillig 251
Hotels 23

Information 14
Insel-Ticket 33
InselCard 32
Internet 33
Internetadressen 14

Jever 269
Jugendherberge 24, 95, 106, 135, 159, 185, 241, 255
Juist 98
– Altes Kurhaus 104
– Billriff 112
– Evangelische Kirche 103
– Feste 119
– Gepäckabholung 110
– Goldfischteiche 113
– Haakdünen 112
– Hammersee 111
– Haus des Kurgastes 107
– Janusplatz 103
– Kalfamer 113
– Katholische Kirche 103
– Kurplatz 102
– Küstenmuseum 105
– Leuchtturm Memmertfeuer 102
– Loog 104
– Loogster Huus 107
– Meerwasser-Erlebnisbad 107
– Nationalpark-Haus 102
– Naturschutzgebiet Bill 110
– Restaurants 113, 106, 112
– Schiffchenteich 102
– Strandpromenade 104
– Übernachten 105
– Vogelschutzinsel Memmert 112
– Wasserturm 104
– Wilhelmshöhe 113

Karten 22
Kinder 33, 90, 131, 146, 155, 170, 183, 200, 213, 242, 244, 257, 279

Kitesurfen 107
Kleidung 17
Klettern 96
Klima 16
Krabben 25, 58
Krummhörn 201
– Feste 207
– Restaurants 205
– Übernachten 205
Küche 25
Kulturfestivals 30
Kunst 69, 90, 154, 155
Kunsthandwerk 90, 155, 223
Kur 32
Kurabgabe 34
Kurverwaltung 14
Küstenfischerei 57

Langeoog 148
– Dünenfriedhof 152
– Evangelische Inselkirche 152
– Flinthörn 157
– Gepäckbeförderung 157
– Golfclub 155
– Großer Schlopp 158
– Heimatmuseum Seemannshus 152
– Höhenpromenade 152
– Infohaus Altes Wasserwerk 151
– Inselbahn 150
– Katholische Kirche 152
– Kutschtaxen 157
– Meerwasser-Freizeit- und Erlebnisbad 154
– Meierei Ostende 159
– Melkhörndüne 159
– Museumsrettungsboot 152
– Nordseeaquarium 151
– Osterhook 161
– Pirolatal 158
– Restaurants 153, 158
– Schifffahrtsmuseum 151
– Seedeich 158
– Seenotbeobachtungsstation 152
– Spöölhus 155
– Spöölstuv 155
– Übernachten 153, 159
– Vogelwärterhaus 159

– Wasserturm 151
LangeoogCard 150
Leybucht 205
Literatur 15, 71
Loquard 202

Malen 90, 93, 131, 279
Manslagt 204
Marienhafe 214
Meeresfrüchte 25
Minsen-Förrien 255
Mühlen 64
Muscheln 58
Museen
– Nordsee-Aquarium Borkum 84
– 3-D-Museum Holarium Esens 239
– Bade:museum Norderney 60, 123
– Bernsteinmuseum Esens 240
– Buddelschiffmuseum Neuharlingersiel 245
– Bunkermuseum Emden 195
– Burg- und Mühlenmuseum 203
– Erlebnismuseum Phänomania Carolinensiel 248
– Fischerhausmuseum Norderney 126
– Heimatmuseum Borkum 84, **86**
– Inselmuseum Wangerooge 177
– Inselmuseum Spiekeroog 165
– Internationales Muschelmuseum Hooksiel 255
– Kuestenmuseum/wal.welten Wilhelmshaven 263
– Kunsthalle Emden 195
– Kunsthalle Wilhelmshaven 264
– Moormuseum Moordorf 48
– Muschelmuseum Spiekeroog 165
– Museum Leben am Meer Esens 240
– Museum für Volkskunde Norden 221

285

Register

- Oceanis Wilhelmshaven 262
- Ostfriesisches Landesmuseum 194
- Ostfriesisches Freilichtmuseum 203
- Ostfriesisches Landwirtschaftsmuseum 202
- Ostfriesisches Teemuseum Norden 75, 221
- Schifffahrtsmuseum Emden 195
- Sielhafenmuseum Carolinensiel 247
- Thiele's Comic Museum Norden 221
Museumseisenbahn-Kustenbahn Ostfriesland (MKO) 226

Nachtleben 91, 107, 132, 146, 156, 171, 183, 200, 226, 268
Nationalpark Niedersächsisches Wattenmeer 33, 55, 173
Naturschutzgebiet Leyhörn 205
Nesse 234
Neßmersiel 231
Neuharlingersiel 244
Norddeich 226
- Feste 231
- Freibad 231
- Kurzentrum 226
- Ocean Wave 231
- Restaurants 227
- Seehundaufzucht- und Forschungsstation 226
- Übernachten 227
- Waloseum 226
Norden 218
- Altes Rathaus 219
- Bürgerhäuser 220
- Deichmühle 222
- Frisia Mühle 222
- Künstlerviertel 223
- Ludgerikirche 219
- Mennonitenkirche 220
- Volkskundemuseum 220
- Ostfriesisches Teemuseum 220
- Restaurants 223

- Thiele's Comic Museum 221
- Übernachten 223
- Westgaster Mühle 222
Norderney 116
- bade:haus Norderney 131
- Bade:museum 123
- Conversationshaus 122
- Feste 132
- Fischerhausmuseum 123
- Georgshöhe 122
- Golfplatz 131
- Kaiser-Wilhelm-Denkmal 122
- Kinderspielhaus Kleine Robbe 131
- Kurplatz 122
- Kurtheater 122
- Leuchtturm 134
- Mühle 123
- Napoleonschanze 123
- Nationalparkhaus 122
- Rattendüne 135
- Restaurants 129, 135
- Rettungsbootmuseum 123
- Südstrandpolder 135
- Übernachten 123
- Wasserturm 123
NorderneyCard 118
Nordic Walking 28
Nordsee ServiceCard 32
Notruf 33

Öffnungszeiten
Orgeln 66 202, 214, 219, 234

Paddeln 27
Parks 19, 64, 264
Pensionen 23
Pewsum 203
Pilsum 204
Preise 34
Privatzimmer 23

Radfahren 18, 22, 24, 27, 90, 157, 183, 198, 210
Reisekasse 34
Reisezeit 16
Reiten 28, 90, 131, 146, 155, 168, 170, 183
Rundreisen 18

Rysum 202

Schiffsausflüge 91, 155, 231, 244, 247, 251, 268, 279
Schloss Lütetsburg 222
Schlösser 19, 64
Seehunde 35, 228
Segeln 28, 91, 131, 156, 251, 257, 268
Skulpturenpfad rund um den Jadebusen 278
Souvenirs 35
Spiekeroog 162
- Alte Inselkirche 165
- Altes Warmbad am Westend 172
- Feste 171
- Franzosenschanze 171
- Gepäckbeförderung 171
- Hermann-Lietz-Schule 172
- Inselmuseum 165
- Künstlerhaus 170
- Kurpark 165
- Lesepavillon 165
- Muschelmuseum 165
- Museumspferdebahn 171
- Ostplate 173
- Restaurants 168
- Schwimmdock 170
- Trockendock Kinderspielhaus 170
- Übernachten 168, 172
- Umweltzentrum Wittbülten 172
- Wrack der Verona 173
Sport 27
Sportfestivals 31
Störtebeker, Klaus 41, 215
Surfen 28, 131, 257, 268

Tagesausflüge 21
Teekultur 73
Temperaturen 16
Thalasso 29, 60, 131
Touristinformation 14

Übernachten 23
Upleward 203
UrlauberBus 22

Varel 279
Verhalten 35

286

Register

Walfang 87
Wangerland 251
Wangerooge 174
– Abenteuerspielplatz 183
– Ehemaliger Ostanleger 185
– Gästekindergarten 183
– Gepäckbeförderung 184
– Golfclub Wangerooge 182
– Hafen 184
– Inselmuseum im Alten Leuchtturm 177
– Katholische Kirche 181
– Kriegsgräberstätte 181
– Meerwasser-Freizeitbad Oase 182
– Minsener Oog 185
– Nationalparkhaus Rosenhaus im Rosengarten 177
– Ostinnengroden 185
– Restaurants 185 182, 184

– SpielHaus 183
– Übernachten 181
– Westaußengroden 184
Wasserski 257
Wassersport 91, 131, 146
Wattenmeer 47
Wattwandern 29, 107, **108**, 279
Wellness 29, 90
Wetter 16
Wilhelmshaven 258
– Aquarium 261
– Bontekai 261
– Botanischer Garten 264
– Christus- und Garnisonskirche 264
– Deutsches Marinemuseum 261
– Feste 269
– Hafenrundfahrten 268
– Infobox JadeWeserPort 266

– Kaiser-Wilhelm-Drehbrücke 261
– Klein Wangerooge 268
– Kunsthalle 264
– Kurpark 264
– Küstenmuseum/wal.welten 263
– Museumsschiffe 261
– Nautimo 268
– Oceanis 262
– Piratenamüseum 264
– Rathaus 264
– Restaurants 267
– Rosarium 264
– Störtebekerpark 266
– Südstrand 260
– Übernachten 266
– Wattenmeerhaus 261
Windkraftanlagen 61
Windsurfen 107, 146, 183

Zeitungen 35

Das Klima im Blick

atmosfair

Reisen bereichert und verbindet Menschen und Kulturen. Wer reist, erzeugt auch CO_2. Der Flugverkehr trägt mit einem Anteil von bis zu 10 % zur globalen Erwärmung bei. Wer das Klima schützen will, sollte sich für eine schonendere Reiseform (z. B. die Bahn) entscheiden – oder die Projekte von *atmosfair* unterstützen. *Atmosfair* ist eine gemeinnützige Klimaschutzorganisation. Die Idee: Flugpassagiere spenden einen kilometerabhängigen Beitrag für die von ihnen verursachten Emissionen und finanzieren damit Projekte in Entwicklungsländern, die dort den Ausstoß von Klimagasen verringern helfen. Dazu berechnet man mit dem Emissionsrechner auf *www.atmosfair.de,* wie viel CO_2 der Flug produziert und was es kostet, eine vergleichbare Menge Klimagase einzusparen (z. B. Berlin – London – Berlin 13 €). *Atmosfair* garantiert die sorgfältige Verwendung Ihres Beitrags. Klar – auch der DuMont Reiseverlag fliegt mit *atmosfair!*

Impressum

Abbildungsnachweis

Claudia Banck, Sukow/Zietlitz: S. 70, 99 li., 111, 245, 272

Philipp Bernert, Oldenburg, S. 138 li., 142

Bildagentur Huber, Garmisch-Partenkirchen: S. 26, 102/103, 138 re., 148/149, 156/157, 175 li., 180, 186 li., 189, 206/207, 266 (Graefenhain), S. 49, 98 li., 101 (Bäck), S. 50/51 (Giel), S. 240/241 (Klaes)

HB-Verlag, Ostfildern/Marc-Oliver Schulz: S. 23, 65, 66, 78 li., 81, 148 li., 151, 162 o. re., 169, 215, 216/217, 254, 258/259, 280/281

Martin Kirchner, Berlin: S. 9, 10 o. li., 10 o. re., 10 u. re., 11 o. li., 11 o. re., 11 u. li., 11 u. re., 17, 68, 71, 78 re., 86, 88, 92/93, 98 re., 108, 114/115, 124/125, 126, 116 re., 133, 136/137, 186 re., 187 li., 192, 196/ 197, 212, 216 li., 224, 228, 230, 232/ 233, 252, 258 li., 265, 276/277, U4

Mauritius, Mittenwald: S. 12/13, 55, 62 (Roland T. Frank), S. 44/45 (imagebroker/Cornelius Paas), S. 53 (imagebroker/Kurt Möbus),

S. 59 (Christian Bäck), S. 73, 139 li., 141 (Jeff O'Brien), 76/77 (Hans-Peter Merten), S. 117 li., 134 (imagebroker/Horst Jegen), S. 201 (Hans Weißer), S. 219 (Ernst Wrba), S. 270 (Markus Keller)

laif, Köln: S. 20 (Herzau), S. 29 (Fechner), S. 36/37, 57, 174 re., 177 (Toma Babovic), S. 10 u. li., 41, 79 li., 96, 160/161 (Paul Hahn), S. 116 li., 119, 162 li., 163 li., 166, 173 (Tophoven)

picture alliance/dpa, Frankfurt: S. 47 (Willi Rolfes/Okapia), S. 63 (Burkhard Juettner), 74 (Heiko Lossie), S. 174 li., 178 (Rainer Binder)

Michael Stolle, Sukow/Zietlitz: S. 8

Visum, Hamburg: Titelbild (Achenbach & Pacini)

Kartografie

DuMont Reisekartografie, Fürstenfeldbruck

© DuMont Reiseverlag, Ostfildern

Titelbild: Am Juister Nordsee-Badestrand

Hinweis: Autorin und Verlag haben alle Informationen mit größtmöglicher Sorgfalt geprüft. Gleichwohl sind Fehler nicht vollständig auszuschließen. Alle Angaben erfolgen ohne Gewähr. Bitte, schreiben Sie uns! Über Ihre Rückmeldung zum Buch und über Verbesserungsvorschläge freuen sich Autorin und Verlag: **DuMont Reiseverlag,** Postfach 3151, 73751 Ostfildern, info@dumontreise.de, www.dumontreise.de

1. Auflage 2010

© DuMont Reiseverlag, Ostfildern

Alle Rechte vorbehalten

Grafisches Konzept: Groschwitz, Hamburg

Lektorat: Katharina John

Printed in Germany